# Die Bindung der gesonderten Verlustfeststellung an den Einkommensteuerbescheid

# FINANZ- UND STEUERRECHT IN DEUTSCHLAND UND EUROPA

Herausgegeben von Klaus-Dieter Drüen,
Hanno Kube und Rainer Wernsmann

Band 43

*Zur Qualitätssicherung und Peer Review der vorliegenden Publikation*

Die Qualität der in dieser Reihe erscheinenden Arbeiten wird vor der Publikation durch Herausgeber der Reihe geprüft.

*Notes on the quality assurance and peer review of this publication*

Prior to publication, the quality of the work published in this series is reviewed by editors of the series.

Delia Maria Palenker

# Die Bindung der gesonderten Verlustfeststellung an den Einkommensteuerbescheid

## Eine Rechtsprechungsanalyse zu § 10d Abs. 4 EStG vor und nach Inkrafttreten des JStG 2010 und ihre Folgen für den Rechtsschutz

PETER LANG

**Bibliografische Information der Deutschen Nationalbibliothek**
Die Deutsche Nationalbibliothek verzeichnet diese Publikation in der Deutschen Nationalbibliografie; detaillierte bibliografische Daten sind im Internet über http://dnb.d-nb.de abrufbar.

Zugl.: Passau, Univ., Diss., 2019

Gedruckt auf alterungsbeständigem, säurefreiem Papier.
Druck und Bindung: CPI books GmbH, Leck

D739
ISSN 1863-141X
ISBN 978-3-631-80014-0 (Print)
E-ISBN 978-3-631-80248-9 (E-PDF)
E-ISBN 978-3-631-80249-6 (EPUB)
E-ISBN 978-3-631-80250-2 (MOBI)
DOI 10.3726/b16508



Peter Lang – Berlin · Bern · Bruxelles · New York · Oxford · Warszawa · Wien



Diese Publikation wurde begutachtet.

www.peterlang.com

*Meiner Tante*

# Vorwort

Die Arbeit wurde im Wintersemester 2018/2019 von der Juristischen Fakultät der Universität Passau als Dissertation angenommen und berücksichtigt den Rechtsstand bis einschließlich September 2018.

Vornehmster Dank gebührt meinem Doktorvater, *Professor Dr. Rainer Wernsmann*. Er hat mich dazu ermutigt, das Manuskript nach längerer beruflicher Unterbrechung fertigzustellen und den Abschluss der Arbeit entscheidend unterstützt und gefördert. Auch ist es nicht übertrieben zu konstatieren, dass er bereits im Hauptstudium den Grundstein für meine fachliche Spezialisierung im Steuerrecht gelegt hat. Meine Zeit als studentische Hilfskraft und später als wissenschaftliche Mitarbeiterin an seinem Lehrstuhl für Staats- und Verwaltungsrecht, insbesondere Finanz- und Steuerrecht werde ich stets in bester Erinnerung behalten.

*Professor Dr. Hartmut Söhn* bin ich für die zügige Erstellung des Zweitgutachtens und seine wertvollen Anregungen dankbar. Besonders erwähnt seien außerdem *Professor Dr. Klaus-Dieter Drüen* sowie *Professor Dr. Hanno Kube, LL.M. (Cornell)*, die sich als Mitherausgeber der Schriftenreihe dankenswerterweise mit der Aufnahme dieses Werkes einverstanden erklärt haben. Bedanken möchte ich mich auch bei *Professor Dr. Michael Hendricks*, der sich als Ideengeber für die äußerst praxisrelevante Thematik verdient gemacht hat.

*Dr. Nicholas Palenker*, meinem Ehemann, danke ich von Herzen für seinen stets klugen Rat, seine Weitsicht und die einmalige Erfahrung, die Dissertation nahezu zeitgleich mit ihm abschließen zu dürfen. Tiefe Dankbarkeit empfinde ich auch für meine Familie, allen voran meine Eltern, *Gabriele und Berthold Matyschok*. Sie haben mir die akademische Ausbildung ermöglicht und mich auf diesem Weg unermüdlich und voller Vertrauen begleitet. Ebenso von unschätzbarem Wert war mir der Rückhalt und Zuspruch, den ich gleichermaßen von meinen Schwestern, *Franziska Endecott* und *Verena Matyschok*, geschenkt bekam.

Meiner geliebten Tante, *Maria Barbara Matyschok*, von der ich zeitlebens unbedingte Zuneigung und Unterstützung erfahren habe und der es nicht mehr vergönnt war, dies freudige Ereignis mitzuerleben, ist dieses Buch gewidmet.

*Delia Maria Palenker*
Berlin, im Frühjahr 2020

# Inhaltsverzeichnis

# Abkürzungsverzeichnis

| | |
|---|---|
| a.A./A.A. | andere(r) Ansicht |
| Abs. | Absatz |
| a.E. | am Ende |
| AEAO | Anwendungserlass zur Abgabenordnung |
| a.F. | alte Fassung |
| Alt. | Alternativfall |
| AmtshilfeRLUmsG | Amtshilferichtlinie-Umsetzungsgesetz |
| Anm. | Anmerkung |
| AO | Abgabenordnung |
| AO-StB | AO-Steuerberater (Zeitschrift) |
| Art. | Artikel |
| AStG | Außensteuergesetz |
| Aufl. | Auflage |
| Az. | Aktenzeichen |
| BB | Betriebs-Berater (Zeitschrift) |
| BeckRS | Beck-Rechtsprechung |
| BeSt | Beratersicht zur Steuerrechtsprechung (Zeitschrift) |
| BeitrRLUmsG | Beitreibungsrichtlinie-Umsetzungsgesetz |
| BFH | Bundesfinanzhof |
| BFH/NV | Sammlung der Entscheidungen des Bundesfinanzhofs (Zeitschrift) |
| BFH/PR | Entscheidungen des BFH für die Praxis der Steuerberatung (Zeitschrift) |
| BGB | Bürgerliches Gesetzbuch |
| BGBl. | Bundesgesetzblatt |
| BGH | Bundesgerichtshof |
| BKGG | Bundeskindergeldgesetz |
| BMF | Bundesministerium der Finanzen |
| BR-Drs. | Drucksachen des Bundesrates |
| BSG | Bundessozialgericht |
| BStBl. | Bundessteuerblatt |
| BT-Drs. | Drucksachen des Deutschen Bundestages |
| Buchst. | Buchstabe |
| BVerfG | Bundesverfassungsgericht |
| BVerfGE | Entscheidungen des Bundesverfassungsgerichts |
| BVerwG | Bundesverwaltungsgericht |
| bzw. | beziehungsweise |

| | |
|---|---|
| DB | Der Betrieb (Zeitschrift) |
| ders. | derselbe |
| d.h. | das heißt |
| DM | Deutsche Mark |
| DStJG | Deutsche Steuerjuristische Gesellschaft e.V. (Tagungsband) |
| DStR | Deutsches Steuerrecht (Zeitschrift) |
| DStRE | DStR-Entscheidungsdienst (Zeitschrift) |
| DStZ | Deutsche Steuerzeitung (Zeitschrift) |
| EFG | Entscheidungen der Finanzgerichte (Zeitschrift) |
| EStB | Der Ertrag-Steuerberater (Zeitschrift) |
| EStG | Einkommensteuergesetz |
| Erg.Lfg. | Ergänzungslieferung |
| FG | Finanzgericht |
| FGO | Finanzgerichtsordnung |
| FR | Finanz-Rundschau (Zeitschrift) |
| FS | Festschrift |
| GewStG | Gewerbesteuergesetz |
| GG | Grundgesetz für die Bundesrepublik Deutschland |
| ggf. | gegebenenfalls |
| HFR | Höchstrichterliche Finanzrechtsprechung (Zeitschrift) |
| h.M. | herrschende Meinung |
| Hrsg. | Herausgeber |
| HS. | Halbsatz |
| i.d.F. | in der Fassung |
| i.R.d. | im Rahmen des/der |
| INF | Die Information über Steuer und Wirtschaft (Zeitschrift) |
| i.V.m. | in Verbindung mit |
| jM | juris – Die Monatszeitschrift (Zeitschrift) |
| JStG | Jahressteuergesetz |
| jurisPR-SteuerR | Juris PraxisReport Steuerrecht (Zeitschrift) |

| | |
|---|---|
| KÖSDI | Kölner Steuerdialog (Zeitschrift) |
| KSR | Kommentiertes Steuerrecht (Zeitschrift) |
| KStG | Körperschaftsteuergesetz |
| | |
| Lfg. | Lieferung |
| | |
| m.E. | meines Erachtens |
| Mio. | Million |
| m.w.N. | mit weiteren/weiterführenden Nachweisen |
| | |
| n.F. | neue(r) Fassung |
| NJW | Neue Juristische Wochenschrift (Zeitschrift) |
| NVL | Neuer Verband der Lohnsteuerhilfevereine e.V. |
| NVwZ | Neue Zeitschrift für Verwaltungsrecht (Zeitschrift) |
| NWB | Neue Wirtschafts-Briefe (Zeitschrift) |
| NZS | Neue Zeitschrift für Sozialrecht (Zeitschrift) |
| | |
| PlPr | Plenarprotokoll |
| PrGS | Preußische Gesetzessammlung |
| | |
| Rdnr. | Randnummer(n) |
| RFH | Reichsfinanzhof |
| RFHE | Sammlung der Entscheidungen des Reichsfinanzhofs |
| RGBl. | Reichsgesetzblatt |
| rkr. | rechtskräftig |
| Rspr. | Rechtsprechung |
| RStBl. | Reichssteuerblatt |
| | |
| sog. | sogenannte(r/s/n) |
| SolzG | Solidaritätszuschlaggesetz |
| StÄndG | Steueränderungsgesetz |
| StandOG | Gesetz zur Verbesserung der steuerlichen Bedingungen zur Sicherung des Wirtschaftsstandorts Deutschland im Europäischen Binnenmarkt |
| SteuK | Steuerrecht kurzgefasst (Zeitschrift) |
| Stbg | Die Steuerberatung (Zeitschrift) |
| StBp | Die steuerliche Betriebsprüfung (Zeitschrift) |
| StBW | Steuerberater Woche (Zeitschrift) |
| StC | SteuerConsultant (Zeitschrift) |
| StEntlG | Steuerentlastungsgesetz |

| | |
|---|---|
| StRefG | Steuerreformgesetz |
| st. Rspr. | ständige Rechtsprechung |
| StuB | Unternehmensteuern und Bilanzen (Zeitschrift) |
| StuW | Steuer und Wirtschaft (Zeitschrift) |
| u.a. | unter anderem |
| vgl. | vergleiche |
| VwVfG | Verwaltungsverfahrensgesetz |
| VZ | Veranlagungszeitraum |
| z.B. | zum Beispiel |

# Einleitung

## *I. Anlass der Untersuchung*

Verluste deuten im Allgemeinen auf einen betriebswirtschaftlichen Misserfolg hin und sind auch nach herkömmlichem Sprachgebrauch eher negativ konnotiert. Für den Steuerpflichtigen können sie sich in Form von Verlustvorträgen gleichwohl als etwas Wertvolles, gar Erstrebenswertes[1] darstellen. Demgemäß schreibt der Große Senat des BFH in seinem Beschluss zur Vererblichkeit des Verlustabzugs vom 17. Dezember 2007 dem Verlustvortrag nach § 10d EStG den Rechtscharakter eines Einkommensteuerminderungsanspruchs zu, der durch die Entstehung künftiger positiver Gesamtbeträge der Einkünfte aufschiebend bedingt sei. Der Verlustvortrag verkörpere dem Grunde nach einen wirtschaftlichen (Vermögens-)Wert[2]. Nimmt man hingegen die Warte des Fiskus ein, erweisen sich Verluste wieder als das, was sie eigentlich sind: eine (Vermögens-) Einbuße[3]. Zwar entspricht es einer gesetzgeberischen Grundentscheidung, die einkommensteuerrechtliche Relevanz eines bestimmten Verhaltens grundsätzlich nicht danach zu bemessen, ob das hieraus resultierende wirtschaftliche Ergebnis positiv oder negativ ausfällt[4]. Eine Einkommensbesteuerung, die die Staatskasse ähnlich einem „stillen Teilhaber“[5] nur an den Gewinnen des Steuerpflichtigen partizipieren ließe und sich gleichzeitig gegen dessen Verluste abschottete, würde zudem wohl nicht als gerecht empfunden. Wegen ihrer nicht unerheblichen Bedeutung für die öffentlichen Haushalte[6] ist jedoch gerade auch die interperiodische Verlustnutzung dem Gesetzgeber ein „Dorn im Auge“[7]. Die von dieser Arbeit näher in den Blick zu nehmende Geschichte des § 10d EStG

---

1 Diese Attribute steuerlichen Verlusten zuschreibend *Eckhoff*, DStJG 28 (2005), S. 11, 23.

2 Großer Senat des BFH, Beschluss v. 17.12.2007 – GrS 2/04, BStBl. II 2008, 608, 612. Die Rechtsfolgeanordnung des § 10d EStG berühre damit auch das Entstehen der Steuerschuld insgesamt, *Heuermann*, in: Kirchhof/Söhn/Mellinghoff (Hrsg.), § 10d EStG, A 3.

3 *Eckhoff*, DStJG 28 (2005), S. 11, 13 f.

4 *Von Groll*, in: Lehner (Hrsg.), Verluste im nationalen und internationalen Steuerrecht, 2004, S. 23; vgl. auch *Wendt*, DStJG 28 (2005), S. 41, 46.

5 *Eckhoff*, DStJG 28 (2005), S. 11, 14.

6 Vgl. *Stöcker*, in: Carlé/Stahl/Strahl (Hrsg.), Gestaltung und Abwehr im Steuerrecht, S. 721, 723.

7 *Schmieszek*, in: Bordewin/Brandt (Hrsg.), 404. Aktualisierung 2018, § 10d EStG, Rdnr. 34.

zeigt, dass in der Vergangenheit wiederholt Anläufe unternommen wurden, um die Verrechnungsmöglichkeiten zu begrenzen[8].

Dass Verluste, die im Veranlagungszeitraum ihrer Entstehung nicht durch positive Einkünfte anderer Einkunftsarten gemäß § 2 Abs. 3 EStG ausgeglichen werden können, zu in anderen Steuerperioden potentiell verrechenbaren negativen Einkünften im Sinne des § 10d EStG werden[9], folgt aus dem überperiodisch wirkenden objektiven Nettoprinzip[10]. Hierbei handelt es sich um eine Konkretisierung des gleichheitsrechtlich verankerten Grundsatzes, steuerliche Lasten auf die Steuerpflichtigen nach Maßgabe ihrer wirtschaftlichen Leistungsfähigkeit, mithin gerecht zu verteilen[11]. Steuergerechtigkeit in zeitlicher Hinsicht bedeutet daher, dass die durch Verluste hervorgerufene „negative Leistungsfähigkeit" des Steuerpflichtigen über den Entstehungszeitraum hinaus berücksichtigt werden muss[12]. Denn die Bemessung des Einkommens nach Zeitabschnitten[13] ist von Zufälligkeiten geprägt[14] und bildet naturgegebene Schwankungen bei der Einkommenserzielung auf die Gesamt- bzw. Totalperiode gesehen nur unzureichend ab[15].

---

8 Vgl. auch *Schlenker*, in: Blümich (Hrsg.), § 10d EStG, Rdnr. 6, 11 ff.; *Grotherr*, BB 1998, 2337 ff.

9 *Von Groll*, in: Lehner (Hrsg.), Verluste im nationalen und internationalen Steuerrecht, 2004, S. 23, 24 f.; *Eckhoff*, DStJG 28 (2005), S. 11, 27.

10 *Wernsmann*, DStR 2009, 101, 103. Sowohl der Verlustausgleich als auch der -abzug gehören zum Kernbereich des objektiven Nettoprinzips, *Schaumburg/Schaumburg*, StuW 2013, 61, 64. *Wendt* spricht insoweit von einem gleichheitsgerechten, den Besteuerungsabschnitt übergreifenden Clearing-System, *Wendt*, DStJG 28 (2005), S. 41, 47.

11 *Wendt*, DStJG 28 (2005), S. 41, 42, 50; *von Groll*, in: Freundesgabe Haas, S. 149, 156. Im Gegensatz zum sog. subjektiven Nettoprinzip hat das BVerfG die verfassungsrechtliche Fundierung des objektiven Nettoprinzips ausdrücklich offen gelassen, vgl. nur BVerfG, Beschluss v. 23.01.1990 – 1 BvL 4/87, 1 BvL 5/87, 1 BvL 6/87, 1 BvL 7/87, BVerfGE 81, 228. Zum Leistungsfähigkeitsprinzip auch *Kirchhof*, in: Maunz/Dürig (Hrsg.), Art. 3 GG, Rdnr. 323.

12 Vgl. *Schaumburg/Schaumburg*, StuW 2013, 61. § 10d EStG ist als Fiskalzwecknorm anzusehen, *Heuermann*, in: Kirchhof/Söhn/Mellinghoff (Hrsg.), § 10d EStG, A 44; es handele sich um eine reine Steuerwürdigkeitsentscheidung, die in ihrem Kern auch für den Gesetzgeber unantastbar sei, *von Groll*, in: Freundesgabe Haas, S. 149, 156; vgl. auch *Wernsmann*, StuW 2018, 108 f.

13 Sog. Periodizitäts- oder Jahresprinzip, vgl. §§ 2 Abs. 7 S. 1, 2, 25 Abs. 1, 36 Abs. 1 EStG.

14 *Wendt*, DStJG 28 (2005), S. 41, 47.

15 Auf das Spannungsverhältnis zwischen Abschnittsbesteuerung auf der einen und abschnittsübergreifendem Nettoprinzip als Ausfluss des Leistungsfähigkeitsprinzips

§ 10d EStG normiert den für alle Einkunftsarten nach § 2 Abs. 1 S. 1 EStG gültigen Grundtatbestand der interperiodischen Verlustverrechnung im Geltungsbereich der synthetischen Einkommensteuer[16]. Gegenstand des Verlustabzugs ist der sich für den Besteuerungsabschnitt ergebende negative Gesamtbetrag der Einkünfte bestehend aus Verlusten, die nicht mit positiven Einkünften derselben oder einer anderen Einkunftsart verrechnet werden können (sog. horizontaler und vertikaler Verlustausgleich). Das Gesetz weist diese nicht ausgeglichenen negativen Einkünfte zunächst dem unmittelbar vorangegangenen Veranlagungszeitraum zu, soweit ein Höchstbetrag von 1 Mio. Euro nicht überschritten und hinreichend Verrechnungspotential vorhanden ist, § 10d Abs. 1 S. 1 EStG[17]. Sofern der Steuerpflichtige nicht auf sein Verlustrücktragsrecht nach Satz 5 verzichtet, sieht das gesetzliche Regelprogramm erst an zweiter Stelle – dann aber zeitlich unbegrenzt, d.h. mit Blick auf eine beliebige Anzahl von Vortragsjahren – den Verlustvortrag vor, vgl. § 10d Abs. 2 S. 3 EStG. Abzugsfähig ist ebenfalls ein Sockelbetrag von 1 Mio. Euro[18]. Auf darüber hinausgehende Verluste findet ein Mindestbesteuerungskonzept Anwendung. Sie können danach in Höhe von weiteren bis zu 60 % des den Sockelbetrag übersteigenden Gesamtbetrags der Einkünfte vorrangig vor Sonderausgaben, außergewöhnlichen Belastungen und sonstigen Abzugsbeträgen[19] verrechnet werden[20].

---

auf der anderen Seite ebenfalls hinweisend *Schmieszek*, in: Bordewin/Brandt (Hrsg.), 404. Aktualisierung 2018, § 10d EStG, Rdnr. 141.

16 Die Regelung gilt gemäß § 8 Abs. 1 KStG auch im Körperschaftsteuerrecht, wobei ggf. ergänzend die § 8 Abs. 4 a.F., § 8c und § 8d KStG zu beachten sind. Je nach Reichweite des Gesetzesverweises auf § 10d EStG ist die Vorschrift zudem im Rahmen von Verlustverrechnungskreisen entsprechend anwendbar. Das Gewerbesteuerrecht sieht hingegen mit § 10a GewStG eine eigene, rein materiell-rechtliche Regelung für einen zeitlich unbegrenzten Verlustvortrag vor; ein Verlustrücktrag ist nicht möglich.

17 Der zurückgetragene Verlust beeinflusst rückwirkend das Entstehen der Einkommensteuer, *Heuermann*, in: Kirchhof/Söhn/Mellinghoff (Hrsg.), § 10d EStG, C 3. Die Steuerfestsetzung für das Rücktragsjahr muss in der Folge entsprechend herabgesetzt werden, § 10d Abs. 1 S. 3, 4 EStG. Rechtsgrundlos gezahlte Beträge sind dem Steuerpflichtigen zu erstatten.

18 Für nach §§ 26, 26b EStG zusammenveranlagte Ehegatten verdoppelt sich dieser Betrag.

19 Entgegen seiner systematischen Stellung im Einkommensteuergesetz bei den Sonderausgaben handelt es sich beim Verlustabzug nach § 10d EStG um eine spezialgesetzlich geregelte Minderung des Gesamtbetrags der Einkünfte. Wegen § 10d Abs. 1 und Abs. 2 EStG dürfte sie auf einer Zwischenebene zwischen den Ermittlungsstufen „Gesamtbetrag der Einkünfte“ und „Einkommen“ (§ 2 Abs. 3 und 4 EStG) zu verorten sein, *Heuermann*, in: Kirchhof/Söhn/Mellinghoff (Hrsg.), § 10d EStG, A 40.

20 Verfahrensrechtlich wird der Verlustabzug – grundsätzlich ohne Differenzierung nach Einkunftsarten (vgl. R 10d Abs. 7 S. 1 EStR 2012) – bei der Festsetzung der

Neben die in § 10d Abs. 2 EStG niedergelegten materiell-rechtlichen Anforderungen an den Verlustvortrag tritt ein wesentliches verfahrensrechtliches Zusatzerfordernis[21]. Denn ein gesetzlicher Abzugsautomatismus wie beim Verlustrücktrag besteht nicht. Stattdessen muss der zum Schluss des jeweiligen Veranlagungszeitraums verbleibende Verlustvortrag gemäß § 10d Abs. 4 S. 1 EStG gesondert festgestellt werden, damit er in den Folgejahren zum Abzug gebracht werden kann[22]. Unterbleibt die gesonderte Feststellung, gehen die bis zum Schluss des Veranlagungszeitraums entstandenen Verluste unter[23]. Das Gesetz vollzieht an dieser Stelle eine sog. verfahrensrechtliche Abschichtung[24]. Aus dem im Grundsatz einheitlich verstandenen Steuerfestsetzungsverfahren ist kraft gesetzlicher Anordnung (vgl. §§ 157 Abs. 2 HS. 2, 179 Abs. 1 AO)[25] ein separates Feststellungsverfahren herausgelöst, das die Aufgabe hat, die Besteuerungsgrundlage „bei der Ermittlung des Gesamtbetrags der Einkünfte nicht ausgeglichene negative Einkünfte" nach Maßgabe der im Feststellungszeitpunkt geltenden Rechtslage einer verbindlichen Regelung für künftige Abzugsjahre zuzuführen[26]. Das genaue Berechnungsschema für den Feststellungsgegenstand

---

Einkommensteuer im Abzugsjahr vollzogen, *Ettlich*, DB 2009, 18, 19. Hierbei ist der Abzug in höchstmöglichem Umfang vorzunehmen, so dass Verlustpotential nicht für Veranlagungsjahre mit hoher Progression aufgespart werden kann, *Baum*, DStZ 1988, 512, 513; *Stöcker*, in: Carlé/Stahl/Strahl (Hrsg.), Gestaltung und Abwehr im Steuerrecht, S. 721, 741; *Schlenker*, in: Blümich (Hrsg.), § 10d EStG, Rdnr. 64.

21 *Ettlich*, DB 2009, 18, 19; *Heuermann*, in: Kirchhof/Söhn/Mellinghoff (Hrsg.), § 10d EStG, A 329, C 6; *Schmieszek*, in: Bordewin/Brandt (Hrsg.), 404. Aktualisierung 2018, § 10d EStG, Rdnr. 333. Die Vorschrift des § 10d EStG als eine „Symbiose zwischen materiellem Recht und Verfahrensrecht" bezeichnend *Heuermann*, DStR 2011, 1489.

22 *Lindberg*, in: Frotscher (Hrsg.), 177. Lfg. 9/2013, § 10d EStG, Rdnr. 71. Berücksichtigt das Finanzgericht bei der Veranlagung einen verbleibenden Verlustvortrag, der nicht gesondert festgestellt ist, verstößt es gegen die Grundordnung des Verfahrens, BFH, Urteil v. 06.07.1999 – VIII R 12/98, BStBl. II 1999, 731; hierzu auch *Stöcker*, in: Carlé/Stahl/Strahl (Hrsg.), Gestaltung und Abwehr im Steuerrecht, S. 721, 743.

23 *Frotscher*, in: Schwarz/Pahlke (Hrsg.), § 182 AO, Rdnr. 4c; *Ettlich*, DB 2009, 18, 19.

24 *Söhn*, in: FS Musielak, S. 557, 558; *ders.*, in: Hübschmann/Hepp/Spitaler (Hrsg.), § 179 AO, Rdnr. 8; vgl. auch *Brandis*, in: Tipke/Kruse (Hrsg.), Vorbemerkungen zu §§ 179–184 AO, Rdnr. 1.

25 Vgl. zum Gesetzesvorbehalt *Brandis*, in: Tipke/Kruse (Hrsg.), § 179 AO, Rdnr. 1.

26 *Kunz*, in: Gosch (Hrsg.), § 179 AO, Rdnr. 3. Der gesondert festgestellte Betrag überlagert hierbei die materiellen Voraussetzungen des § 10d Abs. 2 EStG mit der Folge,

ist in § 10d Abs. 4 S. 2 EStG abstrakt[27] festgelegt. Zum einen ist er um die ins Vorjahr zurückgetragenen sowie die bereits in der Vergangenheit festgestellten und nach Absatz 2 abziehbaren Verlustvorträge zu bereinigen. Zum anderen erhöhen etwaige schon zum Ende des vorangegangenen Veranlagungszeitraums festgestellte vortragsfähige Verluste den „verbleibenden Verlustvortrag". Da das Feststellungsverfahren gemäß § 10d Abs. 4 S. 1 EStG vom Offizialprinzip beherrscht wird („[…] ist gesondert festzustellen"), muss die Finanzbehörde einen einmal gesondert festgestellten verbleibenden Verlustvortrag so lange fortschreiben und aktualisieren[28], bis er infolge der Verrechnung vollständig aufgebraucht oder z.B. infolge eines Erbfalls[29] rechtlich unmöglich geworden ist[30]. Der Steuerpflichtige hat hieran insoweit mitzuwirken, als er eine Erklärung zur gesonderten Feststellung abgeben muss, vgl. § 181 Abs. 2 S. 1 AO[31]. Die Abgabe

---

dass die Abzugsberechtigung dem Grunde und der Höhe nach nicht mehr angezweifelt werden darf, *Heuermann*, in: Kirchhof/Söhn/Mellinghoff (Hrsg.), § 10d EStG, D 84.

27 Die Legaldefinition führt alle Berechnungsgrundlagen auf, die sich potentiell auf die Höhe des verbleibenden Verlustvortrags auswirken können, *Heuermann*, in: Kirchhof/Söhn/Mellinghoff (Hrsg.), § 10d EStG, D 23; vgl. auch *Baum*, DStZ 1988, 512.

28 Der Feststellungsbescheid für das jeweilige Vorjahr wird dadurch gegenstandslos, *Heinicke*, in: Schmidt (Hrsg.), § 10d EStG, Rdnr. 40.

29 So für Erbfälle, die nach dem Tag der Veröffentlichung des Beschlusses eingetreten sind, Großer Senat des BFH, Beschluss v. 17.12.2007 - GrS 2/04, BStBl. II 2008, 608; vgl. auch *Heinicke*, in: Schmidt (Hrsg.), § 10d EStG, Rdnr. 14.

30 Im Fall des vollständigen Verbrauchs des verbleibenden Verlustvortrags ist dieser auf null Euro gesondert festzustellen, R 10d Abs. 7 S. 7 EStR 2012.

31 Gemäß § 181 Abs. 2 S. 1 AO ist erklärungspflichtig, wem der Gegenstand der Feststellung ganz oder teilweise zuzurechnen ist. Satz 2 konkretisiert den erklärungspflichtigen Personenkreis für bestimmte Fälle des § 180 Abs. 1 Nr. 2 bis 3 AO („Erklärungspflichtig ist insbesondere […]"). Inwieweit hieraus eine Erklärungspflicht für gesondert festzustellende Verluste abzuleiten ist, wurde in der Vergangenheit unterschiedlich und zum Teil dahingehend beantwortet, dass eine solche Pflicht nur bei Aufforderung zur Abgabe durch das Finanzamt gemäß § 149 Abs. 1 S. 2 AO gegeben sei, vgl. FG Köln, Urteil v. 09.08.2007 - 10 K 3347/04, EFG 2008, 133 = DStRE 2008, 390; *Nöcker*, AO-StB 2008, 171, 172. Der BFH bejaht gleichwohl die Erklärungspflicht auch für nach § 10d Abs. 4 S. 1 EStG gesondert festzustellende Verluste, da § 181 Abs. 2 S. 2 AO seinem Wortlaut nach keine abschließende Aufzählung der erklärungspflichtigen Personen beinhalte, sondern lediglich die bedeutsamsten Anwendungsfälle zur Klarstellung hervorhebe, BFH, Urteil v. 10.07.2008 - IX R 90/07, BStBl. II 2009, 816 = DStR 2008, 2411 f.; BFH, Urteil v. 29.06.2011 - IX R 38/10, BStBl. II 2011, 963 = DStR 2011, 1517, 1518. Damit ist zugleich klargestellt, dass die Anlaufhemmung des § 170 Abs. 2 S. 1 Nr. 1 AO im Verlustfeststellungsverfahren anwendbar ist und Festsetzungs- und Feststellungsfrist grundsätzlich gleichzeitig zu laufen beginnen. Die Finanzverwaltung hat

einer Feststellungserklärung ist jedoch entbehrlich, wenn sich die Grundlagen des Feststellungsbescheids den Angaben der Einkommensteuererklärung entnehmen lassen[32].

Auch wenn das Verlustfeststellungsverfahren sonach integraler Bestandteil des Verlustvortragsrechts ist, hat der verfahrensrechtliche Teil des § 10d EStG eine im Vergleich zur materiellen Regelung bislang eher stiefmütterliche Behandlung erfahren und ein regelrechtes Schattendasein im wissenschaftlichen Diskurs geführt. Dies ist besonders bemerkenswert, da – wie zu zeigen sein wird[33] – die gesonderte Feststellung gemäß Absatz 4 schon seit ihrer Einführung in der Anwendung und insbesondere im Verhältnis zum Einkommensteuerbescheid des Verlustentstehungsjahrs problembehaftet und nicht abschließend geklärt ist. Bis einschließlich zur Fassung des Steuerentlastungsgesetzes 1999/2000/2002[34] folgte dies aus dem unklaren Geltungsbereich des § 10d Abs. 4 S. 4, 5 EStG a.F. Feststellungsbescheide waren nach dieser Regelung zu erlassen, aufzuheben oder zu ändern, soweit sich die nach Absatz 2 Satz 2 zu berücksichtigenden Beträge änderten und deshalb der entsprechende Steuerbescheid zu erlassen, aufzuheben oder zu ändern war. Entsprechendes galt, falls der Erlass, die Aufhebung oder Änderung des Steuerbescheids allein mangels steuerlicher Auswirkungen unterblieb. Inwieweit es sich hierbei um eine spezielle Rechtsgrundlage für den erstmaligen Erlass eines Verlustfeststellungsbescheids handelte, deren strenge Anforderungen die Durchführung der gesonderten Feststellung ggf. sperren konnten, wurde lange Zeit in Rechtsprechung und Literatur unterschiedlich beantwortet[35]. In Streit stand zudem, ob dem Steuerbescheid insoweit eine Bindungswirkung, möglicherweise sogar eine Grundlagenbescheidfunktion gesetzlich zugeschrieben war[36]. In der Folge war das verfahrensrechtliche Nebeneinander von Steuerfestsetzung und Verlustfeststellung mit den Worten des BFH „[…] durch ein hohes Maß an Unübersichtlichkeit und Komplexität geprägt […].“[37] Im Schrifttum wurde von einem

---

den amtlichen Vordruck für die Einkommensteuererklärung auch als Erklärung zur Feststellung des verbleibenden Verlustvortrags ausgestaltet.

32 BFH, Urteil v. 29.06.2011 – IX R 38/10, BStBl. II 2011, 963 = DStR 2011, 1517, 1518; *Heuermann*, DStR 2011, 1489, 1490; *Ergenzinger*, in: Lademann (Hrsg.), § 10d EStG, Rdnr. 309.

33 Vgl. hierzu ausführlich unter Zweites Kapitel.

34 Steuerentlastungsgesetz 1999/2000/2002 (StEntlG 1999/2000/2002) vom 24.03.1999, BGBl. I 1999, 402.

35 Vgl. hierzu näher unter Zweites Kapitel A.II.3. und Zweites Kapitel A.IV.

36 Vgl. hierzu näher unter Zweites Kapitel A.V.2.

37 BFH, Beschluss v. 24.08.2006 – XI B 149/05, BFH/NV 2006, 2035, 2036.

„Irrgarten“[38] des Verfahrensrechts und einer „spürbaren Rechtskomplizierung“[39] gesprochen. Nachdem die höchstrichterliche Rechtsprechung im Jahr 2008 – mitunter wegen der anhaltenden Kritik an ihrer Auslegung von Satz 4 und 5 – einen Wandel vollzog und fortan von einer reinen Korrekturvorschrift ohne Blockadefähigkeit ausging[40], intervenierte der Gesetzgeber im Rahmen des Jahressteuergesetzes 2010[41], um den hierdurch erheblich erweiterten Feststellungsmöglichkeiten wieder einen Riegel vorzuschieben. Die Novellierung des § 10d Abs. 4 S. 4, 5 EStG hält indes neue verfahrensrechtliche Fallstricke für Rechtsanwender und Rechtsschutzsuchende bereit. Denn das Gesetz sieht nunmehr ausdrücklich eine inhaltliche Bindung des Feststellungsbescheids an die der Einkommensteuerfestsetzung zu Grunde gelegten Beträge vor, § 10d Abs. 4 S. 4 HS. 1 EStG. Der Steuerbescheid soll demzufolge wie ein Grundlagenbescheid wirken, auch wenn er verfahrensrechtlich nicht als ein solcher zu qualifizieren sei[42].

Obschon die Reform inzwischen mehr als neun Jahre zurückliegt, besteht trotz einiger hierzu ergangener BFH-Urteile in zentralen Punkten weiterhin Unsicherheit. Vor allem die in Bezug auf die verschiedenen Bescheide bestehende Bindungsvielfalt lässt das gegenwärtige Recht überaus kompliziert erscheinen[43]. Schon die einfache Lektüre des § 10d Abs. 4 EStG wirft eine Reihe von Fragen auf, z.B.: Unter welchen Voraussetzungen tritt die gesetzliche Bindungswirkung der dem Steuerbescheid zugrunde liegenden Besteuerungsgrundlagen ein? Welche Anforderungen werden an das „Zugrundeliegen“ gestellt und müssen diese Maßstäbe im Hinblick auf eine entsprechende Anwendung im Rahmen von Verlustverrechnungsbeschränkungen modifiziert werden? Wie ist die normierte Bindungswirkung rechtlich einzuordnen, handelt es sich evtl. um eine Tatbestands- oder Feststellungswirkung? Schränkt § 10d Abs. 4 S. 5 EStG die Reichweite der Bindung ein, wenn es sich um eine Steuerfestsetzung von null Euro (sog. Nullfestsetzung oder Nullbescheid) handelt? Welche Konsequenzen lassen sich daraus für den Rechtsschutz ableiten? Ist auch eine Steuernullfestsetzung – entgegen allgemeinen Prozessgrundsätzen – anzufechten? Und wie ist mit Blick auf eine Aussetzung der Vollziehung zu verfahren? Die praktische Bedeutung dieser Problemfelder sollte nicht unterschätzt werden. So häufen sich in jüngster

38 *Meyer/Ball*, INF 2002, 551, 553.
39 *Meyer*, DStR 1989, 191.
40 Siehe hierzu näher unter Zweites Kapitel B.
41 Jahressteuergesetz 2010 (JStG 2010) vom 08.12.2010, BGBl. I 2010, 1768.
42 Vgl. BT-Drs. 17/2249, S. 52 linke Spalte. Siehe hierzu näher unter Zweites Kapitel C.
43 So auch *Heuermann*, in: Kirchhof/Söhn/Mellinghoff (Hrsg.), § 10d EStG, A 412.

Zeit divergierende, die Rechtslage vereinzelt ausdrücklich als „undurchschaubar“[44] anprangernde Finanzgerichtsentscheidungen zur Anfechtbarkeit von Steuernullbescheiden[45], die auch auf Seiten der Jurisdiktion eine gewisse Verunsicherung erkennen lassen.

## *II. Ziel und Gegenstand der Untersuchung*

Ziel der Arbeit ist es nicht nur, Antworten auf die oben aufgeworfenen Fragestellungen zu erarbeiten, sondern darüber hinaus einen Beitrag zur besseren Verständlichkeit und zu einem „Mehr“ an Rechtssicherheit im Umgang mit der Vorschrift des § 10d Abs. 4 EStG zu leisten. In Anbetracht dessen, dass der Gesetzgeber des JStG 2010 erklärtermaßen die Rechtslage vor der Rechtsprechungsänderung im Jahr 2008 wiederherstellen wollte, wird zu diesem Zweck die ursprüngliche BFH-Rechtsprechung umfassend und kritisch ergründet, um aus den gewonnenen Erkenntnissen Rückschlüsse für die Anwendung der geltenden Fassung ziehen zu können. Im Fokus stehen hierbei insbesondere die vormaligen Wechselbeziehungen zwischen Einkommensteuer- und Feststellungsbescheid, die anhand der überholten Judikatur näher analysiert und systematisiert werden sollen, sowie damit zusammenhängende Fragen der einschlägigen Rechtsgrundlage und ihrer Tatbestandsvoraussetzungen, die sich zum Teil auch im neuen Recht wiederfinden. Einer schärferen Konturierung des aktuellen Verlustfeststellungsrechts dient ebenfalls die Gegenüberstellung mit der seit 2008 geläuterten Rechtsprechungsauffassung zur Auslegung des § 10d Abs. 4 S. 4, 5 EStG a.F., die das auslösende und maßgebliche Moment für die Überarbeitung der Norm in 2010 und ihre heutige Ausgestaltung bildete. Schließlich werden auch die höchstrichterlichen Entscheidungen zum gültigen § 10d Abs. 4 S. 4, 5 EStG untersucht und einer Analyse zugeführt. Ein Schwerpunkt wird in diesem Zusammenhang auf die Klarstellung der einschlägigen Rechtsgrundlage, d.h. der Abgrenzung der Regelungen in § 10d Abs. 4 S. 1 und S. 4, 5 EStG, gelegt. Des Weiteren stehen die tatbestandlichen Anforderungen an die Bindungswirkung des Steuerbescheids gemäß Absatz 4 Satz 4 HS. 1 (also das „Ob“ und „Wie“ der

44 FG Köln, Urteil v. 16.02.2016 – 10 K 2574/15, EFG 2016, 1109, 1110 f.

45 Für die Anfechtbarkeit statt vieler FG Düsseldorf, Beschluss v. 16.02.2016 – 10 K 3686/13 F, EFG 2016, 662; FG Köln, Urteil v. 16.02.2016 – 10 K 2574/15, EFG 2016, 1109; FG Berlin-Brandenburg, Gerichtsbescheid v. 28.04.2016 – 3 K 3106/15, EFG 2016, 1091 = DStRE 2017, 820, rkr.; ablehnend Hessisches FG, Beschluss v. 29.10.2015 – 4 K 307/15, BeckRS 2016, 94030; FG Münster, Urteil v. 12.12.2016 – 9 K 1505/13 F, EFG 2017, 564, 565 f., rkr.

Verlustfeststellung) sowie deren rechtliche Qualifizierung und Reichweite im Fokus. Darauf aufbauend geht diese Untersuchung den Folgen für den Rechtsschutz nach und erforscht die in diesem Bereich bereits vorhandene, zuweilen gegensätzliche Rechtsprechung des BFH sowie der Finanzgerichte. An geeigneter Stelle wird hierbei – wie jeweils auch bei allen vorangehenden Darstellungen der Rechtsprechung – zur Rezeption und entsprechenden Positionierung durch Schrifttum und Finanzverwaltung ausgeführt.

Die Untersuchung ist insgesamt dahingehend begrenzt, dass verfassungs- und materiell-rechtliche Aspekte (z.B. § 10d Abs. 2 EStG) nur insoweit aufgegriffen und thematisiert werden, als dies für das Verständnis unerlässlich erscheint. Dies betrifft gleichermaßen das Verlustrücktragsrecht gemäß § 10d Abs. 1 EStG sowie den Themenkomplex der Feststellungsverjährung, der durch die Einfügung von § 10d Abs. 4 S. 6 EStG erheblich an Bedeutung verloren hat und zumindest in seinen Grundzügen mittlerweile als geklärt anzusehen sein dürfte[46]. Fragestellungen, die sich im Zusammenhang mit der entsprechenden bzw. sinngemäßen Anwendung von Absatz 4 bei besonderen Verlustverrechnungsbeschränkungen[47] ergeben, müssen in Anbetracht der insoweit für jede Vorschrift zu berücksichtigenden Besonderheiten ausgeklammert und einer eigenen wissenschaftlichen Bearbeitung vorbehalten bleiben. Eine aktuelle Entscheidung des BFH zu § 20 Abs. 6 S. 4 EStG a.F.[48] gibt dennoch Anlass, sich in gebotener Kürze mit den Folgen einer nur entsprechenden bzw. sinngemäßen Verweisung auf § 10d Abs. 4 EStG für die gesetzlich angeordnete Bindungswirkung zu beschäftigen[49]. Ausgenommen sind schließlich etwaige Besonderheiten im Rahmen des Körperschaftsteuerrechts sowie die gewerbesteuerliche Parallelnorm des § 10a GewStG.

Hinzuweisen bleibt, dass der vorliegenden Arbeit durchaus ein gewisser rechtshistorischer Charakter zukommt. Indem ein Gesamtüberblick über die

---

46 *Lindberg*, in: Frotscher (Hrsg.), 177. Lfg. 9/2013, § 10d EStG, Rdnr. 85c f.; *Hallerbach*, in: Herrmann/Heuer/Raupach (Hrsg.), § 10d EStG, Rdnr. 130 f.; *Ergenzinger*, in: Lademann (Hrsg.), § 10d EStG, Rdnr. 355 ff.; *Heinicke*, in: Schmidt (Hrsg.), § 10d EStG, Rdnr. 49; *Eckardt*, in: Kanzler/Kraft/Bäuml/Marx/Hechtner (Hrsg.), § 10d EStG, Rdnr. 78 f.

47 Vgl. hierzu *Wernsmann*, StuW 2018, 109.

48 BFH, Urteil v. 09.05.2017 – VIII R 40/15, BStBl. II 2017, 1049.

49 Vgl. hierzu unter Zweites Kapitel C.III.1.b)cc).

Rechts- und Rechtsprechungsentwicklung gegeben wird, soll die Arbeit die diesbezüglich im Schrifttum vorhandene Lücke schließen[50].

## *III. Gang der Untersuchung*

Die Untersuchung gliedert sich in drei Teile. Der erste Teil widmet sich den gesetzeshistorischen Grundlagen des Verlustfeststellungsverfahrens und zeichnet die Rechtslage vor und nach Einführung der gesonderten Feststellung im Jahr 1990 wie auch die weitere Gesetzesgenese in den wesentlichen Grundzügen nach. Hieran schließen sich Ausführungen zur Grundlagenbescheidfunktion des Feststellungsbescheids als Produkt des Feststellungsverfahrens gemäß § 10d Abs. 4 EStG an. Zwecks späterer Analyse und Qualifizierung der von den Besteuerungsgrundlagen des Steuerbescheids ausgehenden Bindungswirkung gemäß Satz 4 und 5 werden die Voraussetzungen eines Grundlagenbescheids im Sinne der Legaldefinition des § 171 Abs. 10 S. 1 AO näher erörtert und eine Abgrenzung zu anderen Abweichungsverboten, wie beispielsweise der Tatbestands- oder Bestandskraftwirkung, vorgenommen.

Gegenstand des zweiten Teils ist der Wandel der höchstrichterlichen Rechtsprechung im Hinblick auf die Bindung der Verlustfeststellung an den Einkommensteuerbescheid sowie deren Rezeption in Schrifttum und Finanzverwaltung. In chronologischer Reihenfolge wird zunächst die bis 2008 gültige (Ausgangs-) Rechtsprechung des XI. Senats zu § 10d Abs. 4 S. 4, 5 EStG a.F. zu verschiedenen Fallkonstellationen untersucht, in ihren wesentlichen Grundsätzen systematisiert und einer kritischen Würdigung unterzogen. Anschließend wird die mit Urteil vom 17. September 2008[51] eingeleitete Rechtsprechungsänderung zur Auslegung der Vorschrift durch den nunmehr zuständigen IX. Senat behandelt und deren Konsequenzen für den erstmaligen Erlass des Verlustfeststellungsbescheids und die Bindung an die Besteuerungsgrundlagen des Steuerbescheids überprüft. Aufbauend auf den zur alten Rechtslage erarbeiteten Rechtsprechungsgrundsätzen werden schließlich die aktuellen Entscheidungen des BFH zum neu gefassten § 10d Abs. 4 S. 4, 5 EStG i.d.F. des JStG 2010 und deren Bedeutung für die

---

50 Die alte Fassung der Vorschrift wird (neben § 15a EStG a.F.) in der 2004 erschienenen Dissertation von *Pohl*, Die steuerverfahrensrechtliche Bewältigung der Verlustfeststellung im Einkommensteuerrecht, näher beleuchtet.

51 BFH, Urteil v. 17.09.2008 – IX R 70/06, BStBl. II 2009, 897 f.; vgl. auch BFH, Urteil v. 17.09.2008 – IX R 92/07, BeckRS 2008, 25014484; BFH, Urteil v. 17.09.2008 – IX R 81/07, BFH/NV 2009, 386; BFH, Urteil v. 28.10.2008 – IX R 99/07, BeckRS 2008, 25014485.

Anwendung der Regelung systematisch herausgearbeitet sowie die Reichweite der gesetzlich verankerten Bindungswirkung des Steuerbescheids dem Grunde und der Höhe nach kritisch beleuchtet.

Im dritten und letzten Teil der Arbeit wird der Frage nachgegangen, wie sich die nach geltendem Recht bestehende Bindungswirkung der Besteuerungsgrundlagen des Steuerbescheids auf den Rechtsschutz auswirkt. Es wird die neue Schlüsselfunktion des Einkommensteuerbescheids für das Rechtsbehelfsverfahren erläutert. Hieran anknüpfend wird die praktisch bedeutsame Problematik behandelt, ob und inwieweit die Anfechtung einer Nullfestsetzung in Abkehr von den bisherigen Grundsätzen zur Beschwer bzw. Klagebefugnis in Betracht kommt. Die Untersuchung schließt mit einer Zusammenfassung der wesentlichen Ergebnisse in Form von Thesen.

# Erstes Kapitel Gesetzesgenese des Verlustfeststellungsverfahrens und Voraussetzungen des Feststellungsbescheids als Grundlagenbescheid

## A. Gesetzeshistorie des Verlustfeststellungsverfahrens

Eine umfassende Auseinandersetzung mit dem Regelungsinhalt von § 10d Abs. 4 EStG kommt nicht umhin, die rechtspolitischen Gründe für die Einführung der Vorschrift und ihre kontinuierliche Modifizierung durch die Gesetzgebung in den wesentlichen Grundzügen nachzuzeichnen. Ausgehend von der Rechtslage, die vor 1990 und damit ohne gesonderte Feststellung von vortragsfähigen Verlusten bestand, widmet sich dieser Abschnitt der Geburtsstunde des Feststellungsverfahrens im Rahmen des Steuerreformgesetzes vom 25. Juli 1988[52]. Als weitere zentrale Etappen in der Entwicklung des Verfahrensrechts werden in „feststellungsfördernder" Hinsicht das Wahlrecht zugunsten des Verlustvortrags und in „feststellungsbeschränkender" Hinsicht die gesetzliche Absicherung des Eintritts der Feststellungsverjährung sowie vor allem die Rückanbindung der Verlustfeststellung an die Besteuerungsgrundlagen des Steuerbescheids herausgegriffen.

### I. Entwicklung und Durchführung des Verlustabzugs ohne gesonderte Feststellung

In Abkehr vom reinen Periodizitätsprinzip ist der Verlustvortrag seit mehr als 85 Jahren nahezu ununterbrochen, indes in unterschiedlichen, einem steten Wandel unterworfenen Ausprägungen in der deutschen Steuerrechtsordnung verankert[53]. Die Geschichte der interperiodischen Verlustverrechnung reicht damit viel weiter zurück als ihre Abhängigkeit von einer gesonderten Feststellung in

---

52 Steuerreformgesetz 1990 (StRefG 1990) vom 25.07.1988, BGBl. I 1988, 1093 = BStBl. I 1988, 224.

53 Geht man noch weiter in der Geschichte zurück, findet man bereits im preußischen Einkommensteuergesetz ab dem Jahr 1906 eine auf bestimmte Einkunftsarten beschränkte Verlustabzugsmöglichkeit, vgl. § 9 Nr. 3 und 4 preußisches Einkommensteuergesetz i.d.F. vom 19.06.1906, PrGS 1960, 241 und 259.

einem separaten Verwaltungsverfahren. Der Gesetzgeber hat erstmals im Jahr 1929 einen auf die dem Verlustentstehungsjahr nachfolgenden zwei Veranlagungszeiträume begrenzten Verlustvortrag in das Einkommensteuergesetz eingefügt[54]. Der persönliche Anwendungsbereich war auf buchführende Gewerbetreibende und Land- und Forstwirte beschränkt[55]. Der historische Rückblick zeigt, dass dadurch zunächst nur eine Zwischenphase[56] der Abzugsfähigkeit von vortragsfähigen Verlusten eingeläutet war, denn bereits das Einkommensteuergesetz 1934[57] schaffte diese Möglichkeit „aus steuerpolitischen Gründen" wieder ab[58]. Vier Jahre später fand der Verlustvortrag erneut Einzug in das Gesetz und konnte im Rahmen der Gewinneinkünfte[59] fortan als Sonderausgabe in Abzug gebracht werden[60]. Eine eigenständige Normierung in § 10d EStG erfuhr der Verlustvortrag unter der Bezeichnung „Verlustabzug"[61] jedoch erst 1954. Da er keine „Ausgabe" darstellt[62], wurde der Verlustabzug systematisch aus der allgemeinen Sonderausgabenvorschrift des § 10 EStG a.F. herausgelöst[63]. Darüber hinaus fand eine Verlängerung des Abzugszeitraums auf insgesamt fünf Jahre statt[64]. Die Folgezeit bis zur Steuerreform von 1990 war durch eine sukzessive

54 § 15 Abs. 1 Nr. 4 i.d.F. des Einkommensteuer- und Körperschaftsteuer-Änderungsgesetzes vom 29.06.1929, RGBl. I 1929, 123 ff.

55 *Hallerbach*, in: Herrmann/Heuer/Raupach (Hrsg.), 220. Lfg. Oktober 2005, § 10d EStG, Rdnr. 2.

56 So auch *von Groll*, in: Kirchhof/Söhn/Mellinghoff (Hrsg.), 57. Erg.Lfg. Februar 1995, § 10d EStG, A 132.

57 RGBl. I 1934, 1005.

58 Vgl. zur Begründung RStBl. 1935, 33.

59 Einkünfte aus selbstständiger Tätigkeit wurden jedoch erst durch das Steueränderungsgesetz 1951 vom 27.06.1951 einbezogen, vgl. BGBl. I 1951, 411 = BStBl. I 1951, 223.

60 Einkommensteuer-Änderungsgesetz vom 01.02.1938, RGBl. I 1938, 99 = RStBl. I 1938, 97.

61 Diese Bezeichnung sollte der Verlustvortrag bis einschließlich 1998 beibehalten. Mit Einführung des Verlustrücktrags fungierte der Verlustabzug sodann als Oberbegriff, *Kellerbach*, StBp 1976, 249, 250.

62 Zu diesem Ergebnis kam bereits der Reichsfinanzhof, welcher die Abtragung eines vortragsfähigen Verlusts eher mit der Steuerermäßigung für außergewöhnliche Belastungen verglich, RFH, Urteil v. 08.08.1930 – VI A 1268/30, RFHE 27, 107, 118 f.

63 So die amtliche Begründung, BT-Drs. II/481, S. 84. Auf Rechtsfolgenseite ordnete § 10d EStG i.d.F. des Gesetzes zur Neuordnung von Steuern vom 16.12.1954 allerdings an, Verluste wie Sonderausgaben zu behandeln, BGBl. I 1954, 373 = BStBl. I 1954, 575.

64 Vgl. *von Groll*, in: Kirchhof/Söhn/Mellinghoff (Hrsg.), 57. Erg.Lfg. Februar 1995, § 10d EStG, A 139.

Erweiterung des Verlustabzugstatbestands geprägt[65]. Die Regelung wurde 1976 grundlegend umgestaltet und der Verlustabzug erstmalig auf alle Einkunftsarten erstreckt[66]. Ferner ließ man die schon zuvor angeregte[67] Verrechnung von Verlusten mit Gewinnen aus dem Vorjahr zu, um „den von einem Verlust Betroffenen eine Liquiditätsverbesserung bereits in der kritischen Verlustphase selbst zu geben"[68]. Sowohl der sog. Verlustrücktrag als auch der Verlustvortrag wurden schließlich dem Offizialprinzip unterstellt[69]. Ab dem Veranlagungsjahr 1975 waren danach nicht ausgeglichene Verluste im Jahr ihrer Entstehung von Amts wegen in Höhe von bis zu 5 Mio. DM zunächst wie Sonderausgaben vom Gesamtbetrag der Einkünfte des unmittelbar vorangegangenen Veranlagungszeitraums abzusetzen[70]. Im nächsten Schritt konnte ein etwaig überschießender Verlustbetrag in den folgenden fünf Jahren wie Sonderausgaben vom Gesamtbetrag der Einkünfte in Abzug gebracht werden[71].

Die Entscheidung über den Verlustabzug wurde hierbei nicht im Rahmen der Veranlagung des jeweiligen Verlustentstehungsjahrs getroffen. Maßgeblich war vielmehr die Veranlagung des Jahres, in dem der Verlustabzug zur Auswirkung

---

65 Beispielsweise wurde die Voraussetzung einer „ordnungsmäßigen Buchführung" ersatzlos gestrichen, Einkommensteuerreform 1975 vom 05.08.1974, BGBl. I 1974, 1769 = BStBl. I 1974, 530.

66 Der Beschränkung fehle eine überzeugende Rechtfertigung, vgl. Bericht des Finanzausschusses vom 05.02.1976, BT-Drs. 7/4705, S. 1.

67 Vgl. nur BT-Drs. II/481, S. 84. Auch die Steuerreformkommission hatte sich in ihrem Gutachten aus dem Jahr 1971 dafür ausgesprochen, einen Verlustrücktrag einzuführen, *Kellerbach*, StBp 1976, 249.

68 Von einer konjunkturpolitischen Dimension des Verlustrücktrags spricht *Kellerbach*, StBp 1976, 249. Mit Rücksicht auf die finanzielle Lage der Gemeinden wurde die Gewerbesteuer vom Verlustrücktrag ausgenommen, vgl. Bericht des Finanzausschusses vom 05.02.1976, BT-Drs. 7/4705, S. 3.

69 Vgl. BT-Drs. 7/4604, S. 3 f.

70 Bereits kurze Zeit später wurde der Verlustrücktrag auf zwei Jahre erweitert, wobei die Verluste zunächst in das vorletzte Veranlagungsjahr zurückzutragen waren, vgl. Haushaltsstrukturgesetz vom 22.12.1981, BGBl. I 1981, 1523. Seit 1999 ist der Verlustrücktrag wieder auf ein Jahr beschränkt, vgl. StEntlG 1999/2000/2002 vom 24.03.1999, BGBl. I 1999, 402. Der Höchstbetrag wurde ebenfalls mehrfach geändert, vgl. *Hallerbach*, in: Herrmann/Heuer/Raupach (Hrsg.), 220. Lfg. Oktober 2005, § 10d EStG, Rdnr. 2.

71 § 10d S. 1, 4 EStG i.d.F. des Einkommensteuer-Änderungsgesetzes vom 20.04.1976; § 52 Abs. 16 EStG 1975.

kam[72]. Es handelte sich hierbei um den Veranlagungszeitraum, für den nach Abzug der Verluste erstmalig ein positiver Steuerbetrag festzusetzen war[73]. In prozessualer Hinsicht bildeten die Ermittlungen zu der Entstehung, Abzugsfähigkeit und dem Verbrauch eines Verlusts nämlich einen nur unselbstständigen, von der Finanzverwaltung nur nachrichtlich festgehaltenen und mithin nicht isoliert anfechtbaren Teil des Steuerbescheids[74]. Eine gegen einen Steuernullbescheid erhobene Anfechtungsklage war mangels Beschwer grundsätzlich unzulässig. Da den Besteuerungsgrundlagen der Steuerfestsetzung nach ständiger Rechtsprechung keine Bindungswirkung zukam[75], war das zuständige Finanzamt nicht daran gehindert, bei einer versehentlich fehlerhaften Verlustberücksichtigung im Entstehungsjahr – unabhängig von der Änderbarkeit des Bescheids – den Verlust bei der Steuerfestsetzung des Folgejahres in zutreffender Höhe zugrunde zu legen[76]. Verlustbeträge, die bereits im Jahr der Entstehung mit dem Gesamtbetrag der Einkünfte hätten verrechnet werden können, waren allerdings nicht auf spätere Veranlagungszeiträume übertragbar[77]. Im Zentrum der bis 1990 gültigen Rechtslage stand somit der im Einklang mit dem materiellen Recht durchgeführte Verlustabzug; Aspekte der Rechtsbeständigkeit traten dahinter regelmäßig zurück[78].

## II. Einführung des Feststellungsverfahrens i.R.d. Steuerreform 1990

Die Entscheidung über Höhe und Verbrauch des verbleibenden Verlustvortrags wurde im Zuge des Steuerreformgesetzes 1990 vom 25. Juli 1988[79] aus dem

---

72 BFH, Urteil v. 12.01.1966 – I 184/63, BStBl. III 1966, 270; *Kellerbach*, StBp 1976, 249, 252; *Bahlau*, FR 1988, 565, 566.

73 *Sikorski*, AO-StB 2001, 187 ff.

74 BFH, Urteil v. 17.03.1961 – VI 67/60 U, BStBl. III 1961, 427; BFH, Urteil v. 09.12.1987 – I R 260/83, BStBl. II 1988, 460; vgl. auch *Bahlau*, FR 1988, 565, 566.

75 BFH, Urteil v. 17.03.1961 – VI 67/60 U, BStBl. III 1961, 427 f.; BFH, Urteil v. 12.01.1966 – I 184/63, BStBl. III 1966, 270, 271; BFH, Urteil v. 09.07.1992 – XI R 29/91, BStBl. II 1993, 29, 30; für die Gewerbesteuer BFH, Urteil v. 27.10.1992 – VIII R 30/90, BFH/NV 1993, 264, 265.

76 BFH, Urteil v. 17.03.1961 – VI 67/60 U, BStBl. III 1961, 427; BFH, Urteil v. 09.12.1987 – I R 260/83, BStBl. II 1988, 460.

77 BFH, Urteil v. 02.02.1951 – IV 44/50 S, BStBl. III 1951, 55; BFH, Urteil v. 01.12.1955 – IV 266/54 U, BStBl. III 1956, 41. Der Verlustvortrag war so früh und so hoch wie möglich durchzuführen, *Kellerbach*, StBp 1976, 249, 251.

78 Für den Vorrang des Prinzips der Rechtsrichtigkeit auch *Süring*, DStR 2006, 345, 350.

79 StRefG 1990 vom 25.07.1988, BGBl. I 1988, 1093 = BStBl. I 1988, 224.

einheitlichen Besteuerungsverfahren herausgelöst und einem eigenständigen Verfahren zugeführt.

### *1. Gesonderte Verlustfeststellung als Zufallsprodukt des Gesetzgebungsverfahrens*

Ausweislich der Gesetzesmaterialien lässt sich die Einführung von § 10d Abs. 3 EStG 1990 als „Zufallsprodukt“ der das Gesetzgebungsverfahren begleitenden parlamentarischen Beratungen beschreiben[80]. Zwar wurde das Thema bereits seit Jahrzehnten diskutiert[81] und vom Bundesrat in seiner Stellungnahme zum Gesetzentwurf im Mai 1988 erstmals angeregt[82]. Der Regierungsentwurf sah eine Neuregelung des Verlustabzugs zunächst allerdings nur unter materiell-rechtlichen Gesichtspunkten im Hinblick auf den sog. Mantelkauf vor[83]. Die durch eine Rechtsprechungsänderung des I. Senats des BFH[84] geschaffene Möglichkeit, den bei einer vermögenslosen, nicht mehr wirtschaftlich tätigen Körperschaft vorhandenen Verlustabzug auch nach einem Verkauf an neue Anteilseigner geltend machen zu können, sollte ausgeschlossen werden[85]. Im Finanzausschuss des Bundestages wurde dann auch die Aufhebung der zeitlichen Begrenzung des Verlustabzugs thematisiert[86]. Der Deutsche Industrie- und Handelskammertag betonte in der Anhörung, dass die Wirtschaft das Problem des Mantelkaufs im Grundsatz für diskussionswürdig halte, jedoch

80 Vgl. *Heuermann*, in: Kirchhof/Söhn/Mellinghoff (Hrsg.), § 10d EStG, D 1; siehe auch *Bahlau*, FR 1988, 565, 567.

81 *Bahlau*, FR 1988, 565, 567.

82 *Bahlau*, FR 1988, 565, 567. Dies geschah im Wege einer Prüfungsbitte, BT-Drs. 11/2226, S. 10. Vgl. auch die Gegenäußerung der Bundesregierung vom 11.05.1988, BT-Drs. 11/2299, S. 3. Der Regierungsentwurf vom 23.03.1988 enthielt noch keinen Regelungsvorschlag für ein Verlustfeststellungsverfahren, BR-Drs. 100/88, S. 17.

83 *Bahlau*, FR 1988, 565.

84 Der BFH gab seine wirtschaftliche Betrachtung auf und stellte nur noch auf die zivilrechtliche Identität der Gesellschaft ab, BFH, Urteil v. 29.10.1986 – I R 202/82, BStBl. II 1987, 308, 309 f.; BFH, Urteil v. 29.10.1986 – I R 318/83, I R 319/83, I R 318–319/83, BStBl. II 1987, 310, 311 ff. Dadurch wurden insbesondere die Verlustabzüge von Kapitalgesellschaften veräußerbar, BT-Drs. 11/2157, S. 171; *Horlemann*, BB Beilage 13 zu Heft 21 1989, 1, 3.

85 BT-Drs. 11/2157, S. 171. Durch § 8 Abs. 4 KStG i.d.F. des StRefG 1990 wurde das Kriterium der wirtschaftlichen Identität gesetzlich verankert. Es handelte sich insoweit um ein sog. Nichtanwendungsgesetz, *Bahlau*, FR 1988, 565, 566; *Krüger/Dornig*, Stbg 1988, 357, 361; *Horlemann*, BB Beilage 13 zu Heft 21 1989, 1, 3.

86 *Bahlau*, FR 1988, 565, 567.

nur im Zusammenhang mit den in der Bundesrepublik im internationalen Vergleich zu sehr beschränkten Verlustabzugsmöglichkeiten. „*Lasse man einen zeitlich unbegrenzten Verlustvortrag zu, werde die Wirtschaft über die vorgesehene Einschränkung des Mantelkaufs mit sich reden lassen*"[87]. Im Ersten Bericht des Finanzausschusses hieß es sodann, die Ausschussmehrheit habe die zeitliche Beschränkung aufgehoben, um die Liquidität kleiner und mittlerer Unternehmen nach Verlustjahren zu verbessern[88]. Weiterhin wurde mit der Regelung die Erwartung verbunden, den Anreiz für Mantelkäufe mit dem alleinigen Ziel der wirtschaftlichen Übertragung von Verlustvorträgen zu verringern[89]. Wenngleich ein sachlicher Konnex zwischen dem Verlustabzugsverbot beim Mantelkauf nach § 8 Abs. 4 KStG 1990 einerseits und der Abschaffung der zeitlichen Begrenzung des Verlustvortrags andererseits angezweifelt werden kann[90], hat der erzielte Interessenausgleich die Neuregelung des § 10d EStG hervorgebracht, welche breite Zustimmung erfuhr[91].

Der zeitlich erheblich erweiterte Anwendungsbereich des Verlustabzugs ließ nun auch die Notwendigkeit einer – schon zuvor propagierten – gesonderten Feststellung erkennen[92]. Mit der Einführung eines entsprechenden Verfahrens war die Erwartung verbunden, zeitnah eine verbindliche Entscheidung über den künftig zu berücksichtigenden Verlustabzug zu erhalten und Rechtsstreitigkeiten

87 BT-Drs. 11/2536, S. 22.

88 BT-Drs. 11/2536, S. 78. Indes wendet *Bahlau* ein, die Neuregelung des Verlustabzugs stelle nicht sicher, dass etwaige Steuerersparnisse einem Unternehmen zugutekämen. Durch die Aufhebung der Fünf-Jahres-Frist werde vielmehr ein Beitrag zur Steuergerechtigkeit geleistet, *Bahlau*, FR 1988, 565, 569.

89 BT-Drs. 11/2536, S. 78 rechte Spalte. Mit der Aufhebung der zeitlichen Begrenzung des Verlustvortrags wurden zudem Harmonisierungsziele der Kommission umgesetzt, vgl. BT-Drs. 11/2536, S. 52 linke Spalte; *von Groll*, in: Kirchhof/Söhn/Mellinghoff (Hrsg.), 57. Erg.Lfg. Februar 1995, § 10d EStG, A 151 m.w.N.

90 Kritisch *Bahlau*, FR 1988, 565, 567.

91 Statt vieler: *Bahlau*, FR 1988, 565, 571; *Baum*, DStZ 1988, 512; *Kuchenreuther*, DStR 1988, 638, 639. Demgegenüber schlägt *Meyer* eher kritische Töne an, vgl. *Meyer*, DStR 1989, 191 f.

92 Die gesonderte Feststellung insoweit als unverzichtbar bezeichnend *Baum*, DStZ 1988, 512. Der Gesetzgeber hob im Rahmen der Gesetzesbegründung zum Jahressteuergesetz 2007 (JStG 2007) nochmals hervor, dass eine interperiodische Verlustberücksichtigung ohne Verlustfeststellung infolge der Aufhebung der Fünf-Jahres-Frist zu praktischen Schwierigkeiten geführt hätte, da der zeitliche Abstand zwischen dem Verlustentstehungs- und dem Abzugsjahr nunmehr unabsehbar groß sein konnte, BT-Drs. 16/2712, S. 43 rechte Spalte.

über die Höhe des Verlusts zu begrenzen[93]. Während die materiell-rechtliche Regelung des Verlustvortrags bereits auf nicht ausgeglichene Verluste des Veranlagungszeitraums 1985 anzuwenden war[94], wurden gesonderte Feststellungen im Sinne von § 10d Abs. 3 EStG 1990 zum ersten Mal per 31. Dezember 1990 getroffen[95]. Über § 8 Abs. 1 KStG war ein Feststellungsverfahren ab 1990 zudem bei der Körperschaftsteuer durchzuführen. Die beiden wesentlichen Änderungen, die das Verlustabzugsrecht im Rahmen des StRefG 1990 erfahren hat, machten eine neue Untergliederung des § 10d EStG in insgesamt drei Absätze erforderlich[96].

### 2. *Sog. große Lösung: Fortgeschriebene Verlustfeststellungen zum Ende der Steuerperioden*

Der Gesetzgeber der Steuerreform 1990 hat sich bei der verfahrensrechtlichen Ausgestaltung der gesonderten Feststellung für ein System entschieden, das die Feststellung des jeweils zum Ende des Veranlagungszeitraums verbleibenden Verlustvortrags mit verbindlicher Wirkung für die Zukunft vorsieht (sog. große Lösung)[97]. Dem waren Überlegungen zu einem als sog. kleine Lösung bezeichneten Alternativmodell vorausgegangen, welches die Feststellung auf die im Entstehungsjahr bei der Ermittlung des Gesamtbetrags der Einkünfte nicht ausgeglichenen negativen Einkünfte konzentriert hätte[98]. Der wesentliche Unterschied zwischen beiden Ansätzen liegt hierbei im Regelungsumfang

---

93 BT-Drs. 11/2536, S. 78.

94 Vgl. § 52 Abs. 13 Buchst. b) EStG 1990 bzw. § 36 Abs. 5 GewStG 1990.

95 Vgl. § 52 Abs. 1 EStG 1990 bzw. § 36 Abs. 1 GewStG 1990.

96 Der Wortlaut von § 10d Abs. 3 EStG a.F. lautete: *„Der am Schluß eines Veranlagungszeitraums verbleibende Verlustabzug ist gesondert festzustellen. Verbleibender Verlustabzug ist der bei der Ermittlung des Gesamtbetrags der Einkünfte nicht ausgeglichene Verlust, vermindert um die nach den Absätzen 1 und 2 abgezogenen Beträge und vermehrt um den auf den Schluß des vorangegangenen Veranlagungszeitraums festgestellten verbleibenden Verlustabzug. Zuständig für die Feststellung ist das für die Besteuerung des Einkommens zuständige Finanzamt. Feststellungsbescheide sind zu erlassen, aufzuheben oder zu ändern, soweit sich die nach Satz 2 zu berücksichtigenden Beträge ändern und deshalb der entsprechende Steuerbescheid zu erlassen, aufzuheben oder zu ändern ist. Satz 4 ist entsprechend anzuwenden, wenn der Erlaß, die Aufhebung oder Änderung des Steuerbescheids mangels steuerlicher Auswirkung unterbleibt."*

97 *Baum*, DStZ 1988, 512; *Meyer*, DStR 1989, 191; *Stöcker*, in: Carlé/Stahl/Strahl (Hrsg.), Gestaltung und Abwehr im Steuerrecht, S. 721, 741; *Lindberg*, in: Frotscher (Hrsg.), 177. Lfg. 9/2013, § 10d EStG, Rdnr. 70.

98 *Baum*, DStZ 1988, 512.

des Feststellungsbescheids[99]. Eine Beschränkung des Feststellungsbereichs auf den Verlustentstehungszeitraum hätte die mit der Novellierung des § 10d EStG a.F. verfolgten Zielsetzungen nur bedingt erreicht. Dadurch, dass Verlustvorräte fortan über eine unbegrenzte Zeitspanne abgebaut werden konnten, hätte sich die weitere Entwicklung des nach der kleinen Lösung einmalig festzustellenden Verlustvortrags außerhalb des förmlichen Bescheids vollzogen. Auf längere Sicht wäre es daher zu Streitigkeiten über den konkreten Verbrauch des Verlustabzugs durch Rück- oder Vortrag gekommen[100]. Denn die genaue Höhe des zum Ende eines bestimmten Veranlagungszeitraums verbleibenden Verlustabzugsvolumens hätte sich nur aus der Summe der bereits durchgeführten Feststellungen[101] und unter Hinzuziehung der Unterlagen zu vergangenen Besteuerungsabschnitten bestimmen lassen[102]. Im Hinblick auf die konkrete Verlustverrechnung wäre weiterhin fraglich gewesen, in welcher Reihenfolge (chronologisch?) bzw. nach welcher Vorgehensweise (anteilig?) die in den Feststellungsbescheiden ausgewiesenen Verluste hätten berücksichtigt werden müssen.

Die Überlegungen zur kleinen Lösung zeigen, dass nur ein verbreiterter Regelungsgehalt des Verlustfeststellungsbescheids, der auch über den Verlustverbrauch im Abzugsjahr entscheidet, ein Mehr an Rechtssicherheit gewährleisten kann. Indem nach der großen Lösung sämtliche verbleibenden Vorjahresverluste in die gesonderte Feststellung einfließen[103], ist es möglich, das gesamte Verlustpotential in einem Betrag auf verbindliche Weise zusammenzuführen und fortlaufend zu aktualisieren[104]. Der hiermit verbundene – und im Vergleich zur kleinen Lösung erhöhte – Verwaltungsaufwand[105] steht auch nicht außer Verhältnis zu der für alle Verfahrensbeteiligten gewonnenen Transparenz und besseren Planbarkeit.

---

99 *Meyer*, DStR 1989, 238.

100 *Stöcker*, in: Carlé/Stahl/Strahl (Hrsg.), Gestaltung und Abwehr im Steuerrecht, S. 721, 740.

101 *Lindberg*, in: Frotscher (Hrsg.), 177. Lfg. 9/2013, § 10d EStG, Rdnr. 70.

102 *Baum*, DStZ 1988, 512.

103 *Meyer*, DStR 1989, 191.

104 Aufgrund des Fortschreibungszwangs des gesondert festgestellten Verlustvortrags wird der jeweilige Vorjahresfeststellungsbescheid obsolet, *Heinicke*, in: Schmidt (Hrsg.), § 10d EStG, Rdnr. 40.

105 Kritisch aber *Meyer*, DStR 1989, 191.

## III. Einfügung eines Verzichtsrechts zugunsten des Verlustvortrags

Das Standortsicherungsgesetz vom 13. September 1993[106] führte ein Wahlrecht in § 10d Abs. 1 S. 4, 5 EStG a.F.[107] ein, das es natürlichen Personen und Körperschaften (i.V.m. § 8 Abs. 1 S. 1 KStG) gleichermaßen ermöglicht, auf den gesetzlichen Vorrang des Verlustrücktrags ganz oder teilweise zugunsten des Verlustvortrags zu verzichten[108]. Dem Steuerpflichtigen stehen hierdurch eine Vielzahl vorteilhafter Steuergestaltungen offen[109]. Insbesondere wurden Härten beseitigt, die daraus resultierten, dass Verluste bisher bis zu einem zu versteuernden Einkommen von null DM zwingend zurückzutragen waren mit der Folge, dass Steuerfreibeträge (z.B. Grund- und Kinderfreibetrag) regelmäßig verlorengingen[110]. Neben diesem „Freibetragseffekt"[111] kann das Wahlrecht auch dazu verwendet werden, den Verlustvorrat im Abzugszeitraum möglichst so zu verteilen, dass die Einkommensteuerprogression in gleichem Ausmaß verringert und auf diese Weise ein ähnlich hohes zu versteuerndes Einkommen erreicht wird[112]. Hierbei kommt der Ausübung des Wahlrechts unmittelbare Bedeutung für die gesonderte Feststellung des verbleibenden Verlustvortrags zu[113]. So hat

---

106 Gesetz zur Verbesserung der steuerlichen Bedingungen zur Sicherung des Wirtschaftsstandorts Deutschland im Europäischen Binnenmarkt (StandOG) vom 13.09.1993, BGBl. I 1993, 1569 = BStBl. I 1993, 774. Ausweislich des Regierungsentwurfs resultierte die Reform des Verlustrücktrags daraus, dass die bisherige Regelung das Anrechnungsverfahren im Körperschaftsteuerrecht verkomplizierte. Aus Gründen der Gleichbehandlung wurde das Wahlrecht auch im Einkommensteuerrecht eingeführt, BT-Drs. 12/4487, S. 26.

107 Nunmehr: § 10d Abs. 1 S. 5, 6 EStG.

108 Gemäß § 52 Abs. 13d S. 2 EStG i.d.F. des StandOG war das Wahlrecht erstmals auf im Jahr 1994 entstandene Verluste anzuwenden.

109 Kritisch *Paus*, DB 1994, 1842, 1845, der auf die mit den erweiterten Gestaltungsmöglichkeiten verbundene Verkomplizierung der Rechtsanwendung für die Praxis hinweist.

110 *Dötsch*, DB 1993, 1639; vgl. auch *Paus*, DB 1994, 1842, 1845, mit Hinweis auf fortbestehende Härten im Verlustentstehungsjahr und beim Verlustvortrag.

111 *Schlarb*, BB 1994, 187, 188; *Dötsch*, DB 1993, 1639.

112 *Schlarb*, BB 1994, 187, 188.

113 Das Wahlrecht wird durch unbefristeten, formlos gültigen Antrag ausgeübt, der bis zum Eintritt der Bestandskraft des Feststellungsbescheids des Verlustentstehungsjahrs widerrufen oder geändert werden kann, vgl. *Paus*, DB 1994, 1842, 1844; *Heuermann*, in: Kirchhof/Söhn/Mellinghoff (Hrsg.), § 10d EStG, A 345.

ein vollständiger oder teilweiser Verzicht auf den Verlustrücktrag den automatischen Anstieg des Vortragsvolumens in korrespondierender Höhe zur Folge[114].

## IV. Einschränkungen der Verlustfeststellung durch sog. Nichtanwendungsgesetze

### *1. Begrenzung der Feststellungsverjährung i.R.d. Jahressteuergesetzes 2007*

Die Änderung des § 10d Abs. 4 EStG a.F.[115] im Rahmen des Jahressteuergesetzes 2007 vom 13. Dezember 2006[116] stellt sich als Reaktion des Gesetzgebers auf die höchstrichterliche Rechtsprechung dar. Mit Urteilen vom 12. Juni 2002[117] und 1. März 2006[118] hatte der BFH die Vorschrift des § 181 Abs. 5 AO im Rahmen des Verlustfeststellungsverfahrens für anwendbar erklärt. Hiernach kann eine gesonderte Feststellung auch nach Ablauf der für sie geltenden Feststellungsfrist[119] durchgeführt werden, soweit sie für eine Steuerfestsetzung von Bedeutung ist, für die die Festsetzungsfrist im Feststellungszeitpunkt noch nicht abgelaufen ist. Entsprechendes gilt, wenn die Feststellung Grundlagenbescheid für einen anderen Feststellungsbescheid ist[120]. Diese Voraussetzungen sind bei der gesonderten Verlustfeststellung regelmäßig erfüllt, da die Verluste entweder im Folgejahr bei der Veranlagung abgezogen oder in den nachfolgenden Feststellungsbescheid erhöhend einzubeziehen sind. Infolge der BFH-Rechtsprechung hätte die grundsätzlich auf bis zu sieben Jahre begrenzte Feststellungsfrist somit nicht geendet[121]. Eine zeitlich unbeschränkt fortbestehende Verpflichtung

---

114 *Heuermann*, in: Kirchhof/Söhn/Mellinghoff (Hrsg.), § 10d EStG, A 345.

115 Wie auch der Parallelnorm des § 35b Abs. 2 GewStG a.F., vgl. BT-Drs. 16/2712, S. 20 rechte Spalte.

116 JStG 2007 vom 13.12.2006, BGBl. I 2016, 2878.

117 BFH, Urteil v. 12.06.2002 - XI R 26/01, BStBl. II 2002, 681 = DStRE 2002, 1345; bestätigt durch BFH, Urteil v. 06.07.2005 - XI R 27/04, BFH/NV 2006, 16.

118 BFH, Urteil v. 01.03.2006 - XI R 33/04, BStBl. II 2007, 919.

119 Gemäß § 181 Abs. 1 S. 1 AO i.V.m. §§ 169, 170 AO unterliegt die gesonderte Feststellung des verbleibenden Verlustvortrags der Feststellungsverjährung.

120 Vgl. BT-Drs. 16/2712, S. 43 rechte Spalte.

121 Dies galt jedenfalls in der Konstellation, dass für den Verlustentstehungszeitraum kein Einkommensteuerbescheid existierte und z.B. wegen Festsetzungsverjährung oder Fristablauf bei der Antragsveranlagung (vgl. § 46 Abs. 2 Nr. 8 EStG a.F.) auch nicht mehr ergehen konnte. Nach der - inzwischen überholten - Rechtsprechung des XI. Senats war nämlich § 10d Abs. 4 S. 4, 5 EStG a.F. mangels Steuerbescheid nicht anwendbar und konnte eine gesonderte Verlustfeststellung nicht blockieren, vgl. BT-Drs. 16/2712, S. 44 linke Spalte; ebenfalls die Bedeutung für Einzelfälle hervorhebend

zum Erlass eines Feststellungsbescheids hätte indes der gesetzgeberischen Zielsetzung, eine zeitnahe Entscheidung über die Höhe des Verlustvortrags sicherzustellen, diametral entgegengestanden[122]. Um den Eintritt der Feststellungsverjährung zu gewährleisten, schließt § 10d Abs. 4 S. 6 HS. 2 EStG i.d.F. des JStG 2007 die Anwendbarkeit des § 181 Abs. 5 AO grundsätzlich aus[123]. Demgemäß können Verlustfeststellungsbescheide lediglich innerhalb der auch für Einkommensteuerbescheide geltenden allgemeinen Verjährungsfrist erlassen werden[124], § 181 Abs. 1 S. 1 i.V.m. §§ 169, 170 AO. Nur ausnahmsweise, nämlich in den Fällen des pflichtwidrigen Unterlassens, wenn das Finanzamt den Feststellungsbescheid nicht erlässt, obwohl ihm dies möglich gewesen wäre, bleibt ein Anwendungsbereich für § 181 Abs. 5 AO bestehen[125].

### 2. *Gesetzliche Rückkoppelung des Feststellungsbescheids an den Inhalt des Steuerbescheids*

Die vorerst letzte tiefgreifende Reform hat das Recht der gesonderten Verlustfeststellung im Rahmen des JStG 2010 vom 8. Dezember 2010[126] erfahren. Aus Sicht des Gesetzgebers ergab sich abermals Handlungsbedarf, da der BFH seine langjährige Rechtsprechung zum erstmaligen Erlass eines Feststellungsbescheids über vortragsfähige Verluste verworfen und zu einer neuen, für den

---

*Sikorski*, DStR 2007, 183, 185. Zur Rechtsprechung des XI. Senats ausführlich unter Zweites Kapitel A.I.

122 Vgl. BT-Drs. 16/2712, S. 44 linke Spalte.

123 Die Neuregelung ist in allen Fällen anzuwenden, in denen am 01.01.2007 die Feststellungsfrist noch nicht abgelaufen war, § 52 Abs. 25 EStG i.d.F. des JStG 2007. Die Tatsache, dass § 181 Abs. 5 AO damit auch für Verluste, die vor dem Inkrafttreten des Gesetzes entstanden sind, ausgeschlossen ist, soll nichts daran ändern, dass die Neuregelung in verfassungsgemäßer Weise in das EStG eingefügt wurde, vgl. BFH, Urteil v. 08.04.2014 - IX R 32/13, BFH/NV 2014, 1206; BFH, Urteil v. 14.04.2015 - IX R 17/14, BFH/NV 2015, 1089; *Heuermann*, in: Kirchhof/Söhn/Mellinghoff (Hrsg.), § 10d EStG, A 89 f., A 289, D 112.

124 Es gilt jedoch eine Ablaufhemmung, wonach die Feststellungsfrist nicht endet, bevor die Festsetzungsfrist für den Veranlagungszeitraum abgelaufen ist, auf dessen Schluss die Verlustfeststellung erfolgt, § 10d Abs. 4 S. 6 HS. 1 EStG i.d.F. des JStG 2007.

125 § 10d Abs. 4 S. 6 HS. 2 a.E. EStG i.d.F. des JStG 2007; vgl. auch BFH, Urteil v. 25.05.2011 - IX R 36/10, BStBl. II 2011, 807 = DStR 2011, 1519, 1520 f.; BFH, Urteil v. 08.04.2014 - IX R 32/13, BFH/NV 2014, 1206; *Ettlich*, DB 2009, 18, 24; *Heuermann*, DStR 2011, 1489, 1491; vgl. auch das Beispiel im BMF-Schreiben vom 30.11.2007 - IV C 4 - S 2225/07/0004, BStBl. I 2007, 825.

126 JStG 2010 vom 08.12.2010, BGBl. I 2010, 1768.

Steuerpflichtigen tendenziell günstigeren Auslegung des § 10d Abs. 4 EStG a.F.[127] übergegangen war[128]. Die geläuterte Rechtsansicht des BFH widerspreche dem gesetzgeberischen Willen, mit der Einführung des gesonderten Feststellungsverfahrens eine für alle Beteiligten zeitnahe verbindliche Klärung über die künftig zu berücksichtigenden Verlustvorträge herbeizuführen und dadurch zur Steuervereinfachung und zum Rechtsfrieden beizutragen[129]. Darüber hinaus sei die ursprünglich vorgesehene Abstimmung der materiellen und formellen Änderungserfordernisse von Verlustfeststellung und Steuerfestsetzung des Folgejahrs nicht mehr gewahrt, wenn der Steuerpflichtige auch noch einige Zeit nach Eintritt der Bestandskraft des Steuerbescheids eine erstmalige Verlustfeststellung durch Geltendmachung z.B. einer vorteilhaften Rechtsprechungsänderung erreichen könne. Denn der nach dem BFH zu erlassende Feststellungsbescheid entfalte seinerseits Bindungswirkung für die gesonderte Feststellung und den Steuerbescheid des nachfolgenden Veranlagungszeitraums[130]. In der Gesetzesbegründung wird insoweit eine nach altem Recht eintretende - nicht beabsichtigte - Benachteiligung derjenigen Steuerpflichtigen ausgemacht, die die Rechtsfrage der Verlustberücksichtigung bereits im Rechtsbehelfsverfahren gegen den Steuerbescheid aufgeworfen haben und den Feststellungsbescheid infolge der abschlägigen Entscheidung bestandskräftig werden ließen[131].

Die Neuregelung von § 10d Abs. 4 S. 4, 5 EStG soll vor diesem Hintergrund Abhilfe durch eine „innovative Grundlagenbescheidfunktion“[132] schaffen. Sie soll die Norm im Sinne der ursprünglichen Intention des Gesetzgebers und der

---

127 Die neue Rechtsprechung bezog sich auf § 10d Abs. 4 EStG i.d.F. des StEntlG 1999/2000/2002 vom 24.03.1999, BGBl. I 1999, 402, und die im Wesentlichen inhaltsgleichen Vorgängerregelungen.

128 Vgl. den Gesetzentwurf vom 21.06.2010, BT-Drs. 17/2249, S. 51, sowie die dort explizit in Bezug genommene Entscheidung des IX. Senats des BFH vom 17.09.2008 - IX R 70/06, BStBl. II 2009, 897. Es lassen sich nur Vermutungen darüber anstellen, weshalb nicht auch das noch weitergehende, da ebenfalls Konstellationen von Steuerbescheiden mit negativem Gesamtbetrag der Einkünfte erfassende Urteil vom 14.07.2009 - IX R 52/08, BFH/NV 2009, 1185 = BStBl. II 2011, 26, genannt wird. Eine mögliche Erklärung könnte sein, dass die Finanzverwaltung die Entscheidung zunächst nicht für anwendbar erachtete und erst im Anschluss an die Gesetzesänderung (dann nur noch für Altfälle) in Teil II des Bundessteuerblatts veröffentlichte.

129 Zu den gesetzgeberischen Motiven im Zusammenhang mit der Einführung des Feststellungsverfahrens näher bereits unter Erstes Kapitel A.II.

130 BT-Drs. 17/2249, S. 51 rechte Spalte.

131 BT-Drs. 17/2249, S. 51 rechte Spalte.

132 *Heuermann*, in: Kirchhof/Söhn/Mellinghoff (Hrsg.), § 10d EStG, D 4.

bisherigen höchstrichterlichen Rechtsprechung klarstellen[133]. Den der Steuerfestsetzung zugrunde liegenden Beträgen wird deshalb kraft Gesetzes eine bindende Wirkung für den Inhalt des im selben Veranlagungszeitraum zu erlassenden Verlustfeststellungsbescheids zugeschrieben, die derjenigen eines Grundlagenbescheids im Ergebnis gleichkommen soll. Verfahrensrechtlich soll es sich bei dem Steuerbescheid jedoch weiterhin nicht um einen Grundlagenbescheid im Sinne von § 171 Abs. 10 AO handeln[134]. Die Vorschriften der §§ 171 Abs. 10, 175 Abs. 1 S. 1, 351 Abs. 2 AO sowie § 42 FGO finden ausdrücklich nur entsprechende Anwendung, vgl. § 10d Abs. 4 S. 4 HS. 2 EStG. Eine von den Besteuerungsgrundlagen des Steuerbescheids abweichende gesonderte Feststellung ist danach zulässig, wenn dieser (bei fehlender Auswirkung auf die Höhe der festgesetzten Steuer nur dem Rechtsgrund nach) noch geändert werden kann. Nachträglich, d.h. erst im Anschluss an eine abgeschlossene Veranlagung erklärten Verlusten kann im Rahmen der Prüfung eines Korrekturtatbestandes somit insbesondere entgegenstehen, dass den Steuerpflichtigen ein grobes Verschulden an ihrem verspäteten Bekanntwerden trifft oder sie nicht rechtserheblich sind, § 173 Abs. 1 Nr. 2 AO. Das Tatbestandsmerkmal der Rechtserheblichkeit ist unter der Voraussetzung zu verneinen, dass das Finanzamt auch bei rechtzeitiger Kenntnis der geltend gemachten Verluste im Zeitpunkt der Veranlagung mit an Sicherheit grenzender Wahrscheinlichkeit nicht anders entschieden, also die Feststellung eines verbleibenden Verlustvortrags abgelehnt hätte[135]. Eine spätere Änderung der Rechtsprechung kann somit grundsätzlich nicht mehr zum Vorteil des Steuerpflichtigen gereichen; er hat insoweit das Prozessrisiko zu tragen[136]. Die Neufassung gilt erstmals für Verluste, für die nach dem Verkündungstag des Gesetzes am 13. Dezember 2010 eine Erklärung zur Feststellung des verbleibenden Verlustvortrags abgegeben wird, § 52 Abs. 25 S. 5 EStG i.d.F. des JStG 2010[137].

---

133 BT-Drs. 17/2249, S. 52. *Heuermann* macht zu Recht darauf aufmerksam, dass es sich streng genommen nicht um eine bloße gesetzliche Klarstellung, sondern um eine Neustrukturierung der Sätze 4 und 5 handelt, *Heuermann*, in: Kirchhof/Söhn/Mellinghoff (Hrsg.), § 10d EStG, A 291 Fn. 100.

134 BT-Drs. 17/2249, S. 52 linke Spalte.

135 Großer Senat des BFH, Beschluss v. 23.11.1987 – GrS 1/86, BStBl. II 1988, 180 = NVwZ 1989, 293, 294.

136 BT-Drs. 17/2249, S. 51 f.

137 Ein nach Eintritt der Bestandskraft des Verlustfeststellungsbescheids abgegebenes Erklärungsformular stellt keine „Erklärung" im Sinne der Übergangsregelung dar. Es handelt sich der Sache nach um einen Änderungsantrag, der schon nach dem Wortlaut des § 52 Abs. 25 S. 5 EStG a.F. nicht in den Anwendungsbereich der Neuregelung fällt, vgl. BFH, Beschluss v. 04.04.2014 – IX B 137/13, BFH/NV 2014, 1042 f. Das FG Köln

Im Rahmen des Gesetzgebungsverfahrens war der Reformvorschlag der Bundesregierung kontrovers im Finanzausschuss diskutiert worden. Die Fraktion der SPD kritisierte, dass die Gesetzesänderung darauf abziele, die durch die neue BFH-Rechtsprechung eröffneten Verlustfeststellungsmöglichkeiten insbesondere zu Lasten der Arbeitnehmer auszuhebeln. Diese Erwerbstätigengruppe profitiere maßgeblich davon, die während einer Arbeitslosigkeit entstandenen Werbungskosten (z.B. Umschulungs- und Bewerbungskosten) noch im Anschluss an eine bestandskräftige Einkommensteuerveranlagung geltend machen zu können[138]. Demgegenüber käme Selbstständigen diese Gelegenheit auch nach dem Gesetzentwurf zu, da deren Steuerbescheide regelmäßig unter dem Vorbehalt der Nachprüfung ergingen[139]. Ein diesbezüglich gestellter Antrag mit dem Inhalt, die Änderungen von § 10d Abs. 4 S. 4, 5 EStG a.F. ersatzlos zu streichen, wurde vom Finanzausschuss abgelehnt[140].

Der Bundesrat hatte im Rahmen seiner Stellungnahme einen eigenen Änderungsvorschlag für § 10d Abs. 4 EStG a.F. unterbreitet[141], den die Bundesregierung ausweislich ihrer Gegenäußerung nicht aufgegriffen hat. Die wesentlichen Unterschiede zum Regierungsentwurf bestanden darin, dass (1) Satz 4 nicht vollständig umstrukturiert, sondern nur in Reaktion auf das BFH-Urteil vom 17. September 2008[142] ergänzt, (2) ein neuer Satz 5 in Bezug auf Verluste aus besonderen Verrechnungskreisen eingebaut und (3) der bisherige Satz 5 als Satz 6 in seinem Anwendungsbereich auch auf den neuen Satz 5 erstreckt wurde[143]. Im Einzelnen wurde angeregt, Satz 4 i.d.F. des StEntlG 1999/2000/2002 um den Einschub „[...] oder sich im Steuerbescheid des Verlustentstehungsjahres

---

geht von der Anwendbarkeit des § 10d Abs. 4 S. 4, 5 EStG n.F. auch dann aus, wenn statt der Abgabe einer Erklärung zur Feststellung des verbleibenden Verlustabzugs nur zusätzliche Ausgaben geltend gemacht werden, die erstmals zu einem negativen Gesamtbetrag der Einkünfte führen, FG Köln, Urteil v. 16.02.2016 - 10 K 2574/15, EFG 2016, 1109, 1110.

138 BT-Drs. 17/3549, S. 8.

139 Der SPD-Abgeordnete Lothar Binding sprach in seiner Rede im Rahmen der 3. Beratung insoweit vom „Unterschied zwischen Schwach und Stark", vgl. BT-PlPr 17/68, S. 7293(A). Siehe auch BT-Drs. 17/3549, S. 8.

140 BT-Drs. 17/3549, S. 8 rechte Spalte.

141 Der Vorschlag des Bundesrats erfolgte auf Empfehlung des federführenden Finanzausschusses, des Ausschusses für Innere Angelegenheiten, des Rechtsausschusses und des Wirtschaftsausschusses, vgl. BT-Drs. 318/1/10, S. 1, 26 ff.

142 Vgl. BFH, Urteil v. 17.09.2008 - IX R 70/06, BStBl. II 2009, 897.

143 Der Wortlaut des Änderungsvorschlags ist vollständig abgedruckt in BT-Drs. 17/2823, S. 10.

der Gesamtbetrag der Einkünfte ändert […]" zu ergänzen. Dadurch sollte die Anbindung an die im Steuerbescheid ausgewiesene Bezugsgröße „Gesamtbetrag der Einkünfte" wiederhergestellt werden, um die gesonderte Feststellung entsprechend der bisherigen Rechtsprechung nur unter den erschwerten Voraussetzungen des § 10d Abs. 4 S. 4 EStG zuzulassen[144]. Da Verluste, die besonderen Verrechnungsbeschränkungen unterliegen (vgl. z.B. §§ 23, 22 Nr. 3, 15b sowie 15 Abs. 4 EStG), nicht in den vertikalen Verlustausgleich Eingang finden und somit nicht Bestandteil des Gesamtbetrags der Einkünfte werden[145], sah der Vorschlag des Bundesrats zusätzlich einen neuen Satz 5 vor. Zur Klarstellung[146] sollte dieser regeln, dass der Steuerbescheid auch hinsichtlich der ihm zugrunde liegenden Einkünfte im Sinne von § 2 EStG Bindungswirkung für die Verlustfeststellung[147] entfaltet[148]. Demgemäß wäre auch für diese Art von Verlusten eine gesonderte Feststellung nur möglich gewesen, wenn der entsprechende Steuerbescheid noch hätte geändert werden können. Nach dem neuen Satz 6 sollte der verbleibende Verlustvortrag in den Fällen der Sätze 4 und 5 ausnahmsweise abweichend von den genannten Bezugsgrößen des Steuerbescheids gesondert feststellbar sein, sofern sich die Bezugsgrößenänderung nicht auf die Höhe der festgesetzten Steuer hätte auswirken können. In zeitlicher Hinsicht war geplant, dem Regelungsentwurf des Bundesrats erstmals Gültigkeit für Verlustfeststellungen auf den Schluss des Veranlagungszeitraums 2010 zukommen zu lassen[149].

---

144 BT-Drs. 17/2823, S. 10.

145 BFH, Urteil v. 11.11.2008 - IX R 44/07, BStBl. II 2010, 31 = FR 2009, 726, 727.

146 Diese Klarstellung wurde möglicherweise aus dem Grund erwogen, weil lange Zeit umstritten war, ob das Feststellungsverfahren gemäß § 10d Abs. 4 EStG auf die jeweiligen Verlustausgleichsbeschränkungen Anwendung findet. Im Einzelnen ging es darum, ob ein ausdrücklicher Gesetzesverweis auf § 10d Abs. 4 EStG erforderlich ist oder anderslautende Verweisungen entsprechend ausgelegt werden können.

147 Der Entwurf des neuen Satzes 5 fiel insoweit missverständlich aus, als von der Änderung oder dem Erlass „eines Feststellungsbescheids über den verbleibenden Verlustvortrag oder -rücktrag" die Rede war. Soweit ein Verlustrücktrag innerhalb des jeweiligen Verlustverrechnungskreises zulässig ist (anders z.B. im Rahmen von § 20 Abs. 6 S. 1 bis 3 EStG), findet eine gesonderte Feststellung auf den Schluss des Rücktragsjahres nach allgemeinen Grundsätzen indes nicht statt, *Stöcker*, in: Carlé/Stahl/Strahl (Hrsg.), Gestaltung und Abwehr im Steuerrecht, S. 721, 743. Die in das Vorjahr zurückgetragenen Verluste fließen lediglich als unselbstständige Berechnungsgröße in den verbleibenden Verlustvortrag nach § 10d Abs. 4 S. 2 EStG ein.

148 Der Einkünftebegriff im Sinne des § 2 EStG umfasst die nicht mit positiven Einkünften anderer Einkunftsarten verrechenbaren Verluste, BT-Drs. 17/2823, S. 10.

149 Vgl. zu § 52 Abs. 25 S. 5 EStG-E; BT-Drs. 17/2823, S. 10.

Die Bundesregierung stellte in ihrer Gegenäußerung zunächst klar, dass die auch von ihr angestrebte zeitnahe verbindliche Entscheidung über die Höhe der vortragsfähigen Verluste durch den Regierungsentwurf entsprechend umgesetzt werde. Auf den Regelungsvorschlag des Bundesrats wurde nur unter dem Gesichtspunkt der zeitlichen Anwendbarkeit eingegangen, denn danach hätte es Steuerpflichtigen offen gestanden, die Verluste aus den Veranlagungsjahren bis einschließlich 2009 noch nach Maßgabe der großzügigeren BFH-Rechtsprechung steuerlich geltend zu machen[150]. Im Vergleich hierzu können durch den Regierungsentwurf auch Besteuerungszeiträume vor 2010 erfasst werden, da insoweit auf den Abgabezeitpunkt der Feststellungserklärung abgestellt wird[151]. Da der Bundestag letztlich die Version des Regierungsentwurfs[152] am 28. Oktober 2010 verabschiedete, kann auf den Willen des Gesetzgebers geschlossen werden, einen auch in zeitlicher Sicht möglichst weitreichenden Anwendungsbereich für die Neufassung des § 10d Abs. 4 EStG schaffen zu wollen. Eine klarstellende ausdrückliche Regelung der Bindungswirkung in Bezug auf Verlustverrechnungskreise wurde offenbar für entbehrlich gehalten[153]. Der Bundesrat erteilte am 26. November 2010 seine Zustimmung zu dem Gesetz.

---

150 BT-Drs. 17/2823, S. 38 (Zu Nummer 13).

151 Die Verfassungsmäßigkeit im Hinblick auf eine etwaige Rückwirkung gleichwohl bejahend BFH, Urteil v. 10.02.2015 – IX R 6/14, BFH/NV 2015, 812, 814 f.; zuletzt BFH, Urteil v. 11.10.2017 – IX R 15/17, BFH/NV 2018, 433 mit Verweis auf die Begründung im Urteil vom 10.02.2015.

152 Entspricht der vom Finanzausschuss vorgeschlagenen Fassung, vgl. BT-Drs. 17/2249, 17/3449 sowie 17/3549.

153 Nach Auffassung des Gesetzgebers dürfte die Anwendung des neuen § 10d Abs. 4 S. 4, 5 EStG bereits über die Verweisungen der jeweiligen Verrechnungsbeschränkungsregelungen auf § 10d EStG gewährleistet sein. Soweit er vor und nach Inkrafttreten des JStG 2010 zusätzlich ausdrückliche Verweise auf § 10d Abs. 4 EStG in das Gesetz aufgenommen hat, diente dies lediglich der Klarstellung und Aushebelung einer ggf. abweichenden Rechtsprechung. Vgl. BFH, Urteil v. 22.09.2005 – IX R 21/04, BStBl. II 2007, 158 für den Fall des § 23 Abs. 3 S. 9 EStG i.d.F. des StEntlG 1999/2000/2002, BGBl. I 1999, 402.

## B. Der Verlustfeststellungsbescheid als Produkt des gesonderten Feststellungsverfahrens

### I. Doppelfunktion des Feststellungsbescheids über vortragsfähige Verluste

Der das Feststellungsverfahren nach § 10d Abs. 4 EStG förmlich abschließende Verlustfeststellungsbescheid weist eine verfahrensrechtliche Doppelnatur[154] auf. Im Hinblick auf die Folgebescheide des dem Verlustentstehungsjahr nachfolgenden Veranlagungszeitraums entfaltet der Bescheid bindende Wirkung in seiner Eigenschaft als Grundlagenbescheid. Zur gleichen Zeit kann er seinerseits Folgebescheid im Verhältnis zum Feststellungsbescheid des Vorjahrs und an die in letzterem getroffenen Feststellungen gebunden sein.

Das Gesetz definiert den Grundlagenbescheid als Verwaltungsakt, der für eine Steuerfestsetzung bindend ist, § 171 Abs. 10 S. 1 HS. 1 AO[155]. Ausdrücklich genannt werden insbesondere Feststellungsbescheide nach §§ 179 ff. AO. Der sog. Folgebescheid bildet das „Gegenstück" zum Grundlagenbescheid[156]. Nach Ansicht der Rechtsprechung hält die Abgabenordnung eine allgemeingültige Begriffserläuterung insoweit nicht bereit. In der Zusammenschau von §§ 182 Abs. 1, 171 Abs. 10, 175 Abs. 1 Nr. 1 und § 351 Abs. 2 AO versteht sie den Folgebescheid als Verwaltungsakt, der die im Grundlagenbescheid getroffene Regelung als bindend übernimmt[157]. Nach anderer, im Schrifttum vertretener Auffassung befindet sich die Legaldefinition des Folgebescheids – an systematisch anderer Stelle als der Grundlagenbescheid – in § 182 Abs. 1 S. 1 AO[158].

---

154 *Von Groll*, in: Kirchhof/Söhn/Mellinghoff (Hrsg.), 58. Erg.Lfg. April 1995, § 10d EStG, D 84; *Heuermann*, in: Kirchhof/Söhn/Mellinghoff (Hrsg.), § 10d EStG, D 86; *Gassen*, in: Littmann/Bitz/Pust (Hrsg.), 99. Erg.Lfg. Mai 2013, § 10d EStG, Rdnr. 85.

155 *Paetsch*, in: Gosch (Hrsg.), § 171 AO, Rdnr. 157; vgl. auch BT-Drs. VI/1982, S. 152 linke Spalte. A.A. wohl *Lück*, INF 1994, 359, 361, wonach sich die Begriffsbestimmung des Grundlagenbescheids aus § 182 Abs. 1 AO im Zusammenhang mit dem Folgebescheid ergebe.

156 Vgl. *Ratschow*, in: Klein (Hrsg.), § 182 AO, Rdnr. 4. Der Folgebescheid kann jedoch zugleich auch Grundlagenbescheid sein, weshalb die Definition des § 171 Abs. 10 S. 1 AO insofern zu eng ausfällt, *Kruse*, in: Tipke/Kruse (Hrsg.), § 171 AO, Rdnr. 89; *Seibel*, in: Lippross/Seibel (Hrsg.), § 171 AO, Rdnr. 30; *von Wedelstädt*, AO-StB 2009, 203.

157 BFH, Urteil v. 16.12.1987 – I R 350/83, BStBl. II 1988, 600; vgl. auch BFH, Urteil v. 16.11.2000 – XI R 31/00, BStBl. II 2002, 119 = DStRE 2002, 322, 323; FG Düsseldorf, Urteil v. 05.11.1999 – 18 K 4154/96 AO, DStRE 2000, 385.

158 Vgl. *Kunz*, in: Gosch (Hrsg.), § 182 AO, Rdnr. 1; *Koenig*, in: Koenig (Hrsg.), § 182 AO, Rdnr. 5; *Perrar*, Grundlagenbescheide im Steuerverfahrensrecht, S. 191. Dem Wortlaut

### 1. *Grundlagenbescheid für Feststellungs- und Festsetzungsbescheid des Folgejahrs*

Der Bescheid, der den verbleibenden Verlustvortrag auf den Schluss eines Veranlagungszeitraums gesondert feststellt, ist zunächst Grundlagenbescheid für den auf den nachfolgenden Feststellungszeitpunkt[159] zu erlassenden Bescheid im Sinne von § 10d Abs. 4 EStG[160]. Die Bindungswirkung lässt sich unmittelbar dem Gesetz entnehmen[161]. Nach § 10d Abs. 4 S. 2 EStG ist der auf den Schluss des vorangegangenen Veranlagungszeitraums festgestellte verbleibende Verlustvortrag in die Ermittlung des Feststellungsgegenstands einzubeziehen[162]. Die Restgröße „verbleibender Verlustvortrag" aus dem Vorjahr erhöht demnach als unselbstständige Berechnungsgrundlage den festzustellenden Saldobetrag des Folgejahrs. Anhand des Begriffs „festgestellten" wird deutlich, dass der im Vorjahresbescheid ausgewiesene Wert übernommen und nicht nach Maßgabe des materiellen Rechts neu berechnet werden muss. Die unterschiedlichen Regelungsbereiche der Feststellungsbescheide treten damit offen zu Tage[163].

Der Verlustfeststellungsbescheid ist darüber hinaus Grundlagenbescheid für den Steuerbescheid des darauffolgenden Veranlagungszeitraums. In der (Kommentar-)Literatur wird zum Teil davon ausgegangen, dass sich die Bindungswirkung der Verlustfeststellung auf die dem Entstehungsjahr nachfolgenden Veranlagungszeiträume erstreckt[164]. Diese Ansicht dürfte sich auf die Regelung

---

zufolge ist die Begriffsbestimmung des Folgebescheids in § 182 Abs. 1 S. 1 AO aber enger als die Komplementärregelung für den Grundlagenbescheid in § 171 Abs. 10 S. 1 HS. 1 AO, da letztere nicht nur Feststellungsbescheide sondern auch „andere Verwaltungsakte" erfasst.

159 Der Feststellungsbescheid stellt die Höhe eines verbleibenden Verlustvortrags verbindlich nur für den Zeitpunkt fest, in dem die gesonderte Feststellung getroffen wird. Er beinhaltet keine Aussage über das weitere Schicksal des Verlustvortrags, d.h. ob dieser seine steuerliche Abzugsfähigkeit in Folgejahren – z.B. nach § 8c KStG – wieder verliert, *Frotscher*, in: Schwarz/Pahlke (Hrsg.), § 182 AO, Rdnr. 5.

160 BFH, Beschluss v. 04.02.2000 – XI B 119/98, BFH/NV 2000, 948; BFH, Urteil v. 10.07.2008 – IX R 90/07, BStBl. II 2009, 816 = DStR 2008, 2411, 2412; BFH, Urteil v. 11.04.2017 – IX R 22/16, BFH/NV 2017, 1178, 1179; *Meyer*, DStR 1989, 191; *Hallerbach*, in: Herrmann/Heuer/Raupach (Hrsg.), § 10d EStG, Rdnr. 122; *Brühl/Weiss*, NWB 2017, 3270, 3273; siehe auch R 10d Abs. 7 S. 4 EStR 2012.

161 BFH, Urteil v. 04.02.2000 – XI B 119/98, BFH/NV 2000, 948; *Ettlich*, DB 2009, 18, 19.

162 BFH, Urteil v. 04.02.2000 – XI B 119/98, BFH/NV 2000, 948.

163 *Heuermann*, in: Kirchhof/Söhn/Mellinghoff (Hrsg.), § 10d EStG, D 51.

164 *Heuermann*, in: Kirchhof/Söhn/Mellinghoff (Hrsg.), § 10d EStG, D 84; *Hallerbach*, in: Herrmann/Heuer/Raupach (Hrsg.), § 10d EStG, Rdnr. 122. Besonders deutlich

in § 10d Abs. 2 S. 1 EStG stützen. Danach sind nicht zurückgetragene Verluste nach den Grundsätzen der Mindestbesteuerung und vorrangig vor Sonderausgaben, außergewöhnlichen Belastungen und sonstigen Abzugsbeträgen in „den folgenden Veranlagungszeiträumen“ abzuziehen. Es spricht jedoch viel dafür, dass die Grundlagenfunktion des Feststellungsbescheids darüber hinaus, nämlich auf das Folgejahr, beschränkt ist. Denn der verbleibende Verlustvortrag unterliegt einem periodischen Feststellungszwang und ist solange nach § 10d Abs. 4 S. 1 EStG fortzuschreiben, bis er vollständig verbraucht ist[165]. Daraus folgt, dass der Feststellungsbescheid – sei es im Rahmen des Verlustabzugs, sei es als Rechengröße bei der Ermittlung des nächsten gesondert festzustellenden Verlustvortrags – jeweils nur die Steuerfestsetzung des unmittelbar nachfolgenden Veranlagungszeitraums bindet[166]. Diese Ansicht wird von der Finanzverwaltung geteilt[167]. Da nicht ausgeglichene Einkünfte zwingend gesondert festgestellt werden müssen, um in die sich anschließende Steuerperiode übertragen werden zu können, dem Feststellungsbescheid daher eine Art „Konservierungs- und Transportfunktion“ zukommt, fußt die Bindungswirkung auf § 10d Abs. 4 S. 1 EStG i.V.m. § 182 Abs. 1 S. 1 AO[168].

---

wird dies bei *Schlenker*, in: Blümich (Hrsg.), § 10d EStG, Rdnr. 204. *Schlenker* spricht ausdrücklich vom Feststellungsbescheid als „Grundlagenbescheid für die folgenden EStBescheide und auch für die auf den nachfolgenden Feststellungszeitpunkt zu erlassenden Feststellungsbescheide“. Vgl. auch *Stöcker*, in: Carlé/Stahl/Strahl (Hrsg.), Gestaltung und Abwehr im Steuerrecht, S. 721, 743, der jedoch zuvor auf S. 726 den Feststellungsbescheid nur als Grundlagenbescheid für den Einkommensteuerbescheid des Folgejahrs bezeichnet.

165 *Stöcker*, in: Carlé/Stahl/Strahl (Hrsg.), Gestaltung und Abwehr im Steuerrecht, S. 721, 742; *Ettlich*, DB 2009, 18, 19. Dies gilt auch dann, wenn sich der Feststellungsbetrag zum Ende des nächsten Veranlagungszeitraums nicht verändert hat, *Lindberg*, in: Frotscher (Hrsg.), 177. Lfg. 9/2013, § 10d EStG, Rdnr. 83.

166 *Lindberg*, in: Frotscher (Hrsg.), 177. Lfg. 9/2013, § 10d EStG, Rdnr. 83; *Ettlich*, DB 2009, 18, 19; *Meyer/Ball*, DStZ 1997, 452; *Hallerbach*, in: Herrmann/Heuer/Raupach (Hrsg.), § 10d EStG, Rdnr. 128; *Gassen*, in: Littmann/Bitz/Pust (Hrsg.), 99. Erg.Lfg. Mai 2013, § 10d EStG, Rdnr. 85; *Heinicke*, in: Schmidt (Hrsg.), § 10d EStG, Rdnr. 41; *Brühl/Weiss*, NWB 2017, 3270, 3273; *Eckardt*, in: Kanzler/Kraft/Bäuml/Marx/Hechtner (Hrsg.), § 10d EStG, Rdnr. 74; vgl. auch BT-Drs. 17/2249, S. 52 linke Spalte.

167 R 10d Abs. 7 S. 4 EStR 2012.

168 *Heuermann*, in: Kirchhof/Söhn/Mellinghoff (Hrsg.), § 10d EStG, D 84; *Schlenker*, in: Blümich (Hrsg.), § 10d EStG, Rdnr. 203; zur Bedeutung der „Bedeutung“ im Sinne des § 182 Abs. 1 S. 1 AO näher unter Erstes Kapitel B.II.2.

Anders verhält es sich in Bezug auf den Steuerbescheid des Vorjahrs, in das Verluste nach § 10d Abs. 1 S. 1 EStG zurückgetragen werden[169]. Das Feststellungsverfahren über den verbleibenden Verlustvortrag ist zukunftsgerichtet[170] und beeinflusst die Höhe des Verlustrücktrags nicht[171]. Der Regelungsgehalt des Feststellungsbescheids erschöpft sich in der verbindlichen Entscheidung über die Höhe des in künftige Besteuerungszeiträume vorzutragenden Verlusts[172]. Ob und inwieweit Verluste tatsächlich zurückgetragen werden können, entscheidet sich hingegen im Abzugsjahr[173].

### 2. *Folgebescheid hinsichtlich der Verlustfeststellung auf den Schluss des Vorjahrs*

Umgekehrt ist die gesonderte Verlustfeststellung ihrerseits den Wirkungen des Feststellungsbescheids auf den Schluss des unmittelbar vorangehenden Veranlagungszeitraums ausgesetzt[174]. Sie ist Folgebescheid, da der im Vorjahr gesondert festgestellte Verlustvortrag zwingend der Berechnung des Feststellungsgegenstands im Verlustentstehungsjahr zugrunde zu legen ist, vgl. § 10d Abs. 4 S. 2 EStG. Zwar kann grundsätzlich auch ein Steuerfestsetzungsbescheid für einen Feststellungsbescheid die Funktion eines Grundlagenbescheids innehaben, sofern er gesondert festzustellende Besteuerungsgrundlagen beinhaltet oder die Bindung der unselbstständigen Besteuerungsgrundlagen des Steuerbescheids

169 R 10d Abs. 7 S. 5 EStR 2012; *Hallerbach*, in: Herrmann/Heuer/Raupach (Hrsg.), § 10d EStG, Rdnr. 122; *Schlenker*, in: Blümich (Hrsg.), § 10d EStG, Rdnr. 204.

170 *Stöcker*, in: Carlé/Stahl/Strahl (Hrsg.), Gestaltung und Abwehr im Steuerrecht, S. 721, 743; FG Münster, Urteil v. 21.07.2016 – 9 K 2794/15 K,F, EFG 2016, 1546, 1547.

171 Allerdings wird der Verlustrücktrag dem Grunde nach blockiert, wenn der zurückzutragende Verlust bereits bestandskräftig gesondert festgestellt ist, *Hallerbach*, in: Herrmann/Heuer/Raupach (Hrsg.), § 10d EStG, Rdnr. 51.

172 OFD Frankfurt a.M., Rundverfügung v. 04.09.1997 – S 2225 A – 9 – St II 22, DStR 1997, 2024 f.; *Stöcker*, in: Carlé/Stahl/Strahl (Hrsg.), Gestaltung und Abwehr im Steuerrecht, S. 721, 725.

173 BFH, Urteil v. 27.01.2010 – IX R 59/08, BStBl. II 2010, 1009 = DStR 2010, 973, 974; *Stöcker*, in: Carlé/Stahl/Strahl (Hrsg.), Gestaltung und Abwehr im Steuerrecht, S. 721, 725; *Schlenker*, in: Blümich (Hrsg.), § 10d EStG, Rdnr. 120.

174 Aber auch in dem Fall, dass Verluste nach § 180 Abs. 1 Nr. 2 AO gesondert festgestellt werden, ist der Feststellungsbescheid nach § 10d Abs. 4 EStG ein Folgebescheid, *Schmieszek*, in: Bordewin/Brandt (Hrsg.), 404. Aktualisierung 2018, § 10d EStG, Rdnr. 337.

ausdrücklich angeordnet ist[175]. Für das aktuelle Recht gilt es jedoch spätestens seit dem JStG 2010 als geklärt, dass der Verlustfeststellungsbescheid nicht Folgebescheid des Steuerbescheids für das Verlustentstehungsjahr ist[176]. Nach überwiegender Ansicht handelt es sich mit Blick auf die Steuerfestsetzungen des Entstehungs- sowie des Rücktragsjahrs – mithin in doppelter Hinsicht – um einen Quasi-Folgebescheid[177].

## II. Anforderungen an die Qualifikation als Grundlagenbescheid

Um die Wirkungsweise des Verlustfeststellungsbescheids in seiner Eigenschaft als Grundlagenbescheid näher ergründen zu können und um die Bindungen zu untersuchen, denen er seinerseits als Folgebescheid ausgesetzt ist, werden im Folgenden die Voraussetzungen dargestellt, nach welchen Steuerverwaltungsakte grundsätzlich als Grundlagenbescheide zu qualifizieren sind. Die hiernach maßgeblichen Kriterien werden in einem nächsten Schritt herangezogen, um die in Schrifttum und Rechtsprechung der Finanzgerichte für die alte Gesetzesfassung des § 10d Abs. 4 S. 4 EStG zum Teil vertretene Rechtsansicht zu verifizieren, wonach der Einkommensteuerbescheid des Verlustentstehungsjahrs Grundlagenbescheid für die Verlustfeststellung sei[178]. Darüber hinaus werden die Anforderungen an einen Grundlagenbescheid der aktuellen Normfassung gegenübergestellt, welche die spezifischen Vorschriften für Grundlagenbescheide auf den Steuerbescheid nur für entsprechend anwendbar erklärt. In dieser Hinsicht bestehende Unterschiede und Gemeinsamkeiten werden anschließend herausgearbeitet, um das aktuelle Recht stärker zu konturieren.

Im Fokus der Betrachtung steht die Bindungswirkung als maßgebendes Prinzip zwischen Grundlagen- und Folgebescheid[179]. Für Feststellungs-, nicht aber für außerhalb der Abgabenordnung normierte Grundlagenbescheide wie z.B. Steuerbescheide[180] ist die Bindungswirkung in §§ 179 Abs. 1, 182 Abs. 1 S. 1 AO

---

175 BFH, Urteil v. 16.12.1987 – I R 350/83, BStBl. II 1988, 600, 601; BFH, Urteil v. 18.09.2012 – VIII R 9/09, BStBl. II 2013, 149 = DStRE 2013, 241, 243; siehe auch FG Düsseldorf, Urteil v. 05.11.1999 – 18 K 4154/96 AO, DStRE 2000, 385, 386.

176 Vgl. nur BFH, Urteil v. 11.04.2017 – IX R 22/16, BFH/NV 2017, 1178, 1179; R 10d Abs. 7 S. 3 EStR 2012. Hierzu auch näher unter Zweites Kapitel C.III.2.a)bb).

177 Hierzu näher unter Zweites Kapitel C.III.2.a)cc).

178 Hierzu näher unter Zweites Kapitel A.V.2.

179 *Koenig*, in: Koenig (Hrsg.), § 182 AO, Rdnr. 5.

180 *Seer*, in: Tipke/Lang (Hrsg.), Steuerrecht, § 21, Rdnr. 86; *Frotscher*, in: Schwarz/Pahlke (Hrsg.), Vor § 179 AO, Rdnr. 2.

geregelt[181]. Die insoweit mit der Bindung geltenden Besonderheiten und Folgen können grundsätzlich auf das Verhältnis von anderen Grundlagenbescheiden zu ihren Folgebescheiden übertragen werden[182]. Den Ausgangspunkt der Überlegungen zum Grundlagenbescheid bildet indes die Grundnorm des § 171 Abs. 10 S. 1 AO.

### *1. Wirkungsbezogener Ansatz, § 171 Abs. 10 S. 1 HS. 1 AO*

Charakteristisch und für die Qualifikation eines Steuerverwaltungsakts als Grundlagenbescheid entscheidend ist, dass ihm bindende Wirkung für eine Steuerfestsetzung zukommt, vgl. § 171 Abs. 10 S. 1 HS. 1 AO. Diese „Grundlagenwirkung" bildet den Kern der Dogmatik zum Grundlagenbescheid. Sie ist Voraussetzung, nicht Rechtsfolge des Grundlagenbescheids[183] und eröffnet die Anwendung einer Reihe besonderer (Folge-)Vorschriften. Die vom Gesetzgeber gewählte Bezeichnung als „Grundlagenbescheid" dient der Vereinfachung des gesetzlichen Sprachgebrauchs[184]. Die Funktion des Grundlagenbescheids liegt darin, über bestimmte Besteuerungsgrundlagen eine

---

181 *Frotscher*, in: Schwarz/Pahlke (Hrsg.), Vor § 179 AO, Rdnr. 79. Die Bindungswirkung von anderen Verwaltungsakten ergibt sich aus materiell-rechtlichen Regelungen außerhalb des Abgabenrechts wie z.B. aus §§ 7h Abs. 2, 7i Abs. 2 EStG, § 65 EStDV, *von Wedelstädt*, AO-StB 2009, 203, 205.

182 *Ratschow*, in: Klein (Hrsg.), § 182 AO, Rdnr. 4.

183 So auch *Ratschow*, in: Klein (Hrsg.), § 182 AO, Rdnr. 5; *von Groll*, in: Hübschmann/Hepp/Spitaler (Hrsg.), § 175 AO, Rdnr. 105, 140; *Perrar*, Grundlagenbescheide im Steuerverfahrensrecht, S. 5 f. Anders bzw. missverständlich ist demgegenüber die Formulierung des IV. Senats des BFH in einer Entscheidung aus dem Jahr 1999, wonach sich eine Bindungswirkung nur aus einem Bescheid ergeben könne, bei dem es sich tatsächlich um einen Grundlagenbescheid handele, BFH, Urteil v. 10.06.1999 – IV R 25/98, BStBl. II 1999, 545 = DStRE 1999, 645, 646. Ob der BFH sich insoweit nur unglücklich ausgedrückt oder tatsächlich von einer konstitutiven Wirkung des Grundlagenbescheids ausgegangen ist, lässt sich nicht abschließend beurteilen. Da er den von ihm untersuchten behördeninternen Mitteilungen und Fehlvorstellungen der Bediensteten des Folgebescheidfinanzamts jedoch maßgeblich die Fähigkeit abgesprochen hat, eine Bindungswirkung zu begründen, könnte er die Bindungswirkung doch als Voraussetzung und nicht als Rechtsfolge eingestuft haben. Die in diesem Zusammenhang von ihm zitierten Urteile geben keinen Ausschlag für die eine oder andere Interpretation.

184 So ausdrücklich die Begründung zum Regierungsentwurf, vgl. BT-Drs. VI/1982, S. 152 und S. 189, jeweils linke Spalte.

verbindliche Vorentscheidung zu treffen[185]. Diese Vorentscheidung ist nach allgemeinen Grundsätzen selbstständig im Wege der Anfechtung überprüfbar und der Bestandskraft zugänglich. Wenngleich der Grundlagenbescheid in § 171 Abs. 10 S. 1 AO legaldefiniert ist, gibt die Vorschrift keine Hinweise darauf, welche Anforderungen an die Bindungswirkung im Einzelnen zu stellen sind[186]. Anerkannt ist, dass sich der verbindliche Teil des Grundlagenbescheids auf einen Steuerbescheid bzw. einen diesem verfahrensrechtlich gleichgestellten Verwaltungsakt (vgl. § 181 Abs. 1 S. 1 AO) beziehen muss[187].

*a) Gesetzlich ausdrücklich normierte Bindungswirkung*

In der höchstrichterlichen Rechtsprechung stehen insbesondere zwei alternative Kriterien zur näheren Spezifizierung der durch einen Grundlagenbescheid ausgelösten Bindung im Vordergrund. Nachfolgend nicht vertieft werden soll die – hier nicht einschlägige – Fallgruppe sog. ressortfremder Verwaltungsakte[188]. Die Bindung der Finanzbehörden wird in diesen Fällen damit begründet, dass sie mangels eigener Sachkunde die Feststellungen anderer Behörden nicht nachzuprüfen vermögen[189]. Im Gegensatz dazu sind Steuerverwaltungsakte nach

185 *Kruse*, in: Tipke/Kruse (Hrsg.), § 171 AO, Rdnr. 90; *Cöster*, in: Koenig (Hrsg.), § 171 AO, Rdnr. 148.

186 BFH, Urteil v. 10.01.1992 – III R 201/90, BStBl. II 1992, 684, 686.

187 Ein anderer Ansatz stellt auf die mittelbare Bindungswirkung für eine Steuerfestsetzung ab, *Banniza*, in: Hübschmann/Hepp/Spitaler (Hrsg.), § 171 AO, Rdnr. 205. Beide Ansichten werden jedoch nur ausnahmsweise zu unterschiedlichen Ergebnissen führen, vgl. dazu näher *Perrar*, Grundlagenbescheide im Steuerverfahrensrecht, S. 192 ff.

188 Gesetzlicher Ausgangspunkt dieser Fallgruppe ist, dass gemäß § 171 Abs. 1 S. 1 HS. 1 AO auch ein „anderer Verwaltungsakt“ für die Festsetzung einer Steuer bindend sein kann. Darunter können nach Ansicht der Rechtsprechung unter weiteren Voraussetzungen auch Verwaltungsakte ressortfremder Behörden fallen. Dafür spreche insbesondere der Umstand, dass der Gesetzgeber den allgemeinen Begriff „Verwaltungsakt“ verwendet hat. Verwaltungsakte seien aber nach § 118 AO bestimmte Verfügungen einer Behörde ganz allgemein, nicht nur solche einer Finanzbehörde, BFH, Urteil v. 18.04.1980 – III R 34/78, BStBl. II 1980, 682, 683 f.

189 Soweit ersichtlich, ist Auftakt dieser Rechtsprechung das BFH-Urteil vom 13. Dezember 1986, in dem der III. Senat ausdrücklich auf die fehlende gesetzliche Anordnung hinweist und alternativ zur Begründung der Bindungswirkung auf die fehlende Sachkenntnis der Finanzbehörde abstellt, BFH, Urteil v. 13.12.1985 – III R 204/81, BStBl. II 1986, 245, 246. Der Große Senat des BFH hat es indes „als zu weitgehend […], zumindest aber als zweifelhaft“ erachtet, die Grundlagenwirkung auch ohne gesetzliche Anordnung für möglich zu halten, wenn die Finanzbehörde den Sachverhalt

Ansicht des BFH jedenfalls dann als Grundlagenbescheide zu qualifizieren, wenn ihre Bindungswirkung durch Gesetz ausdrücklich angeordnet ist[190]. Ob und inwieweit es sich hierbei um eine abschließende Voraussetzung für diese Art von Verwaltungsakten handelt, hat der BFH offen gelassen[191]. Der Große Senat des BFH hat mit Beschluss vom 11. April 2005 nochmals bestätigt, dass Rechtsgrund der Bindungswirkung stets das Gesetz sei[192]. Es handele sich um ein Gebot der Gesetzmäßigkeit der Verwaltung nach Art. 20 Abs. 3 GG. Im Einklang damit würden Besteuerungsgrundlagen nach § 179 Abs. 1 AO gesondert festgestellt, „soweit dies in diesem Gesetz oder sonst in den Steuergesetzen bestimmt ist". Die sonach gebotene und unverzichtbare Rechtsgrundlage könne nicht durch allgemeine Zweckmäßigkeitserwägungen oder vergleichbare sinnvolle Überlegungen ersetzt werden[193].

Da die Rechtsprechung keine konkreten Vorgaben für die Ausgestaltung eines solchen Vorbehalts des Gesetzes macht, kann es im Einzelfall durchaus schwierig sein, eine hinreichende Rechtsgrundlage mit Sicherheit auszumachen. Der BFH hat den Kreis potentieller Regelungen nur insoweit eingegrenzt, als bloße Zuständigkeitsvorschriften und die allgemeine Verpflichtung der Behörden, die von anderen Verwaltungsbehörden im Bereich ihrer Kompetenzen erlassenen Verwaltungsakte zu beachten, für die Annahme eines Grundlagenbescheids nicht ausreichen sollen[194]. Soweit ersichtlich, ist es nicht erforderlich, dass eine derart gesetzlich vorgesehene Bindungswirkung zusätzlich als Grundlagenbescheid

---

mangels eigener Sachkunde nicht selbst überprüfen kann, Großer Senat des BFH, Beschluss v. 11.04.2005 – GrS 2/02, BStBl. II 2005, 679 = DStR 2005, 1274, 1277. Kritisch auch *Banniza*, in: Hübschmann/Hepp/Spitaler (Hrsg.), § 171 AO, Rdnr. 207, da die Beurteilung der erforderlichen Sachkunde im Einzelfall nicht eindeutig zu treffen sein mag und damit Unklarheiten über das Vorliegen eines Grundlagenbescheids entstehen können.

190 BFH, Urteil v. 18.04.1980 – III R 34/78, BStBl. II 1980, 682, 684; BFH, Urteil v. 30.09.1981 – II R 105/81, BStBl. II 1982, 80; BFH, Urteil v. 10.06.1988 – III R 232/84, BStBl. II 1988, 981, 982 f. Der Auffassung des BFH folgt auch die Kommentarliteratur, *Kruse*, in: Tipke/Kruse (Hrsg.), § 171 AO, Rdnr. 90; *Paetsch*, in: Grosch (Hrsg.), § 171 AO, Rdnr. 157; *von Groll*, in: Hübschmann/Hepp/Spitaler (Hrsg.), § 175 AO, Rdnr. 107.

191 BFH, Urteil v. 18.04.1980 – III R 34/78, BStBl. II 1980, 682, 684.

192 Großer Senat des BFH, Beschluss v. 11.04.2005 – GrS 2/02, BStBl. II 2005, 679 = DStR 2005, 1274, 1277.

193 Großer Senat des BFH, Beschluss v. 11.04.2005 – GrS 2/02, BStBl. II 2005, 679 = DStR 2005, 1274, 1277.

194 BFH, Urteil v. 10.06.1988 – III R 232/84, BStBl. II 1988, 981, 983.

gekennzeichnet wird. Im Sinne einer Mindestanforderung dürfte seitens der Rechtsprechung allerdings verlangt werden, dass der Gesetzestext unter Verwendung von Begriffen wie „bindend" oder „verbindlich" hinreichend deutlich auf die Grundlagenwirkung hinweist[195]. Als Regelungsbeispiel lässt sich zum einen § 182 Abs. 1 S. 1 AO anführen, wonach Feststellungsbescheide unter den dort näher festgelegten Anforderungen für Folgebescheide „bindend" sind. Zum anderen hat der BFH etwa dem Bescheid über die Anerkennung einer Wohnung als steuerbegünstigt bindende Wirkung beigemessen, da dieser nach §§ 83, 93 Abs. 2 des Zweiten Wohnungsbaugesetzes[196] „in tatsächlicher und rechtlicher Hinsicht verbindlich" war und „nicht der Nachprüfung durch die Finanzbehörden und Finanzgerichte" unterlag[197].

*b) Keine gesetzliche Anordnung durch Bezeichnung als „Grundlagenbescheid"*

Eine bereits länger zurückliegende Entscheidung aus dem Jahr 1987 könnte ggf. für eine großzügigere Handhabung des Vorbehalts des Gesetzes durch den BFH streiten. Im Zuge der Prüfung eines Anspruchs auf Prozesszinsen nach § 236 Abs. 2 Nr. 2 Buchst. a) AO führte der I. Senat aus, dass sich die Bindungswirkung von steuerlichen Grundlagenbescheiden mitunter auch aus unselbstständigen Besteuerungsgrundlagen eines Steuerbescheids ergeben könnte, „falls die Bindung ausdrücklich angeordnet wird (vgl. z. B. § 47 Abs. 2 des Körperschaftsteuergesetzes – KStG 1977 -)"[198]. Aus dieser beispielhaft zitierten, heute nicht mehr gültigen Vorschrift ergab sich die Grundlagenbescheidfunktion der dem Körperschaftsteuerbescheid zugrunde liegenden Besteuerungsgrundlagen für die gesonderte Feststellung des verwendbaren Eigenkapitals, § 47 Abs. 2 Nr. 1 KStG a.F.[199]. Bei negativem Einkommen kam diesen ferner Grundlagenwirkung für den Körperschaftsteuerbescheid des Rücktragsjahrs und für den Verlustfeststellungsbescheid nach § 10d Abs. 4 EStG a.F. zu, § 47 Abs. 2 Nr. 2 und 3

195 So auch *Perrar*, Grundlagenbescheide im Steuerverfahrensrecht, S. 204, 209.

196 Aufgehoben mit Wirkung vom 01.01.2002 durch Art. 2 des Gesetzes zur Reform des Wohnungsbaurechts vom 13.09.2001, BGBl. I 2001, 2376.

197 BFH, Urteil v. 18.04.1980 – III R 34/78, BStBl. II 1980, 682, 684.

198 BFH, Urteil v. 16.12.1987 – I R 350/83, BStBl. II 1988, 600, 601; so später auch BFH, Urteil v. 18.09.2012 – VIII R 9/09, BStBl. II 2013, 149 = DStRE 2013, 241, 243; FG Köln, Urteil v. 16.05.2013 – 11 K 3333/07, EFG 2013, 1466, 1468.

199 Zur Grundlagenwirkung des im Körperschaftsteuerbescheid ausgewiesenen zu versteuernden Einkommens für den Feststellungsbescheid nach § 47 Abs. 1 S. 1 Nr. 1 KStG a.F. siehe BFH, Urteil v. 12.10.2010 – I R 99/09, BFH/NV 2011, 650 = DStRE 2011, 466, 468.

KStG a.F. Der Gesetzeswortlaut ging zwar nicht dahin, den Körperschaftsteuerbescheid als insoweit „bindend" oder „verbindlich" im Sinne der bereits dargestellten Rechtsprechungsgrundsätze kenntlich zu machen. Der einschlägige Passus erschöpfte sich vielmehr in: „Der Körperschaftsteuerbescheid ist Grundlagenbescheid [...]". Daraus könnte verallgemeinernd gefolgert werden, dass aus Sicht des BFH, der die zitierten Ausführungen zu § 47 KStG a.F. vor einigen Jahren wiederholt hat[200], die Bindungswirkung auch dann hinreichend gesetzlich angeordnet sein soll, wenn der jeweilige Steuerbescheid bzw. die ihm zugrunde liegenden Besteuerungsgrundlagen ausdrücklich als Grundlagenbescheid im Gesetz ausgewiesen sind.

Auch wenn § 47 KStG a.F. mit Wirkung ab dem Jahr 2001 aufgehoben wurde, finden sich in der Abgabenordnung vereinzelt weitere Normen, die in vergleichbarer Weise nur auf die Eigenschaft eines Bescheids als Grundlagenbescheid hinweisen. So ist beispielsweise die Zertifizierung von Basisrentenverträgen nach § 5a Altersvorsorgeverträge-Zertifizierungsgesetz Voraussetzung für den Sonderausgabenabzug der gezahlten Beträge. Ausweislich von § 10 Abs. 2 S. 2 Nr. 1 EStG handelt es sich bei dieser, in einem separaten Zertifizierungsverfahren verbindlich getroffenen Entscheidung um einen Grundlagenbescheid[201]. Es entspricht zudem einhelliger Meinung, dass auch Verwaltungsakte, die aus Billigkeitsgründen eine abweichende Festsetzung der Steuer gemäß § 163 AO zulassen, Grundlagenbescheide für den jeweiligen Steuerbescheid darstellen[202]. Das Gesetz begnügt sich hier mit der Kenntlichmachung der Billigkeitsmaßnahme als „Grundlagenbescheid", vgl. § 163 Abs. 3 S. 2 ff. AO.

In der Literatur sind vor diesem Hintergrund Stimmen anzutreffen, die das Erfordernis der ausdrücklichen gesetzlichen Anordnung durch § 163 AO als nicht erfüllt ansehen. So vertritt *Lotz* die Auffassung, die Grundlagenwirkung der Billigkeitsentscheidung folge „aus der Natur der Sache"[203]. Demgegenüber dürfte *Perrar* dahin zu verstehen sein, dass sich die Bindungswirkung erst im Wege der Auslegung ermitteln lasse[204]. Den Kritikern ist zuzugeben, dass die einschlägige Rechtsprechung zu § 163 AO – soweit ersichtlich – keine Herleitung

---

200 BFH, Urteil v. 18.09.2012 – VIII R 9/09, BStBl. II 2013, 149 = DStRE 2013, 241, 243.

201 Vgl. *Hutter*, in: Blümich (Hrsg.), § 10 EStG, Rdnr. 225 f.

202 St. Rspr., vgl. nur BFH, Urteil v. 01.10.2015 – X R 32/13, BStBl. II 2016, 139 = DStR 2015, 2664, 2666; *Cöster*, in: Koenig (Hrsg.), § 163 AO, Rdnr. 53; AEAO zu § 171 Nr. 2 Abs. 2.

203 *Lotz*, in: Ax/Große/Melchior/Lotz/Ziegler (Hrsg.), Abgabenordnung und Finanzgerichtsordnung, Rdnr. 2107.

204 *Perrar*, Grundlagenbescheide im Steuerverfahrensrecht, S. 232.

der bindenden Wirkung anhand des Gesetzeswortlauts vornimmt, sondern auf die Entscheidungsfindung in einem gesonderten Verwaltungsverfahren abstellt[205]. Erhebliche Bedenken begegnet es insbesondere, dass die Bindungswirkung nach hier vertretener Auffassung nicht Folge, sondern Wesensmerkmal und Voraussetzung des Grundlagenbescheids ist[206]. Danach dürfte keine gesetzlich angeordnete Bindungswirkung im Sinne der Vorgaben des Großen Senats des BFH gegeben sein, wenn das Gesetz nur den Grundlagenbescheid erwähnt, ohne zusätzlich seine bindende Wirkung festzuschreiben[207]. Die weitere Rechtsprechungsentwicklung bleibt daher abzuwarten.

*c) Alternative Kriterien bei Steuerbescheiden?*

Die vorgenannten Regelungen des § 47 Abs. 2 Nr. 1 KStG a.F. und § 163 AO deuten bereits an, dass auch jenseits des generellen Kriteriums der gesetzlich angeordneten Bindungswirkung Steuerverwaltungsakte vereinzelt als Grundlagenbescheide anerkannt sind. Für die weitere Untersuchung ist hierbei besonders die Gruppe der Steuerbescheide von Interesse. Neben der bereits in Grundzügen skizzierten Vorschrift des § 47 Abs. 2 Nr. 1 KStG a.F. zur Grundlagenwirkung der Besteuerungsgrundlagen des Körperschaftsteuerbescheids können Steuerbescheide auch die verbindliche Basis für sog. Zuschlagsteuern, namentlich den Solidaritätszuschlag und die Kirchensteuer, sein[208].

Im Hinblick auf den Solidaritätszuschlag finden sich dafür Anhaltspunkte in § 1 Abs. 5, § 3 SolzG[209]. Je nachdem, ob der Solidaritätszuschlag als Ergänzungsabgabe zur Einkommensteuer oder zur Körperschaftsteuer (vgl. § 31 Abs. 1 S. 1 KStG) festgesetzt werden soll, knüpft die Bemessungsgrundlage entweder an die nach Maßgabe des Absatzes 2 fiktiv[210], da stets unter Abzug der

205 Vgl. nur BFH, Urteil v. 21.01.1992 - VIII R 51/88, BStBl. II 1993, 3, 5; BFH, Urteil v. 16.03.2004 - VIII R 33/02, BStBl. II 2004, 927 = DStR 2004, 955, 956 f.; BFH, Urteil v. 01.10.2015 - X R 32/13, BStBl. II 2016, 139 = DStR 2015, 2664, 2666.

206 Vgl. dazu bereits die Einführung zu Erstes Kapitel B.II.1.

207 Das Gesetz spricht auch an anderer Stelle, z.B. in §§ 35 Abs. 3 S. 2, 3, 82 Abs. 1 S. 2 EStG, nur vom Grundlagenbescheid, ohne auf die erforderliche Bindungswirkung einzugehen.

208 *Von Groll*, in: Hübschmann/Hepp/Spitaler (Hrsg.), § 175 AO, Rdnr. 118; *Seer*, in: Tipke/Lang (Hrsg.), Steuerrecht, § 21, Rdnr. 86.

209 Grundlage ist das Solidaritätszuschlaggesetz 1995 (SolzG) in der Fassung der Bekanntmachung vom 15.10.2002, BGBl. I 2002, 4130, zuletzt geändert durch Art. 11 des Gesetzes vom 20.12.2016, BGBl. I 2016, 3000.

210 Vgl. BFH, Beschluss v. 28.11.2007 - I R 99/06, BStBl. II 2011, 40 = DStRE 2008, 465, 466 f.

Kinderfreibeträge, zu berechnende Einkommensteuer oder an die festgesetzte Körperschaftsteuer an, vgl. § 3 Abs. 1 Nr. 1, Abs. 2 SolzG. In Bezug auf die Einkommensteuerveranlagung wird somit nicht mehr – wie ursprünglich bei der zunächst befristeten Einführung des § 3 Abs. 1 Nr. 1 SolzG 1991[211] – auf die tatsächlich festgesetzte, sondern auf die hypothetisch zu ermittelnde Steuer abgestellt („festzusetzen wäre"). In § 1 Abs. 5 S. 1 SolzG ist weiter vorgesehen, dass mit einem Rechtsbehelf gegen den Solidaritätszuschlag weder die Bemessungsgrundlage noch die Höhe des zu versteuernden Einkommens angegriffen werden kann. Der Regelungsinhalt erinnert stark an § 351 Abs. 2 AO, wonach die Anfechtung des Folgebescheids präkludiert ist, wenn die Entscheidung bereits im Grundlagenbescheid getroffen wurde[212]. Gestützt auf § 1 Abs. 5 S. 1 SolzG bzw. die wortlautidentische, auf die Kirchensteuer anwendbare Vorschrift des § 51a Abs. 5, 6 EStG[213] bejaht die wohl überwiegende Meinung daher die Grundlagenbescheideigenschaft[214]. Dem Wortlaut der beiden Vorschriften zufolge bezieht sich die – von ihnen jeweils nur vorausgesetzte – Bindungswirkung auf Besteuerungsgrundlagen, die für die Festsetzung der Einkommensteuer relevant sind und sich infolgedessen auf die Steuerfestsetzung auswirken können[215].

Der Versuch einer verallgemeinerungsfähigen Kategorisierung dieser Art von Grundlagenbescheiden wird erheblich dadurch erschwert, dass unklar bleibt, worauf sich die bindende Wirkung der Besteuerungsgrundlagen des Steuerbescheids letztlich gründet. Mangels hinreichend rechtssicherer Kriterien

---

211 Der vom 01.07.1991 bis 30.06.1992 befristete Solidaritätszuschlag ordnete in § 3 Abs. 1 Nr. 1 SolzG a.F. an, dass sich der Solidaritätszuschlag grundsätzlich nach der für die Veranlagungszeiträume 1991 und 1992 festgesetzten Einkommensteuer bemisst. Der durch Art. 31 des Gesetzes zur Umsetzung des Föderalen Konsolidierungsprogramms vom 23.06.1993, BGBl. I 1993, 944, 975, mit Wirkung ab dem 01.01.1995 wieder eingeführte Solidaritätszuschlag sah diese Regelung ebenfalls (dann unbefristet) vor.

212 Man wird sogar von einer inhaltlichen Übereinstimmung ausgehen können, vgl. zur insoweit identischen Parallelnorm des § 51a Abs. 5 S. 1 EStG *Ettlich*, in: Blümich (Hrsg.), § 51a EStG, Rdnr. 121.

213 Zum Charakter des § 51a EStG als Mustervorschrift für die Kirchensteuererhebung vgl. *Wagner*, in: Herrmann/Heuer/Raupach (Hrsg.), § 51a EStG, Rdnr. 3.

214 *Wagner*, in: Herrmann/Heuer/Raupach (Hrsg.), § 51a EStG, Rdnr. 51; *Ettlich*, in: Blümich (Hrsg.), § 51a EStG, Rdnr. 121; für die Kirchensteuer BFH, Beschluss v. 24.03.1999 – I B 14/98, BFH/NV 1999, 1383 f.

215 Vgl. BFH, Beschluss v. 28.11.2007 – I R 99/06, BStBl. II 2011, 40 = DStRE 2008, 465. Der Einkommensteuerbescheid sei, soweit er die Bemessungsgrundlage von Solidaritätszuschlag und Kirchensteuer ermittele, Grundlagenbescheid, FG Düsseldorf, Urteil v. 14.01.2000 – 18 K 5985/98 E, EFG 2000, 439, rkr.

ist letztlich von einer Sonderkonstellation auszugehen. Die Bedeutung des Steuerbescheids für die Zuschlagsteuern ist nichtsdestotrotz – ebenso wie § 47 Abs. 2 KStG a.F. – ein Beleg dafür, dass nach den Vorstellungen des Gesetzgebers nicht nur Feststellungs-, sondern auch Steuerbescheide prinzipiell geeignet sind, Grundlagenbescheidfunktion zu übernehmen. Vor allen Dingen zeigt sich und wird für die weitere Untersuchung relevant sein, dass die Grundlagenwirkung einer Steuerfestsetzung nicht notwendigerweise auf den Verfügungssatz beschränkt ist[216]. Ein derartiges Erfordernis kann § 171 Abs. 10 S. 1 HS. 1 AO nicht entnommen werden, da die Vorschrift neben Feststellungs- (§ 182 Abs. 1 AO) und Steuermessbescheiden (vgl. § 184 Abs. 1 S. 4 i.V.m. § 182 Abs. 1 AO) auch andere Verwaltungsakte erwähnt und damit nicht abschließend ist.

### 2. *Voraussetzungen der Bindung durch Feststellungsbescheide nach § 182 Abs. 1 S. 1 AO*

Die Grundlagenwirkung des Feststellungsbescheids über den verbleibenden Verlustvortrag ist in § 10d Abs. 4 S. 1 EStG i.V.m. § 182 Abs. 1 S. 1 AO gesetzlich geregelt[217]. Die im Bescheid getroffene Feststellung ist danach unter bestimmten Voraussetzungen bindend[218]. Nach § 182 Abs. 1 AO ist zunächst[219] erforderlich,

216 Eine Abgrenzung dürfte entbehrlich sein, wenn man davon ausgeht, dass die Besteuerungsgrundlagen durch die angeordnete Bindung verselbstständigt und zum Regelungsbestandteil des Steuerbescheids werden, vgl. für das allgemeine Verwaltungsrecht, *Stelkens*, in: Stelkens/Bonk/Sachs (Hrsg.), § 35 VwVfG, Rdnr. 144. Indem der BFH annimmt, dass sich die Bindung eines steuerlichen Grundlagenbescheids auch aus den unselbstständigen Besteuerungsgrundlagen eines Steuerbescheids ergeben kann, scheint er jedoch eine Verselbstständigung abzulehnen, vgl. BFH, Urteil v. 16.12.1987 – I R 350/83, BStBl. II 1988, 600, 601; so später auch BFH, Urteil v. 18.09.2012 – VIII R 9/09, BStBl. II 2013, 149 = DStRE 2013, 241, 243; FG Köln, Urteil v. 16.05.2013 – 11 K 3333/07, EFG 2013, 1466, 1468.

217 Vgl. *Heuermann*, in: Kirchhof/Söhn/Mellinghoff (Hrsg.), § 10d EStG, D 84.

218 *Söhn*, in: Hübschmann/Hepp/Spitaler (Hrsg.), § 182 AO, Rdnr. 21 ff. Auf andere Grundlagenbescheide als Feststellungsbescheide ist § 182 AO nur anzuwenden, soweit ausdrücklich auf diese Regelung verwiesen wird, *Koenig*, in: Koenig (Hrsg.), § 182 AO, Rdnr. 2.

219 Wie hier *Söhn*, in: Hübschmann/Hepp/Spitaler (Hrsg.), § 182 AO, Rdnr. 24. Nach anderer Ansicht erschöpft sich der Tatbestand des § 182 Abs. 1 AO bereits in dem Erfordernis der Rechtswirksamkeit des Feststellungsbescheids, vgl. *Ratschow*, in: Klein (Hrsg.), § 182 AO, Rdnr. 5. In diese Richtung wohl auch *Koenig*, in: Koenig (Hrsg.), § 175 AO, Rdnr. 12; sowie *Brandis*, in: Tipke/Kruse (Hrsg.), § 182 AO, Rdnr. 2; *von Wedelstädt*, AO-StB 2009, 203, 205.

dass der Bescheid Rechtswirksamkeit erlangt[220]. Notwendig, aber auch hinreichend ist seine ordnungsgemäße Bekanntgabe an den richtigen Adressaten, § 124 Abs. 1 i.V.m. § 122 Abs. 1 S. 1 AO. Soweit die Grenze zur Nichtigkeit nicht überschritten wird (vgl. § 124 Abs. 3 i.V.m. § 125 Abs. 1 AO), lassen formelle und materielle Fehler die Bindungswirkung unberührt. Unschädlich sind demgemäß auch Verstöße gegen die gesetzlichen Zuständigkeits- und Kompetenzzuweisungen[221]. Das für den Erlass des Folgebescheids zuständige Finanzamt[222] hat vorrangig zu prüfen, ob der Grundlagenbescheid wirksam ergangen ist[223]. Nicht erforderlich ist, dass dieser bereits unanfechtbar bzw. materiell bestandskräftig geworden ist[224]. Das Finanzamt muss wirksame Feststellungen auch dann dem Folgebescheid zugrunde legen, wenn es diese für fehlerhaft hält, vgl. § 124 Abs. 2 AO[225].

Die im Gesetzeswortlaut angelegte (Folge-)Frage, ob die im Feststellungsbescheid getroffene Regelung für den Folgebescheid Bedeutung hat, dürfte – entgegen einigen Kommentierungen[226] – bereits auf der Ebene des Tatbestands zu

---

220 Vgl. *Söhn*, in: Hübschmann/Hepp/Spitaler (Hrsg.), § 182 AO, Rdnr. 24 f.; *Kunz*, in: Gosch (Hrsg.), § 182 AO, Rdnr. 7. Ein Folgebescheid kann daher nach § 361 Abs. 3 S. 2 AO erlassen werden, wenn die Vollziehung des Grundlagenbescheids ausgesetzt ist, *von Wedelstädt*, in: Kühn/von Wedelstädt (Hrsg.), § 182 AO, Rdnr. 3.

221 Vgl. dazu BFH, Urteil v. 31.10.1991 – X R 126/90, BFH/NV 1992, 363, 364. Die Rechtsprechung als Verstoß gegen die gesetzliche Konzeption ablehnend *Ratschow*, in: Klein (Hrsg.), § 182 AO, Rdnr. 9.

222 Gemäß § 10d Abs. 4 S. 3 EStG fallen im Rahmen der gesonderten Verlustfeststellung die Zuständigkeiten für die Durchführung von Festsetzungs- und Feststellungsverfahren zusammen.

223 *Brandis*, in: Tipke/Kruse (Hrsg.), § 182 AO, Rdnr. 2; *Söhn*, in: Hübschmann/Hepp/Spitaler (Hrsg.), § 182 AO, Rdnr. 12; *Steinhauff*, AO-StB 2010, 271, 272. Da der Grundlagenbescheid nicht an das Folgebescheid-Finanzamt adressiert ist, wird dieses behördenintern über den Inhalt des Feststellungsbescheids informiert, *Brandis*, in: Tipke/Kruse (Hrsg.), § 179 AO, Rdnr. 5.

224 *Koenig*, in: Koenig (Hrsg.), § 182 AO, Rdnr. 7; *Seibel*, in: Lippross/Seibel (Hrsg.), § 182 AO, Rdnr. 1.

225 Ein Verstoß gegen die Bindungswirkung des Grundlagenbescheids bedingt nur die Rechtswidrigkeit des Folgebescheids, *Brandis*, in: Tipke/Kruse (Hrsg.), § 182 AO, Rdnr. 2.

226 *Ratschow* führt das Merkmal der „Bedeutung" nicht unter den Voraussetzungen der Bindungswirkung auf: *Ratschow*, in: Klein (Hrsg.), § 182 AO, Rdnr. 5; ebenso *Brandis*, in: Tipke/Kruse (Hrsg.), § 182 AO, Rdnr. 2.

prüfen sein[227]. Das Merkmal erlangt damit quasi doppelte Relevanz, d.h. sowohl bei den Voraussetzungen als auch auf der Rechtsfolgenseite mit Blick auf die konkrete Reichweite der Bindungswirkung. Inhaltlich wird – insoweit wieder einhellig – verlangt, dass die Besteuerungsgrundlagen kraft gesetzlicher Anordnung gesondert festzustellen sind und dem Grundlagenbescheid ein selbstständiger Regelungsbereich zugewiesen ist[228]. Es muss sich um sog. notwendige, also vorgreifliche Besteuerungsgrundlagen handeln, die im Folgebescheidverfahren anderenfalls eigenständig zu ermitteln wären[229]. Dies ist der Fall, wenn die festgestellten Besteuerungsgrundlagen den Tatbestand der bei Erlass des Folgebescheids anzuwendenden einschlägigen Steuergesetze ausfüllen[230]. Schließlich darf nicht ausnahmsweise ein sondergesetzlicher Ausschluss greifen[231].

### 3. *Reichweite und Folgen der Bindungswirkung*

Inhalt und Umfang der auf Rechtsfolgenseite eintretenden Bindung ergeben sich nur bedingt aus § 182 Abs. 1 S. 1 AO. Die Vorschrift trifft eine unvollständige Regelung und setzt die Grundlagenwirkung des Feststellungsbescheids im Übrigen voraus[232]. Zur näheren Bestimmung der konkreten Bindung des Folgebescheids sind daher die im Bescheid getroffenen Feststellungen, der sog. Feststellungsbereich heranzuziehen[233]. Es kommt regelmäßig darauf an, inwieweit die Finanzbehörde Besteuerungsgrundlagen in den Tenor des Verwaltungsakts aufgenommen hat[234]. Zu diesem Zweck sind die mit einzelnen Verfügungssätzen festgestellten Besteuerungsgrundlagen von den ihnen zugrunde liegenden

227 So auch der klare Prüfungsaufbau der Kommentierung von *Söhn*, in: Hübschmann/Hepp/Spitaler (Hrsg.), § 182 AO, Rdnr. 21 ff., 24 ff.

228 *Söhn*, in: Hübschmann/Hepp/Spitaler (Hrsg.), § 182 AO, Rdnr. 21; *von Wedelstädt*, in: Kühn/von Wedelstädt (Hrsg.), § 182 AO, Rdnr. 2.

229 *Brandis*, in: Tipke/Kruse (Hrsg.), § 182 AO, Rdnr. 1; *Söhn*, in: Hübschmann/Hepp/Spitaler (Hrsg.), § 182 AO, Rdnr. 21.

230 BFH, Urteil v. 11.12.1997 – III R 14/96, BStBl. II 1999, 401 = DStR 1998, 525, 526.

231 Hierzu ausführlich *Söhn*, in: Hübschmann/Hepp/Spitaler (Hrsg.), § 182 AO, Rdnr. 29 ff.

232 *Ratschow*, in: Klein (Hrsg.), § 182 AO, Rdnr. 3.

233 *Ratschow*, in: Klein (Hrsg.), § 182 AO, Rdnr. 7; BFH, Urteil v. 08.11.2005 – VIII R 11/02, BStBl. II 2006, 253 = DStRE 2006, 247, 249.

234 BFH, Urteil v. 08.11.2005 – VIII R 11/02, BStBl. II 2006, 253 = DStRE 2006, 247, 249; *Cöster*, in: Koenig (Hrsg.), § 171 AO, Rdnr. 148; *Koenig*, in: Koenig (Hrsg.), § 182 AO, Rdnr. 7. Gleichwohl ist anerkannt, dass Grundlagenbescheide auch nur hinsichtlich ihrer Besteuerungsgrundlagen bindend sein können, hierzu bereits unter Erstes Kapitel B.II.1.c).

Erwägungen rechtlicher oder tatsächlicher Art – ggf. im Wege der Auslegung entsprechend § 133 BGB – abzugrenzen, vgl. § 157 Abs. 2 AO[235]. Steht die Reichweite des verfügenden Teils des Feststellungsbescheids in Zweifel, können die diesen tragenden Gründe zur Inhaltsbestimmung fruchtbar gemacht werden[236]. Der zulässige Regelungsbereich und somit auch die Bindungswirkung des Feststellungsbescheids bemessen sich nach den gesetzlichen Bestimmungen[237]. In zeitlicher Hinsicht ist die Bindung auf die im Feststellungszeitraum verwirklichten Besteuerungsgrundlagen begrenzt[238]. Bindend für die Folgebescheide des Verlustfeststellungsbescheids ist der nach § 10d Abs. 4 S. 2 EStG ermittelte und im Tenor des Bescheids als Saldogröße ausgewiesene verbleibende Verlustvortrag. Mit Ausnahme der gesonderten Feststellung des Verlustvortrags auf den Schluss des Vorjahrs kommt den sonstigen, nach § 10d Abs. 4 S. 2 EStG berücksichtigten Feststellungsgrundlagen keine bindende Wirkung zu. Eine positive Feststellung der verbleibenden vortragsfähigen Verluste negiert zugleich die Existenz eines höheren Verlustvortrags[239].

Der Regelungsgehalt des Feststellungsbescheids muss umgehend vollzogen werden, vgl. § 175 Abs. 1 S. 1 AO[240]. Das für den Erlass des Folgebescheids zuständige Finanzamt hat die festgestellten Besteuerungsgrundlagen zu diesem Zweck unverändert in den Folgebescheid zu übertragen[241]. Eine eigene Prüfkompetenz besteht nicht[242]. Die Bindungswirkung geht über eine rein mechanische Übernahme des Inhalts des Grundlagenbescheids hinaus. Sie schließt es aus, dass ein Sachverhalt, über den im Feststellungsverfahren entschieden ist, im

235 BFH, Urteil v. 08.11.2005 – VIII R 11/02, BStBl. II 2006, 253 = DStRE 2006, 247, 249; vgl. auch *Söhn*, in: Hübschmann/Hepp/Spitaler (Hrsg.), § 182 AO, Rdnr. 39; *Brandis*, in: Tipke/Kruse (Hrsg.), § 179 AO, Rdnr. 6. Es kommt im Rahmen der Auslegung darauf an, wie ein verständiger Empfänger nach den ihm bekannten Umständen den Bescheid unter Berücksichtigung von Treu und Glauben verstehen durfte, *Ratschow*, in: Klein (Hrsg.), § 182 AO, Rdnr. 5.

236 *Söhn*, in: Hübschmann/Hepp/Spitaler (Hrsg.), § 182 AO, Rdnr. 39; *Kunz*, in: Gosch (Hrsg.), § 182 AO, Rdnr. 6.

237 *Koenig*, in: Koenig (Hrsg.), § 175 AO, Rdnr. 7; BFH, Urteil v. 31.10.1991 – X R 126/90, BFH/NV 1992, 363, 364.

238 *Brandis*, in: Tipke/Kruse (Hrsg.), § 182 AO, Rdnr. 3.

239 *Heuermann*, in: Kirchhof/Söhn/Mellinghoff (Hrsg.), § 10d EStG, A 352.

240 *Söhn*, in: Hübschmann/Hepp/Spitaler (Hrsg.), § 182 AO, Rdnr. 35.

241 *Seer*, in: Tipke/Lang (Hrsg.), Steuerrecht, § 21, Rdnr. 83. *Von Wedelstädt* spricht insoweit auch von einer „absoluten" Bindungswirkung, *von Wedelstädt*, in: Kühn/von Wedelstädt (Hrsg.), § 179 AO, Rdnr. 1.

242 BFH, Urteil v. 24.05.2006 – I R 93/05, BStBl. II 2007, 76 = DStRE 2006, 1420, 1421.

Folgeverfahren in einem abweichenden und damit unvereinbaren Sinne bewertet wird[243]. Wird die Grundlagenwirkung des Feststellungsbescheids missachtet, zieht dies die Rechtswidrigkeit des Folgebescheids nach sich[244]. Die bindende Wirkung der gesonderten Feststellung wird dadurch nicht verbraucht[245]. Auch hängt sie nicht von der Reihenfolge ab, in der Grundlagen- und Folgenbescheid erlassen werden[246].

Wird der Feststellungsbescheid nachträglich geändert, muss der Folgebescheid gemäß § 175 Abs. 1 S. 1 Nr. 1 AO entsprechend angepasst werden[247]. Nach dieser Vorschrift ist ein Steuerbescheid zu erlassen, aufzuheben oder zu ändern, soweit ein Grundlagenbescheid, dem Bindungswirkung für diesen Steuerbescheid zukommt, erlassen, aufgehoben oder geändert wird. Sie verschafft der materiellen Bindungswirkung des Grundlagenbescheids verfahrensrechtliche Geltung, indem sie eine Durchbrechung der Bestandskraft des Folgebescheids zugunsten der Rechtsrichtigkeit ermöglicht[248]. Eine Anpassungsverpflichtung

---

243 St. Rspr., vgl. BFH, Urteil v. 09.07.1987 - IV R 87/85, BStBl. II 1988, 342, 344; BFH, Urteil v. 10.06.1999 - IV R 25/98, BStBl. II 1999, 545 = DStRE 1999, 645, 646; *Cöster*, in: Koenig (Hrsg.), § 171 AO, Rdnr. 148; *Ratschow*, in: Klein (Hrsg.), § 182 AO, Rdnr. 12; *Banniza*, in: Hübschmann/Hepp/Spitaler (Hrsg.), § 171 AO, Rdnr. 202; *Söhn*, in: Hübschmann/Hepp/Spitaler (Hrsg.), § 182 AO, Rdnr. 7. Dies gilt auch im Korrekturfall nach § 175 Abs. 1 S. 1 Nr. 1 AO, vgl. *Koenig*, in: Koenig (Hrsg.), § 175 AO, Rdnr. 120.

244 *Brandis*, in: Tipke/Kruse (Hrsg.), § 182 AO, Rdnr. 2. Umgekehrt ist der Grundlagenbescheid rechtswidrig, wenn er Feststellungen trifft, die dem Folgebescheid gesetzlich vorbehalten sind, *von Wedelstädt*, in: Kühn/von Wedelstädt (Hrsg.), § 179 AO, Rdnr. 4; *Koenig*, in: Koenig (Hrsg.), § 175 AO, Rdnr. 7.

245 *Kunz*, in: Gosch (Hrsg.), § 182 AO, Rdnr. 9; BFH, Urteil v. 09.08.2016 - VIII R 27/14, BStBl. II 2017, 821 = DStR 2016, 2853, 2854.

246 Die Bindungswirkung besteht auch dann, wenn die Finanzbehörde zunächst den Folgebescheid erlässt und anschließend den Grundlagenbescheid nachholt, *Söhn*, in: Hübschmann/Hepp/Spitaler (Hrsg.), § 182 AO, Rdnr. 9.

247 Handelt es sich bei dem Folgebescheid nicht um einen Steuer-, sondern um einen Feststellungsbescheid, findet der Korrekturtatbestand über § 181 Abs. 1 S. 1 AO sinngemäß Anwendung. Für die nach anderer Ansicht befürwortete analoge Heranziehung, vgl. *Koenig*, in: Koenig (Hrsg.), § 175 AO, Rdnr. 5, dürfte es an der erforderlichen Regelungslücke fehlen.

248 *Koenig*, in: Koenig (Hrsg.), § 175 AO, Rdnr. 1; *Steinhauff*, AO-StB 2010, 271, 272; BFH, Urteil v. 09.09.1988 - III R 253/84, BFH/NV 1989, 138; Schleswig-Holsteinisches FG, Urteil v. 21.02.2001 - II 345/99, EFG 2001, 610. Der Normzweck des § 175 Abs. 1 S. 1 Nr. 1 AO liegt in der – punktuellen – Bestandskraftdurchbrechung begründet, vgl. *von Wedelstädt*, AO-StB 2009, 203.

entsteht nicht nur infolge der Abänderung, sondern wird auch durch eine unterbliebene oder fehlerhafte Auswertung des Grundlagenbescheids ausgelöst[249]. Sie erlischt erst in dem Moment, in dem die Finanzbehörde sämtliche Folgerungen aus dem (korrigierten) Grundlagenbescheid zutreffend für den Folgebescheid gezogen hat bzw. spätestens mit dem Eintritt der Verjährung[250]. Damit die Behörde zeitlich in die Lage versetzt wird, die Änderungen im Folgebescheid umzusetzen, ordnet § 171 Abs. 10 S. 1 AO (i.V.m. § 181 Abs. 1 S. 1 AO) an, dass der Ablauf der Festsetzungs- bzw. Feststellungsfrist des Folgebescheids für zwei Jahre nach Bekanntgabe des Grundlagenänderungsbescheids im Umfang von dessen Bindungswirkung gehemmt ist[251]. Es ergeht ein sog. Folgeänderungsbescheid, der an die Stelle des Folgebescheids tritt[252]. Da der Steuerfall in seiner Gesamtheit nicht wieder aufgerollt wird, erfolgt eine Anpassung nur in dem Punkt, den der Grundlagenänderungsbescheid behandelt[253]. Die Pflicht zur Anpassung entfällt, wenn die geänderten Feststellungen keine Auswirkung auf den Regelungsbereich des Folgebescheids haben, z.B. weil die Höhe der Steuer null Euro beträgt[254].

Wird der Feststellungsbescheid später aufgehoben, besteht in Bezug auf den Folgebescheid ebenfalls Anpassungsbedarf (im Sinne einer Rückgängigmachung der Wirkung des Grundlagenbescheids), wenn der dort geregelte Sachverhaltskomplex aus der Bindungswirkung des Feststellungsverfahrens entlassen wird und nunmehr unmittelbar im Folgebescheid zu beurteilen ist[255]. Dies setzt voraus, dass der Grundlagenbescheid entweder ersatzlos aufgehoben oder ein

249 *Von Groll*, in: Hübschmann/Hepp/Spitaler (Hrsg.), § 175 AO, Rdnr. 182.

250 Vgl. hierzu *von Wedelstädt*, AO-StB 2009, 203, 208; *Koenig*, in: Koenig (Hrsg.), § 175 AO, Rdnr. 2.

251 *Söhn*, in: FS Musielak, S. 557, 561; *Bartone*, in: Kühn/von Wedelstädt (Hrsg.), § 171 AO, Rdnr. 96. Der Umfang der Ablaufhemmung richtet sich nach der Reichweite der Bindungswirkung des Grundlagenbescheids, was durch das Wort „soweit“ am Anfang der Regelung klargestellt ist. Wegen § 164 Abs. 3 S. 2 AO löst die Aufhebung des Vorbehalts der Nachprüfung bei einem Grundlagenbescheid die Ablaufhemmung aus, *Frotscher*, in: Schwarz/Pahlke (Hrsg.), § 171 AO, Rdnr. 180.

252 *Söhn*, in: FS Musielak, S. 557, 560 f.

253 BFH, Urteil v. 16.12.1966 – VI 363/65, BStBl. III 1967, 271, 272; *Koenig*, in: Koenig (Hrsg.), § 175 AO, Rdnr. 120; Schleswig-Holsteinisches FG, Urteil v. 21.02.2001 – II 345/99, EFG 2001, 610.

254 *Loose*, in: Tipke/Kruse (Hrsg.), § 175 AO, Rdnr. 8, spricht insoweit von „effektiven Folgen“; *Koenig*, in: Koenig (Hrsg.), § 175 AO, Rdnr. 19; *Meyer/Ball*, DStR 2003, 1229, 1230.

255 BFH, Beschluss v. 09.03.1995 – X B 242/94, BFH/NV 1995, 858.

negativer Feststellungsbescheid erlassen wird, der die Frage der Notwendigkeit einer gesonderten Feststellung von Besteuerungsgrundlagen abschließend entscheidet. Anderenfalls bleibt der betreffende Sachverhalt einer Überprüfung im nachgeschalteten Verfahren entzogen[256].

## III. Abgrenzung zu anderen Abweichungsverboten

Neben der bindenden Wirkung, die einem Steuerverwaltungsakt als Grundlagenbescheid zukommen kann, kennt das geltende Recht eine Reihe weiterer, teils ungeschriebener Abweichungsverbote. Insoweit sind zahlreiche Parallelen und Gemeinsamkeiten mit der bereits beschriebenen Grundlagenwirkung auszumachen. Wenngleich nicht unbedeutende Unterschiede in der Ausgestaltung der einzelnen Bindungen bestehen, geht es doch im Kern stets darum, zugunsten der Rechtsklarheit inhaltlich divergierende Entscheidungen zu vermeiden und aus Gründen der Verfahrensökonomie eine erneute Überprüfung von Sachentscheidungen durch die Folgebehörde auszuschließen[257]. Auf Basis der nachfolgend überblicksartig zusammengetragenen Erkenntnisse, die in vielen Punkten dem allgemeinen Verwaltungsverfahrensrecht entlehnt sind, sollen die zentralen Parameter der verschiedenen Abweichungsverbote herausgearbeitet und den Charakteristika des Grundlagenbescheids gegenübergestellt werden. Zentrale Kriterien sind hierbei der zeitliche Eintritt, Gegenstand und Umfang sowie die Folgen der Bindungswirkung. Auf diese Weise wird nicht nur die besondere Rechtsform[258] des Grundlagenbescheids schärfer konturiert, sondern werden auch abstrakte Anhaltspunkte für die an späterer Stelle durchzuführende Einordnung der Wirkungen von § 10d Abs. 4 S. 4, 5 EStG i.d.F. des JStG 2010 aufgezeigt. Die Differenzierung ist jedoch von vornherein dadurch erschwert, dass die Steuerrechtsprechung einheitlich praktizierte Maßstäbe im Kontext der Bindungswirkung vermissen lässt[259].

---

256 BFH, Urteil v. 24.05.2006 – I R 93/05, BStBl. II 2007, 76 = DStRE 2006, 1420, 1422; vgl. auch *von Wedelstädt*, in: Kühn/ von Wedelstädt (Hrsg.), § 179 AO, Rdnr. 4a.

257 *Sachs*, in: Stelkens/Bonk/Sachs (Hrsg.), § 43 VwVfG, Rdnr. 41.

258 So *Seer*, in: Tipke/Lang (Hrsg.), Steuerrecht, § 21, Rdnr. 432.

259 *Söhn*, in: Hübschmann/Hepp/Spitaler (Hrsg.), § 88 AO, Rdnr. 63.

### *1. Unabhängig von der Bestandskraft*

#### *a) Tatbestandswirkung*

Das Rechtsinstitut der sog. Tatbestandswirkung findet in Rechtsprechung und Literatur allgemein Anerkennung[260].

Die Meinungen fallen jedoch unterschiedlich darüber aus, welche die zutreffende Terminologie[261] und Struktur ist und wie die Grenzen zur sog. Feststellungswirkung konkret verlaufen (zur Feststellungswirkung näher unter b))[262]. Als gesichert gilt, dass außer der zuständigen Behörde sowie den Verfahrensbeteiligten sämtliche rechtsanwendenden Stellen (d.h. Behörden und Gerichte) adressiert sind und die Tatsache der Existenz des Verwaltungsakts als maßgebend akzeptieren müssen[263]. Dies ist Ausfluss der rechtsstaatlichen Bindung an Gesetz und Recht, Art. 20 Abs. 3 GG, und führt dazu, dass der tenorierte Inhalt unbesehen – also ohne Überprüfung – der eigenen Entscheidung zugrunde gelegt werden muss[264]. Hiervon ausgenommen bleiben die Gründe des Verwaltungsakts[265]. Eine Tatbestandswirkung im engeren Sinn wird demgegenüber angenommen,

---

260 Mit Nachweisen zur obergerichtlichen Rechtsprechung BFH, Urteil v. 21.01.2010 – VI R 52/08, BStBl. II 2010, 703 = DStR 2010, 974, 976; *Fritsch*, in: Koenig (Hrsg.), § 124 AO, Rdnr. 3; *Steinhauff*, AO-StB 2010, 271 m.w.N.

261 *Sachs*, in: Stelkens/Bonk/Sachs (Hrsg.), § 43 VwVfG, Rdnr. 105, ist der Ansicht, es herrsche eine „bunte terminologische Vielfalt“ vor. Er geht von der „Beachtlichkeit“ eines Verwaltungsakts aus, die durch andere Behörden als gegeben hingenommen werden müsse, *Sachs*, in: Stelkens/Bonk/Sachs (Hrsg.), § 43 VwVfG, Rdnr. 138 ff. Der 2. Senat des BVerwG spricht hingegen von der „Maßgeblichkeit“ bestandskräftiger Verwaltungsakte für andere Behörden, BVerwG, Urteil v. 26.08.1993 – 2 C 16/92, BVerwGE, 98, 99 f.

262 Das BSG verzichtet vor diesem Hintergrund auf eine terminologische Abgrenzung und verwendet stattdessen nur noch den Oberbegriff der Drittbindungswirkung, BSG, Urteil v. 04.10.1994 – 7 KlAr 1/93, NZA 1995, 320, 327.

263 BGH, Urteil v. 04.02.2004 – XII ZR 301/01, NVwZ 2004, 763; *Söhn*, in: Hübschmann/Hepp/Spitaler (Hrsg.), § 88 AO, Rdnr. 59; *Fritsch*, in: Koenig (Hrsg.), § 124 AO, Rdnr. 3.

264 *Kirchhof*, NJW 1985, 2977, 2983; BGH, Urteil v. 04.02.2004 – XII ZR 301/01, NVwZ 2004, 763; BVerwG, Urteil v. 24.10.2001 – 8 C 32/00, BeckRS 2001, 30214008; BVerwG, Beschluss v. 09.03.2005 – 8 B 103/04, BeckRS 2005, 25541; *Ratschow*, in: Klein (Hrsg.), § 182 AO, Rdnr. 3; Gerichte sind an die Regelung freilich nur gebunden, soweit sie nicht zur Entscheidung über Rechtsbehelfe gegen den Bescheid berufen sind, *Schemmer*, in: Bader/Ronellenfitsch (Hrsg.), § 43 VwVfG, Rdnr. 27 f.

265 *Söhn*, in: Hübschmann/Hepp/Spitaler (Hrsg.), § 88 AO, Rdnr. 59; *Schemmer*, in: Bader/Ronellenfitsch (Hrsg.), § 43 VwVfG, Rdnr. 28; *Steinhauff*, AO-StB 2010, 271, 273.

wenn das materielle Recht den Erlass eines wirksamen Verwaltungsakts zum erforderlichen Tatbestandsmerkmal für den Eintritt von Rechtsfolgen macht[266]. Im Steuerrecht wird die Tatbestandswirkung insbesondere als Bindung der Finanzbehörden an die Entscheidungen ressortfremder Stellen praktiziert[267]. Es sind aber auch rein steuerrechtliche Anwendungsfälle bekannt[268].

Die Tatbestandswirkung ist regelmäßige Folge der Wirksamkeit des Verwaltungsakts[269]. Die Parallelen zur Grundlagenwirkung, welche ebenfalls einen rechtswirksamen Verwaltungsakt voraussetzt und grundsätzlich allein in Bezug auf den Verfügungssatz eintritt, liegen auf der Hand. Auch dürfte sich die Grundlagenbindung auf Dritte erstrecken, so z.B. bei Verwaltungsakten ressortfremder Behörden, vgl. § 171 Abs. 10 S. 2 AO[270]. Einen wesentlichen Unterschied bildet hingegen der Umstand, dass die Tatbestandswirkung nicht ausdrücklich gesetzlich normiert sein muss[271] und nach überwiegender Auffassung nur ihr beabsichtigter Ausschluss der gesetzlichen Anordnung bedarf[272]. Es bestehen

---

266 *Schemmer*, in: Bader/Ronellenfitsch (Hrsg.), § 43 VwVfG, Rdnr. 34; *Sachs*, in: Stelkens/Bonk/Sachs (Hrsg.), § 43 VwVfG, Rdnr. 154.

267 *Kirchhof*, NJW 1985, 2977, 2983; *Banniza*, in: Hübschmann/Hepp/Spitaler (Hrsg.), § 171 AO, Rdnr. 210; *Kruse*, in: Tipke/Kruse (Hrsg.), § 171 AO, Rdnr. 93. Die Tatbestandswirkung bezwecke, die Entscheidung über Rechtmäßigkeit und Bestand eines behördlichen Bescheids den dazu berufenen Spezialgerichten vorzubehalten, BFH, Urteil v. 21.01.2010 - VI R 52/08, BStBl. II 2010, 703 = DStR 2010, 974, 976.

268 Vgl. nur zur Tatbestandswirkung des im Steuerbescheid durchgeführten Verlustausgleichs *Heuermann*, in: Kirchhof/Söhn/Mellinghoff (Hrsg.), § 10d EStG, A 27.

269 BFH, Urteil v. 21.01.2010 - VI R 52/08, BStBl II 2010, 703 = DStR 2010, 974, 976; *Schemmer*, in: Bader/Ronellenfitsch (Hrsg.), § 43 VwVfG, Rdnr. 28; *Erichsen/Knoke*, NVwZ 1983, 185, 189; *Kirchhof*, NJW 1985, 2977, 2982 f. Das BSG verlangt darüber hinaus, dass der Verwaltungsakt auch vollziehbar ist, BSG, Urteil v. 17.06.2009 - B 6 KA 16/08 R, BeckRS 2009, 73156.

270 *Kruse*, in: Tipke/Kruse (Hrsg.), § 171 AO, Rdnr. 93; *von Wedelstädt*, AO-StB 2009, 203; *Ratschow*, in: Klein (Hrsg.), § 182 AO, Rdnr. 4.

271 Um einen Fall der gesetzlich normierten Tatbestandswirkung soll es sich z.B. bei § 133 Abs. 3 S. 1 BauGB handeln. Danach setzt das Verlangen von Vorausleistungen auf die Erschließungspflicht voraus, dass das Bauvorhaben genehmigt ist, *Sachs*, in: Stelkens/Bonk/Sachs (Hrsg.), § 43 VwVfG, Rdnr. 159.

272 BFH, Urteil v. 21.01.2010 - VI R 52/08, BStBl. II 2010, 703 = DStR 2010, 974, 976; BVerwG, Urteil v. 23.04.1980 - 8 C 82/79, BVerwGE, 111, 117. Eine Begründung wird hierfür in der Regel nicht gegeben. Die Bindung dürfte bereits aus Art. 20 Abs. 3 GG resultieren. *Kirchhof* ist der Meinung, die Tatbestandswirkung sei eine formale Folge der äußeren und inneren Wirksamkeit und der Maßgeblichkeit eines Verwaltungsakts, *Kirchhof*, NJW 1985, 2977, 2983.

mithin verschiedene Rechtsgrundlagen für Tatbestands- und Grundlagenwirkung[273]. Abgesehen von der wohl im Ausgangspunkt vergleichbaren, auf Rechtsfolgenseite eintretenden Bindung gehen ausschließlich mit der Qualifikation als Grundlagenbescheid die spezifischen Folgewirkungen wie beispielsweise die Ablaufhemmung nach § 171 Abs. 10 S. 1 AO einher[274].

### *b) Feststellungswirkung*

Sachlich nah steht der Tatbestandswirkung die sog. Feststellungswirkung. Sie bewirkt die Ausnahmesituation, dass andere staatliche Stellen an die dem Verwaltungsakt zugrunde liegenden Entscheidungselemente, d.h. tatsächlichen Feststellungen und rechtlichen Wertungen gebunden sind[275]. Die in diesem Zusammenhang diskutierten Begrifflichkeiten und Definitionen gehen ebenfalls auseinander. Teilweise wird der Feststellungswirkung eine größere Reichweite als der Tatbestandswirkung zugeschrieben, indem Erstere neben den tatsächlichen und rechtlichen Feststellungen der Entscheidungsbegründung (vorausliegende Entscheidungselemente)[276] auch den Entscheidungssatz des Bescheids erfassen soll[277]. Andererseits gibt es Stimmen, welche unter dem Terminus „Feststellungswirkung" lediglich die Bindung an den Regelungsinhalt verstehen und als sog. erweiterte Feststellungswirkung sodann die Einbeziehung der vorausliegenden Entscheidungselemente bezeichnen[278]. Anknüpfend an das der Tatbestandswirkung vorliegend unter a) zugrunde gelegte Verständnis, wonach sich jene Bindung im Tenor des Verwaltungsakts erschöpft, wird die Feststellungwirkung zum Zwecke einer klaren und einfachen Handhabung in dieser Arbeit auf eine bindende Wirkung der vorausliegenden Entscheidungselemente begrenzt.

Hinsichtlich der Abgrenzung zum Grundlagenbescheid gilt im Wesentlichen das bereits zur Tatbestandswirkung Gesagte. Insbesondere geht auch die Bindung der Feststellungswirkung über den Kreis der Verfahrensbeteiligten hinaus[279]. Im Gegensatz zur Tatbestands-, jedoch vergleichbar mit der Grundlagenwirkung

---

273 *Steinhauff*, AO-StB 2010, 271, 275.

274 Vgl. dazu unter Erstes Kapitel B.II.3. Nicht völlig gleichförmige Rechtsfolgen nimmt auch *Steinhauff* an, AO-StB 2010, 271.

275 Vgl. *Sehnert*, NZS 2000, 437, 438; *Fritsch*, in: Koenig (Hrsg.), § 124 AO, Rdnr. 3.

276 *Steinhauff*, AO-StB 2010, 271, 273.

277 BSG, Urteil v. 04.10.1994 – 7 KlAr 1/93, NZA 1995, 320, 328; *Schemmer*, in: Bader/Ronellenfitsch (Hrsg.), § 43 VwVfG, Rdnr. 36; *Erichsen/Knoke*, NVwZ 1983, 185, 189.

278 Siehe dazu den Überblick bei *Söhn*, in: Hübschmann/Hepp/Spitaler (Hrsg.), § 88 AO, Rdnr. 61.

279 *Steinhauff*, AO-StB 2010, 271, 273.

bedarf die Feststellungswirkung einer ausdrücklichen gesetzlichen Anordnung[280]. Sie bildet den Ausnahme-, nicht den Regelfall. Zentrales Differenzierungskriterium gegenüber dem Grundlagenbescheid ist zum einen, dass die Entscheidungselemente im Steuerrecht, d.h. die Besteuerungsgrundlagen grundsätzlich nur im Wege der gesonderten Feststellung verselbstständigt und damit verbindlich werden können, vgl. § 157 Abs. 2 AO. Zum anderen dürften der Feststellungswirkung, auch wenn ihre konkrete Ausgestaltung der gesetzlichen Regelung im Einzelfall obliegt, nicht die spezifischen Folgewirkungen zukommen, die charakteristisch für den Grundlagenbescheid sind.

### 2. *In Abhängigkeit von der Bestandskraft*

Kennzeichnend für jeden (Steuer-)Verwaltungsakt ist die Eigenschaft, in Bestandskraft zu erwachsen und dadurch Bindungswirkung entfalten zu können[281]. Auf diese Weise wird ein Ausgleich zwischen materieller Rechtsrichtigkeit auf der einen und dem Prinzip der Rechtssicherheit auf der anderen Seite erreicht. Begrifflich wird die verfestigte inhaltliche Bindung als sog. materielle Bestandskraft umschrieben[282]. Ihr Umfang bemisst sich nach dem Entscheidungsgegenstand, d.h. der im Verwaltungsakt verbindlich und mit Außenwirkung getroffenen Regelung[283]. Sie wirkt als Abweichungsverbot, wenn sich die Finanzbehörde mit einer bereits verbeschiedenen Frage erneut zu befassen hat[284]. Gleichzeitig kann der bestandskräftige Regelungsinhalt für eine später zu treffende Verwaltungsentscheidung vorgreiflich und dieser ohne Rechtsmäßigkeitsprüfung zugrunde zu legen sein[285].

---

280 *Söhn*, in: Hübschmann/Hepp/Spitaler (Hrsg.), § 88 AO, Rdnr. 61; *Sachs*, in: Stelkens/Bonk/Sachs (Hrsg.), § 43 VwVfG, Rdnr. 160; *Schemmer*, in: Bader/Ronellenfitsch (Hrsg.), § 43 VwVfG, Rdnr. 36; *Steinhauff*, AO-StB 2010, 271, 273.

281 *Koenig*, in: Koenig (Hrsg.), Vorbemerkung zu §§ 172 bis 177 AO, Rdnr. 2.

282 Vgl. *Schemmer*, in: Bader/Ronellenfitsch (Hrsg.), § 43 VwVfG, Rdnr. 21, 23; a.A. wohl *Seer*, in: Tipke/Lang (Hrsg.), Steuerrecht, § 21, Rdnr. 80.

283 *Sachs*, in: Stelkens/Bonk/Sachs (Hrsg.), § 43 VwVfG, Rdnr. 56; *von Groll*, in: Hübschmann/Hepp/Spitaler (Hrsg.), Vorbemerkungen zu §§ 172–177 AO, Rdnr. 76.

284 Vgl. *Krumm*, DStR 2005, 631; *Koenig*, in: Koenig (Hrsg.), Vorbemerkung zu §§ 172 bis 177 AO, Rdnr. 4; *Schemmer*, in: Bader/Ronellenfitsch (Hrsg.), § 43 VwVfG, Rdnr. 21; *von Groll*, in: Hübschmann/Hepp/Spitaler (Hrsg.), Vorbemerkungen zu §§ 172–177 AO, Rdnr. 11. Nach anderer Ansicht soll in diesem Fall jede weitere Entscheidung ausgeschlossen sein, vgl. *Sachs*, in: Stelkens/Bonk/Sachs (Hrsg.), § 43 VwVfG, Rdnr. 57 m.w.N.

285 *Seer*, in: Tipke/Lang (Hrsg.), Steuerrecht, § 21, Rdnr. 83; *Erichsen/Knoke*, NVwZ 1983, 185, 190 ff.

Verschiedene Ansichten werden dazu vertreten, ab welchem Zeitpunkt die Wirkungen der materiellen Bestandskraft einsetzen[286]. Teile des Schrifttums plädieren für ihren Eintritt bereits mit Wirksamwerden des Bescheids infolge einer ordnungsgemäßen Bekanntgabe, § 124 Abs. 1 S. 1 i.V.m. § 122 AO[287]. Die überwiegende und vorzugswürdige Ansicht geht indes dahin, die formelle Bestandskraft des Bescheids, mithin den Ablauf der ordentlichen Rechtsbehelfsfrist (vgl. § 355 AO) oder eine wirksam vorgenommene Prozesshandlung (im Sinne von § 345 AO bzw. § 50 FGO oder § 138 FGO) für maßgeblich zu erklären[288]. Zwar trifft es zu, dass schon Existenz und Geltung eines Verwaltungsakts die Tatbestands- oder Feststellungswirkung im Sinne einer „Bindung erster Stufe" auslösen können[289]. Der betroffene Steuerpflichtige hat es aber gleichwohl in der Hand, diese mit Bekanntgabe entstehende „Verbindlichkeit" vermittels eines wirksam eingelegten Einspruchs bis auf Weiteres zu suspendieren[290]. Auch spricht einiges dafür, in terminologischer Hinsicht an das Prozessrecht anzuknüpfen, das den Eintritt der materiellen Rechtskraft auch von der Unanfechtbarkeit der Entscheidung abhängig macht[291].

Dadurch, dass die materielle Bestandskraft regelmäßig von der Unanfechtbarkeit des Verwaltungsakts als zweite Stufe der Verfestigung abhängt, zeigt sich ein erster wesentlicher Unterschied zum Grundlagenbescheid. Denn der Adressat eines Grundlagenbescheids hat nicht die Möglichkeit, die mit Bekanntgabe eintretende Bindungswirkung durch Einspruch oder Anfechtungsklage zu verhindern[292]. Die von einem bestandskräftigen Bescheid ausgehende Bindung ist auch nicht ausdrücklich im Gesetz normiert. Vielmehr bedarf es der gesetzlichen Ermächtigung nur für den Fall, wenn die Bestandskraft punktuell durchbrochen

---

286 Zum Meinungsstand ausführlich *Wernsmann*, in: Hübschmann/Hepp/Spitaler (Hrsg.), Vorbemerkungen zu §§ 130–133 AO, Rdnr. 13 ff.

287 *Musil*, DStZ 2005, 362, 363.

288 *Erichsen/Knoke*, NVwZ 1983, 185, 188; *Seer*, in: Tipke/Lang (Hrsg.), Steuerrecht, § 21, Rdnr. 80; *von Groll*, in: Hübschmann/Hepp/Spitaler (Hrsg.), Vorbemerkungen zu §§ 172–177 AO, Rdnr. 12; *Wernsmann*, in: Hübschmann/Hepp/Spitaler (Hrsg.), Vorbemerkungen zu §§ 130–133 AO, Rdnr. 12.

289 *Schemmer*, in: Bader/Ronellenfitsch (Hrsg.), § 43 VwVfG, Rdnr. 23; vgl. dazu bereits unter Erstes Kapitel B.III.1.

290 *Erichsen/Knoke*, NVwZ 1983, 185, 188.

291 *Wernsmann*, in: Hübschmann/Hepp/Spitaler (Hrsg.), Vorbemerkungen zu §§ 130–133 AO, Rdnr. 14 f. mit Verweis auf *Sachs*, in: Stelkens/Bonk/Sachs (Hrsg.), § 43 VwVfG, Rdnr. 54. Vgl. auch *Seer*, in: Tipke/Lang (Hrsg.), Steuerrecht, § 21, Rdnr. 80.

292 *Ratschow*, in: Klein (Hrsg.), § 182 AO, Rdnr. 5.

werden soll[293]. Darüber hinaus gilt die Bindungswirkung lediglich inter partes, so dass nicht betroffene Dritte – anders als bei der Grundlagenwirkung – vom Adressatenkreis der Bestandskraft ausgenommen sind[294].

## C. Zusammenfassung der Ergebnisse

Die Gesetzeshistorie des gesonderten Feststellungsverfahrens für den verbleibenden Verlustvortrag zeigt wiederholt die gesetzgeberische Tendenz, „rechtsprechungsbrechende" Gesetze zur Begrenzung der Feststellungsmöglichkeiten zu erlassen. Gleichzeitig wird aber auch das zentrale Motiv für das gesetzgeberische Handeln in diesem Zusammenhang deutlich. Seit Einführung des gesonderten Feststellungsverfahrens ist der Gesetzgeber bestrebt, die ursprünglich beabsichtigte, zeitnahe und für alle Beteiligten verbindliche Entscheidung über die vortragsfähigen Verluste sicherzustellen. Schließlich vergegenwärtigt der Rückblick die geschichtlich einmalige Anbindung, die der Verlustfeststellungsbescheid durch das JStG 2010 an die Besteuerungsgrundlagen des Einkommensteuerbescheids erfahren hat.

Ob ein Steuerverwaltungsakt wie z.B. der Verlustfeststellungsbescheid als Grundlagenbescheid im Sinne von § 171 Abs. 10 S. 1 AO zu qualifizieren ist, ist wirkungsbezogen zu ermitteln. Nach den Maßgaben der höchstrichterlichen Rechtsprechung ist notwendig, aber auch hinreichend, dass die Bindungswirkung für eine Steuerfestsetzung ausdrücklich gesetzlich angeordnet ist. Danach reicht es in der Regel nicht aus, wenn das Gesetz den Bescheid schlicht als Grundlagenbescheid bezeichnet. Nicht nur Feststellungsbescheide gemäß § 182 AO, sondern auch Steuerbescheide können grundsätzlich Grundlagenwirkung entfalten. Die Grundlagenwirkung setzt weiter voraus, dass der Steuerverwaltungsakt wirksam ist. Insoweit ist sie nach zutreffender Ansicht von der materiellen Bestandskraft zu differenzieren. Eine Abgrenzung ist auch hinsichtlich der Tatbestandswirkung vorzunehmen, die einer ausdrücklichen Regelung im Gesetz nur bedarf, wenn sie ausgeschlossen werden soll. Auch die Feststellungswirkung hat ein inhaltliches Abweichungsverbot zur Folge. Nach dem dieser Untersuchung zugrunde liegenden Verständnis bezieht sie sich ausschließlich

293 In diese Richtung auch *Krumm*, DStR 2005, 631. Wegen der restriktiv ausgestalteten Aufhebungs- und Korrekturtatbestände der §§ 172 ff. AO ist die Bestandskraft bei Steuerbescheiden stärker ausgeprägt als bei sonstigen Verwaltungsakten, *Musil*, DStZ 2005, 362, 363.

294 *Sachs*, in: Stelkens/Bonk/Sachs (Hrsg.), § 43 VwVfG, Rdnr. 93; *Kirchhof*, NJW 1985, 2977, 2983; *Erichsen/Knoke*, NVwZ 1983, 185, 188 f.

auf die unselbstständigen Entscheidungselemente eines Bescheids. Zwar dürfte es durchaus in Betracht kommen, dass auch die Besteuerungsgrundlagen eines Steuerbescheids ausnahmsweise Grundlagenwirkung entfalten. Im Gegensatz zur Feststellungswirkung knüpfen an die Qualifikation als Grundlagenbescheid jedoch weitere Folgevorschriften an.

# Zweites Kapitel Die Bindung der Verlustfeststellung an den Steuerbescheid im Wandel der höchstrichterlichen Rechtsprechung

§ 10d Abs. 3 bzw. 4 EStG a.F.[295] hielt seit seiner Einführung im Jahr 1990 zwei Regelungen bereit, die zumindest ihrem Wortlaut zufolge jeweils als potentielle Rechtsgrundlagen für den erstmaligen Erlass eines Verlustfeststellungsbescheids in Betracht kamen. In Satz 1 war vorgesehen, dass der am Schluss eines Veranlagungszeitraums verbleibende Verlustvortrag gesondert festzustellen ist. Dies ließ auf eine allgemeine Ermächtigung ohne besondere Voraussetzungen bzw. mit weitem Anwendungsbereich schließen. Demgegenüber lautete Satz 4 dahin, dass Feststellungsbescheide zu erlassen, aufzuheben oder zu ändern sind, soweit sich die nach Satz 2 zu berücksichtigenden Beträge ändern und deshalb der entsprechende Steuerbescheid zu erlassen, aufzuheben oder zu ändern ist. Diese Regelung war nach Satz 5 auch in den Fällen anwendbar, in denen der Erlass, die Aufhebung oder Änderung des Steuerbescheids mangels steuerlicher Auswirkung unterbleibt. Neben Korrekturbefugnissen wurde – unter erhöhten Anforderungen – ebenfalls die Möglichkeit zur gesonderten Feststellung eingeräumt.

Bis zur Gesetzesreform durch das JStG 2010 war die Rechtsprechung des BFH daher von dem Bestreben getragen, eine sinnvolle und dem Gesetzessinn gerecht werdende Abgrenzung der beiden Erlasstatbestände zu erreichen, die sich zugleich mit dem Wortlaut der Vorschrift vereinbaren ließ. Die Frage nach der Rechtsgrundlage für den erstmaligen Erlass eines Verlustfeststellungsbescheids ist Gegenstand zahlreicher Entscheidungen gewesen und – durch einen internen Zuständigkeitswechsel bedingt – von insgesamt zwei Senaten behandelt worden. Auch wenn es methodisch allein um die zutreffende Gesetzesanwendung ging,

---

295 Mit Wirkung ab dem 01.01.1999 wurde die zunächst in § 10d Abs. 3 EStG a.F. verortete Regelung systematisch nach Absatz 4 verschoben, vgl. StEntlG 1999/2000/2002 vom 24.03.1999, BGBl. I 1999, 402. Da der Regelungsinhalt der Normfassungen vor und nach dem 01.01.1999 im Wesentlichen gleich geblieben ist, wird für Zwecke dieser Untersuchung im Folgenden einheitlich und in Abgrenzung zur geltenden Vorschrift grundsätzlich nur noch von § 10d Abs. 4 EStG a.F. gesprochen. Erfasst sind damit sämtliche Gesetzesfassungen seit Einführung der Vorschrift durch das StRefG 1990.

konnte sich hierdurch in praktischer Hinsicht entscheiden, ob tatsächlich erlittene Verluste im Ergebnis unberücksichtigt blieben oder in anderen, insbesondere künftigen Steuerperioden mit entsprechend hohen positiven Einkünften noch zum Ausgleich gebracht werden konnten. Besonders problematisch war in diesem Zusammenhang, ob die gesonderte Feststellung gemäß § 10d Abs. 4 S. 4 EStG a.F. dergestalt an die Besteuerungsgrundlagen des Steuerbescheids des Verlustentstehungsjahrs gekoppelt war, dass von einer Bindungs- oder sogar Grundlagenwirkung auszugehen war. Zum Schwur kam es hierbei vor allem, wenn die gesondert festzustellenden Verluste nicht oder nicht in gleicher Höhe auch der Steuerfestsetzung zugrunde lagen. Hingegen war in den Fällen der korrespondierenden Verlustfeststellung stets § 10d Abs. 4 S. 1 EStG heranzuziehen.

Die Entwicklung der zu Satz 4 und 5 ergangenen Rechtsprechung verlief nicht ohne jeden Widerspruch und war im Jahr 2008 einem tiefgreifenden Wandel unterzogen. Eine dritte, jedenfalls nicht deckungsgleiche Rechtsprechungslinie hat sich mittlerweile auch zu der im Jahr 2010 reformierten Normfassung herausgebildet. Die nachfolgende Darstellung zielt darauf ab, einen vertieften Überblick über die (Ausgangs-)Rechtsprechung des BFH, ihre Funktionsweise und die zugrunde liegenden Erwägungen zu geben[296]. Darauf aufbauend werden die Unterschiede der geänderten Rechtsprechung ab 2008 und ihre Konsequenzen für den betroffenen Steuerpflichtigen herausgearbeitet[296a]. Die aus den ersten beiden Teilen gewonnenen Erkenntnisse sollen schließlich dazu verwendet werden, um näheren Aufschluss über die richtige Auslegung und Anwendung des aktuellen § 10d Abs. 4 EStG i.d.F. des JStG 2010 zu erhalten[297].

## A. Verfahrensrechtliche Bindung der Verlustfeststellung an den Steuerbescheid bis 2008

Der für die gesonderte Verlustfeststellung nach der Geschäftsverteilung ursprünglich zuständige XI. Senat des BFH hat die Auslegung des § 10d Abs. 4 EStG a.F. maßgeblich entwickelt und vorangebracht. Bis in das Jahr 2008 hinein ging er von der vorrangigen Anwendung des § 10d Abs. 4 S. 4 EStG a.F. aus, wenn vortragsfähige Verluste erstmalig gesondert festgestellt werden sollten. In Abhängigkeit von der Bestandskraft des Steuerbescheids wurden erhöhte tatbestandliche Anforderungen an die Verlustberücksichtigung gestellt. Der Regelung in Satz 1 wurde die Funktion einer bloßen Auffangnorm zugeschrieben. In

296 Dazu unter Zweites Kapitel A.
296a Dazu unter Zweites Kapitel B.
297 Dazu unter Zweites Kapitel C.

insgesamt fünf Konstellationen konnte eine Abgrenzung der Anwendungsbereiche relevant werden: Erstens konnte der bestandskräftige Steuerbescheid für das Verlustentstehungsjahr eine Steuerschuld festsetzen. Lautete die bestandskräftige Steuerfestsetzung hingegen auf null DM/Euro, konnte sie zweitens auf einem geringfügig positiven, drittens auf einem negativen oder viertens auf einem Gesamtbetrag der Einkünfte in Höhe von null DM/Euro beruhen. Fünftens kam in Betracht, dass der Erlass eines Steuerbescheids für das Verlustentstehungsjahr im Feststellungszeitpunkt nicht mehr zulässig war. Soweit ersichtlich, sind insgesamt drei – und hiervon höchstrichterlich zwei – Fallgestaltungen entschieden, welche nachfolgend sortiert nach Entscheidungsdatum dargestellt sind.

## I. Rechtsprechung des XI. Senats des Bundesfinanzhofs: Vorrangige Anwendung des § 10d Abs. 4 S. 4, 5 EStG a.F.

### *1. Sperrwirkung der bestandskräftigen Steuerfestsetzung*

Das Urteil des Niedersächsischen FG vom 25. April 1996[298] bildete den Auftakt einer ganzen Reihe von finanzgerichtlichen, vor allem aber höchstrichterlichen Entscheidungen zu dem Verhältnis zwischen der bereits in Bestandskraft erwachsenen Einkommensteuerfestsetzung und dem auf den Schluss des betreffenden Veranlagungszeitraums erstmalig zu erlassenden Verlustfeststellungsbescheid. Es erging zu der verfahrensrechtlichen Konstellation, dass für das Verlustentstehungsjahr ein bestandskräftiger Steuerbescheid existierte, der eine Steuerschuld gegenüber den Steuerpflichtigen festsetzte.

Erstmals im Einspruchsverfahren machten die Kläger die gesonderte Feststellung eines Verlusts bei den Einkünften aus Kapitalvermögen geltend, den sie infolge einer Beteiligungsveräußerung erlitten und trotz Aufforderung des Finanzamts in der Steuererklärung nicht angegeben hatten. Das FG wies die Klage mit der Begründung ab, dass eine Verlustfeststellung nur möglich gewesen wäre, wenn die Voraussetzungen einer Änderungsvorschrift gemäß §§ 172 ff. AO für den bestandskräftigen Einkommensteuerbescheid vorgelegen hätten[299]. Einen eigenständigen Korrekturtatbestand enthalte § 10d EStG a.F. nicht. Da die Kläger ein grobes Verschulden daran getroffen habe, dass die Verluste erst im Anschluss an die abgeschlossene Veranlagung bekannt geworden seien, käme eine Änderung des Steuerbescheids insbesondere nicht nach § 173 Abs. 1 Nr. 2 AO in Betracht. Der im Bescheid ausgewiesene positive Gesamtbetrag der Einkünfte

298 Niedersächsisches FG, Urteil v. 25.04.1996 – XII 82/95, EFG 1997, 276, rkr.
299 Niedersächsisches FG, Urteil v. 25.04.1996 – XII 82/95, EFG 1997, 276, rkr.

könne somit nachträglich nicht abgeändert werden. Mangels negativem Gesamtbetrag der Einkünfte sah das Gericht auch nicht die Möglichkeit gegeben, einen verbleibenden Verlustvortrag gemäß § 10d Abs. 4 S. 1 EStG a.F. gesondert festzustellen[300].

Das Niedersächsische FG stellte in seiner recht kurz gehaltenen Entscheidungsbegründung vorrangig auf eine Änderungsbefugnis für den Steuerbescheid des Verlustentstehungsjahrs bzw. den darin ausgewiesenen positiven Gesamtbetrag der Einkünfte ab, ohne jedoch die hierfür herangezogene Regelung zu zitieren[301]. Dass es sich hierbei nur um eine Voraussetzung des § 10d Abs. 4 S. 4 EStG a.F. handeln konnte, folgte aus dem Wortlaut von Satz 4, der anders als Satz 1 für die Verlustfeststellung verlangte, dass sich die nach § 10d Abs. 4 S. 2 EStG a.F. zu berücksichtigenden Beträge änderten und deshalb der Steuerbescheid zu ändern war. Inzident prüfte das Gericht daher den Katalog der abgabenrechtlichen Korrekturvorschriften gemäß §§ 172 ff. AO.

Im Rahmen der subsidiären Prüfung der Anforderungen des § 10d Abs. 4 S. 1 EStG a.F. fiel auf, dass das Finanzgericht von einer Art Bindungswirkung des im Steuerbescheid ausgewiesenen Gesamtbetrags der Einkünfte (außerhalb des Verfügungssatzes der Steuerfestsetzung) auszugehen schien, die einer Verlustfeststellung entgegenstehen sollte, sofern der Gesamtbetrag positiv war. Dies folgte im Umkehrschluss daraus, dass nach der Diktion des Gerichts nur ein negativer Gesamtbetrag der Einkünfte die gesonderte Feststellung ermöglichen sollte[302].

### 2. *Sperrwirkung des bestandskräftigen Steuernullbescheids mit positivem Gesamtbetrag der Einkünfte*

#### a) *Entscheidung vom 9. Dezember 1998*

Mit Urteil vom 9. Dezember 1998[303] beschäftigte sich zum ersten Mal der BFH mit den Voraussetzungen für den Erlass des Verlustfeststellungsbescheids gemäß § 10d Abs. 4 EStG a.F. Er hatte darüber zu entscheiden, ob auch in den Fällen eines in Bestandskraft erwachsenen Einkommensteuernullbescheids, dem ein positiver Gesamtbetrag der Einkünfte zugrunde lag, eine gesonderte

---

300 Niedersächsisches FG, Urteil v. 25.04.1996 – XII 82/95, EFG 1997, 276, rkr.

301 Kritisch hinsichtlich des Rückgriffs auf Satz 4 *Meyer/Ball*, DStZ 1997, 452 f.; Friktionen der Auffassung des Niedersächsischen FG mit dem Verlustrücktrag nach § 10d Abs. 1 S. 1 EStG a.F. aufzeigend *Brüggmann*, DStZ 1998, 480, 481.

302 Niedersächsisches FG, Urteil v. 25.04.1996 – XII 82/95, EFG 1997, 276, rkr.

303 BFH, Urteil v. 09.12.1998 – XI R 62/97, BStBl. II 2000, 3.

Verlustfeststellung „gesperrt" war. Dem lag ein Sachverhalt aus dem Jahr 1996 zugrunde, bei dem der Kläger erstmals die steuerliche Berücksichtigung eines Aufgabeverlusts per 31. Dezember 1990 begehrte. Der bestandskräftige Nullbescheid für den Veranlagungszeitraum 1990 wies einen positiven Gesamtbetrag der Einkünfte aus.

Der BFH bestätigte das vom Niedersächsischen FG postulierte Erfordernis einer verfahrensrechtlichen Änderungsmöglichkeit für den bestandskräftigen Einkommensteuerbescheid nach Maßgabe der §§ 172 ff. AO. Er verortete es ausdrücklich in der Rechtsgrundlage des § 10d Abs. 4 S. 4, 5 EStG a.F., deren Anforderungen er für den Erlass des Feststellungsbescheids prüfte. Seiner Auffassung zufolge ließen sich der Vorschrift zwei Voraussetzungen für die erstmalige gesonderte Feststellung entnehmen: In einem ersten Schritt müssten sich die in § 10d Abs. 4 S. 2 EStG a.F. genannten Bezugsgrößen betragsmäßig ändern, so dass aus diesem Grund im zweiten Schritt der entsprechende Steuerbescheid zu erlassen, aufzuheben oder zu ändern sei[304]. Besonderes Augenmerk legte der BFH auf das zweite Kriterium, das den Schutz der Bestandskraft des vorausgehenden Steuerbescheids bezwecke. Es sei dahin zu verstehen, dass es verfahrensrechtlich zulässig sein müsse, den Steuerbescheid (noch) zu ändern, denn eine uneingeschränkte Korrekturbefugnis außerhalb des Änderungssystems der Abgabenordnung normiere § 10d Abs. 4 S. 4 EStG a.F. gerade nicht. Es bestünde anderenfalls die Gefahr, dass in einem bestandskräftigen Steuerbescheid enthaltene Fehler durch den Erlass eines Feststellungsbescheids korrigiert würden[305].

Vor diesem Hintergrund hatte der XI. Senat – wie er ausdrücklich hervorhob – schon mit Urteil vom 31. Juli 1996 entschieden, dass für eine Berichtigung des Feststellungsbescheids nach dem Wortlaut des § 10d Abs. 4 S. 4 EStG a.F. neben der betragsmäßigen Bezugsgrößenänderung auch die verfahrensrechtliche Befugnis bestehen müsse, den Steuerbescheid zu ändern, auf den die Änderung der Bezugsgrößen zurückzuführen sei[306]. Der hierdurch zum Ausdruck kommende Vorrang der Bestandskraft vor der materiellen Richtigkeit sollte laut BFH auch für den erstmaligen Erlass des Verlustfeststellungsbescheids gelten und zwar unabhängig davon, ob eine Steuer von null oder höher festgesetzt werde. Zwar hatte der Kläger vorgebracht, dass eine Änderungsbefugnis gemäß §§ 172 ff. AO bei einem Steuernullbescheid stets ins Leere gehe, weil nachträglich zu berücksichtigende Verluste denknotwendig nie zu einer Herabsetzung

304 So bereits BFH, Urteil v. 31.07.1996 – XI R 4/96, BFH/NV 1997, 180, 181.

305 BFH, Urteil v. 09.12.1998 – XI R 62/97, BStBl. II 2000, 3, 4 f.

306 BFH, Urteil v. 31.07.1996 – XI R 4/96, BFH/NV 1997, 180, 181.

der Einkommensteuer auf unter null DM führen könnten. Dem hielt der BFH den Gesetzeswortlaut entgegen, wonach § 10d Abs. 4 S. 5 EStG a.F. die entsprechende Anwendung von Satz 4 anordne. Diese Verweisung sei so zu verstehen, dass eine Korrektur von Rechts wegen durchgeführt werden müsse und rein faktisch allein deshalb unterbleibe, weil der Bescheid keine Steuer festsetze bzw. sich die Berichtigung nicht steuerlich auf die Höhe der Steuerfestsetzung auswirke. Im Kern ging es letztlich darum, ob sich ein Steuerpflichtiger entgegenhalten lassen musste, dass ihn ein grobes Verschulden am nachträglichen Bekanntwerden eines Verlustes traf, vgl. § 173 Abs. 1 Nr. 2 AO. Der BFH lehnte es in diesem Zusammenhang ab, in den § 10d Abs. 4 S. 4, 5 EStG a.F. eigenständige Vorschriften über den Erlass von Feststellungsbescheiden zu Lasten der Bestandsschutzregelungen nach §§ 172 ff. AO zu sehen[307]. Im Urteilsfall scheiterte die gesonderte Feststellung folglich daran, dass sich der Kläger das Verschulden seines Steuerberaters zurechnen lassen musste, der die Aufgabebilanz für den eingestellten Gewerbebetrieb des Klägers zu spät erstellt hatte[308].

Eine unzulässige Rechtsschutzverkürzung sollte mit dieser Auslegung nicht verbunden sein, wenngleich der Kläger mangels Beschwer den Steuernullbescheid zwecks Änderung grundsätzlich nicht hätte anfechten können. Der BFH verwies ihn stattdessen auf das Feststellungsverfahren mit der Maßgabe, die gesonderte Verlustfeststellung innerhalb der Einspruchsfrist für den Steuerbescheid zu beantragen. Da das Finanzamt wegen § 10d Abs. 4 S. 5 EStG a.F. verpflichtet sei, dem Antrag des Klägers Folge zu leisten, stehe er verfahrensrechtlich nicht schlechter als ein Steuerpflichtiger, der eine im Steuerbescheid festgesetzte Steuerschuld anfechten könne[309].

### *b) Entscheidung vom 9. Mai 2001*

Die BFH-Entscheidung vom 9. Mai 2001[310] behandelte ebenfalls die Fallkonstellation, dass ein Ausgleich negativer Einkünfte bei einer Steuernullfestsetzung mit zugrunde liegendem positivem Gesamtbetrag der Einkünfte begehrt wurde.

---

307 BFH, Urteil v. 09.12.1998 – XI R 62/97, BStBl. II 2000, 3, 4 ff.

308 BFH, Urteil v. 09.12.1998 – XI R 62/97, BStBl. II 2000, 3, 5. Ein Verschulden seitens des Steuerberaters muss sich der Kläger nach ständiger Rechtsprechung und h.M. zurechnen lassen, vgl. FG Münster, Urteil v. 28.08.1997 – 13 K 6054/96 F, EFG 1997, 1435 = DStRE 1998, 384, 385.

309 BFH, Urteil v. 09.12.1998 – XI R 62/97, BStBl. II 2000, 3, 5; vgl. auch BFH, Beschluss v. 03.01.2000 – XI S 3/99, BFH/NV 2000, 944.

310 BFH, Urteil v. 09.05.2001 – XI R 25/99, BStBl. II 2002, 817.

Der XI. Senat hatte daher Gelegenheit dazu, seine im Jahr 1998 aufgestellten Rechtsprechungsgrundsätze zu bekräftigen[311].

Basierend auf seiner Auslegung von § 10d Abs. 4 S. 4, 5 EStG a.F. konkretisierte der BFH darüber hinaus die inhaltlichen Anforderungen an die dem Einkommensteuernullbescheid gemäß § 157 Abs. 1 S. 3 AO beizufügende Rechtsbehelfsbelehrung. Seinem Verständnis zufolge musste diese den Hinweis enthalten, dass ein Einspruch gegen den auf null DM lautenden Steuerbescheid mangels Beschwer unzulässig war und den Steuerpflichtigen mit seinem Begehren insofern auf das Feststellungsverfahren verweisen. Die Verlustfeststellung sollte sodann innerhalb der einmonatigen Einspruchsfrist für den Steuerbescheid beantragt werden können[312]. Enthielt der Steuerbescheid keine solche Belehrung, sollte der Feststellungsantrag in entsprechender Anwendung des § 356 Abs. 2 AO innerhalb eines Jahres ab Bekanntgabe gestellt werden können[313]. Dieser Rechtssatz erging als obiter dictum, da der Antrag im Streitfall nach Ablauf der verlängerten Frist gestellt worden war[314]. Weiterhin stellte der BFH klar, dass die Frage eines Verlustrücktrags getrennt von der (Un-)Zulässigkeit der Feststellung des verbleibenden Verlustabzugs zu beantworten sei[315].

### *c) Entscheidung vom 12. Juni 2002*

Auch wenn es auf den ersten Blick anders anmuten mag, reiht sich das BFH-Urteil vom 12. Juni 2002[316] ebenfalls in die Rechtsprechungslinie des BFH ein[317]. Die Entscheidung muss vor dem Hintergrund der Einführung des

---

311 Widersprüchlich insoweit *Gatzka/Wilhelm*, DStR 2005, 1794, 1795, die einerseits konstatieren, dass der BFH in dieser Entscheidung eine Abhängigkeit der Verlustfeststellung vom Steuerbescheid ausgeschlossen habe und andererseits wenige Sätze später – insofern zutreffend – festhalten, dass die Möglichkeit einer gesonderten Feststellung des verbleibenden Verlustvortrags von der Änderungsmöglichkeit des zugrunde liegenden Steuerbescheids abhängig gemacht werde.

312 Kritisch *von Eichborn*, HFR 2002, 106.

313 BFH, Urteil v. 09.05.2001 – XI R 25/99, BStBl. II 2002, 817, 818.

314 So auch FG Münster, Urteil v. 16.11.2005 – 10 K 1086/04 F, EFG 2006, 418 = DStRE 2006, 1330, 1331.

315 BFH, Urteil v. 09.05.2001 – XI R 25/99, BStBl. II 2002, 817, 818; vgl. hierzu *von Eichborn*, HFR 2002, 106.

316 BFH, Urteil v. 12.06.2002 – XI R 26/01, BStBl. II 2002, 681 = DStRE 2002, 1345.

317 Wiederum anders *Gatzka/Wilhelm*, DStR 2005, 1794, 1795, die die Entscheidung – zu Unrecht – dahin interpretieren, dass sich der BFH für eine verfahrensmäßige Verselbstständigung des Feststellungsverfahrens vom Festsetzungsverfahren ausgesprochen habe.

Feststellungsverfahrens mit Wirkung zum 1. Januar 1990 gewürdigt werden[318]. Unter Rückgriff auf den Grundtatbestand des § 10d Abs. 4 S. 1 EStG a.F. erachtete es der BFH für zulässig, nicht ausgeglichene negative Einkünfte aus dem Jahr 1989 auf den 31. Dezember 1990 gesondert festzustellen[319]. Dass im Zeitpunkt der Antragstellung bereits ein bestandskräftiger Einkommensteuernullbescheid für 1990 existierte, der einen geringfügig positiven Gesamtbetrag der Einkünfte auswies und gemäß § 10d Abs. 4 S. 4, 5 EStG a.F. dem Rechtsgrund nach nicht mehr geändert werden konnte, sollte dem nicht entgegenstehen[320].

Die allgemeine Rechtsgrundlage des § 10d Abs. 4 S. 1 EStG a.F. war deshalb anzuwenden, weil nach dem Übergangsrecht Verluste aus Veranlagungszeiträumen vor 1990 in die erstmalige Feststellung zum 31. Dezember 1990 einzubeziehen waren[321]. Da es dem Kläger ausschließlich um die steuerliche Berücksichtigung von Verlusten aus 1989 ging, war in Bezug auf eine etwaige Sperrwirkung richtigerweise allein auf den Steuerbescheid für 1989 abzustellen. Diesem lag bereits ein negativer Gesamtbetrag der Einkünfte in der geltend gemachten Höhe zugrunde[322], so dass keine Notwendigkeit bestand, den Bescheid zu ändern[323]. Der aus dem Veranlagungszeitraum 1989 verbliebene, seinerzeit nicht gesondert festgestellte Verlustabzug konnte somit in die Verlustfeststellung auf den Schluss des Jahres 1990 einfließen[324].

Eine isolierte Betrachtung der Situation im Veranlagungszeitraum 1989 zeigt, dass die Tatbestandsvoraussetzungen des § 10d Abs. 4 S. 4, 5 EStG a.F. – wenn die Vorschrift zu dieser Zeit schon anwendbar gewesen wäre – nicht vorgelegen und keine Sperrwirkung gegenüber Satz 1 entfaltet hätten. Es fehlte an der

318 Vgl. § 52 Abs. 1 S. 1 EStG i.d.F. des StRefG 1990.

319 Der verbleibende Verlustvortrag war erstmals auf den 31. Dezember 1990 gesondert festzustellen, vgl. § 52 Abs. 1 S. 1 EStG 1990.

320 BFH, Urteil v. 12.06.2002 – XI R 26/01, BStBl. II 2002, 681 = DStRE 2002, 1345 f.

321 Vgl. die Übergangsvorschrift des § 52 Abs. 1 S. 1 EStG 1990 sowie BFH, Beschluss v. 05.04.1995 – I B 126/94, BStBl. II 1995, 496; BFH, Urteil v. 31.07.1996 – XI R 4/96, BFH/NV 1997, 180; BFH, Urteil v. 12.06.2002 – XI R 26/01, BStBl. II 2002, 681 = DStRE 2002, 1345.

322 Streng genommen könnte die vorliegende Entscheidung auch einer eigenen, vom BFH – soweit ersichtlich – im Übrigen nicht entschiedenen Fallgruppe „Keine Sperrwirkung des bestandskräftigen Nullbescheids mit negativem Gesamtbetrag der Einkünfte" zugeordnet werden. Siehe hierzu auch Zweites Kapitel A.II.3.a).

323 FG München, Urteil v. 24.05.2000 – 9 K 3439/99, EFG 2001, 1532, 1533; so auch *Hallerbach*, in: Herrmann/Heuer/Raupach (Hrsg.), 220. Lfg. Oktober 2005, § 10d EStG, Rdnr. 127.

324 Vgl. BFH, Urteil v. 31.07.1996 – XI R 4/96, BFH/NV 1997, 180.

betragsmäßigen Änderung einer Bezugsgröße im Sinne von Satz 2, da der Steuerbescheid den Verlust entsprechend der Erklärung des Klägers auswies[325]. Somit konnte auf § 10d Abs. 4 S. 1 EStG a.F. zurückgegriffen werden mit der Folge, dass es auf das Vorliegen einer Änderungsbefugnis für den bestandskräftigen Steuerbescheid 1990 nicht ankam[326]. Der dem Steuerbescheid 1990 zugrunde liegende positive Gesamtbetrag der Einkünfte war nur insofern von Bedeutung, als er mit den festzustellenden Verlusten vorab zu verrechnen war[327].

Anders als die Vorinstanz, die eine ausführliche Abgrenzung der beiden Rechtsgrundlagen vorgenommen hatte, begnügte sich der BFH in seiner Entscheidungsbegründung mit dem Hinweis, die Urteile vom 9. Dezember 1998 und 9. Mai 2001 seien im Streitfall nicht einschlägig. Den dort betroffenen Steuerpflichtigen sei es jeweils darum gegangen, in Abweichung von dem im Einkommensteuerbescheid ermittelten positiven Gesamtbetrag der Einkünfte einen Verlust gesondert feststellen zu lassen[328]. Dies verdient insofern Zustimmung, als dem maßgeblichen Steuerbescheid 1989 im Besprechungsfall ein negativer Gesamtbetrag der Einkünfte zugrunde lag.

### 3. *Keine Sperrwirkung der fehlenden bzw. unzulässigen Veranlagung*

Die Problematik der gesonderten Verlustfeststellung bei fehlender Einkommensteuerveranlagung hat der BFH im Jahr 2006 wiederholt entschieden[329]. Die Finanzgerichte hatten zuvor höchst unterschiedliche Positionen zu der Frage eingenommen, ob der verbleibende Verlustvortrag auch dann gesondert festzustellen war, wenn ein Einkommensteuerbescheid im Verlustentstehungsjahr nicht existierte und aus verfahrensrechtlichen Gründen – insbesondere wegen versäumter Antragsfrist gemäß § 46 Abs. 2 Nr. 8 S. 2 EStG a.F. (sog. Antragsveranlagung)[330] oder Festsetzungsverjährung – nicht mehr ergehen konnte[331].

325 FG München, Urteil v. 24.05.2000 - 9 K 3439/99, EFG 2001, 1532, 1533.

326 Ebenso FG München, Urteil v. 24.05.2000 - 9 K 3439/99, EFG 2001, 1532, 1533.

327 FG München, Urteil v. 24.05.2000 - 9 K 3439/99, EFG 2001, 1532, 1533.

328 BFH, Urteil v. 12.06.2002 – XI R 26/01, BStBl. II 2002, 681 = DStRE 2002, 1345, 1346.

329 BFH, Urteil v. 01.03.2006 – XI R 33/04, BStBl. II 2007, 919; BFH, Urteil v. 26.04.2006 – XI R 56/04, BeckRS 2006, 25010760.

330 Seit dem Veranlagungszeitraum 2005 ist für den Antrag nach § 46 Abs. 2 Nr. 8 EStG keine besondere Antragsfrist mehr vorgesehen. Dieser kann innerhalb der vierjährigen Festsetzungsfrist gestellt werden, vgl. *Brandl*, in: Blümich (Hrsg.), § 46 EStG, Rdnr. 114.

331 Die Zulässigkeit bejahend FG Hamburg, Urteil v. 23.03.2004 – VII 62/01, EFG 2004, 1130, rkr.; FG Berlin, Urteil v. 27.04.2004 – 7 K 7414/03, EFG 2004, 1293; FG Köln, Urteil v. 11.05.2005 – 4 K 2205/02, EFG 2005, 1679; a.A. Hessisches FG, Urteil

### a) *Entscheidung vom 1. März 2006*

Mit seiner Entscheidung vom 1. März 2006[332] bestätigte der BFH die Auffassung des FG Berlin[333], der zufolge es für die erstmalige gesonderte Verlustfeststellung nicht darauf ankommen sollte, ob es nach § 10d Abs. 4 S. 4, 5 EStG a.F. noch verfahrensrechtlich zulässig war, einen Steuerbescheid für denselben Veranlagungszeitraum erstmals zu erlassen. Im Streitfall konnte der Klägerin daher nicht mit Erfolg entgegengehalten werden, dass sie die zweijährige Frist für eine Antragsveranlagung versäumt und die Voraussetzungen für eine erstmalige Verlustfeststellung damit nicht geschaffen habe[334].

Der sachliche Anwendungsbereich von § 10d Abs. 4 S. 4, 5 EStG a.F. sei nicht eröffnet, wenn weder Einkommensteuer- noch Feststellungsbescheid im Jahr der Verlustentstehung ergangen seien. Die Vorschrift regele ihrem unmissverständlichen Wortlaut nach die Zulässigkeit des erstmaligen Erlasses eines Verlustfeststellungsbescheids allein für den Fall, dass sich eine der Bezugsgrößen des Satzes 2 geändert habe[335]. Es musste mithin ein Anlass bestehen, von einem ursprünglichen Veranlagungsergebnis abzuweichen[336]. Auch würden Sinn und Zweck der Regelung des § 10d EStG a.F. unabhängig davon gewahrt, ob in Fällen wie dem vorliegenden zusätzlich ein Einkommensteuerbescheid erlassen

---

v. 10.11.2004 – 13 K 426/04, EFG 2005, 946, das insoweit mit einem – verfehlten – Erst-Recht-Schluss argumentierte; vgl. auch Hessisches FG, Urteil v. 10.11.2004 – 13 K 1303/04, EFG 2005, 789, rkr.; OFD Münster, Verfügung v. 11.03.2005, DStR 2005, 786.

332 BFH, Urteil v. 01.03.2006 – XI R 33/04, BStBl. II 2007, 919; so im Anschluss auch BFH, Urteil v. 11.07.2007 – XI R 25/05, BFH/NV 2007, 2261.

333 FG Berlin, Urteil v. 27.04.2004 – 7 K 7414/03, EFG 2004, 1293; vgl. auch die Urteilsanmerkung von *Adamek*, EFG 2004, 1294.

334 Diese Rechtsprechung konnte in Verbindung mit § 181 Abs. 5 AO eine zeitlich unbegrenzte Verlustfeststellung ermöglichen, was letztlich den Gesetzgeber auf den Plan rief. Zur „rechtsprechungsbrechenden Gesetzgebung" im Rahmen des JStG 2007 bereits Erstes Kapitel A.IV.1.

335 BFH, Urteil v. 01.03.2006 – XI R 33/04, BStBl. II 2007, 919, 920. Mit Recht wies das FG Hamburg darauf hin, dass Satz 5 den Erlass, die Aufhebung oder Änderung eines Verlustfeststellungsbescheids auch dann vorsah, wenn der Erlass eines Steuerbescheids mangels steuerlicher Auswirkung unterblieb. Danach ermöglichte § 10d Abs. 4 S. 5 EStG a.F. gerade auch in dem Fall den Erlass eines Verlustfeststellungsbescheids, dass ein Steuerbescheid nicht vorlag und auch nicht mehr zu erlassen war. Daraus folge, dass der Gesetzgeber nicht davon ausgegangen sei, dass in jedem Fall zuvor eine Einkommensteuerveranlagung durchgeführt worden sein musste, vgl. FG Hamburg, Urteil v. 23.03.2004 – VII 62/01, EFG 2004, 1130, rkr.

336 FG Berlin, Urteil v. 27.04.2004 – 7 K 7414/03, EFG 2004, 1293.

werden könne oder nicht. Eine solche Auslegung widerspreche nicht den bisherigen BFH-Urteilen[337], die eine Verlustfeststellung in Abweichung vom positiven Gesamtbetrag der Einkünfte des Steuerbescheids, d.h. eine Bezugsgrößenänderung im Sinne von Satz 2, zum Gegenstand hatten. Hiernach musste nur innerhalb des Regelungsbereichs der Sätze 4 und 5 ein Zusammenhang zwischen der Änderbarkeit des Einkommensteuerbescheids und der erstmaligen Verlustfeststellung auf das Ende des jeweiligen Veranlagungsjahrs bestehen. Das Finanzamt war demnach gemäß Satz 1 sachlich verpflichtet, über den Feststellungsantrag der Klägerin zu entscheiden und einen etwaigen Verlust gesondert festzustellen[338].

#### *b) Entscheidung vom 26. April 2006*

Mit Urteil vom 26. April 2006[339] unterstrich der XI. Senat seine schon im März des gleichen Jahres vertretene Auffassung und verwies zur weiteren Begründung auf die in dieser Hinsicht bereits ergangene Rechtsprechung[340]. Im zugrunde liegenden Streitfall hatte das Finanzamt Verluste mit der Begründung nicht gesondert festgestellt, dass kein Steuerbescheid mit einem ausgewiesenen Verlust existiere und die zweijährige Antragsfrist gemäß § 46 Abs. 2 Nr. 8 EStG a.F. bereits abgelaufen sei. Der BFH ließ die erstmalige Verlustfeststellung gleichwohl zu[341].

---

337 BFH, Urteil v. 09.12.1998 – XI R 62/97, BStBl. II 2000, 3; BFH, Urteil v. 09.05.2001 – XI R 25/99, BStBl. II 2002, 817.

338 Der gesonderten Feststellung nach § 10d Abs. 4 S. 1 EStG a.F. stand auch nicht § 46 Abs. 2 Nr. 8 S. 3 EStG a.F. entgegen. Die dort getroffene Regelung für den Fall des Antrags auf Veranlagung zur Einkommensteuer zwecks Berücksichtigung von Verlustabzügen nach § 10d EStG a.F. betraf allein die Einkommensteuerveranlagung und nicht das Verfahren zur Feststellung des verbleibenden Verlustabzugs. Eine analoge Heranziehung der Zwei-Jahres-Frist zu Lasten des Steuerpflichtigen scheiterte dem BFH zufolge an der fehlenden Regelungslücke, BFH, Urteil v. 01.03.2006 – XI R 33/04, BStBl. II 2007, 919, 920 f.; BFH, Urteil v. 10.07.2008 – IX R 90/07, BStBl. II 2009, 816; zustimmend *Heuermann*, StBp 2006, 201, 202; ebenso *Aweh*, EStB 2006, 206, 207; *Wendt*, FR 2006, 594, 595; *Gänsler*, FR 2006, 122 ff.; a.A. OFD Münster, Verfügung v. 11.03.2005, DStR 2005, 786. Die gleichen Grundsätze gelten für die Fortschreibung von bereits festgestellten vortragsfähigen Verlusten im Vortragsjahr, vgl. BFH, Urteil v. 02.08.2006 – XI R 65/05, BStBl. II 2007, 921.

339 BFH, Urteil v. 26.04.2006 – XI R 56/04, BeckRS 2006, 25010760; ebenso BFH, Urteil v. 11.07.2007 – XI R 25/05, BFH/NV 2007, 2261.

340 Vgl. BFH, Urteil v. 12.06.2002 – XI R 26/01, BStBl. II 2002, 681; BFH, Urteil v. 01.03.2006 – XI R 33/04, BStBl. II 2007, 919.

341 BFH, Urteil v. 26.04.2006 – XI R 56/04, BeckRS 2006, 25010760.

Interessant ist die Entscheidung auch deshalb, weil sie dem vom Hessischen FG in erster Instanz angenommenen sog. Korrespondenzverhältnis zwischen Feststellungs- und Einkommensteuerbescheid[342] eine klare Absage erteilte. Das FG war davon ausgegangen, dass die Rechtsprechung des BFH, wonach die Änderung des Verlustfeststellungsbescheids voraussetze, dass der entsprechende Steuerbescheid noch geändert werden könne, „*erst recht*" anzuwenden sei, wenn ein Einkommensteuerbescheid nicht bestehe und aus rechtlichen Gründen auch nicht mehr erlassen werden könne[343]. Es verstand die Abhängigkeit des Verlustfeststellungsbescheids von der Steuerfestsetzung als eine abstrakte, die losgelöst von der Existenz des Bescheids Gültigkeit haben sollte. Demgegenüber zog der BFH den sachlichen Regelungsbereich des § 10d Abs. 4 S. 4, 5 EStG a.F. deutlich enger, indem er der Vorschrift statt einer allgemeinen Korrespondenz nur den erforderlichen „Zusammenhang" zwischen der (im Fall des Satzes 5 potentiellen) Änderbarkeit der vorangegangenen Einkommensteuerveranlagung und der Zulässigkeit der Verlustfeststellung entnahm[344].

Ergänzend sei zum Besprechungsfall anzumerken, dass die Anwendung eines Erst-Recht-Schlusses als teleologisch bedingte juristische Argumentationsweise[345] nicht überzeugen konnte. Denn der Schluss von der Geltung einer Rechtsregel auf die Geltung einer vergleichbaren Rechtsregel erfordert, dass in Letzterer das gesetzgeberische Motiv Ersterer noch deutlicher hervortritt oder Letztere den Gedanken Ersterer in noch einleuchtenderer Weise verwirklicht[346]. Wenn sich aber nach dem BFH aus § 10d Abs. 4 S. 4, 5 EStG a.F. der gesetzgeberische Verweis auf die Änderungsvorschriften der Abgabenordnung zum Schutz der Bestandskraft des Steuerbescheids ergibt, muss dieser Schutzzweck zwangsläufig ins Leere gehen, wenn die Regelung (genauer: deren verschärfte Tatbestandsvoraussetzungen) auf Konstellationen ausgedehnt wird, in denen es an einer bestandskräftigen Einkommensteuerveranlagung, d.h. am Schutzgegenstand fehlt. Mangels wertungsmäßig gleichliegender Tatbestände war eine Gleichbehandlung unter Gerechtigkeitsgesichtspunkten mithin nicht geboten[347].

---

342 Hessisches FG, Urteil v. 10.11.2004 – 13 K 426/04, EFG 2005, 946; ein Korrespondenzverhältnis ebenfalls bejahend Hessisches FG, Urteil v. 10.11.2004 – 13 K 426/04, EFG 2005, 946.

343 Hessisches FG, Urteil v. 10.11.2004 – 13 K 426/04, EFG 2005, 946.

344 BFH, Urteil v. 01.03.2006 – XI R 33/04, BStBl. II 2007, 919 f.

345 *Klug*, Juristische Logik, S. 151.

346 *Klug*, Juristische Logik, S. 149.

347 *Larenz/Canaris*, Methodenlehre der Rechtswissenschaft, S. 209. Für gewöhnlich wird das sog. argumentum ad maiore ad minus herangezogen, um die Rechtsfolge einer gesetzlichen Bestimmung auf einen ähnlichen Sachverhalt zu erstrecken, sofern die

### c) *Entscheidung vom 2. August 2006*

Den Fall, dass die gesonderte Feststellung des verbleibenden Verlustvortrags für einen Veranlagungszeitraum beantragt wurde, für den schon Festsetzungsverjährung eingetreten war, entschied der XI. Senat des BFH erstmals[348] mit Urteil vom 2. August 2006[349].

Die Kläger hatten eine Einkommensteuererklärung für das Streitjahr 1994 abgegeben. Erst nach Ablauf der Festsetzungsfrist bemerkte das Finanzamt, dass eine Veranlagung versäumt worden war und erließ einen Verlustfeststellungsbescheid per 31. Dezember 1994 in Höhe von null DM[350]. Nach Ansicht des XI. Senats war diese Verlustfeststellung ungeachtet dessen vorzunehmen, dass der entsprechende Einkommensteuerbescheid wegen Verjährung nicht mehr ergehen konnte. Der Regelung des § 10d Abs. 4 S. 4 EStG a.F. komme für diese Konstellation keine Bedeutung zu. Sie ziele ähnlich wie § 175 Abs. 1 S. 1 Nr. 1 AO auf eine korrespondierende Feststellung nach Erlass, Aufhebung oder Änderung einer Steuerfestsetzung ab, so dass eine Anpassung in Ermangelung eines Steuerbescheids nicht geboten sei[351]. Der BFH führte ferner zur Höhe des festzustellenden verbleibenden Verlustvortrags aus. Da das Feststellungsverfahren insoweit selbstständig sei, komme es nicht darauf an, ob der Gesamtbetrag der Einkünfte im Sinne von § 10d Abs. 4 S. 2 EStG a.F. Gegenstand einer Veranlagung gewesen sei. Für eine eigenständige Berechnung des Feststellungsgegenstands spreche nicht nur der ebenfalls in Satz 2 aufgeführte Begriff der „abziehbaren Beträge“, sondern auch der Umstand, dass im Festsetzungsverfahren lediglich der Betrag

---

ratio legis der Norm auf den ähnlichen Sachverhalt in einem noch höheren Maße zutrifft, *Larenz/Canaris*, Methodenlehre der Rechtswissenschaft, S. 208. Das Hessische FG wandte den Erst-Recht-Schluss indes an, um die nach beiden Rechtsgrundlagen des § 10d Abs. 4 EStG a.F. einheitliche Rechtsfolge, nämlich den Erlass des Verlustfeststellungsbescheids, an die erhöhten Tatbestandsvoraussetzungen nach § 10d Abs. 4 S. 4, 5 EStG a.F. zu binden.

348 A.A. FG Hamburg, Urteil v. 25.11.2005 – II 305/04, DStRE 2006, 1048, dem zufolge der BFH bereits mit Urteil vom 12.06.2002 einen vergleichbaren Sachverhalt entschieden haben soll, in dem für eines der Streitjahre, für das eine Feststellung begehrt wurde, keine Veranlagung durchgeführt worden war und wegen Festsetzungsverjährung nicht mehr durchgeführt werden konnte. Den Entscheidungsgründen der ersten Instanz ist gleichwohl zu entnehmen, dass die Festsetzungsfrist hinsichtlich der Einkommensteuer für das Verlustentstehungsjahr noch nicht abgelaufen war.

349 BFH, Urteil v. 02.08.2006 – XI R 65/05, BStBl. II 2007, 921.

350 Zur Einordnung des Urteils im Hinblick auf die sog. Sollverlustabzug-Rechtsprechung näher unter Zweites Kapitel A.II.3.b).

351 BFH, Urteil v. 02.08.2006 – XI R 65/05, BStBl. II 2007, 921, 922.

der Einkommensteuer verbindlich geregelt werde. Der auf den Schluss des jeweiligen Veranlagungszeitraums nach § 10d Abs. 4 S. 1 EStG a.F. verbleibende Verlustvortrag sei demnach unabhängig davon, ob eine Veranlagung durchgeführt worden sei, so zu berechnen, wie er sich bei zutreffender Ermittlung der Besteuerungsgrundlagen sowie des Verlustrücktrags und -vortrags nach § 10d Abs. 1 und 2 EStG ergeben hätte (sog. Sollverlustabzug)[352].

Zugunsten der seitens des BFH vertretenen Auslegung ließ sich zudem anführen, dass der Wortlaut des § 10d Abs. 4 S. 4, 5 EStG a.F. neben der Änderung und Aufhebung auch den Fall regelte, dass der Steuerbescheid infolge einer Bezugsgrößenänderung zu erlassen war. Dies konnte als weiterer Beleg dafür gewertet werden, dass zwecks gesonderter Verlustfeststellung keine Einkommensteuerveranlagung durchgeführt werden musste[353]. Soweit in Satz 1 der „Veranlagungszeitraum" genannt wurde, rechtfertigte dies keine abweichende Schlussfolgerung, da es sich hierbei um einen neutralen Begriff handelte, der lediglich den Bemessungsabschnitt beschrieb[354]. Es wäre zudem wohl kaum zumutbar gewesen, den Steuerpflichtigen auf das Festsetzungsverfahren zu verweisen, obwohl mit Ausnahme der Antragsveranlagung bei Arbeitnehmern kein gesetzlicher Anspruch gegen die Finanzbehörde auf Durchführung der Veranlagung existiert[355]. Dies galt umso mehr, wenn im Verlustentstehungsjahr ausschließlich Verluste erzielt wurden und dem Betreiben der Steuerfestsetzung damit eigentlich keinerlei Bedeutung zugekommen wäre[356]. Überdies hätte für den Steuerpflichtigen keine Handhabe bestanden, sich gegen einen gleichwohl erlassenen Steuernullbescheid prozessual zur Wehr zu setzen, um eine zutreffende Verlustberücksichtigung zu erreichen. Er wäre daher letztlich gezwungen gewesen, doch im Feststellungsverfahren vorzugehen[357].

---

352 BFH, Urteil v. 02.08.2006 – XI R 65/05, BStBl. II 2007, 921, 922; FG Hamburg, Urteil v. 23.03.2004 – VII 62/01, EFG 2004, 1130 = DStRE 2004, 960, 961 f., rkr.; FG Hamburg, Urteil v. 25.11.2005 – II 305/04, DStRE 2006, 1048 f.

353 FG Hamburg, Urteil v. 23.03.2004 – VII 62/01, EFG 2004, 1130 = DStRE 2004, 960, 963, rkr.

354 FG Hamburg, Urteil v. 23.03.2004 – VII 62/01, EFG 2004, 1130 = DStRE 2004, 960, 961, rkr.; *Süring*, DStR 2006, 345 f.; a.A. *Gatzka/Wilhelm*, DStR 2005, 1794, 1797.

355 Mit dem Hinweis, dass Finanzämter in Verlustjahren eine Nichtveranlagungsverfügung erlassen könnten *Süring*, DStR 2006, 345, 346.

356 FG Hamburg, Urteil v. 23.03.2004 – VII 62/01, EFG 2004, 1130 = DStRE 2004, 960, 962, rkr.

357 *Süring*, DStR 2006, 345, 346; vgl. auch FG Hamburg, Urteil v. 23.03.2004 – VII 62/01, EFG 2004, 1130 = DStRE 2004, 960, 962, rkr.

## II. Systematisierung und Analyse der wesentlichen Rechtsprechungsgrundsätze

Nachfolgend werden die zu den bereits unter I. dargestellten Fallgestaltungen ergangenen höchstrichterlichen Entscheidungen in ihren zentralen Aussagen geordnet und einer detaillierten Analyse zugeführt. Eine Systematisierung erfolgt hierbei in Bezug auf die einzelnen Tatbestandsmerkmale und Rechtsfolgen der im Fokus der Rechtsprechung stehenden Regelung des § 10d Abs. 4 S. 4, 5 EStG a.F. Diese wird den Ausgangspunkt für eine kritische Auseinandersetzung bilden und dazu beitragen, an späterer Stelle Leitlinien für die Anwendung der gültigen Gesetzesfassung zu erarbeiten. Schließlich wurde das Recht der gesonderten Verlustfeststellung im Jahr 2010 in dem Bestreben reformiert, die Rechtslage der BFH-Rechtsprechung bis 2008 wiederherzustellen[358].

### 1. *Spezialität der Sätze 4 und 5 gegenüber Satz 1*

Wenngleich die Abgrenzung der Regelungen in § 10d Abs. 4 S. 1 EStG a.F. einerseits und § 10d Abs. 4 S. 4, 5 EStG a.F. andererseits Gegenstand einer Vielzahl von Entscheidungen war, hat die Rechtsprechung das Verhältnis der beiden Rechtsgrundlagen zueinander zu keinem Zeitpunkt ausdrücklich eingeordnet. Dem Umstand, dass der BFH § 10d Abs. 4 S. 4, 5 EStG a.F. in seinen Urteilen regelmäßig vorrangig prüfte und nur dann auf Satz 1 zurückgriff, wenn sich die Bezugsgrößen betragsmäßig nicht geändert hatten, ließ sich ein (zumindest stillschweigend bejahtes) Spezialitätsverhältnis entnehmen. So wurde auch in Literatur und Rechtsprechung der Finanzgerichte vereinzelt explizit konstatiert, dass die Sätze 4 und 5 als leges speciales die allgemeine Vorschrift in Satz 1 verdrängten[359].

Die Kollisionsregel *lex specialis derogat legi generali* definiert eine Rechtsnorm als spezieller im Vergleich zu einer anderen, wenn sie deren Anwendungsbereich vollständig abdeckt (d.h. die gleichen Tatbestandsmerkmale enthält) und mindestens ein zusätzliches Merkmal aufweist[360]. Ein etwaiger Normwiderspruch wird dergestalt aufgelöst, dass die speziellere bzw. engere Vorschrift für den von ihr erfassten Regelungsbereich ausschließlich gilt. Anderenfalls bestünde die Gefahr, dass ihr kein eigener Anwendungsbereich bliebe und die besonderen

---

358 Vgl. BT-Drs. 17/2249, S. 52 rechte Spalte.

359 *Ettlich*, DB 2009, 18, 21; FG des Landes Sachsen-Anhalt, Urteil v. 18.11.2010 - 1 K 60/10, EFG 2011, 957, 958, rkr.

360 *Zippelius*, Juristische Methodenlehre, S. 31 f.; *Beger*, Methodenlehre und Klausurtechnik im Steuerrecht, S. 64; *Larenz/Canaris*, Methodenlehre der Rechtswissenschaft, S. 88.

Voraussetzungen ausgehöhlt würden[361]. Ein vor diesem Hintergrund durchgeführter Vergleich der beiden Rechtsgrundlagen des § 10d Abs. 4 EStG a.F. zeigt, dass Satz 1 in den hier untersuchten Fassungen bis einschließlich 2010 über das Bestehen eines am Schluss des Veranlagungszeitraums verbleibenden Verlustvortrags im Sinne von Satz 2 hinaus keine weiteren Anforderungen an den Erlass des Feststellungsbescheids stellte. Auch Satz 4 bezog sich systematisch auf den Feststellungsgegenstand nach Satz 2, was im Wortlaut dadurch zum Ausdruck kam, dass der Erlass, die Aufhebung oder Korrektur des Feststellungsbescheids stets erforderten, dass sich „[...] die nach Satz 2 zu berücksichtigenden Beträge ändern [...]". Neben die notwendige Bezugsgrößenänderung trat als zweites zusätzliches Merkmal, dass „[...] der entsprechende Steuerbescheid infolgedessen zu erlassen, aufzuheben oder zu ändern ist". Eine ggf. eigene dritte Voraussetzung konnte in der Kausalitätsbeziehung zwischen der Änderung von Bezugsgrößen und der verfahrensrechtlichen Änderungsmöglichkeit für den Steuerbescheid gesehen werden[362]. Der im engeren Anwendungsbereich von Satz 4 und 5 drohende Normenkonflikt war daher zu Lasten des Grundtatbestandes in Satz 1 aufzulösen.

### *2. Voraussetzungen des § 10d Abs. 4 S. 4, 5 EStG a.F. im Einzelnen*

Die Vorschrift des § 10d Abs. 4 S. 4, 5 EStG a.F. konnte in drei Tatbestandsmerkmale unterteilt werden: Die Änderung einer Bezugsgröße im Sinne von Satz 2, eine verfahrensrechtliche Änderungsmöglichkeit in Bezug auf den Einkommensteuerbescheid (sog. Änderungsbefugnis) sowie eine Kausalitätsbeziehung zwischen der Bezugsgrößenänderung und der Korrektur des Steuerbescheids.

#### *a) Änderung einer Bezugsgröße*

Anhand der Rechtsprechung des BFH bis 2008 wurde zunächst deutlich, dass die beiden Erlassvoraussetzungen des § 10d Abs. 4 S. 4 EStG a.F. nicht gleichwertig nebeneinander standen. Die Prüfung einer Korrekturmöglichkeit des Steuerbescheids sollte erst dann Bedeutung erlangen, wenn sich eine der Bezugsgrößen in Satz 2 geändert hatte[363]. Bei der Änderung von Bezugsgrößen handelte es sich damit um eine echte Anwendungsvoraussetzung (in Abgrenzung zur Änderungsbefugnis und dem Kausalitätserfordernis als herkömmliche Tatbestandsvoraussetzungen), die bei ihrem Vorliegen die allgemeine Rechtsgrundlage nach

361 *Larenz/Canaris*, Methodenlehre der Rechtswissenschaft, S. 88 f.
362 Hierzu näher unter Zweites Kapitel A.II.2.c).
363 *Süring*, DStR 2006, 345, 348.

Satz 1 sperren konnte. Der Bezugsgrößenänderung kam zentrale Bedeutung für die Abgrenzung der verschiedenen Regelungsbereiche von § 10d Abs. 4 S. 1 EStG a.F. und § 10d Abs. 4 S. 4, 5 EStG a.F. zu.

Inhaltlich stellte die Subsumtion unter diese erste Voraussetzung den Rechtsanwender im Wesentlichen vor zwei Probleme: Zum einen konnte man sich fragen, welcher der richtige Bezugspunkt zwecks Ermittlung einer betragsmäßigen Änderung war. Denn für die Beurteilung einer Abweichung bedurfte es denknotwendig eines Vergleichs der jeweiligen Bezugsgröße im Zeitpunkt des beabsichtigten Erlasses des Feststellungsbescheids mit derjenigen eines bestimmten anderen Zeitpunktes in der Vergangenheit (dazu unter aa)). Zum anderen war zunächst unklar, inwiefern es das Merkmal der Änderung erforderte, dass sich die nach § 10d Abs. 4 S. 2 EStG a.F. zu berücksichtigenden Beträge gegenüber dem jeweiligen vergangenheitsbezogenen Bezugspunkt objektiv verändert hatten. Möglicherweise konnte es schon ausreichen, wenn diese nur im Anschluss an die Veranlagung bekannt wurden, eine nunmehr abweichende rechtliche Beurteilung durch das zuständige Finanzamt vorgenommen oder eine ursprünglich fehlerhafte Berücksichtigung korrigiert wurde (dazu unter bb)).

### aa) Steuerbescheid als maßgeblicher Bezugspunkt

Soweit ersichtlich, hat der BFH die Einkommensteuerveranlagung bzw. den zugrunde liegenden Gesamtbetrag der Einkünfte des Verlustentstehungsjahrs zwar nicht ausdrücklich als maßgebliche Vergleichsgröße benannt. Dadurch, dass er bei einer bestandskräftigen Festsetzung, der ein positiver Gesamtbetrag der Einkünfte zugrunde lag, den Anwendungsbereich des § 10d Abs. 4 S. 4, 5 EStG a.F. eröffnet sah, hat er aber zugleich stillschweigend angenommen, dass sich die Bezugsgrößen des Steuerbescheids geändert hatten[364]. Weiteren Aufschluss geben die Ausführungen des XI. Senats im Urteil vom 2. August 2006. Danach soll § 10d Abs. 4 S. 4, 5 EStG a.F. mit der Vorschrift des § 175 Abs. 1 S. 1 Nr. 1 AO vergleichbar sein, welche den Erlass, die Aufhebung oder Änderung eines Steuerbescheids regelt, soweit ein Grundlagenbescheid im Sinne des § 171 Abs. 10 AO mit Bindungswirkung für diesen Steuerbescheid erlassen, aufgehoben und geändert wird. Ähnlich wie diese abgabenrechtliche Regelung zielten Satz 4 und 5 auf die korrespondierende Feststellung des verbleibenden

---

364 BFH, Urteil v. 09.12.1998 – XI R 62/97, BStBl. II 2000, 3; BFH, Urteil v. 09.05.2001 – XI R 25/99, BStBl. II 2002, 817; so auch *Heinicke*, in: Schmidt (Hrsg.), 17. Aufl. 1998, § 10d EStG, Rdnr. 28.

Verlustvortrags im Anschluss an den Erlass, die Aufhebung oder Änderung eines Steuerbescheids ab[365].

Die finanzgerichtliche Rechtsprechung positionierte sich deutlicher als der BFH[366]. Laut FG Berlin sollten vortragsfähige Verluste nur dann nach § 10d Abs. 4 S. 4, 5 EStG a.F. erstmalig gesondert festgestellt werden können, wenn und soweit der Anlass bestand, von einem vorausgegangenen Veranlagungsergebnis abzuweichen[367]. Das FG Köln sprach von der möglichen Änderbarkeit des Einkommensteuerbescheids, aus dem sich die Bezugsgrößen für den festzustellenden Verlust ergeben[368]. Auch nach dem FG München konnte es für den in die Verlustfeststellung eingehenden Verlust, der bei der Ermittlung des Gesamtbetrags der Einkünfte des Jahres nicht ausgeglichen wurde, allein auf den Ansatz des Einkommens im jeweiligen Steuerbescheid ankommen. Dies folge aus der Bezugnahme des Gesetzes auf „die Ermittlung des Gesamtbetrags der Einkünfte" im Rahmen der Steuerveranlagung. § 10d Abs. 4 S. 4, 5 EStG a.F. bringe zudem eindeutig zum Ausdruck, dass die Entscheidung über das Einkommen als der maßgeblichen Bezugsgröße für den verbleibenden Verlustvortrag verbindlich im Steuerbescheid des Verlustentstehungsjahrs getroffen werde. Anders lasse sich die Verpflichtung zur Anpassung des Feststellungsbescheids bei einer Änderung des Einkommens im Steuerbescheid bzw. einer mangels steuerlicher Auswirkung unterbliebenen Änderung nicht erklären[369].

---

365 BFH, Urteil v. 02.08.2006 – XI R 65/05, BStBl. II 2007, 921, 922.

366 Niedersächsisches FG, Urteil v. 25.04.1996 – XII 82/95, EFG 1997, 276; FG Münster, Urteil v. 28.08.1997 – 13 K 6054/96 F, EFG 1997, 1435 = DStRE 1998, 384, 385; FG München, Urteil v. 31.08.1998 – 7 K 412/95, EFG 1998, 1695; FG Köln, Urteil v. 28.01.1999 – 15 K 4043/98, EFG 1999, 454; FG Berlin, Urteil v. 27.04.2004 – 7 K 7414/03, EFG 2004, 1293.

367 FG Berlin, Urteil v. 27.04.2004 – 7 K 7414/03, EFG 2004, 1293.

368 FG Köln, Urteil v. 28.01.1999 – 15 K 4043/98, EFG 1999, 454.

369 FG München, Urteil v. 31.08.1998 – 7 K 412/95, EFG 1998, 1695. Eine jüngere Entscheidung des FG München erachtete die Sätze 4 und 5 mit abweichender Begründung für anwendbar, wenn nach der objektivierten Sicht des Finanzamts keinerlei Anlass dazu bestand, einen Feststellungsbescheid von Amts wegen zu erlassen. Bei einem Steuerbescheid mit positivem Gesamtbetrag der Einkünfte oder einem Gesamtbetrag der Einkünfte von null DM sei dies typischerweise der Fall. Das Finanzamt gebe dem Steuerpflichtigen hierdurch zu erkennen, dass es vortragsfähige Verluste verneine. Insofern sei es dem Steuerpflichtigen dann auch zumutbar, Rechtsmittel gegen die Entscheidung einzulegen oder die nachteiligen Folgen der Sätze 4 und 5 bei der Verlustfeststellung hinzunehmen, FG München, Urteil v. 01.03.2006 – 10 K 2125/05, EFG 2006, 813, 814.

In den hier untersuchten Fällen der erstmaligen gesonderten Feststellung des verbleibenden Verlustvortrags konnte ein Feststellungsbescheid mit darin enthaltenen Bezugsgrößen denknotwendig noch gar nicht vorliegen. Hätte man ihn gleichwohl als Bezugspunkt gewählt, wäre infolgedessen der Anwendungsbereich von § 10d Abs. 4 S. 4, 5 EStG a.F. erheblich geschmälert worden[370]. Es hätte nicht beurteilt werden können, inwieweit sich die nicht ausgeglichenen negativen Einkünfte seit der ersten Festschreibung verändert haben[371]. Zwar bezog sich Satz 4 ausdrücklich auf die Bezugsgrößen gemäß Satz 2 und damit auf den Feststellungsgegenstand. Die dort genannten nicht ausgeglichenen Einkünfte gehören als negative Saldogröße des Gesamtbetrags der Einkünfte jedoch auch zu den unselbstständigen Besteuerungsgrundlagen der Einkommensteuerveranlagung. Hätte man auf den Verlustfeststellungsbescheid abgestellt, wäre der Regelungsbereich des § 10d Abs. 4 S. 4, 5 EStG a.F. gleichwohl auf denjenigen einer reinen Korrekturnorm reduziert worden. Dies hätte nicht nur im Widerspruch zum aufgezeigten Normverständnis der Rechtsprechung, sondern auch zum Gesetzeswortlaut („Feststellungsbescheide sind zu erlassen, aufzuheben oder zu ändern, soweit […]") gestanden[372] (so aber die weit überwiegende Meinung im Schrifttum[373]).

Letzte Friktionen mit dem Normtext bestanden allerdings auch dann, wenn man den Einkommensteuerbescheid als Bezugspunkt einer Änderung von Bezugsgrößen heranzog. Gemäß § 10d Abs. 4 S. 4 EStG a.F. waren Feststellungsbescheide zu erlassen, aufzuheben oder zu ändern, soweit sich einer der nach Satz 2 zu berücksichtigenden Beträge geändert hatte und deshalb der entsprechende Steuerbescheid zu erlassen, aufzuheben oder zu ändern war. Die Regelung setzte somit nicht zwingend voraus, dass bereits ein Einkommensteuerbescheid existierte. Vielmehr konnte sich der Erlass eines Steuerfestsetzungsbescheids auch als bloße Folge einer Bezugsgrößenänderung darstellen. Wenn aber bei wortlautgetreuer Anwendung eine gesonderte Feststellung auch ohne einen bereits existenten Steuerbescheid nach Satz 4 durchzuführen war, konnte der fehlende Steuerbescheid nicht Bezugspunkt der erforderlichen Bezugsgrößenänderung sein. Eine mit dem Gesetzeswortlaut vollumfänglich in Einklang stehende Auslegung konnte insgesamt nicht erreicht werden.

---

370 Für den Feststellungsbescheid als maßgeblichen Bezugspunkt aber *Meyer*, DStR 1989, 238 f.; *Meyer/Ball*, DStR 1999, 1257, 1259; *Ettlich*, DB 2009, 18, 22.

371 Gegen den Feststellungsbescheid als Bezugspunkt auch *Apitz*, AO-StB 2009, 44.

372 Vgl. nur FG Köln, Urteil v. 28.01.1999 – 15 K 4043/98, EFG 1999, 454 = DStRE 1999, 822, 823. Siehe dazu näher unter Zweites Kapitel A.II.2.b).

373 Vgl. dazu unter Zweites Kapitel A.IV.

#### bb) Objektive Diskrepanz zwischen Gesamtbetrag der Einkünfte im Steuerbescheid und materiell-rechtlich entstandenem Verlust

Ausgehend von dem der Steuerfestsetzung zugrunde liegenden Gesamtbetrag der Einkünfte als einschlägigem Bezugspunkt lässt sich auch der zweite Fragenkreis erschließen. Der BFH hat wiederholt eine Änderung von Bezugsgrößen angenommen, wenn objektiv bzw. nach der materiellen Rechtslage unverändert gebliebene Verluste nachträglich und im Widerspruch zum positiven Gesamtbetrag der Einkünfte im Steuerbescheid geltend gemacht wurden[374]. Daraus kann abgeleitet werden, dass eine tatbestandsmäßige Änderung von Beträgen gemäß § 10d Abs. 4 S. 2 EStG a.F. nach der Lesart der Rechtsprechung gerade keine materiell-rechtliche Veränderung z.B. aufgrund einer Gesetzes- oder Rechtsprechungsänderung erforderte. In diesem Sinne hatte bereits ausdrücklich das FG Köln im Urteil vom 31. Oktober 1995 argumentiert[375]. Für ein weites Begriffsverständnis spricht zudem die BFH-Entscheidung vom 31. Juli 1996, in welcher der XI. Senat von geänderten Feststellungsgrößen ausging, weil der Verlustabzug im Einkommensteuerbescheid fälschlicherweise zu hoch angesetzt worden war[376]. Es kann deshalb davon ausgegangen werden, dass die Rechtsprechung im Feststellungszeitpunkt auf eine Divergenz zwischen den tatsächlich im Gesamtbetrag der Einkünfte des Steuerbescheids nicht bzw. zu niedrig ausgewiesenen Verlusten einerseits und den dem Steuerpflichtigen nach materiellem Recht entstandenen Verlusten andererseits abhob[377]. Insbesondere ließ sich das Tatbestandsmerkmal der Bezugsgrößenänderung nicht auf Fälle reduzieren, in denen anstelle eines positiven richtigerweise ein negativer Gesamtbetrag der Einkünfte anzusetzen war[378]. Die Kommentarliteratur verstand die Regelung mehrheitlich dahin, dass es auf die Ursache der fehlerhaften

374 BFH, Urteil v. 09.12.1998 – XI R 62/97, BStBl. II 2000, 3; BFH, Urteil v. 09.05.2001 – XI R 25/99, BStBl. II 2002, 817; *Heuermann*, StBp 2006, 199.

375 FG Köln, Urteil v. 31.10.1995 – 2 K 1792/95, EFG 1996, 539.

376 BFH, Urteil v. 31.07.1996 – XI R 4/96, BFH/NV 1997, 180.

377 Der BFH spricht insoweit von bestandskräftigen fehlerhaften Steuerfestsetzungen, die durch einen noch zu erlassenden Feststellungsbescheid korrigiert würden, vgl. BFH, Urteil v. 01.03.2006 – XI R 33/04, BStBl. II 2007, 919, 920. Die Rechtswidrigkeit des bestehenden Regelungszustands ist freilich auch ungeschriebenes Tatbestandsmerkmal der abgabenrechtlichen Korrekturvorschriften in §§ 172–175a AO. Als Maßstab der Rechtsmäßigkeitsprüfung ist ebenfalls auf das materielle Recht bzw. ausnahmsweise auf das Verfahrensrecht abzustellen, vgl. *von Groll*, in: Hübschmann/Hepp/Spitaler (Hrsg.), Vorbemerkungen zu §§ 172–177 AO, Rdnr. 70.

378 A.A. wohl *Strahl*, BeSt 2006, 21, 22.

Besteuerungsgrundlage nicht entscheidend ankam. Der Fehler konnte sowohl im tatsächlichen als auch im rechtlichen Bereich liegen, auf einem Versehen beruhen und sich zugunsten oder zuungunsten des Steuerpflichtigen auswirken[379]. Demnach war im Rahmen der Subsumtion unter das Merkmal der „Änderung von Bezugsgrößen" der Istzustand im Steuerbescheid mit dem Sollzustand nach materiellem Recht zu vergleichen[380]. Eine rein materiell-rechtliche Betrachtung hätte den Anwendungsbereich von § 10d Abs. 4 S. 4, 5 EStG a.F. übermäßig eingeschränkt. Zwar deutete die in Satz 4 gewählte Formulierung der nach Satz 2 „zu berücksichtigenden" Beträge eher darauf hin, dass die Soll-Größen im Sinne der materiell-rechtlich zutreffenden Besteuerungsgrundlagen maßgeblich sein sollten[381]. In der praktischen Anwendung wurde gleichwohl auf die im Steuerbescheid tatsächlich berücksichtigten Beträge abgestellt, da es sich bei der Formulierung im Gesetz um eine gesetzgeberische Ungenauigkeit gehandelt haben dürfte[382].

#### *b) Befugnis zur Änderung des Steuerbescheids*

##### aa) Inzidente Anwendung der §§ 172 ff. AO

Der Vorbehalt der verfahrensrechtlichen Abänderbarkeit des Steuerbescheids nach §§ 172 ff. AO sollte gemäß der Grundsatzentscheidung des BFH vom

379 *Hallerbach*, in: Herrmann/Heuer/Raupach (Hrsg.), 220. Lfg. Oktober 2005, § 10d EStG, Rdnr. 127; insoweit zu Recht auf die Parallelen zu § 10d Abs. 1 S. 2, 3 EStG a.F. hinweisend *von Groll*, in: Kirchhof/Söhn/Mellinghoff (Hrsg.), 58. Erg.Lfg. April 1995, § 10d EStG, D 100. Vgl. auch *Heuermann*, StBp 2006, 201, 202, der dafür plädierte, die Fälle vom Anwendungsbereich der Sätze 4 und 5 auszunehmen, in denen der Steuerpflichtige lediglich nicht alle seine negativen Einkünfte erklärt hatte.

380 Legte man diesen Maßstab zugrunde, musste Satz 4 auch in dem – wohl eher theoretischen – Fall anwendbar sein, dass ein niedriger Verlust als der in dem Steuerbescheid enthaltene geltend gemacht wurde. Nach Sinn und Zweck der Regelung sprach jedoch viel dafür, dass die erhöhten Anforderungen des Satzes 4 nicht einschlägig waren.

381 So war nach § 10d Abs. 4 S. 2 EStG a.F. der verbleibende Verlustvortrag gesondert festzustellen, der sich bei materiell-rechtlich zutreffender Ermittlung des nicht ausgeglichenen Verlusts und bei zutreffend durchgeführtem Verlustabzug ergeben hätte, *Hallerbach*, in: Herrmann/Heuer/Raupach (Hrsg.), 220. Lfg. Oktober 2005, § 10d EStG, Rdnr. 125. Siehe dazu auch BFH, Urteil v. 22.02.2005 – VIII R 89/00, BStBl. II 2005, 624 sowie unter Zweites Kapitel A.II.3.b).

382 Dafür spricht auch, dass diese erste Korrekturvoraussetzung ihrem Normzweck nach entsprechend weit gefasst ist, vgl. *von Groll*, in: Kirchhof/Söhn/Mellinghoff (Hrsg.), 58. Erg.Lfg. April 1995, § 10d EStG, D 100.

9. Dezember 1998[383] nicht nur in der Situation des zu ändernden Feststellungsbescheids, sondern gleichermaßen in dem Fall gelten, wenn ein Verlustvortrag erstmals gesondert festzustellen war. Aus welchem Grund § 10d Abs. 4 S. 4 EStG a.F. auch auf die Konstellation des erstmaligen Erlasses angewendet werden sollte, erläuterte der XI. Senat in den Entscheidungsgründen nicht näher. Dadurch, dass der Gesetzeswortlaut des Satzes 4 als eine der drei Rechtsfolgevarianten aber ausdrücklich den Erlass des Feststellungsbescheids vorsah, war ein gesetzlicher Anknüpfungspunkt für diese Rechtsprechung gegeben. Das FG Köln hat in einer anderen Rechtssache gegen den Charakter des § 10d Abs. 4 S. 4 EStG a.F. als reine Änderungsvorschrift vorgebracht, dass es nicht verständlich sei, wenn die Änderung eines bereits ergangenen Feststellungsbescheids an die verfahrensmäßige Änderungsmöglichkeit des entsprechenden Steuerbescheids gebunden werde, der erstmalige Erlass eines solchen Bescheids nach Eintritt der Bestandskraft des Steuerbescheids hingegen nicht. Ein sachlicher Grund für eine Ungleichbehandlung sei nicht zu erkennen[384].

Inhaltlich verlangte § 10d Abs. 4 S. 4 EStG a.F. neben einem Änderungsgrund[385] in Gestalt von mindestens einer fehlerhaften Bezugsgröße im Sinne des Satzes 2 das Vorliegen einer verfahrensrechtlichen Änderungsmöglichkeit für den Steuerbescheid des Verlustentstehungsjahrs. Sofern die Steuerfestsetzung nicht für vorläufig nach § 165 Abs. 1 S. 1 AO erklärt oder unter den Vorbehalt der Nachprüfung gemäß § 164 Abs. 1 S. 1 AO gestellt wurde und im Feststellungszeitpunkt bereits unanfechtbar war, konnte sich eine Änderungsbefugnis mangels spezieller Vorschriften[386] nur aus den allgemeinen Korrekturnormen

383 BFH, Urteil v. 09.12.1998 – XI R 62/97, BStBl. II 2000, 3.

384 Auch sei nicht verständlich, weshalb ein nachträglich geltend gemachter Verlust, der einen positiven Gesamtbetrag der Einkünfte lediglich verringere, nach Eintritt der Unanfechtbarkeit des Steuerbescheids ohne eine entsprechende Änderungsbefugnis nicht mehr zu berücksichtigen sei, während ein im Nachhinein vorgebrachter Verlust, der den Gesamtbetrag der Einkünfte erstmals negativ mache, ungeachtet dessen noch gesondert festgestellt und in spätere Veranlagungszeiträume vorgetragen werden könne, vgl. FG Köln, Urteil v. 28.01.1999 – 15 K 4043/98, EFG 1999, 454 = DStRE 1999, 822, 823.

385 So auch *Hallerbach*, in: Herrmann/Heuer/Raupach (Hrsg.), 220. Lfg. Oktober 2005, § 10d EStG, Rdnr. 127.

386 Eine eigene Korrekturvorschrift für den (bestandskräftigen) Steuerbescheid enthält § 10d EStG über die Regelung in Abs. 1 hinaus nicht, vgl. dazu Niedersächsisches FG, Urteil v. 25.04.1996 – XII 82/95, EFG 1997, 276.

der Abgabenordnung ergeben. Das dualistisch ausgestaltete Korrektursystem[387] ermöglicht eine Berichtigung von bestandskräftigen[388] Steuerbescheiden im Sinne von § 155 Abs. 1 S. 1 AO und diesen gleichgestellten Steuerverwaltungsakten (vgl. § 118 S. 1 AO) nach Maßgabe der §§ 172 ff. AO. Alle anderen abgabenrechtlichen Verwaltungsakte fallen in den sachlichen Geltungsbereich der §§ 130, 131 AO[389], vgl. auch § 172 Abs. 1 S. 1 Nr. 2 Buchst. d) HS. 2 AO.

Dem Wortlaut zufolge verwies § 10d Abs. 4 S. 4 EStG a.F. mit der Formulierung „[...] der entsprechende Steuerbescheid [...] zu ändern ist [...]" auf eine Berichtigungsvorschrift, die dem Rechtsanwender keinerlei Ermessenspielraum bei der Anpassung des jeweiligen Steuerbescheids ließ. Die Vorschrift des § 172 AO sah und sieht nach ihrem Wortlaut hingegen vor, dass ein endgültiger Steuerbescheid nur unter den dort näher aufgeführten Voraussetzungen aufgehoben oder geändert werden *darf*. Die wohl überwiegende Meinung ist daher der Auffassung, dass eine Bescheidkorrektur gemäß § 172 Abs. 1 S. 1 AO in das pflichtgemäße Ermessen der handelnden Behörde gestellt wird[390]. Dies trifft zu, soweit die Norm eigene Korrekturtatbestände enthält[391]. Für die Frage der Änderungsmöglichkeit eines unanfechtbaren Steuerbescheids ist jedoch regelmäßig nur § 172 Abs. 1 S. 1 Nr. 2 Buchst. d) AO einschlägig. Danach kann ein endgültiger[392] Steuerbescheid, der andere Steuern im Sinne des § 172 Abs. 1 S. 1

---

387 Dazu eingehend *Wernsmann*, in: Hübschmann/Hepp/Spitaler (Hrsg.), Vorbemerkungen zu §§ 130–133 AO, Rdnr. 43 f.; *von Groll*, in: Hübschmann/Hepp/Spitaler (Hrsg.), Vorbemerkungen zu §§ 172–177 AO, Rdnr. 4.

388 Eine Korrektur gemäß § 172 AO ist nur rechtmäßig, wenn der zu korrigierende Bescheid bestandskräftig ist. Zu diesem ungeschriebenen Tatbestandsmerkmal siehe *von Groll*, in: Hübschmann/Hepp/Spitaler (Hrsg.), Vorbemerkungen zu §§ 172–177 AO, Rdnr. 8, 37, 65 f. A.A. *Wernsmann*, in: Hübschmann/Hepp/Spitaler (Hrsg.), Vorbemerkungen zu §§ 130–133 AO, Rdnr. 91.

389 *Intemann*, in: Koenig (Hrsg.), § 130 AO, Rdnr. 3.

390 Statt vieler *Loose*, in: Tipke/Kruse (Hrsg.), § 172 AO, Rdnr. 13 f.; *Rüsken*, in: Klein (Hrsg.), § 172 AO, Rdnr. 26; a.A. *Koenig*, in: Koenig (Hrsg.), § 172 AO, Rdnr. 15; *von Groll*, in: Hübschmann/Hepp/Spitaler (Hrsg.), § 172 AO, Rdnr. 56. Ablehnend auch *Wernsmann*, der die gebundenen Entscheidungen nach §§ 172 ff. AO den Ermessensvorschriften gemäß §§ 130 ff. AO gegenüberstellt und aus Gründen der Steuergerechtigkeit dem Prinzip der Rechtsrichtigkeit den Vorrang einräumen will, *Wernsmann*, in: Hübschmann/Hepp/Spitaler (Hrsg.), Vorbemerkungen zu §§ 130–133 AO, Rdnr. 93.

391 Vgl. § 172 Abs. 1 S. 1 Nr. 1, Nr. 2 Buchst. a), b) und c) AO.

392 *Von Groll*, in: Hübschmann/Hepp/Spitaler (Hrsg.), Vorbemerkungen zu §§ 172–177 AO, Rdnr. 39.

Nr. 2 AO betrifft, aufgehoben oder geändert werden, soweit dies sonst gesetzlich zugelassen ist. Es handelt sich mithin um eine reine Verweisungsnorm[393], die vor allem auf die systematisch nachfolgenden Korrekturtatbestände[394] verweist, welche – wie der für die Berücksichtigung von nachträglich geltend gemachten Verlusten besonders bedeutsame § 173 Abs. 1 Nr. 2 AO[395] – allesamt auf der Rechtsfolgenseite eine gebundene Entscheidung der Finanzbehörde anordnen. Gleiches gilt, wenn der betroffene Steuerpflichtige innerhalb der Rechtsbehelfsfrist wirksam Einspruch gegen den Steuerbescheid einlegt[396]. Das Finanzamt ist im Einspruchs- und Klageverfahren durch den Grundsatz der Gesetzmäßigkeit zur Korrektur und Abhilfe verpflichtet. Ein Rückgriff auf die (insoweit deklaratorische) Regelung in § 172 Abs. 1 S. 1 Nr. 2 Buchst. a) HS. 2 Var. 3 AO ist entbehrlich[397]. Im Rahmen des § 10d Abs. 4 S. 4 EStG a.F. waren danach regelmäßig gebundene Entscheidungen der Finanzbehörde in Bezug auf die Änderbarkeit des zugrunde liegenden Steuerbescheids zu treffen, sei es als Entscheidung über einen Einspruch oder nach Ablauf der Rechtsbehelfsfrist gemäß § 173 Abs. 1 Nr. 2 AO. Dafür spricht auch ein Vergleich mit der Vorschrift des § 175 Abs. 1 S. 1 Nr. 1 AO, welche als Vorbild für § 10d Abs. 4 S. 4 EStG a.F. diente[398] und die Pflicht zur Anpassung des Folgebescheids ausschließlich daran knüpft, dass der wirksame Grundlagenbescheid in seinem bindenden Ausspruch geändert wird[399].

Durch die inzidente Heranziehung der §§ 172 Abs. 1 S. 1 Nr. 2 Buchst. d), 173 Abs. 1 Nr. 2 AO im Rahmen des § 10d Abs. 4 S. 4 EStG a.F. konnten sowohl in der Konstellation des erstmaligen Erlasses des Feststellungsbescheids als auch bei dessen Abänderung unterschiedlich lange Verweisungsketten entstehen. So

393 *Koenig*, in: Koenig (Hrsg.), § 172 AO, Rdnr. 52; *von Groll*, in: Hübschmann/Hepp/Spitaler (Hrsg.), § 172 AO, Rdnr. 181.

394 *Von Groll*, in: Hübschmann/Hepp/Spitaler (Hrsg.), § 172 AO, Rdnr. 200.

395 Die notwendige Änderungsbefugnis konnte sich nach Eintritt der Bestandskraft nur noch nach § 173 Abs. 1 Nr. 2 AO ergeben, *Herff*, KÖSDI 2003, 13733, 13739.

396 Nach § 172 Abs. 1 S. 1 Nr. 2 Buchst. a) HS. 2 AO kann der Steuerpflichtige als Alternative zum Einspruch auch einen Antrag auf sog. schlichte Änderung stellen. Eine Abänderung des Bescheids steht jedoch im Ermessen der Finanzbehörde. Zu den insoweit bestehenden Vor- und Nachteilen des Antrags ausführlich *Müller*, AO-StB 2009, 111; kritisch *Koenig*, in: Koenig (Hrsg.), § 172 AO, Rdnr. 21.

397 *Von Wedelstädt*, in: Gosch (Hrsg.), § 172 AO, Rdnr. 172. Rekurriert die Behörde für ihre Abhilfeentscheidung dennoch auf diese Rechtsgrundlage, dürfte ein etwaiges Ermessen auf null reduziert sein.

398 *Baum*, DStZ 1988, 512, 513; *Meyer*, DStR 1989, 238, 241.

399 *Koenig*, in: Koenig (Hrsg.), § 175 AO, Rdnr. 14.

bildete im Korrekturfall § 172 Abs. 1 S. 1 Nr. 2 Buchst. d) AO den Ausgangspunkt. Die Regelung erstreckt sich auf Sonderregelungen außerhalb der Abgabenordnung und bezieht diese in das abgabenrechtliche Berichtigungssystem ein[400]. Soweit § 10d Abs. 4 S. 4, 5 EStG a.F. Anforderungen an die Änderung eines bereits ergangenen Verlustfeststellungsbescheids normierte, kam der Spezialvorschrift somit der Vorrang zu[401]. Im Rahmen der Sätze 4 und 5 wurde sodann inzident auf die (potentielle) Änderungsmöglichkeit des Steuerbescheids abgestellt, welche sich nach Eintritt der Bestandskraft zumeist nach den §§ 172 Abs. 1 S. 1 Nr. 2 Buchst. d), 173 Abs. 1 Nr. 2 AO richtete. Ein Abgleich mit anderen externen Korrekturnormen der Einzelsteuergesetze wie z.B. §§ 5 Abs. 2, 6 Abs. 2, 7 Abs. 2, 8, 22 Abs. 3, 24, 24a BewG, §§ 10 Abs. 2a S. 8, 10d Abs. 1 S. 3, 4, 70 Abs. 2, 3 EStG, § 16 GrEStG, §§ 20 f., 27 i.V.m. § 25 Abs. 3 GrStG zeigt, dass diese in der Regel über abschließenden Charakter verfügen und nicht im Tatbestand zurück auf die Abgabenordnung verweisen. Eine Verweisungskonstruktion wie sie § 10d Abs. 4 S. 4, 5 EStG a.F. bereithielt, war bzw. ist jedoch nicht völlig beispiellos[402].

### bb) Grobes Verschulden als Erlasshindernis

Die Anwendung der §§ 172 ff. AO im Rahmen des Tatbestands der gesonderten Verlustfeststellung brachte eine erhebliche Einschränkung der gesetzlichen Feststellungsmöglichkeiten mit sich. So bildete die Abhängigkeit des erstmaligen Erlasses eines Feststellungsbescheids vom fehlenden Verschulden des Steuerpflichtigen am nachträglichen Bekanntwerden der Verluste (§ 173 Abs. 1 Nr. 2 AO) das Kernstück der Rechtsprechung des XI. Senats zu § 10d Abs. 4 S. 4, 5

---

400 *Von Groll*, in: Hübschmann/Hepp/Spitaler (Hrsg.), § 172 AO, Rdnr. 203.

401 *Von Groll*, in: Hübschmann/Hepp/Spitaler (Hrsg.), § 172 AO, Rdnr. 208.

402 Neben der Parallelvorschrift in § 35b Abs. 2 S. 2, 3 GewStG a.F. waren und sind nach § 35b Abs. 1 GewStG Änderungen des Gewerbesteuermessbescheids sowie des Verlustfeststellungsbescheids vorzunehmen, wenn der Steuer- oder ein Feststellungsbescheid aufgehoben oder geändert wurde und dies den Gewinn aus Gewerbebetrieb berührt. Die verfahrensrechtlichen Gründe für die Änderung können insbesondere in den §§ 172 ff. AO liegen, *Sarrazin*, in: Lenski/Steinberg (Hrsg.), § 35b GewStG, Rdnr. 13. Des Weiteren ist auch im Zusammenhang mit Steuerbescheiden hinsichtlich der Berücksichtigung einer verdeckten Gewinnausschüttung (vgl. § 32a KStG) erforderlich, dass diese nach §§ 172 bis 177 AO aufgehoben oder geändert werden, damit der Steuer- oder Feststellungsbescheid gegenüber dem Gesellschafter, dem die verdeckte Gewinnausschüttung zuzurechnen ist, aufgehoben oder geändert werden kann, *Bauschatz*, in: Gosch (Hrsg.), § 32a KStG, Rdnr. 21.

EStG a.F. Im Hinblick auf die Systematik dieser Vorschriften der Abgabenordnung wurde der Ansatz des BFH zum Teil als wenig systematisch und vielmehr ergebnisorientiert kritisiert[403]. Denn die Tatbestände der Ziffer III „Bestandskraft" des 1. Unterabschnitts des Dritten Abschnitts haben grundsätzlich allein die Berichtigung bzw. Aufhebung wirksam ergangener Steuerbescheide bzw. i.V.m. § 181 Abs. 1 S. 1 AO auch von Feststellungsbescheiden zum Gegenstand. Sofern vereinzelt der Erlass geregelt ist, soll der Erlass eines (Erst-)Bescheids (z.B. nach §§ 174 Abs. 4 S. 1 AO, 175 Abs. 1 S. 1 Nr. 1 AO) bzw. die Nachholung einer Steuerfestsetzung (§ 174 Abs. 3 S. 1 1. Fall AO) einen rechtswidrig ungeregelten Zustand beheben[404]. Es handelt sich hierbei um Ausnahmetatbestände, weil die zu korrigierenden Bescheide im Rahmen der §§ 172 ff. AO grundsätzlich bestandskräftig sein müssen[405]. Da durch den erstmaligen Erlass eines Bescheids keine Bestandskraft durchbrochen wird und eine Regelung in einer Korrekturvorschrift nicht notwendig ist, wird die Rechtsfolgeanordnung der §§ 172 ff. AO insoweit sogar als überflüssig bezeichnet[406]. Die inhaltliche Verknüpfung dieser nahezu ausschließlich auf Korrektursachverhalte ausgerichteten Vorschriften mit dem erstmaligen Erlass des gesonderten Feststellungsbescheids über den zum Schluss des Veranlagungsjahrs verbleibenden Verlustvortrag vermochte daher nicht zu überzeugen. Nicht zuletzt hat der BFH selbst entschieden, dass § 173 AO auf den erstmaligen Erlass eines Bescheids nicht anwendbar sein soll[407].

Die Bestrebungen, den Erlass eines Feststellungsbescheids von den Tatbestandsvoraussetzungen der §§ 172 ff. AO abhängig zu machen, sind indes nicht neu. In der Vergangenheit haben Finanzgerichte vereinzelt die Ansicht vertreten, die erstmalige Feststellung von Besteuerungsgrundlagen nach §§ 179 Abs. 2 S. 2, 180 Abs. 3 S. 1 Nr. 2 Buchst. a) AO sei unzulässig, wenn die für den Erlass des Grundlagen- als auch des Folgebescheids zuständige Finanzbehörde bereits im

403 Kritisch im Hinblick auf einen möglichen Systembruch auch *Sikorski*, AO-StB 2001, 187, 189.

404 *Von Groll*, in: Hübschmann/Hepp/Spitaler (Hrsg.), Vorbemerkungen zu §§ 172–177 AO, Rdnr. 120.

405 Hinter diesen Ausnahmefällen stehe die Überlegung, dass das Interesse an der Richtigkeit eines Steuerbescheids aus Gründen der Gleichmäßigkeit der Besteuerung Vorrang haben müsse vor dem Interesse an seiner Bestandskraft, *Boorberg*, DB 1983, 1170, 1171.

406 So ausdrücklich für § 175 AO *von Groll*, in: Hübschmann/Hepp/Spitaler (Hrsg.), § 175 AO, Rdnr. 60.

407 BFH, Urteil v. 11.10.1984 – IV R 153/82, BStBl. II 1985, 189; BFH, Urteil v. 12.11.1985 – VIII R 240/81, BStBl. II 1986, 296.

Zeitpunkt der Einkommensteuerveranlagung Kenntnis von den Besteuerungsgrundlagen hatte, diese Veranlagung bestandskräftig geworden war und der Steuerfall nach § 173 AO nicht mehr aufgerollt werden konnte[408]. Der BFH hat jedoch klargestellt, dass die Frage, ob eine bislang nicht vorgenommene Gewinnfeststellung noch nachgeholt werden könne, nur aus dem Feststellungsverfahren heraus zu beantworten sei. Dies bedeute, dass § 173 Abs. 1 Nr. 1 AO, der die Aufhebung und Änderung von bestandskräftigen Steuerbescheiden wegen neuer Tatsachen regelt, dem Erlass eines erstmaligen Feststellungsbescheids grundsätzlich nicht entgegenstehen könne[409]. Daneben führt der BFH auch das Offizialprinzip an, wonach die Finanzbehörde zum Erlass eines Feststellungsbescheids von Amts wegen verpflichtet sei[410]. Dieser Grundsatz wurde im Fall der gesonderten Feststellung des verbleibenden Verlustvortrags durch § 10d Abs. 4 S. 4, 5 EStG a.F. übermäßig beschränkt.

Nach der Lesart des XI. Senats bestand für den Steuerpflichtigen mithin die missliche Situation, dass er sich – ohne dass dies für ihn anhand der einschlägigen Regelungen hinreichend klar vorhersehbar gewesen sein dürfte[411] – ggf. entgegenhalten lassen musste, die Verluste grob schuldhaft außerhalb der Rechtsbehelfsfrist für den Steuerbescheid geltend gemacht zu haben[412]. Nach

---

408 FG Baden-Württemberg, Urteil v. 16.06.1982 – I 369/79, EFG 1982, 549. Nach dem FG Düsseldorf sollte dies jedenfalls dann gelten, wenn dem auch für den Erlass des Grundlagenbescheids zuständigen Finanzamt schon bei Erlass des Folgebescheids der gesamte Sachverhalt bekannt war oder der Sachverhalt als bekannt zu gelten hatte. Hinsichtlich des bestandskräftigen Folgebescheids sollte eine Korrektur folglich nur noch nach §§ 172 ff. AO möglich sein, FG Düsseldorf, Urteil v. 27.05.1986 – XV 356/82 F, EFG 1986, 537; vgl. auch FG Rheinland-Pfalz, Urteil v. 10.03.1987 – 2 K 26/86, EFG 1987, 440.

409 BFH, Urteil v. 01.07.2003 – VIII R 61/02, BFH/NV 2004, 27; das FG Köln führte in erster Instanz aus, der Gesetzgeber habe den Erlass eines Feststellungsbescheids nicht davon abhängig gemacht, dass noch kein Einkommensteuerbescheid mit entgegengesetztem Inhalt ergangen sei, FG Köln, Urteil v. 05.06.2002 – 10 K 2366/98, EFG 2002, 1223 = DStRE 2003, 148, 150.

410 BFH, Urteil v. 01.07.2003 – VIII R 61/02, BFH/NV 2004, 27.

411 Ein Mindestmaß an Orientierungs- und Planungssicherheit, wie sie im Hinblick auf die allgemein gebotene Verständlichkeit von Steuernormen verlangt wird, dürfte für den Steuerpflichtigen insoweit nicht bestanden haben.

412 Kritisch im Hinblick auf einen möglichen Systembruch *Sikorski*, AO-StB 2001, 187, 189. Eine Befristung der Feststellung über die Feststellungsverjährung hinaus durch § 173 Abs. 1 Nr. 2 AO ablehnend *Heinicke*, in: Schmidt (Hrsg.), 21. Aufl. 2002, § 10d EStG, Rdnr. 56. Indes hob *Wendt* positiv hervor, dass die Auslegung des BFH zu mehr Rechtssicherheit in Bezug auf die Höhe des Verlustvortrags führe, da an dieser nicht

§ 173 Abs. 1 Nr. 2 AO sind Steuerbescheide zu ändern, soweit Tatsachen oder Beweismittel nachträglich bekannt werden, die zu einer niedrigeren Steuer führen und den Steuerpflichtigen kein grobes Verschulden daran trifft, dass die Tatsachen oder Beweismittel (d.h. auch Verluste) erst nachträglich bekannt werden. Das Verschuldensmerkmal dient dazu, den Steuerpflichtigen anzuhalten, die in seinen Verantwortungsbereich fallenden, steuererheblichen Tatsachen rechtzeitig vorzubringen[413]. Kommt er seiner Mitwirkungspflicht grob fahrlässig oder gar vorsätzlich nicht nach, bleibt eine im Nachhinein bekannt gewordene Tatsache, die zu einer niedrigeren Steuer führen würde, im Steuerbescheid unberücksichtigt[414]. Ein grob fahrlässiges Verhalten des Steuerpflichtigen liegt vor, wenn er die ihm nach seinen persönlichen Fähigkeiten und Verhältnissen zumutbare Sorgfalt in außergewöhnlich hohem und deshalb nicht entschuldbarem Maße außer Acht lässt[415]. Strengere Kriterien finden über die Zurechnung von schuldhaftem Handeln des beauftragten Steuerberaters Anwendung[416]. In die Verschuldensprüfung ist insoweit nicht nur der Zeitraum bis zum Erlass des zu ändernden Bescheides, sondern auch der Zeitraum bis zum Eintritt der formellen Bestandskraft einzubeziehen[417]. Lässt ein Steuerpflichtiger einen Bescheid bestandskräftig werden, liegt nach ständiger Rechtsprechung ein für § 173 Abs. 1 Nr. 2 AO relevantes grob fahrlässiges Verhalten vor, wenn sich ihm innerhalb der Einspruchsfrist die Notwendigkeit weiterer Angaben hätte aufdrängen müssen[418].

---

mehr gerüttelt werden könne, wenn der Steuerbescheid nicht mehr abänderbar sei, *Wendt*, FR 1999, 543.

413 BT-Drs. VI/1982, S. 153.

414 *Koenig*, in: Koenig (Hrsg.), § 173 AO, Rdnr. 110.

415 *Rüsken*, in: Klein (Hrsg.), § 173 AO, Rdnr. 112. Fehlende steuerrechtliche Kenntnisse eines Steuerpflichtigen ohne einschlägige Ausbildung begründen kein grobes Verschulden, vgl. BFH, Urteil v. 22.05.1992 – VI R 17/91, BStBl. II 1993, 80. Auch kann von einem steuerlichen Laien nicht ausnahmslos gefordert werden, fachkundigen Rat einzuholen, BFH, Urteil v. 23.01.2001 – XI R 42/00, BStBl. II 2001, 379 = DStR 2001, 849, 850.

416 Vgl. nur *Koenig*, in: Koenig (Hrsg.), § 173 AO, Rdnr. 125; es kommt insoweit auf das subjektive Verschuldensmaß an, *Carlé*, KÖSDI 2011, 17588, 17594. Ein Steuerberater unterliegt regelmäßig höheren Informationspflichten und muss die einschlägigen steuerlichen Regelungen kennen sowie sachgemäß anwenden, vgl. BFH, Urteil v. 03.02.1983 – IV R 153/80, BStBl. II 1983, 324; BFH, Urteil v. 28.06.1983 – VIII R 37/81, BStBl. II 1984, 2.

417 BFH, Urteil v. 16.09.2004 – IV R 62/02, BStBl. II 2005, 75 = DStR 2004, 2100, 2101; BFH, Urteil v. 22.05.2006 – VI R 17/05, BStBl. II 2006, 806 = DStRE 2006, 1204, 1205.

418 BFH, Urteil v. 23.01.2001 – XI R 42/00, BStBl. II 2001, 379 = DStR 2001, 849, 850 m.w.N. Etwas anderes kann gelten, wenn der Steuerpflichtige einem entschuldbaren

Dem XI. Senat des BFH zufolge konnte ein Verschuldensvorwurf aber auch darin begründet liegen, dass bei einem Steuernullbescheid erst nach Ablauf der Rechtsbehelfsfrist ein Antrag auf gesonderte Feststellung gestellt wurde[419].

Diese Maßstäbe galten ebenfalls im Rahmen von Satz 5, jedoch mit der Besonderheit, dass die Voraussetzungen einer Korrekturvorschrift nur dem Rechtgrund nach, d.h. potentiell gegeben sein mussten, sofern die Berichtigung ausschließlich mangels Auswirkung auf die Höhe der festgesetzten Steuer unterblieb[420]. Es war mithin fiktiv zu prüfen, ob eine Änderungsmöglichkeit nach dem Verfahrensrecht bestanden hätte, wenn mit dem Steuerbescheid eine Steuer von mehr als null DM/Euro festgesetzt worden wäre[421].

### cc) Tatsächliche Änderung des entsprechenden Steuerbescheids

Im Zusammenhang mit der Änderungsbefugnis war fraglich, ob diese – zumindest im Anwendungsbereich des Satzes 4 – erforderlich machte, dass der entsprechende Steuerbescheid tatsächlich punktuell[422] berichtigt wurde. In der Literatur wurde dies nicht für notwendig erachtet, da allein entscheidend sein sollte, dass ein gesetzlicher Änderungstatbestand objektiv erfüllt werde[423]. Demgegenüber entschied das FG Münster, dass eine Verlustfeststellung nach Wortlaut, Sinn und

---

subjektiven Rechtsirrtum unterlag, vgl. *Carlé*, KÖSDI 2011, 17588, 17594; *Herff*, KÖSDI 2003, 13733, 13736.

419 BFH, Urteil v. 09.05.2001 – XI R 25/99, BStBl. II 2002, 817, 818 f.

420 Die steuerliche Auswirkung konnte auch wegen der Verrechnung von Fehlern nach § 177 AO entfallen.

421 Vgl. OFD Frankfurt a.M., Verfügung vom 19.03.2008 – S 2225 A-9-St 213, juris.

422 Da sich der Berichtigungsumfang nach den §§ 172 ff. AO richtete, kam es regelmäßig nur zu einer punktuellen Korrektur des Einkommensteuerbescheids. Die Änderungspflicht hat nur den neuen Tatsachen Rechnung zu tragen und die Veranlagung nicht in vollem Umfang im Sinne einer „Gesamtaufrollung" zu überprüfen. In der Regel entstand auf diese Weise erstmals ein negativer Gesamtbetrag der Einkünfte, der der Festsetzung zugrunde zu legen war, FG Münster, Urteil v. 28.08.1997 – 13 K 6054/96 F, EFG 1997, 1435 = DStRE 1998, 384, 385. Wies der Bescheid dagegen einen Verlust aus, der sich im weiteren Verlauf lediglich erhöhte, stand dem erstmaligen Erlass des Feststellungsbescheids nicht entgegen, dass die von Rechts wegen gebotenen Korrekturen ausschließlich mangels steuerlicher Auswirkungen unterblieben, vgl. § 10d Abs. 4 S. 5 EStG a.F.

423 *Meyer*, DStR 1989, 238, 242. Vgl. auch *von Groll*, in: Kirchhof/Söhn/Mellinghoff (Hrsg.), 58. Erg.Lfg. April 1995, § 10d EStG, D 99, dem zufolge es unbeachtlich sei, ob und wann der in Frage stehende Steuerbescheid tatsächlich erlassen, aufgehoben und geändert werde.

Zweck des § 10d Abs. 4 S. 4, 5 EStG a.F. nur zulässig sei, wenn der Einkommensteuerbescheid „in der Weise – tatsächlich – geändert" werde, dass ein negativer Gesamtbetrag der Einkünfte entstehe (Satz 4) oder im Anwendungsbereich von Satz 5 die von Rechts wegen durchzuführende Korrektur mangels steuerlicher Auswirkung tatsächlich unterbleibe[424]. Zwar deutete der Gesetzeswortlaut eher darauf hin, dass es für eine Änderungsbefugnis ausreichen könnte, wenn die rechtlichen Voraussetzungen im konkreten Fall erfüllt waren[425]. Da es sich jedoch um eine gebundene Entscheidung handelte („zu ändern ist"), war gerade auch im Umkehrschluss zu Satz 5 davon auszugehen, dass der Steuerbescheid für Satz 4 entsprechend korrigiert werden musste. Der Grundsatz der Steuergerechtigkeit und das Prinzip der Rechtsrichtigkeit ließen sich ebenfalls dafür anführen, dass z.B. eine Steuerfestsetzung über null unter Berücksichtigung der nacherklärten Verluste entsprechend herabzusetzen war. Soweit demnach der „entsprechende" Steuerbescheid angepasst werden musste, bezog sich dies zum einen auf den Bescheid für das Verlustentstehungsjahr. Darüber hinaus konnte aber auch die Steuerfestsetzung des unmittelbar vorangegangenen Veranlagungszeitraums zu ändern sein[426].

### c) *Kausalitätsbeziehung zwischen Bezugsgrößenänderung und Korrekturbefugnis*

Die beiden Tatbestandsmerkmale[427] des § 10d Abs. 4 S. 4 EStG a.F. standen nicht unverbunden nebeneinander[428]. Aus dem Verbindungswort „deshalb" folgte eine Kausalitätsbeziehung, wonach die Bezugsgrößenänderung dazu Anlass geben musste, das ursprüngliche Veranlagungsergebnis – nach Ablauf der Einspruchsfrist nach Maßgabe der §§ 172 ff. AO – an die veränderte Rechtslage anzupassen. Ob es sich hierbei dogmatisch um ein eigenständiges drittes Kriterium handelte,

---

424 FG Münster, Urteil v. 28.08.1997 – 13 K 6054/96 F, EFG 1997, 1435 = DStRE 1998, 384, 385; so auch *Kaminski*, in: Lademann (Hrsg.), 60. Erg.Lfg. Juni 2011, § 10d EStG, Rdnr. 116.

425 Der Passus „zu ändern ist" sei nicht tatsächlich, sondern rechtlich zu verstehen, *Heuermann*, StBp 2006, 199.

426 *Meyer*, DStR 1989, 238, 241 f.; *Ettlich*, DB 2009, 18, 23.

427 BFH, Urteil v. 31.07.1996 – XI R 4/96, BFH/NV 1997, 180; BFH, Urteil v. 09.12.1998 – XI R 62/97, BStBl. II 2000, 3.

428 A.A. wohl *Hallerbach*, in: Herrmann/Heuer/Raupach (Hrsg.), 220. Lfg. Oktober 2005, § 10d EStG, Rdnr. 127, die von zwei kausal nicht miteinander verbundenen Voraussetzungen auszugehen scheint, die allein durch die Bezugsgrößenänderung in einem Zusammenhang stehen sollen.

war für die Anwendung der Vorschrift freilich nicht entscheidend[429]. In den Fällen des Satzes 5, also insbesondere bei Einkommensteuernullbescheiden, war ein kausaler Zusammenhang zwischen einer Betragsänderung nach Satz 2 und der Anpassung des entsprechenden Steuerbescheids jedenfalls insoweit entbehrlich, als eine tatsächliche Herabsetzung der Steuerfestsetzung keine steuerlichen Auswirkungen gehabt hätte. Ungeachtet dessen dürfte das Kausalitätserfordernis in modifizierter Form auch im Rahmen von Satz 5 Bedeutung gehabt haben, soweit infolge von geänderten Bezugsgrößen der Tatbestand einer Korrekturnorm dem Rechtsgrund nach erfüllt sein musste.

### *3. Rechtsfolge: Bindung dem Grunde und der Höhe nach*

Lagen die Voraussetzungen einer Änderungsbefugnis nicht vor, stand die bestandskräftige Steuerfestsetzung der Verlustfeststellung insgesamt entgegen. Die Rechtsprechung des BFH verstand das nach § 10d Abs. 4 S. 4, 5 EStG a.F. eintretende Feststellungsverbot als absolut[430]. Vorhandene Verluste konnten folglich auch nicht wenigstens außerhalb des Verlustentstehungsjahrs z.B. nach Abzug der positiven Einkünfte des Entstehungsjahrs verrechnet werden[431]. Wies der Steuerbescheid bereits einen negativen Gesamtbetrag der Einkünfte aus, stand die Frage im Raum, ob die Verlustberücksichtigung nach Maßgabe von Satz 5 der Höhe nach gedeckelt war und nur im Übrigen ein Verbrauch eintrat.

#### *a) Anwendung der Rechtsprechungsgrundsätze auf einen bestandskräftigen Einkommensteuerbescheid mit negativem Gesamtbetrag der Einkünfte oder Gesamtbetrag der Einkünfte von null DM/Euro*

Zu Fallgestaltungen, in welchen der Gesamtbetrag der Einkünfte auf null DM/Euro oder sogar auf einen negativen Betrag lautete, hat der BFH vor seiner Rechtsprechungsänderung im Jahr 2008 nur am Rande Stellung genommen. Mit Urteil vom 14. Juni 2000[432] hat er die erstinstanzliche Entscheidung des Niedersächsischen FG bestätigt, in der unter Heranziehung von § 10d Abs. 4 S. 5 EStG a.F. geprüft wurde, ob und inwieweit abweichend vom negativen Gesamtbetrag der Einkünfte des Steuerbescheids weitere Verluste im Rahmen des

429 Die Kausalität gleichwohl ausdrücklich hervorhebend *Ettlich*, DB 2009, 18, 22.

430 BFH, Urteil v. 09.12.1998 - XI R 62/97, BStBl. II 2000, 3; so auch BFH, Urteil v. 09.05.2001 - XI R 25/99, BStBl. II 2002, 817.

431 Für einen derartigen Lösungsansatz plädierte aber *Gebhardt*, EStB 2003, 234, 235.

432 BFH, Urteil v. 14.06.2000 - XI R 4/00, BFH/NV 2000, 1465.

Feststellungsbescheids berücksichtigt werden konnten[433]. Das FG nahm konkludent eine Bezugsgrößenänderung an, weil die Klägerin eine den bisherigen Gesamtbetrag der Einkünfte übersteigende Verlustgröße und damit die Fehlerhaftigkeit der Besteuerungsgrundlage geltend gemacht hatte[434]. Daraus lassen sich bereits wichtige Rückschlüsse für den sachlichen Anwendungsbereich von § 10d Abs. 4 S. 5 EStG a.F. ziehen, auch wenn im Streitfall nicht der erstmalige Erlass, sondern die Änderung der gesonderten Feststellung streitig gewesen war. Anders verhielt es sich in dem dem Urteil des XI. Senats des BFH vom 12. Juni 2002[435] zugrunde liegenden Sachverhalt[436]. Der Kläger begehrte, die erklärungsgemäß im unanfechtbaren Steuerbescheid des Verlustentstehungsjahrs 1989 berücksichtigten Verluste auf den 31. Dezember 1990 gesondert festzustellen. Nach Auffassung des FG München, die der BFH in der Revision bestätigt hat, war dem klägerischen Begehren gestützt auf § 10d Abs. 4 S. 1 EStG a.F. nachzukommen, da im Rahmen der Verlustfeststellung gerade nicht vom negativen Gesamtbetrag der Einkünfte für das Jahr 1989 abgewichen werden sollte[437]. Ob und inwiefern der entsprechende Steuerbescheid dem Rechtsgrund nach noch hätte geändert werden können, sei deswegen nicht entscheidend gewesen[438].

Gleichwohl ist letztere Entscheidung in der Gesamtschau mit den Urteilen vom 9. Dezember 1998[439] und vom 9. Mai 2001[440] in Finanzgerichtsbarkeit und Literatur teilweise anders interpretiert worden. Das FG Berlin verstand den XI. Senat dahingehend, dass Steuerpflichtige, die mit einem zu versteuernden Einkommen bis zur Höhe des Grundfreibetrags endgültig und bestandskräftig veranlagt worden waren (im BFH-Fall waren diese Voraussetzungen durch den

433 Niedersächsisches FG, Urteil v. 17.11.1999 – 2 K 646/95, II 646/95, EFG 2000, 511 = DStRE 2000, 585 f.

434 Niedersächsisches FG, Urteil v. 17.11.1999 – 2 K 646/95, II 646/95, EFG 2000, 511 = DStRE 2000, 585 f.

435 BFH, Urteil v. 12.06.2002 – XI R 26/01, BStBl. II 2002, 681; siehe auch unter Zweites Kapitel A.I.2.c) oben.

436 Siehe dazu bereits unter Zweites Kapitel A.I.2.c).

437 FG München, Urteil v. 24.05.2000 – 9 K 3439/99, EFG 2001, 1532, 1533; in diese Richtung wohl auch Niedersächsisches FG, Urteil v. 25.04.1996 – XII 82/95, EFG 1997, 276: Da ein negativer Gesamtbetrag der Einkünfte nicht vorliege, scheide die Möglichkeit aus, einen verbleibenden Verlustabzug gemäß § 10d Abs. 4 S. 1 EStG a.F. gesondert festzustellen.

438 Siehe dazu näher die Begründung der erstinstanzlichen, durch den BFH bestätigten Entscheidung des FG München, Urteil v. 24.05.2000 – 9 K 3439/99, EFG 2001, 1532.

439 BFH, Urteil v. 09.12.1998 – XI R 62/97, BStBl. II 2000, 3.

440 BFH, Urteil v. 09.05.2001 – XI R 25/99, BStBl. II 2002, 817.

Steuerbescheid für den VZ 1990 erfüllt), nicht bis zum Ablauf der Feststellungsfrist Verluste geltend machen konnten[441]. Hintergrund war, dass der Gesamtbetrag der Einkünfte in den zuvor genannten BFH-Entscheidungen jeweils positiv ausfiel, aber unterhalb des Grundfreibetrags lag, so dass durch eine nachträgliche Verlustberücksichtigung erstmals ein negativer Gesamtbetrag entstanden wäre. Im Schrifttum wurden die Ausführungen des FG Berlin daher vereinzelt so eingeordnet, dass ausschließlich in Bestandskraft erwachsene Einkommensteuerbescheide mit positivem Gesamtbetrag der Einkünfte einer gesonderten Verlustfeststellung entgegenstünden[442]. In allen anderen Fällen sollten negative Einkünfte bis zum Eintritt der Verjährung festgestellt werden dürfen[443]. Der BFH habe lediglich vermeiden wollen, dass nach bestandskräftiger Veranlagung bis zur Höhe des Grundfreibetrags nachträglich noch erhebliche Verluste bis zum Ablauf der Feststellungsfrist geltend gemacht werden können und deswegen einen Zusammenhang zwischen der Änderbarkeit des vorangegangenen Einkommensteuerbescheids und der entsprechenden Verlustfeststellung hergestellt[444]. Danach wäre eine für § 10d Abs. 4 S. 4, 5 EStG a.F. benötigte Bezugsgrößenänderung stets zu verneinen gewesen, wenn der Gesamtbetrag der Einkünfte bereits negativ oder zumindest ausgeglichen war und darüber hinausgehend weitere Verluste geltend gemacht wurden[445]. Das FG München ging in seinem Urteil vom 1. März 2006[446] jedoch davon aus, dass die knapp gehaltenen Entscheidungsgründe des BFH vom 12. Juni 2002 missverständlich formuliert waren. Es differenzierte stattdessen dahin, ob für das Finanzamt bei Erlass eines Einkommensteuerbescheids erkennbar sei, dass es nach § 10d Abs. 4 S. 1 EStG a.F. von Amts wegen einen Feststellungsbescheid erlassen müsse. Diese Voraussetzung sah es typischerweise als erfüllt an, wenn im Bescheid von einem negativen Gesamtbetrag der Einkünfte ausgegangen wurde. Laute der Gesamtbetrag der Einkünfte hingegen auf einen positiven Betrag oder einen solchen von null, werde für den Steuerpflichtigen offengelegt, dass eine Verlustfeststellung nach

---

441 FG Berlin, Urteil v. 27.04.2004 – 7 K 7414/03, EFG 2004, 1293.

442 *Adamek*, EFG 2004, 1294 f.

443 Für diese Auslegung allerdings ohne Bezug auf die Entscheidung des FG Berlin *Stöcker*, in: Carlé/Stahl/Strahl (Hrsg.), Gestaltung und Abwehr im Steuerrecht, S. 721, 752.

444 *Adamek*, EFG 2004, 1294 f.

445 In diese Richtung wohl auch *Strahl*, BeSt 2006, 21, 22.

446 FG München, Urteil v. 01.03.2006 – 10 K 2125/05, EFG 2006, 813. Gegen diese Argumentation führt *Nöcker* an, dass das Merkmal der Pflichtwidrigkeit nach der Systematik des § 10d Abs. 4 EStG a.F. lediglich im Rahmen von Satz 6 von Bedeutung und in Satz 1 und 4 nicht normiert sei, *Nöcker*, AO-StB 2008, 171, 172.

Ansicht der Finanzbehörde ausscheide, so dass es ihm zuzumuten sei, Rechtsmittel einzulegen[447].

Beide Argumentationsansätze verfingen letztlich nicht. Der Regelungsbereich des § 10d Abs. 4 S. 4, 5 EStG a.F. wäre hierdurch übermäßig und dem Normtelos zuwider eingeschränkt worden. Ein grundsätzlich zu vermeidender Widerspruch zwischen Einkommensteuer- und Feststellungsbescheid konnte sich gleichermaßen zwischen den im Steuerbescheid schon berücksichtigten, nicht ausgeglichenen negativen Einkünften auf der einen und den nachträglich vom Steuerpflichtigen erklärten Verlusten auf der anderen Seite ergeben. Dadurch, dass der BFH die Bestandskraft eines Steuernullbescheids mit positivem Gesamtbetrag der Einkünfte durch eine Verlustfeststellung gefährdet sah, mussten konsequenterweise auch bestandskräftige Nullbescheide mit negativem Gesamtbetrag geschützt sein, wenn von dem im Bescheid ausgewiesenen Betrag im Rahmen der gesonderten Feststellung abgewichen werden sollte[448]. Für eine Differenzierung bot der Gesetzeswortlaut keinen Anhalt.

Auf Basis der höchstrichterlichen Rechtsprechung wird man verallgemeinernd festhalten können, dass unabhängig davon, ob der Gesamtbetrag der Einkünfte positiv oder negativ ausfiel, ein vorangehender Steuerbescheid den Rechtsanwender grundsätzlich dazu anhielt, primär die strengeren Erlassvoraussetzungen der gesonderten Feststellung nach § 10d Abs. 4 S. 4, 5 EStG a.F. zu prüfen. Je nachdem, ob die geltend gemachten Verluste in Abweichung von oder im Einklang mit den Besteuerungsgrundlagen des Steuerbescheids festzustellen waren, war der Anwendungsbereich der Vorschrift eröffnet oder nicht. Sofern also in der hier besprochenen Fallkonstellation nachträglich negative Einkünfte bei einem Gesamtbetrag der Einkünfte von null DM/Euro geltend gemacht wurden oder zusätzliche Verluste im Rahmen des negativen Gesamtbetrags der Einkünfte Berücksichtigung finden sollten, musste in Bezug auf den zugrunde liegenden Steuernullbescheid eine potentielle verfahrensrechtliche

447 Ausnahmsweise könne aber auch bei einem positiven Gesamtbetrag der Einkünfte für das Finanzamt zu erkennen sein, dass es – z.B. wegen vortragsfähiger, durch die positiven Einkünfte nicht verbrauchte Verluste – einen Feststellungsbescheid nach § 10d Abs. 4 S. 1 EStG a.F. erlassen müsse, FG München, Urteil v. 01.03.2006 – 10 K 2125/05, EFG 2006, 813, 814.

448 Siehe auch *Meyer/Ball*, DStR 1999, 1257, 1260, die ebenfalls kritisieren, dass eine unterschiedliche Behandlung abhängig davon, ob ein positiver oder negativer Gesamtbetrag der Einkünfte gegeben ist, nicht überzeugt. Vgl. zudem *Pohl*, Die steuerverfahrensrechtliche Bewältigung der Verlustfeststellung im Einkommensteuerrecht, S. 129, der auf den anderenfalls bestehenden Wertungswiderspruch hinweist.

Änderungsbefugnis gemäß § 10d Abs. 4 S. 5 EStG a.F. gegeben sein. Dieses Ergebnis wird bestätigt durch das Urteil des FG Düsseldorf vom 16. August 2006[449]. Das durch den BFH herausgearbeitete Erfordernis, wonach der Einkommensteuerbescheid noch änderbar sein müsse, sei auch dann anwendbar, wenn Verluste erstmals und entgegen dem ausgeglichenen Gesamtbetrag der Einkünfte des Steuerbescheids gesondert festgestellt werden sollten. Denn diese Sachlage berühre in vergleichbarer Weise die Grundsätze der Bestandskraft[450].

Für den anders gelagerten Fall, dass der Antrag auf Verlustfeststellung nur dahin ging, die gesonderte Feststellung in Übereinstimmung mit dem im bestandskräftigen Steuerbescheid ausgewiesenen negativen Gesamtbetrag der Einkünfte erstmals vorzunehmen, konnte § 10d Abs. 4 S. 5 EStG a.F. mangels Bezugsgrößenänderung keine Sperrwirkung entfalten. Ein Rückgriff auf die allgemeine Rechtsgrundlage in Satz 1 war demnach unter Beachtung der zeitlichen Grenzen von § 181 Abs. 1 S. 1 i.V.m. §§ 169 ff. AO möglich[451].

**Beispiel:**
A wird im Jahr 2004 zur Einkommensteuer veranlagt. Die Steuer wird auf null Euro festgesetzt; der Gesamtbetrag der Einkünfte weist einen negativen Saldo von 15.000 Euro auf. Die Feststellung des verbleibenden Verlustvortrags per 31.12.2004 unterbleibt aus ungeklärten Gründen. Erst nach Ablauf der gemäß § 356 Abs. 2 S. 1 AO analog auf ein Jahr verlängerten Einspruchsfrist für den Steuerbescheid[452] beantragt A, Verluste von insgesamt 25.000 Euro bzw. hilfsweise, die dem Steuerbescheid zugrunde gelegten 15.000 Euro gesondert festzustellen. Nach den Maßgaben der Rechtsprechung kann das Finanzamt die negativen Einkünfte nur in Höhe des Hilfsantrags feststellen. Für eine darüber hinausgehende Verlustberücksichtigung dürfte es an der erforderlichen potentiellen Korrekturbefugnis fehlen[453]. Sofern A im Jahr 2003 über hinreichendes Verlustverrechnungspotential verfügt, kann er allerdings weitere 10.000 Euro nach § 10d Abs. 1 EStG a.F. zurücktragen lassen.[454]

---

449 FG Düsseldorf, Urteil v. 16.08.2006 – 16 K 5362/05 F, BeckRS 2006, 26022526.

450 FG Düsseldorf, Urteil v. 16.08.2006 – 16 K 5362/05 F, BeckRS 2006, 26022526; a.A. die Revisionsinstanz BFH, Beschluss v. 24.10.2007 – XI R 42/06, BFH/NV 2008, 48.

451 So auch *Gebhardt*, EStB 2003, 234, 235; *Pohl*, Die steuerverfahrensrechtliche Bewältigung der Verlustfeststellung im Einkommensteuerrecht, S. 129; vgl. *Meyer/Ball*, INF 2002, 551, 553, die davon ausgehen, dass ohne potentielle Änderungsbefugnis eine Verlustfeststellung jedenfalls in Höhe der im Steuerbescheid ausgewiesenen Verluste möglich sei.

452 Vgl. dazu bereits Zweites Kapitel A.I.2.b) und näher unter Zweites Kapitel A.V.4.

453 A.A. *Meyer/Ball*, DStR 1999, 1257, 1260.

454 Siehe dazu näher unter Zweites Kapitel A.V.6.

### *b) Rechtsprechung zum sog. Sollverlustabzug*

Wurde der Steuerpflichtige nicht zur Einkommensteuer veranlagt, war der Regelungsbereich von § 10d Abs. 4 S. 4, 5 EStG a.F. mangels Steuerbescheid nicht eröffnet. Inhaltliche Vorgaben für die Höhe des nach § 10d Abs. 4 S. 1 EStG a.F. gesondert festzustellenden Verlustvortrags bestanden insoweit nicht. Der Feststellungsgegenstand war in diesem Fall allein nach Maßgabe des § 10d Abs. 4 S. 2 EStG a.F. zu bemessen.

Existierten in diesem Zusammenhang Verlustvorträge aus den Vorjahren, musste der auf den Schluss des Verlustentstehungszeitraums festzustellende verbleibende Verlustvortrag „um die nach Absatz 2 abziehbaren Beträge" vermindert werden. Gemäß § 10d Abs. 2 S. 1 EStG a.F. waren die nicht abgezogenen Verluste in den nachfolgenden Veranlagungszeiträumen vorrangig vor Sonderausgaben, außergewöhnlichen Belastungen und sonstigen Abzugsbeträgen vom Gesamtbetrag der Einkünfte abzuziehen. Mit Urteil vom 2. August 2006[455] stellte der XI. Senat des BFH klar, dass dieser „Gesamtbetrag der Einkünfte" nicht Gegenstand einer Veranlagung gewesen sein müsse. Das Feststellungsverfahren sei in dieser Hinsicht selbstständig, denn im Verfahren der Einkommensteuerfestsetzung werde nur der Betrag der Einkommensteuer verbindlich geregelt. Da die zugrunde liegenden Besteuerungsgrundlagen keinen Regelungsgegenstand bildeten, sei der verbleibende Verlustabzug – unabhängig davon, ob eine Veranlagung durchgeführt wurde[456] – so zu berechnen, wie er sich bei zutreffender Ermittlung der Besteuerungsgrundlagen sowie des Verlustrücktrags und -vortrags nach § 10d Abs. 1 und 2 EStG a.F. ergeben hätte[457].

---

455 BFH, Urteil v. 02.08.2006 – XI R 65/05, BStBl. II 2007, 921.

456 Fraglich war, wie diese Aussage mit der Rechtsprechung des XI. Senats zu § 10d Abs. 4 S. 4, 5 EStG a.F. zu vereinbaren war, wenn ein Einkommensteuerbescheid für das Verlustentstehungsjahr existierte, vgl. zur Rechtsprechung bereits unter Zweites Kapitel A.I.2. Man wird davon ausgehen können, dass der Grundsatz der eigenständigen materiell-rechtlichen Berechnung des verbleibenden Verlustvortrags im Anwendungsbereich des § 10d Abs. 4 S. 4, 5 EStG a.F. von den dort normierten zusätzlichen Voraussetzungen überlagert wurde. In diese Richtung auch FG Köln, Urteil v. 28.01.1999 – 15 K 4043/98, EFG 1999, 454 = DStRE 1999, 822, 823 f., wonach es für die gesonderte Feststellung der Besteuerungsgrundlagen noch nicht ausreiche, wenn die unabhängig von der Einkommensteuerveranlagung zu ermittelnden Besteuerungsgrundlagen zu einem negativen Gesamtbetrag der Einkünfte führten.

457 BFH, Urteil v. 02.08.2006 – XI R 65/05, BStBl. II 2007, 921, 922; vgl. auch BFH, Urteil v. 22.02.2005 – VIII R 89/00, BStBl. II 2005, 624; BFH, Urteil v. 11.07.2007 – XI R 25/05, BFH/NV 2007, 2261; FG Berlin-Brandenburg, Urteil v. 03.03.2011 – 13 K 13010/09, EFG 2011, 1709 = DStRE 2011, 1287, 1288.

Das auf diese Weise umschriebene Prinzip des sog. Sollverlustabzugs geht auf Rechtsgrundsätze vor Einführung des gesonderten Feststellungsverfahrens zurück[458]. Über die Höhe der angesetzten Einkünfte, des rück- und vortragsfähigen Verlusts und des noch nicht verbrauchten Verlusts wurde seinerzeit erst im Abzugsjahr, in dem der zurück- oder vorgetragene Verlust erstmals positive Beträge nicht voll ausglich, entschieden[459]. Der Verlustabzug war im Einklang mit dem materiellen Recht durchzuführen. Verlustbeträge, die bereits in früheren Veranlagungszeiträumen hätten verrechnet werden können, konnten demgemäß nicht auf spätere Jahre übertragen bzw. aufgespart werden[460].

Hieran anknüpfend konkretisierte das BFH-Urteil vom 29. Juni 2011 den Sollverlustabzug dahin, dass der Verlustabzug ausgeschlossen war, soweit die Verluste in den vorangegangenen Veranlagungszeiträumen nach § 10d Abs. 2 S. 1, 2 EStG a.F. hätten abgezogen werden können, vgl. § 10d Abs. 2 S. 3 EStG i.d.F. ab 2004[461]. Maßgeblich für den Verbrauch von Verlustabzugspotential war eine rein materiell-rechtliche, nicht verfahrensrechtliche Betrachtung[462]. Es kam allein darauf an, inwieweit eine Probeveranlagung[463] ergab, dass die Verluste in den Vorjahren durch einen ausreichenden positiven Gesamtbetrag der Einkünfte hätten kompensiert werden können[464]. Dass der in der Vergangenheit liegende Veranlagungszeitraum ggf. schon festsetzungsverjährt war und eine Verlustverrechnung somit tatsächlich nicht mehr durchgeführt bzw. der Steuerbescheid (z.B. nach § 175 Abs. 1 S. 1 Nr. 1 AO) nicht mehr geändert werden konnte, ließ

458 Vgl. BFH, Urteil v. 22.02.2005 - VIII R 89/00, BStBl. II 2005, 624 = DStRE 2005, 818, 819.

459 *Krömker*, EStB 2006, 440. Vgl. dazu bereits unter Erstes Kapitel A.I.

460 Anderenfalls entstünde ein Widerspruch zum Wesen des Verlustabzugs, vgl. BFH, Urteil v. 02.02.1951 - IV 44/50 S, BStBl. III 1951, 55; BFH, Urteil v. 01.12.1955 - IV 266/54 U, BStBl. III 1956, 41. Der Verlustvortrag war so früh und so hoch wie möglich durchzuführen, *Kellerbach*, StBp 1976, 249, 251.

461 BFH, Urteil v. 29.06.2011 - IX R 38/10, BStBl. II 2011, 963 = DStR 2011, 1517, 1518. Im Hinblick auf den Verlustrücktrag vgl. *Heuermann*, in: Kirchhof/Söhn/Mellinghoff (Hrsg.), § 10d EStG, B 47; *Ergenzinger*, in: Lademann (Hrsg.), § 10d EStG, Rdnr. 292.

462 BFH, Urteil v. 29.06.2011 - IX R 38/10, BStBl. II 2011, 963 = DStR 2011, 1517, 1518 f.; *Heuermann*, in: Kirchhof/Söhn/Mellinghoff (Hrsg.), § 10d EStG, C 7. Dies folgt aus dem Verweis von § 10d Abs. 2 S. 3 EStG auf die Regelung in Satz 1, *Ergenzinger*, in: Lademann (Hrsg.), § 10d EStG, Rdnr. 293.

463 *Erl*, StuB 2006, 887.

464 So für die im Wesentlichen inhaltsgleiche gültige Normfassung des § 10d Abs. 2 S. 3 EStG *Hallerbach*, in: Herrmann/Heuer/Raupach (Hrsg.), § 10d EStG, Rdnr. 109; BFH, Urteil v. 29.06.2011 - IX R 38/10, BStBl. II 2011, 963 = DStR 2011, 1517, 1518 f.

den Untergang der Verluste unberührt[465]. Damit stand zugleich fest, dass sich das Verlustabzugspotential nicht in verfahrensrechtlich „offene" Veranlagungszeiträume verschieben konnte[466].

Zwar hat die Rechtsprechung zum Sollverlustabzug insbesondere im Kontext der Feststellungsverjährung Bedeutung erlangt[467]. Hintergrund waren die bis zum Inkrafttreten des JStG 2007 bestehenden Feststellungsmöglichkeiten auch nach Ablauf der Feststellungsfrist gemäß § 181 Abs. 5 AO[468]. Die vom BFH aufgestellten Grundsätze dürften aber unverändert Gültigkeit besitzen[469].

## III. Finanzverwaltung folgt höchstrichterlicher Rechtsprechung

Die Finanzverwaltung schloss sich der Rechtsprechung des XI. Senats an und veröffentlichte die zentralen Grundsatzentscheidungen im Bundessteuerblatt Teil II[470]. Sie folgte dem BFH insbesondere, als dieser ausgehend von § 10d Abs. 4 S. 4, 5 EStG a.F. das Vorliegen einer verfahrensrechtlichen Änderungsbefugnis für den Steuerbescheid verlangte, damit eine inhaltlich abweichende

---

465 BFH, Urteil v. 29.06.2011 - IX R 38/10, BStBl. II 2011, 963 = DStR 2011, 1517, 1519; FG Berlin-Brandenburg, Urteil v. 28.02.2011 - 5 K 5210/08, EFG 2011, 1244 = DStRE 2012, 1217, 1218, rkr.

466 Die gegenteilige Auffassung würde die dienende Funktion des gesonderten Feststellungsverfahrens außer Acht lassen und über § 10d Abs. 2 EStG hinaus Abzugsmöglichkeiten schaffen, BFH, Urteil v. 29.06.2011 - IX R 38/10, BStBl. II 2011, 963 = DStR 2011, 1517, 1519; mit den Worten *Heuermanns* würde sich die „Dienerin" (das Feststellungsverfahren) zur „Herrin" aufschwingen, *Heuermann*, DStR 2011, 1489, 1492.

467 Beiden hier zitierten BFH-Entscheidungen lag die Konstellation zugrunde, dass ein Steuerbescheid wegen Ablaufs der Festsetzungsfrist nicht mehr erlassen werden konnte und eine gesonderte Verlustfeststellung trotz Feststellungsverjährung nur unter den Voraussetzungen des § 181 Abs. 5 AO in Betracht kam, BFH, Urteil v. 02.08.2006 – XI R 65/05, BStBl. II 2007, 921; BFH, Urteil v. 29.06.2011 - IX R 38/10, BStBl. II 2011, 963.

468 Vgl. hierzu unter Erstes Kapitel A.IV.1.

469 Vgl. für die aktuelle Vorschrift des § 10d EStG OFD Frankfurt a.M., Verfügung v. 24.01.2018 – S 2225 A-009-St 213, BeckVerw 353178. Die Sollverlustabzug-Rechtsprechung dürfte insbesondere nicht durch die Rechtsprechungsänderung im Jahr 2008 tangiert worden sein, da sich diese ausschließlich auf § 10d Abs. 4 S. 4, 5 EStG bezog.

470 Noch im Revisionsverfahren Az. IX R 70/06 vor dem inzwischen zuständigen IX. Senat argumentierte das BMF mit der ursprünglich vom XI. Senat des BFH vertretenen Rechtsprechung zu § 10d Abs. 4 S. 4, 5 EStG a.F. Der IX. Senat ist von diesen Grundsätzen mit guten Gründen abgewichen, vgl. dazu unter Zweites Kapitel B.I.2.

Verlustfeststellung erstmals durchgeführt werden konnte. Unter dem Stichwort „Feststellungsbescheid" lauteten z.B. die Einkommensteuer-Hinweise 2001 zu § 10d EStG: „*Voraussetzung für den erstmaligen Erlass eines Feststellungsbescheides über den verbleibenden Verlustvortrag nach § 10d Abs. 4 Satz 4 EStG ist, dass der zugrundeliegende – bisher keinen Verlust ausweisende – Steuerbescheid noch entsprechend geändert werden kann [...]. Auch § 10d Abs. 4 Satz 5 EStG setzt die Änderungsmöglichkeit des Steuerbescheids voraus. Die Vorschrift ist nur anwendbar, wenn die Änderung des zugrundeliegenden Steuerbescheids allein mangels steuerlicher Auswirkung unterbleibt [...].*"[471] Angelehnt an den BFH prüfte die Finanzverwaltung im Zusammenhang mit der erstmaligen Feststellung des verbleibenden Verlustvortrags daher auch, ob den Steuerpflichtigen am nachträglichen Bekanntwerden der Verluste ein grobes Verschulden im Sinne von § 173 Abs. 1 Nr. 2 AO traf[472].

## IV. Rezeption im Schrifttum

Die Auslegung des § 10d Abs. 4 S. 4, 5 EStG a.F. durch den XI. Senat des BFH hat im Schrifttum weit überwiegend Kritik erfahren. Der Haupteinwand richtete sich dagegen, die Regelung als spezielle, den Anwendungsbereich des im Übrigen voraussetzungslosen Feststellungsgebots nach Satz 1 weitestgehend verdrängende Rechtsgrundlage für den Erlass des Feststellungsbescheids zu qualifizieren. Soweit ersichtlich, standen sich im hierzu vertretenen Meinungsspektrum zwei Lager gegenüber. Während ein Teil der Literatur die Rechtsprechung des BFH billigte oder sogar ausdrücklich befürwortete[473], gab es zahlreiche Stimmen, die von der Funktion des § 10d Abs. 4 S. 4, 5 EStG a.F. als reine Korrekturvorschrift überzeugt waren[474]. Im Kern ging die Frage dahin, ob und welche

---

471 H 115 EStH 2001 Stichwort „Feststellungsbescheid". Die Einkommensteuerrichtlinien für denselben Veranlagungszeitraum erschöpften sich darin, die Änderung einer bestandskräftigen Feststellung des verbleibenden Verlustvortrags nach § 10d Abs. 4 S. 4, 5 EStG a.F. von der Änderungsbefugnis für den die Feststellungsgrundlagen enthaltenden Steuerbescheid abhängig zu machen, vgl. R 115 Abs. 8 S. 4 EStR 2001.

472 So beschreibt es *Sikorski*, AO-StB 2001, 187, 188.

473 *Hallerbach*, in: Herrmann/Heuer/Raupach (Hrsg.), 220. Lfg. Oktober 2005, § 10d EStG, Rdnr. 121, 127; *Gatzka/Wilhelm*, DStR 2005, 1794 ff.; *Valentin*, EFG 2005, 790, 791; *ders.*, EFG 2006, 1576; *Lambrecht*, in: Kirchhof (Hrsg.), 7. Aufl. 2007, § 10d EStG, Rdnr. 36, 39; *Nöcker*, AO-StB 2008, 171; nicht eindeutig zugunsten der Rechtsprechung positioniert sich *Schlenker*, in: Blümich (Hrsg.), 93. Aufl. 2007, § 10d EStG, Rdnr. 231 ff., 251.

474 *Baum*, DStZ 1988, 512, 513; *Meyer*, DStR 1989, 238 f.; *von Groll*, in: Kirchhof/Söhn/Mellinghoff (Hrsg.), 58. Erg.Lfg. April 1995, § 10d EStG, D 70 ff., D 95 ff.; *Meyer/Ball*,

Bedeutung dem Passus „Erlass des Feststellungsbescheids“ in § 10d Abs. 4 S. 4, 5 EStG a.F. beizumessen war.

Zuspruch hat die höchstrichterliche Rechtsprechung insbesondere von *Hallerbach*[475] erfahren. Nach ihrer Ansicht bezwecke § 10d Abs. 4 S. 4, 5 EStG a.F. eine von den Tatbeständen der Abgabenordnung losgelöste Korrektur des Feststellungsbescheids. Die abschließende Wirkung der Regelung knüpfe lediglich an diejenigen Sachverhalte an, bei denen sich die Bezugsgröße „nicht ausgeglichene negative Einkünfte“ verändere. Auf diese Weise sei eine klare Abgrenzung zu den von § 10d Abs. 4 S. 1 EStG a.F. geregelten Fällen möglich, die namentlich keine Bezugsgrößenänderung, sondern vielmehr das bloße Unterlassen der erstmaligen gesonderten Feststellung zum Ablauf des Veranlagungszeitraums zum Gegenstand hätten. Dadurch, dass nach dem Gesetz eine Änderungsbefugnis für die Steuerfestsetzung vorliegen müsse, würden die materiellen und formellen Änderungserfordernisse von Steuer- und Feststellungsbescheid aufeinander abgestimmt[476]. Ausgehend hiervon schien *Hallerbach* insgesamt von einer Korrekturvorschrift auszugehen und den erstmaligen Erlass eines Feststellungsbescheids infolge einer Bezugsgrößenänderung ebenfalls als Änderungsfall einzustufen. Dies hätte eine Abweichung gegenüber der Auffassung des XI. Senats des BFH bedeutet, der § 10d Abs. 4 S. 4, 5 EStG a.F. als Rechtsgrundlage mit Doppelfunktion verstand[477]. Auch *Heinicke*[478] befürwortete die Anwendung des § 10d Abs. 4 S. 4, 5 EStG a.F. im Rahmen der erstmaligen gesonderten Verlustfeststellung, wenngleich er die Regelung für nicht abschließend erachtete. Ihr

---

DStZ 1997, 452, 453; *Meyer/Ball*, DStR 1999, 1257, 1259; *Heinicke*, in: Schmidt (Hrsg.), 21. Aufl. 2002, § 10d EStG, Rdnr. 56; *Sikorski*, AO-StB 2001, 187, 189, räumt zwar ein, dass es sinnvoll sei, den Steuerpflichtigen zu zwingen, seine Verluste bereits innerhalb der Veranlagung zu erklären anstatt diese nachzuschieben. Er lehnt die Rechtsprechung des BFH jedoch im Ergebnis ab, weil sie nicht mit dem Gesetz zu vereinbaren sei; *Süring*, DStR 2006, 345, 350; *Pohl*, Die steuerverfahrensrechtliche Bewältigung der Verlustfeststellung im Einkommensteuerrecht, S. 145; jedenfalls erhebliche Bedenken hinsichtlich der Anwendbarkeit auf den erstmaligen Erlass des Feststellungsbescheids ausdrückend *Heuermann*, StBp 2006, 199; *Lambrecht*, in: Kirchhof (Hrsg.), 7. Aufl. 2007, § 10d EStG, Rdnr. 39; *Ettlich*, DB 2009, 18, 22.

475 *Hallerbach*, in: Herrmann/Heuer/Raupach (Hrsg.), 220. Lfg. Oktober 2005, § 10d EStG, Rdnr. 127.

476 *Hallerbach*, in: Herrmann/Heuer/Raupach (Hrsg.), 220. Lfg. Oktober 2005, § 10d EStG, Rdnr. 127.

477 Mit letzter Deutlichkeit folgt dies aus einem Umkehrschluss zur geänderten Rechtsprechung ab 2008, BFH, Urteil v. 14.07.2009 – IX R 52/08, BStBl. II 2011, 26, 27.

478 *Heinicke*, in: Schmidt (Hrsg.), 21. Aufl. 2002, § 10d EStG, Rdnr. 56.

Zweck bestehe darin, Folgeänderungen im Anschluss an Bezugsgrößenänderungen nach Satz 2 abzusichern[479]. Demzufolge sollte ein Verlustvortrag erstmals nach Satz 4 gesondert festzustellen sein, wenn sich abweichend vom ursprünglichen Veranlagungsergebnis ein Verlust ergab. Aus der Sicht von *Valentin* stellte sich die Verknüpfung von Änderbarkeit des Steuerbescheids und erstmaliger Verlustfeststellung unter allgemeinen Gerechtigkeits- und Gleichbehandlungsgesichtspunkten als plausibel dar[480]. Für den Steuerpflichtigen dürfe es sich nicht als „Glücksfall" erweisen, dass zusätzlich zur Steuerfestsetzung eine gesonderte Verlustfeststellung vorzunehmen sei mit der Folge, dass er auf diesem Weg anderenfalls verfahrensrechtlich nicht mehr berücksichtigungsfähige Rechtsfehler und neue Tatsachen steuermindernd in anderen Veranlagungszeiträumen „unterbringen" könne[481]. Hingegen erachtete *Wendt*[482] die Auslegung der Rechtsprechung in ihrer Radikalität als zu weitgehend und plädierte dafür, die strikte Verbindung zwischen Festsetzungs- und Feststellungsbescheid zumindest im Fall der Nullfestsetzung zu lockern, so dass die gesonderte Feststellung insoweit innerhalb der Feststellungsfrist zulässig bliebe[483].

Nach anderer, im Schrifttum mehrheitlich vertretener Ansicht sollte § 10d Abs. 4 S. 4, 5 EStG a.F. – entgegen seinem Wortlaut – auf die Konstellation der erstmaligen gesonderten Verlustfeststellung nicht anwendbar sein. Der Regelung wurde die Eigenschaft einer reinen Berichtigungsnorm zugesprochen, welche ungeeignet sei, den Erlass eines Feststellungsbescheids nach Satz 1 dem Grunde nach zu sperren[484]. Der Steuerpflichtige müsse zwar den Nachteil einer ggf. fehlerhaften bestandskräftigen Steuerfestsetzung gegen sich wirken lassen[485]. Ungeachtet der Bestandskraft und etwaiger abgabenrechtlicher Korrekturbefugnisse sei aber in den Grenzen der Feststellungsverjährung eine Fehlerberichtigung zugunsten sowie zuungunsten des Steuerpflichtigen im Rahmen der gesonderten Feststellung nach § 10d Abs. 4 S. 1 EStG a.F. möglich[486].

---

479 *Heinicke*, in: Schmidt (Hrsg.), 21. Aufl. 2002, § 10d EStG, Rdnr. 56.

480 *Valentin*, EFG 2006, 1576.

481 *Valentin*, EFG 2006, 1576.

482 *Wendt*, FR 1999, 543.

483 *Wendt*, FR 1999, 543, mit Verweis auf *Heinicke*, in: Schmidt (Hrsg.), 17. Aufl. 1998, § 10d EStG, Rdnr. 28.

484 *Baum*, DStZ 1988, 512, 513; *Meyer*, DStR 1989, 238, 239; *Meyer/Ball*, DStZ 1997, 452, 453; *Meyer/Ball*, DStR 1999, 1257, 1259; *Süring*, DStR 2006, 345, 350; *Lambrecht*, in: Kirchhof (Hrsg.), 7. Aufl. 2007, § 10d EStG, Rdnr. 39.

485 *Süring*, DStR 2006, 345, 350.

486 *Meyer*, DStR 1989, 238.

Eine nähere Begründung dieser feststellungsfreundlichen Sichtweise fand sich nur vereinzelt, namentlich bei *Ettlich*[487]. Der Autor stellte für die Veränderung der Bezugsgröße maßgeblich auf die dem Verlustfeststellungsbescheid zugrunde liegenden Berechnungsgrößen ab und erreichte hierdurch eine tatbestandliche Eingrenzung des § 10d Abs. 4 S. 4, 5 EStG a.F. auf die Fälle, in denen ein bereits erlassener Feststellungsbescheid zu ändern oder aufzuheben war. Die Maßgeblichkeit des Feststellungsbescheids leitete er insbesondere aus der in Satz 4 verwendeten Konjunktion „soweit" ab, die nach seiner Auffassung den zulässigen Korrekturrahmen für den Feststellungsbescheid beschrieb. Für die Vorschrift des Satzes 4 sollte ein im Übrigen sinnvoller Anwendungsbereich in Bezug auf Korrektursachverhalte verbleiben[488]. Hingegen argumentierte *Süring*[489] vorwiegend mit dem Willen des Gesetzgebers. Entgegen der Rechtsprechung sei dem Postulat des § 10d Abs. 4 S. 1 EStG a.F. uneingeschränkter Vorrang einzuräumen, da die Bindungswirkung, die der BFH den Besteuerungsgrundlagen des Steuerbescheids im Sinne einer Quasi-Bestandskraft zuschreibe, nach der gesetzgeberischen Vorstellung dem Feststellungsverfahren vorbehalten sei. Der Grundsatz, wonach beim Verlustabzug die materielle Richtigkeit der Rechtssicherheit vorgehe, werde ins Gegenteil verkehrt[490]. Bis zu einer bestandskräftigen und nach § 10d Abs. 4 S. 4, 5 EStG a.F. bzw. der Abgabenordnung nicht mehr korrigierbaren Entscheidung über den verbleibenden Verlustvortrag müsse das Feststellungsverfahren dem Steuerpflichtigen innerhalb der Verjährungsfrist offen stehen[491]. *Pohl*[492] zufolge konnten die Ausführungen im Bericht des Finanzausschusses, die die Regelung in Satz 5 ausschließlich im Zusammenhang mit der Änderung des Feststellungsbescheids erwähnten, ggf. dahin gewertet werden, dass eine reine Korrekturnorm angedacht gewesen war[493].

Darüber hinaus ist von den Befürwortern einer Begrenzung des Anwendungsbereichs von § 10d Abs. 4 S. 4, 5 EStG a.F. auf Korrektursachverhalte hervorgehoben worden, dass die Vorschrift – zumindest im Ausgangspunkt – dem

487 *Ettlich*, DB 2009, 18, 22, 25.
488 *Ettlich*, DB 2009, 18, 22, 25.
489 *Süring*, DStR 2006, 345, 349 f.
490 *Süring*, DStR 2006, 345, 349.
491 *Süring*, DStR 2006, 345, 350.
492 *Pohl*, Die steuerverfahrensrechtliche Bewältigung der Verlustfeststellung im Einkommensteuerrecht, S. 145.
493 *Pohl*, Die steuerverfahrensrechtliche Bewältigung der Verlustfeststellung im Einkommensteuerrecht, S. 145 mit Verweis auf BT-Drs. 11/2536, S. 78.

Berichtigungstatbestand des § 175 Abs. 1 S. 1 Nr. 1 AO nachgebildet sei[494]. Der Gesetzgeber habe die korrespondierende Anpassung des Feststellungsbescheids im Anschluss an eine geänderte Steuerfestsetzung sicherstellen wollen[495]. Darin könnte zugleich ein Erklärungsansatz dafür gelegen haben, weshalb die Rechtsfolgenanordnung „Erlass des Feststellungsbescheids" Eingang in § 10d Abs. 4 S. 4, 5 EStG a.F. gefunden hatte[496]. Die Regelung des § 10d Abs. 4 S. 4, 5 EStG a.F. wurde mithin mehrheitlich als Erweiterung des Kreises bestehender Änderungsvorschriften für die gesonderte Verlustfeststellung und nicht als eine Einschränkung derselben angesehen[497].

## V. Kritische Würdigung

### *1. Restriktive Auslegung von § 10d Abs. 4 S. 4, 5 EStG a.F. geboten*

Das Normverhältnis von § 10d Abs. 4 S. 1 und S. 4, 5 EStG a.F. war nur schwer in den Griff zu bekommen. Der Gesetzeswortlaut von Satz 4 und 5 war äußerst kompliziert gefasst und bedurfte der Auslegung, da er für sich genommen keinen eindeutigen Sinn transportierte. Es erscheint auf den ersten Blick

---

494 Vgl. nur *Baum*, DStZ 1988, 512, 513; *Meyer/Ball*, DStR 1999, 1257, 1259. Die Nähe – insbesondere von Satz 4 – zu § 175 Abs. 1 S. 1 Nr. 1 AO ist unbestritten und wurde auch von der Rechtsprechung mehrfach betont, ohne daraus jedoch Rückschlüsse auf Qualität der Regelung als reine Änderungsnorm zu ziehen, vgl. BFH, Urteil v. 02.08.2006 – XI R 65/05, BStBl. II 2007, 921, 922; FG Köln, Urteil v. 31.10.1995 – 2 K 1792/95, EFG 1996, 539, 540.

495 Vgl. *Sikorski*, AO-StB 2001, 187, 189. Allerdings machte Satz 5 von der Korrespondenz zwischen Feststellungs- und Festsetzungsbescheid eine Ausnahme, indem er eine Anpassung des Feststellungsbescheids auch dann verlangte, wenn der Steuerbescheid mangels steuerlicher Auswirkung nicht geändert wurde (jedoch theoretisch änderbar war).

496 So auch *Pohl*, Die steuerverfahrensrechtliche Bewältigung der Verlustfeststellung im Einkommensteuerrecht, S. 140.

497 *Süring*, DStR 2006, 345, 348. Siehe auch *Pohl*, Die steuerverfahrensrechtliche Bewältigung der Verlustfeststellung im Einkommensteuerrecht, S. 149, der die nicht gänzlich von der Hand zu weisende Frage aufwirft, aus welchem Grund Satz 4 und 5 normiert wurden, wenn die Abgabenordnung ebenfalls Korrekturmöglichkeiten zur Absicherung von Folgeänderungen im Anschluss an eine Bezugsgrößenänderung nach § 10d Abs. 4 S. 2 EStG a.F. bereithielt. Die Parallelen zu § 175 Abs. 1 S. 1 Nr. 1 AO zeigen jedoch, dass seitens des Gesetzgebers eine ähnlich starke Anbindung der Verlustfeststellung an den Steuerbescheid beabsichtigt war, die in Ermangelung der Grundlagenbescheideigenschaft der Steuerfestsetzung einer gesonderten Festschreibung bedurfte. Zur fehlenden Grundlagenwirkung des Steuerbescheids unter Zweites Kapitel A.V.2.

nachvollziehbar, dass die höchstrichterliche Rechtsprechung auf Basis des Normtextes, der vom „Erlass des Feststellungsbescheids" sprach, die Vorschrift als lex specialis heranzog, um die Zulässigkeit der erstmaligen gesonderten Verlustfeststellung zu beurteilen. Auch mochte es durchaus sinnvoll und mit Sinn und Zweck des gesonderten Feststellungsverfahrens nicht vollends unvereinbar sein, den Steuerpflichtigen gemäß § 10d Abs. 4 S. 4, 5 EStG a.F. dazu anzuhalten, die ihm entstandenen Verluste bereits im Rahmen der Veranlagung zur Einkommensteuer bzw. spätestens im Rechtsbehelfsverfahren gegen den Einkommensteuerbescheid geltend zu machen[498]. Allerdings war es mehr als fragwürdig, ob diese „Befristung" des Antrags auf Erlass eines Feststellungsbescheids hinreichend klar aus dem Gesetz hervorging[499]. Dass es der Rechtssicherheit und dem Rechtsfrieden förderlich war, wenn Verluste nach Ansicht der Rechtsprechung nicht noch Jahre später nachgeschoben werden konnten, liegt auf der Hand. Dies traf jedoch nur in dem (Regel-)Fall zu, dass die Verlustfeststellung der Einkommensteuerfestsetzung zeitlich nachfolgte oder parallel zu ihr erging. In der – zugegeben eher theoretischen – Konstellation eines vorausgehenden Feststellungsbescheids eröffnete § 10d Abs. 4 S. 4, 5 EStG a.F. die Möglichkeit, diesen – auch nach Eintritt der Bestandskraft – vergleichbar zu § 175 Abs. 1 S. 1 Nr. 1 AO noch abzuändern[500]. Die zwischen Festsetzungs- und Feststellungsbescheid nach § 10d Abs. 4 S. 4, 5 EStG a.F. hergestellte „Verzahnung" bestand nämlich nur in einer Richtung[501]. Bis zum Ablauf der Festsetzungs- bzw. Rechtsbehelfsfrist des Steuerbescheids konnte der Steuerpflichtige mithin nicht auf die bestandskräftige Verlustfeststellung vertrauen, da jederzeit ein Steuerbescheid mit inhaltlich abweichenden Einkünften ergehen oder bei einer Nullfestsetzung lediglich die zugrunde liegenden Besteuerungsgrundlagen neu berechnet werden konnten[502]. Hieran lässt sich auch die sehr starke Anbindung des Feststellungsverfahrens an den Steuerbescheid erkennen[503].

---

498 Dies ebenfalls einräumend *Sikorski*, AO-StB 2001, 187, 189.

499 Dieser Rechtsprechung die erforderliche gesetzliche Grundlage absprechend *Sikorski*, AO-StB 2001, 187, 189.

500 Vgl. FG des Landes Sachsen-Anhalt, Urteil v. 18.11.2010 – 1 K 60/10, EFG 2011, 957, 959, rkr.

501 Vgl. *Meyer/Ball*, DStR 1999, 1257, 1260.

502 Vgl. *Meyer/Ball*, DStR 1999, 1257, 1260.

503 Insoweit kritisch FG des Landes Sachsen-Anhalt, Urteil v. 18.11.2010 – 1 K 60/10, EFG 2011, 957, 959, rkr., wonach das Verlustfeststellungsverfahren zum bloßen Sprachrohr der im Steuerbescheid ausgewiesenen Besteuerungsgrundlagen degradiert würde, was wohl nicht Sinn und Zweck seiner Einführung gewesen sei. Vgl. auch *Wendt*, FR 1999, 543.

Betrachtet man demgegenüber die von der Literatur überwiegend vertretene restriktive Auslegung des § 10d Abs. 4 S. 4, 5 EStG a.F.[504], zeigt sich, dass diese ebenso wenig letzte Widersprüche in Bezug auf den Wortlaut der Vorschrift auszuräumen vermochte. Nichtsdestotrotz bot diese Ansicht eine einfache und klare Abgrenzung der Regelungsbereiche von Satz 1 und den Sätzen 4 und 5 und bestach vor allem deshalb, weil sie mit § 10d Abs. 4 S. 1 EStG a.F. nur eine einzige Rechtsgrundlage für den erstmaligen Erlass des Verlustfeststellungsbescheids vorsah. Mangels Anbindung der gesonderten Feststellung an die Besteuerungsgrundlagen des Steuerbescheids hätte ein grobes Verschulden des Steuerpflichtigen am nachträglichen Bekanntwerden von Verlusten nur die Berücksichtigung im Entstehungsjahr entfallen lassen.

Dem engen Auslegungsansatz war daher der Vorzug zu geben, da er für den Steuerpflichtigen mehr Orientierungssicherheit gewährleistete. Hierbei handelt es sich um ein Unterprinzip der Rechtssicherheit, das einen Zustand beschreibt, in dem der Einzelne den gesetzlichen Regelungsinhalt kennt und sein Verhalten entsprechend dieser Kenntnis ausrichten kann, da die Rechtsfolgen seines Handelns für ihn vorhersehbar sind[505]. Weiterhin verhalf diese Lesart auch dem objektiven Nettoprinzip zu mehr Geltung und führte zu einer leistungsgerechteren Besteuerung, da die – ggf. verspätet erklärten – Verluste dem Steuerpflichtigen tatsächlich entstanden waren[506]. Eine restriktive Anwendung des § 10d Abs. 4 S. 4, 5 EStG a.F. konnte nach hier befürworteter Auffassung insbesondere durch Bestimmung des Feststellungsbescheids als maßgeblichen Bezugspunkt für die Änderung von Bezugsgrößen erreicht werden. Dem von *Ettlich* unterbreiteten Vorschlag[507] wird insoweit gefolgt. Zugunsten des Feststellungsbescheids ließ sich die Verweisung in Satz 4 anführen, die von den „nach Satz 2 zu berücksichtigenden Beträge[n]" sprach. Damit waren unzweideutig die Berechnungsgrößen des Feststellungsgegenstands im Sinne des § 10d Abs. 4 S. 2 EStG a.F. in Bezug genommen. In Satz 2 waren „die bei der Ermittlung des Gesamtbetrags der Einkünfte nicht ausgeglichenen Einkünfte" als eine der Feststellungsgrundlagen aufgeführt. Dass sich hieraus eine Bindung an die auch im Rahmen der Veranlagung zu ermittelnde Größe ergeben sollte, war dem Gesetz

504 Dazu bereits unter Zweites Kapitel A.IV.

505 *Jehke*, Bestimmtheit und Klarheit im Steuerrecht, S. 59.

506 Vgl. *Gebhardt*, EStB 2003, 234, 235, der kritisiert, dass die steuerlichen Verfahrensvorschriften keinen Selbstzweck verfolgten und sich am allgemeinen Besteuerungszweck zu orientieren hätten. Danach könne die Rechtsprechung nicht überzeugen, die tatsächlich entstandene Verluste aus rein formellen Gründen nicht erfasse.

507 Vgl. dazu unter Zweites Kapitel A.IV.

jedoch nicht zu entnehmen. Überdies ging auch die BFH-Rechtsprechung davon aus, dass eine eigenständige Berechnung des verbleibenden Verlustvortrags im Rahmen der gesonderten Feststellung zu erfolgen hatte[508]. Es kann davon ausgegangen werden, dass der Gesetzgeber es deutlicher zum Ausdruck gebracht hätte, wenn er dem Gesamtbetrag der Einkünfte des Steuerbescheids bindende Wirkung für den Feststellungsbescheid hätte zuschreiben wollen[509]. So wäre es insbesondere in Betracht gekommen, eine Grundlagenwirkung des Steuerbescheids zu normieren[510]. Dadurch, dass § 10d Abs. 4 S. 4, 5 EStG a.F. aber der Vorschrift des § 175 Abs. 1 S. 1 Nr. 1 AO nur entlehnt war, weil der Gesetzgeber auf die Grundlagenfunktion gerade verzichten wollte, erlangte die Regelung ihre hohe Komplexität.

### 2. *Steuerbescheid ist nicht als Grundlagenbescheid zu qualifizieren; § 10d Abs. 4 S. 4, 5 EStG a.F. bewirkt rein verfahrensrechtliche Bindung*

Der XI. Senat des BFH hat sich im Rahmen seiner Rechtsprechung zu § 10d Abs. 4 S. 4, 5 EStG a.F. nicht ausdrücklich dazu positioniert, ob dem Einkommensteuerbescheid des Verlustentstehungsjahrs aufgrund dieser Vorschrift die Funktion eines Grundlagenbescheids für den Feststellungsbescheid desselben Veranlagungszeitraums zukam. Ebenso wenig fanden sich Ausführungen zu einer etwaigen Bindungswirkung, die von den Besteuerungsgrundlagen des Steuerbescheids ausgehen könnte. In Anbetracht der Blockadewirkung, die der zugrunde liegende Gesamtbetrag der Einkünfte im Anwendungsbereich von § 10d Abs. 4 S. 4, 5 EStG a.F. dem Grunde und der Höhe nach gegenüber der gesonderten Feststellung entfaltete, ließ sich eine verfahrensrechtliche Verknüpfung jedoch nicht von der Hand weisen[511]. Dies wurde von einigen Finanzgerichten und in der Literatur teilweise zum Anlass genommen, eine Abhängigkeit im Sinne eines Verhältnisses von Grundlagen- und Folgebescheid zu bejahen[512]. Andere, diese

---

508 Vgl. dazu unter Zweites Kapitel A.I.3.c).

509 So auch *Ettlich*, DB 2009, 18, 22.

510 Diesen Vorschlag unterbreitet *Sikorski*, AO-StB 2001, 187, 189.

511 Für den Fall, dass eine Änderung einer Bezugsgröße geltend gemacht wurde, ging auch der BFH davon aus, dass nach § 10d Abs. 4 S. 4, 5 EStG a.F. ein „Zusammenhang zwischen Feststellungsbescheid und Einkommensteuerbescheid" hergestellt wurde, BFH, Urteil v. 01.03.2006 – XI R 33/04, BStBl. II 2007, 919, 920.

512 Beispiele aus der Rechtsprechung sind: FG Berlin-Brandenburg, Urteil v. 25.09.2015 – 4 K 4074/15, EFG 2016, 356 = DStRE 2016, 687, 688; FG Rheinland-Pfalz, Urteil v. 18.12.2007 – 2 K 1618/06, BeckRS 2007, 26025992; Hessisches FG, Urteil v. 10.02.2004 – 1 K 3106/01, EFG 2004, 979; wohl auch FG München, Urteil

Ansicht ablehnende Gerichte stellten maßgeblich auf die Vorschrift des § 10d Abs. 4 S. 5 EStG a.F. ab, um zu belegen, dass der im Steuerbescheid ausgewiesene Gesamtbetrag der Einkünfte die Verlustfeststellung nicht zu binden vermochte[513]. Die weit überwiegende Meinung im Schrifttum ging gleichsam dahin, eine Grundlagenbescheideigenschaft abzulehnen[514]. Die Argumentation wurde insbesondere darauf gestützt, dass § 10d Abs. 4 S. 4 EStG a.F. zwar der Korrekturregelung in § 175 Abs. 1 S. 1 Nr. 1 AO nachgebildet sei, jedoch auf einen förmlichen Grundlagenbescheid verzichte[515]. Auch von einer Konzeption gemäß dem Vorbild des § 47 Abs. 2 KStG a.F. habe der Gesetzgeber bewusst Abstand genommen[516]. Es handele sich ebenso wenig um eine „übersinnliche Beziehung"[517] zwischen Steuer- und Feststellungsbescheid, da der Konnex durch das Gesetz hergestellt werde, indem es die materiellen und formellen Änderungserfordernisse beider Bescheide aufeinander abstimme[518]. Der Einkommensteuerbescheid werde allerdings zum faktischen Grundlagenbescheid gemacht[519].

---

v. 31.08.1998 - 7 K 412/95, EFG 1998, 1695, rkr. Im Schrifttum befürworteten den Grundlagenbescheid: *Heinicke*, in: Schmidt (Hrsg.), 21. Aufl. 2002, § 10d EStG, Rdnr. 56; *Carlé*, AO-StB 2003, 231, 232; *Valentin*, EFG 2005, 790, 791; *Groß*, StuB 2000, 397; in diese Richtung auch *Gatzka/Wilhelm*, DStR 2005, 1794 ff.

513 FG Berlin-Brandenburg, Urteil v. 17.09.2009 - 15 K 15176/09, BeckRS 2009, 26028851; Niedersächsisches FG, Urteil v. 17.11.1999 - 2 K 646/95, II 646/95, EFG 2000, 511 = DStRE 2000, 585, 586, rkr.; ohne die Argumentation mit § 10d Abs. 4 S. 5 EStG a.F. ablehnend auch FG Hamburg, Urteil v. 23.03.2004 - VII 62/01, EFG 2004, 1130 = DStRE 2004, 960, 962, rkr. Eine Bindungswirkung des Gewerbesteuermessbescheids für die Verlustfeststellung im Fall der Parallelvorschrift des § 35b Abs. 2 S. 2, 3 GewStG a.F. ebenfalls ausschließend *Sarrazin*, in: Lenski/Steinberg (Hrsg.), § 35b GewStG, Rdnr. 31.

514 *Baum*, DStZ 1988, 512, 513; *Meyer/Ball*, DStZ 1997, 452; *Meyer*, DStR 1989, 238, 241; *Süring*, DStR 2006, 345, 346; *Meyer/Ball*, INF 2002, 551, 555; *Pohl*, Die steuerverfahrensrechtliche Bewältigung der Verlustfeststellung im Einkommensteuerrecht, S. 146; *Hallerbach*, in: Herrmann/Heuer/Raupach (Hrsg.), 220. Lfg. Oktober 2005, § 10d EStG, Rdnr. 122, 127; *Schlenker*, in: Blümich (Hrsg.), 93. Aufl. 2007, § 10d EStG, Rdnr. 234; *Lambrecht*, in: Kirchhof (Hrsg.), 7. Aufl. 2007, § 10d EStG, Rdnr. 38. So für die alte Rechtslage auch *Heuermann*, in: Kirchhof/Söhn/Mellinghoff (Hrsg.), § 10d EStG, D 142.

515 *Baum*, DStZ 1988, 512, 513; *Meyer/Ball*, DStR 1999, 1257, 1259; *Kaminski*, in: Lademann (Hrsg.), 60. Erg.Lfg. Juni 2011, § 10d EStG, Rdnr. 104.

516 *Baum*, DStZ 1988, 512, 513.

517 *Meyer/Ball*, DStR 1999, 1257, 1259.

518 *Hallerbach*, in: Herrmann/Heuer/Raupach (Hrsg.), 220. Lfg. Oktober 2005, § 10d EStG, Rdnr. 127.

519 *Sikorski*, AO-StB 2001, 187, 189; *Meyer/Ball*, INF 2002, 551, 554 f.

Die Prüfung der Voraussetzungen eines Grundlagenbescheids hat daran anzusetzen, ob eine hinreichende gesetzliche Grundlage für den Einkommensteuerbescheid des Verlustentstehungsjahrs vorhanden ist. Dem sei vorangestellt, dass nach herrschender Ansicht grundsätzlich auch Steuerfestsetzungsbescheide geeignet sein können, Grundlagenwirkung im Sinne von § 171 Abs. 10 S. 1 HS. 1 AO zu entfalten[520]. Sofern die zugrunde liegenden Besteuerungsgrundlagen nicht gesondert festzustellen und dadurch zu verselbstständigen sind, muss ihre Bindungswirkung allerdings ausdrücklich angeordnet sein[521]. Den Anforderungen an den Vorbehalt des Gesetzes wurde die Regelung in § 10d Abs. 4 S. 4, 5 EStG a.F. nicht gerecht, da sie den Gesamtbetrag der Einkünfte der Steuerfestsetzung weder explizit für bindend erklärte noch insoweit von einem Grundlagenbescheid – ähnlich § 47 Abs. 2 KStG a.F. – sprach[522]. Die Ausführungen in der Gesetzesbegründung zum JStG 2010 machen deutlich, dass auch der Gesetzgeber eine Qualifikation als Grundlagenbescheid aufgrund der Vorgängerfassungen der Sätze 4 und 5 ablehnte. Die Bezugsgrößen der Verlustfeststellung im Rahmen der Einkommensbesteuerung seien unselbstständig im Sinne des § 157 Abs. 2 AO, weshalb von ihnen bisher keine Bindung für das Feststellungsverfahren nach § 10d Abs. 4 EStG a.F. ausgegangen sei[523].

Über die fehlende gesetzliche Anordnung hinaus kam dem Gesamtbetrag der Einkünfte des Veranlagungsbescheids auch die erforderliche Bindungswirkung nicht zu[524]. Denn der Vorschrift des § 10d Abs. 4 S. 4, 5 EStG a.F. war dem BFH zufolge nicht zu entnehmen, dass der Erlass eines Einkommensteuerbescheids für das Verlustentstehungsjahr zulässig sein musste, damit auf den Ablauf des gleichen Jahres der verbleibende Verlustvortrag gesondert festgestellt werden

520 So mit beispielhaftem Verweis auf die Vorschrift des § 47 Abs. 2 KStG 1999 *Söhn*, in: Hübschmann/Hepp/Spitaler (Hrsg.), § 182 AO, Rdnr. 18; BFH, Urteil v. 16.12.1987 – I R 350/83, BStBl. II 1988, 600, 601. A.A. *Süring*, DStR 2006, 345, 346, dem zufolge eine Steuerfestsetzung niemals Grundlagenbescheid für einen Feststellungsbescheid sein könne.

521 BFH, Urteil v. 16.12.1987 – I R 350/83, BStBl. II 1988, 600, 601; BFH, Urteil v. 18.09.2012 – VIII R 9/09, BStBl. II 2013, 149 = DStRE 2013, 241, 243; FG Köln, Urteil v. 16.05.2013 – 11 K 3333/07, EFG 2013, 1466, 1468.

522 Eine Bindungswirkung mangels Rechtsgrundlage verneinen ebenfalls *Meyer/Ball*, DStZ 1997, 452, 453.

523 Vgl. BT-Drs. 17/2249, S. 52 linke Spalte.

524 So auch *Süring*, DStR 2006, 345, 351; *Meyer/Ball*, DStZ 1997, 452; FG München, Urteil v. 14.09.2017 – 10 K 2312/16, EFG 2017, 1889 f.

konnte[525]. Das „Ob" des Feststellungsverfahrens nach § 10d Abs. 4 EStG a.F. hing mit anderen Worten nicht davon ab, dass die Feststellungsgrundlagen zuvor Gegenstand einer Einkommensteuerveranlagung gewesen waren[526]. Im Gegensatz dazu stellt der Grundlagenbescheid kraft seiner Bindungswirkung grundsätzlich eine - ungeschriebene - Erlassbedingung für den Folgebescheid dar[527]. Letzterer ist an den Inhalt der Grundlagenentscheidung dergestalt gebunden, dass diese im Sinne einer „Startbedingung"[528] abgewartet und ungeprüft der Folgeentscheidung zugrunde gelegt werden muss[529]. Dies folgt insbesondere aus einem Umkehrschluss zu § 155 Abs. 2 AO, wonach das Finanzamt den Folgebescheid nur erkennbar vorläufig im Vorfeld der Bekanntgabe des Grundlagenbescheids erlassen kann und ersteren später an die Besteuerungsgrundlagen des Grundlagenbescheids anpassen muss. Diese temporäre Befugnis greift nicht ein, wenn das Folgebescheidfinanzamt ebenfalls den Grundlagenbescheid erlassen muss[530]. Sofern es sich beim Steuerbescheid des Verlustentstehungsjahrs somit um einen Grundlagenbescheid gehandelt hätte, wäre ein solcher wegen der einheitlichen Zuständigkeit der Finanzbehörde nach § 10d Abs. 4 S. 3 EStG a.F. stets vor dem Feststellungsbescheid zu erlassen gewesen. Überdies fungiert § 10d Abs. 4 S. 1 EStG a.F. nicht als Rechtsgrundlage für eine vorläufige gesonderte Feststellung.

Aus alledem folgt, dass die Bezugsgrößen der Verlustfeststellung nicht dem Regelungsbereich der Steuerfestsetzung nach § 10d Abs. 4 S. 4, 5 EStG a.F. zugewiesen waren[531]. So hat auch der XI. Senat des BFH in diesem Zusammenhang klargestellt, dass im Verfahren der Einkommensteuerfestsetzung nur der Betrag der Einkommensteuer verbindlich geregelt wird (§ 157 Abs. 1 S. 2 AO),

525 Auch der Sinn und Zweck des § 10d EStG verlangte nach Auffassung des BFH nicht, dass ein erstmaliger Feststellungsbescheid über den verbleibenden Verlustabzug ausnahmslos nur dann ergehen konnte, wenn für das Verlustentstehungsjahr noch der Erlass eines Einkommensteuerbescheids zulässig war, vgl. BFH, Urteil v. 01.03.2006 - XI R 33/04, BStBl. II 2007, 919, 920; FG Berlin, Urteil v. 27.04.2004 - 7 K 7414/03, EFG 2004, 1293; siehe dazu näher unter Zweites Kapitel A.I.3.

526 A.A. *Gatzka/Wilhelm*, DStR 2005, 1794, 1797 f.

527 *Meyer/Ball*, DStZ 1997, 452.

528 *Meyer*, DStR 1989, 238; *Süring*, DStR 2006, 345, 348.

529 Siehe dazu näher Erstes Kapitel B.II.3.

530 *Cöster*, in: Koenig (Hrsg.), § 155 AO, Rdnr. 47.

531 Vgl. *Meyer/Ball*, DStZ 1997, 452, die zu Recht darauf hinweisen, dass ein Steuerbescheid keine über seinen eigenen Regelungsgehalt, mithin die Pflicht zur Entrichtung der festgesetzten Steuer, hinausgehenden Nachteile für den Steuerpflichtigen auslösen darf.

während die einzelnen Besteuerungsgrundlagen nicht Regelungsbestandteil sind[532]. Zwar wurde vermittels der nach Satz 4 und 5 notwendigen Änderungsbefugnis erreicht, dass maximal die im bestandskräftigen Steuerbescheid vorhandenen nicht ausgeglichenen negativen Einkünfte im Feststellungsbescheid übernommen werden konnten, sofern nicht die verfahrensrechtliche Möglichkeit bestand, den Steuerbescheid zu korrigieren. Insoweit konnte jedoch nur von einer faktischen oder nach dem FG München von einer verfahrensrechtlichen[533] Bindung gesprochen werden, die aus dem Grund unvollständig war, weil sie an das Vorhandensein des in Bestandskraft erwachsenen Steuerbescheids für das Entstehungsjahr anknüpfte. Sie entfiel demgemäß, wenn keine Steuerfestsetzung stattgefunden hatte oder der Bescheid wirksam, aber noch nicht bestandskräftig und damit ohne Weiteres abänderbar war.

Nicht zuletzt hat sich der XI. Senat des BFH selbst ausdrücklich gegen eine Bindung durch den Steuerbescheid ausgesprochen, indem er konstatierte, dass das Verfahren der Verlustfeststellung insoweit selbstständig sei, als der verbleibende Verlustvortrag eigenständig und damit losgelöst von einer Veranlagung berechnet werden müsse[534]. Es war nur konsequent, dass der BFH das Fehlen einer Grundlagenwirkung auch prozessual umsetzte und eine Anfechtung des häufig eine Steuer von null DM/Euro festsetzenden Bescheids mangels Beschwer für unzulässig erklärte[535].

Eine Kategorisierung der faktischen Bindung jenseits der Anforderungen des Grundlagenbescheids mit Hilfe der im Ersten Kapitel unter B.III. herausgearbeiteten Abgrenzungskriterien gelingt nur bedingt. Auf Basis des dieser Arbeit zugrunde liegenden Verständnisses von Tatbestands- und Feststellungswirkung scheitert die Zuordnung zu einer der beiden Kategorien daran, dass beide Abweichungsverbote an die Wirksamkeit und nicht erst an die Bestandskraft des Verwaltungsakts anknüpfen. Wollte man stattdessen eine Art Feststellungswirkung sui generis annehmen, blieben Restzweifel im Hinblick auf die Anforderungen an den erforderlichen Vorbehalt des Gesetzes bestehen[536].

---

532 BFH, Urteil v. 02.08.2006 – XI R 65/05, BStBl. II 2007, 921, 922.

533 FG München, Urteil v. 14.09.2017 – 10 K 2312/16, EFG 2017, 1889, 1890.

534 BFH, Urteil v. 02.08.2006 – XI R 65/05, BStBl. II 2007, 921, 922; vgl. auch FG Köln, Urteil v. 28.01.1999 – 15 K 4043/98, EFG 1999, 454 = DStRE 1999, 822, 823 f. Vgl. dazu auch unter Zweites Kapitel A.I.3.c) sowie unter Zweites Kapitel A.II.3.

535 Vgl. BFH, Urteil v. 09.12.1998 – XI R 62/97, BStBl. II 2000, 3, 5; BFH, Urteil v. 14.06.2000 – XI R 4/00, BFH/NV 2000, 1465, 1466; vgl. *Adamek*, EFG 2004, 1294, 1295; *Meyer/Ball*, INF 2002, 551.

536 *Heuermann*, StBp 2006, 199, 202, spricht die Möglichkeit einer Tatbestandswirkung gemäß § 10d Abs. 4 S. 4 EStG a.F. an, ohne jedoch eine Qualifizierung vorzuneh-

### 3. *Schutz der Bestandskraft des Steuerbescheids*

Der BFH begründete das Erfordernis einer verfahrensrechtlichen Änderungsbefugnis für den Steuerbescheid des Verlustentstehungsjahrs damit, dass hierdurch die Bestandskraft des Bescheids gesichert werde. Anderenfalls stehe zu befürchten, dass im Wege der gesonderten Verlustfeststellung etwaige im Steuerbescheid enthaltene Fehler in einem späteren Veranlagungszeitraum kompensiert würden[537]. Die Regelung in § 10d Abs. 4 S. 4 EStG a.F. ziele darauf ab, einen inhaltlichen Widerspruch zwischen dem Einkommensteuerbescheid für das Jahr der Verlustentstehung und dem Feststellungsbescheid zum Ende desselben Veranlagungszeitraums zu vermeiden[538].

Im Verhältnis der beiden Bescheide zueinander war durch die Rechtsprechung somit klargestellt, dass das Prinzip der Rechtssicherheit dem der Rechtsrichtigkeit grundsätzlich vorgehen sollte. Soweit die Argumentation des BFH insoweit jedoch auf den Schutz der Bestandskraft der Steuerfestsetzung abhob, um die Feststellung des verbleibenden Verlustvortrags auszuschließen, ist dies kritisch zu hinterfragen bzw. genauer zu würdigen. Es erscheint zunächst konsequent, dass der BFH auf einen Korrekturvorbehalt insbesondere nach den §§ 172 ff. AO rekurrierte, da diese Vorschriften nur unter engen Voraussetzungen eine punktuelle Abänderung des bestandskräftigen Verfügungssatzes ermöglichen und im Umkehrschluss die Unabänderlichkeit des Steuerbescheids nach Eintritt der Bestandskraft innerhalb der gesetzlichen Grenzen prinzipiell gewährleisten[539].

---

men. Da die Besteuerungsgrundlagen des Steuerbescheids nicht zum Tenor gehören, scheint *Heuermann* der von ihm erwogenen Tatbestandswirkung ein abweichendes Verständnis zugrunde zu legen. Vgl. auch *Heuermann*, in: Kirchhof/Söhn/Mellinghoff (Hrsg.), § 10d EStG, D 142.

537 BFH, Urteil v. 31.07.1996 – XI R 4/96, BFH/NV 1997, 180; BFH, Urteil v. 09.12.1998 – XI R 62/97, BStBl. II 2000, 3, 5. Eine derartige Funktion komme dem Feststellungsverfahren nicht zu, FG Köln, Urteil v. 28.01.1999 - 15 K 4043/98, EFG 1999, 454 = DStRE 1999, 822 f.

538 Vgl. BFH, Urteil v. 01.03.2006 – XI R 33/04, BStBl. II 2007, 919, 920. Kritisch *Pohl*, Die steuerverfahrensrechtliche Bewältigung der Verlustfeststellung im Einkommensteuerrecht, S. 151 f., der einen Widerspruch darin erkennt, dass die Bestandskraft im Fall des Verlustrücktrags nach der Rechtsprechung nicht gefährdet sein soll.

539 Zum ungeschriebenen Erfordernis der Bestandskraft *von Groll*, in: Hübschmann/Hepp/Spitaler (Hrsg.), Vorbemerkungen zu §§ 172–177 AO, Rdnr. 8, 65. Da die Bestandskraft von Steuerbescheiden Ausfluss des Gedankens der Rechtssicherheit und des Grundsatzes von Treu und Glauben im Steuerrecht ist, muss ihre Durchbrechung auf Ausnahmefälle beschränkt bleiben, *Boorberg*, DB 1983, 1170, 1171.

Gleichwohl dürfte eine inhaltlich divergierende gesonderte Verlustfeststellung zumindest den Tenor einer Steuernullfestsetzung für das Jahr der Verlustentstehung unberührt lassen. Fraglich war daher die Reichweite der materiellen Bestandkraft, also ob und inwieweit ihr auch Bedeutung im Rahmen von Folgeentscheidungen (ggf. in einem anderen Verwaltungsverfahren) zukommt und ob sich das mit ihr verbundene Aufhebungs- und Abweichungsverbot[540] auch auf die der Festsetzung zugrunde liegenden Besteuerungsgrundlagen erstreckt.

Die im hiesigen Zusammenhang maßgebliche materielle Bestandskraft knüpft nach wohl herrschender Ansicht an den Eintritt der Unanfechtbarkeit, d.h. die formelle Bestandskraft an[541] und hat die inhaltliche Verbindlichkeit des Verwaltungsakts zur Folge. Seine Rechtmäßigkeit kann danach im Grundsatz nicht mehr überprüft werden[542]. Dies gilt inter partes sowohl für die erlassende Finanzbehörde als auch für den Adressaten des Bescheids bzw. den vom ihm Betroffenen[543]. Ob und in welchem Umfang einem bestandskräftigen Steuerbescheid auch Bindungswirkung für Folgeentscheidungen im gestuften Besteuerungsverfahren zukommen kann, ist, soweit ersichtlich, nicht abschließend geklärt[544]. Im allgemeinen Verwaltungsverfahrensrecht wird diesbezüglich auf die Vorgreiflichkeit der in Bestandskraft erwachsenen Entscheidung abgestellt[545]. Das BVerwG weist indes darauf hin, dass sich der „Gegenstand und die rechtliche Tragweite der Bestandskraft eines Verwaltungsakts […] nicht einheitlich für alle Rechtsgebiete und für alle Arten von Verwaltungsakten beurteilen" lassen[546]. Mangels spezifischer Vorgaben der §§ 172 ff. AO[547] für den Umgang

540 *Krumm*, DStR 2005, 631; *von Groll*, in: Hübschmann/Hepp/Spitaler (Hrsg.), Vorbemerkungen zu §§ 172–177 AO, Rdnr. 11.

541 *Erichsen/Knoke*, NVwZ 1983, 185, 188; *Seer*, in: Tipke/Lang (Hrsg.), Steuerrecht, § 21, Rdnr. 80; *von Groll*, in: Hübschmann/Hepp/Spitaler (Hrsg.), Vorbemerkungen zu §§ 172–177 AO, Rdnr. 12; *Wernsmann*, in: Hübschmann/Hepp/Spitaler (Hrsg.), Vorbemerkungen zu §§ 130–133 AO, Rdnr. 12; a.A. wohl *Musil*, DStZ 2005, 362, 363.

542 BFH, Beschluss v. 06.05.1994 – V B 28/94, BFH/NV 1995, 275; *Fritsch*, in: Koenig (Hrsg.), § 118 AO, Rdnr. 71.

543 Vgl. hierzu unter Erstes Kapitel B.III.2.

544 So für das allgemeine Verwaltungsverfahrensrecht *Sachs*, in: Stelkens/Bonk/Sachs (Hrsg.), § 43 VwVfG, Rdnr. 119; zur (Sperr-)Wirkung der materiellen Bestandskraft eines Folgebescheids in Bezug auf den Erlass eines Gewinnfeststellungsbescheids als Grundlagenbescheid *Krumm*, DStR 2005, 631 ff.

545 *Sachs*, in: Stelkens/Bonk/Sachs (Hrsg.), § 43 VwVfG, Rdnr. 119; *Erichsen/Knoke*, NVwZ 1983, 185, 190.

546 BVerwG, Urteil v. 06.06.1975 – IV C 15/73, NJW 1976, 340, 341.

547 Der Umfang der materiellen Bestandskraft ist nach den spezifischen Regelungen der Abgabenordnung näher zu bestimmen, vgl. *Musil*, DStZ 2005, 362, 363.

mit nachfolgenden Bescheiden könnte für den Bereich der gesonderten Verlustfeststellung mit Blick auf die Feststellungskompetenz der für die Einkommensbesteuerung zuständigen Finanzbehörde (vgl. § 10d Abs. 4 S. 3 EStG a.F.) ggf. aber eine Art Selbstbindung mit dem Inhalt angenommen werden, dass sich die Behörde nicht in Widerspruch zu ihrer vorangegangenen Entscheidung setzen darf. Insofern bedarf es allerdings der Konkretisierung des Gegenstands der Bestandskraft, denn regelmäßig entfaltet nur die durch den Verfügungssatz des Steuerbescheids nach außen getroffene Regelung bindende Wirkung[548]. So wird gegenüber dem Steuerschuldner eine der Höhe, der Steuerart und dem Veranlagungszeitraum nach konkretisierte Steuer festgesetzt[549]. Demgegenüber sind die der Steuerfestsetzung zugrunde liegenden Besteuerungsgrundlagen – vorbehaltlich einer gesonderten Feststellung, § 157 Abs. 2 AO – vom rechtsverbindlichen Teil des Bescheids ausgenommen und nicht der Bestandskraft fähig[550]. Der jeweilige Gesamtbetrag der Einkünfte wird auch erkennbar im Berechnungs- und Erläuterungsteil und damit außerhalb des Festsetzungsbereichs des Steuerbescheids aufgeführt[551]. Zwar wird in der Literatur eingewandt, dass die Besteuerungsgrundlagen als eine „qualifizierte" Form der Begründung für die Bestimmung des Abweichungsverbots unerlässlich seien, da anderenfalls derselbe Sachverhalt wiederholt und unterschiedlich gewürdigt werden könne[552]. Dies dürfte in der Regel jedoch nicht den Schluss rechtfertigen, dass Besteuerungsgrundlagen auch an der Bestandskraft des Steuerbescheids teilnehmen[553]. Vielmehr sind sie allein zur Auslegung des Tenors heranzuziehen, da ihnen das Gesetz jenseits der gesonderten Feststellung grundsätzlich keine Bestandskraftwirkung zuschreibt[554]. Dass der XI. Senat des BFH diesbezüglich von seiner

---

548 *Koenig*, in: Koenig (Hrsg.), Vorbemerkung zu §§ 172 bis 177 AO, Rdnr. 71.

549 *Baum*, NWB Fach 4 1997, 6699; *Seer*, in: Tipke/Kruse (Hrsg.), § 157 AO, Rdnr. 8; BFH, Urteil v. 27.09.1988 – VIII R 432/83, BStBl. II 1989, 225.

550 BFH, Beschluss v. 21.10.1985 – GrS 2/84, BStBl. II 1986, 207; BFH, Urteil v. 28.10.1999 – VIII R 7/97, BFH/NV 2000, 564; *Fritsch*, in: Koenig (Hrsg.), § 118 AO, Rdnr. 71; *Meyer/Ball*, DStR 1999, 1257, 1259; *Stöcker*, in: Carlé/Stahl/Strahl (Hrsg.), Gestaltung und Abwehr im Steuerrecht, S. 721, 746; *Heuermann*, StBp 2006, 201, 202; *Söhn*, in: Hübschmann/Hepp/Spitaler (Hrsg.), § 118 AO, Rdnr. 370.

551 *Söhn*, in: Hübschmann/Hepp/Spitaler (Hrsg.), § 182 AO, Rdnr. 19.

552 *Krumm*, DStR 2005, 631.

553 So aber *Seer*, in: Tipke/Kruse (Hrsg.), § 157 AO, Rdnr. 24; vgl. auch *Krumm*, DStR 2005, 631 ff.

554 BFH, Beschluss v. 30.10.2008 – I B 219/07, BeckRS 2008, 25014887.

bisherigen Rechtsprechung[555] ggf. Abstand nehmen und durch seine Auslegung von § 10d Abs. 4 S. 4, 5 EStG a.F. neue Maßstäbe hinsichtlich der Reichweite der materiellen Bestandskraft setzen wollte, kommt in den hier besprochenen Urteilen nicht zum Ausdruck. Vielmehr hat der XI. Senat in seiner Entscheidung vom 2. August 2006 ausdrücklich klargestellt, dass im Verfahren der Einkommensteuerfestsetzung ausschließlich der Betrag der Einkommensteuer verbindlich geregelt werde und dass im steuergerichtlichen Verfahren nicht das einzelne Besteuerungsmerkmal, sondern die Rechtmäßigkeit des die Steuer festsetzenden Steuerbescheids Streitgegenstand sei[556]. Den Besteuerungsgrundlagen des Steuerbescheids kam nach § 10d Abs. 4 S. 4, 5 EStG a.F. nur eine verfahrensrechtliche Bindung zu, die sie nicht zum Bestandteil des bestandskraftfähigen Regelungsbereichs werden ließ[557].

Eine Folgewirkung konnte der materiellen Bestandskraft für nachgelagerte Verwaltungsverfahren damit nur in Bezug auf den Entscheidungssatz, d.h. die Höhe der festgesetzten Steuer, zukommen. In den vom XI. Senat entschiedenen Fällen begehrten die Steuerpflichtigen jedoch regelmäßig eine von den Besteuerungsgrundlagen bestandskräftiger Einkommensteuernullbescheide abweichende Verlustberücksichtigung, die auf die – nicht vorhandene – Steuerschuld keinen Einfluss gehabt hätte[558]. Vor diesem Hintergrund konnte nicht mit der Bestandskraft begründet werden, dass die Rechtsprechung ein absolutes Feststellungsverbot, d.h. einen vollständigen und nicht nur auf die Höhe einer etwaigen positiven Steuerschuld begrenzten Verbrauch der nachträglich geltend gemachten Verluste bejahte[559]. Denn dem BFH zufolge sollte dies insbesondere gelten, wenn keine Steuer bestandskräftig festgesetzt worden war[560].

---

555 BFH, Urteil v. 11.11.1993 – XI R 12/93, BFH/NV 1994, 710; BFH, Beschluss v. 24.8.2001 – XI B 120/00, BFH/NV 2002, 184.

556 BFH, Urteil v. 02.08.2006 – XI R 65/05, BStBl. II 2007, 921, 922.

557 A.A. wohl *Stöcker*, in: Carlé/Stahl/Strahl (Hrsg.), Gestaltung und Abwehr im Steuerrecht, S. 721, 726. Kritisch von einer Quasi-Bestandskraft der Besteuerungsgrundlagen sprechend, für die der Gesetzgeber das Feststellungsverfahren vorgesehen habe *Süring*, DStR 2006, 345, 349.

558 Vgl. hierzu unter Zweites Kapitel A.I.2.

559 Für den Abzug aus Gründen der Bestandskraft *Brüggmann*, DStZ 1998, 480, 481; vgl. auch *Heuermann*, StBp 2006, 199.

560 BFH, Urteil v. 09.12.1998 – XI R 62/97, BStBl. II 2000, 3. So auch BFH, Urteil v. 09.05.2001 – XI R 25/99, BStBl. II 2002, 817; *Heinicke*, in: Schmidt (Hrsg.), 21. Aufl. 2002, § 10d EStG, Rdnr. 56.

Allein unter wirtschaftlichen Gesichtspunkten bleibt einzuräumen, dass das im Steuerbescheid festgeschriebene Ergebnis durch eine divergierende Verlustfeststellung in späteren Veranlagungszeiträumen ggf. ausgehöhlt werden konnte, so dass es dem XI. Senat letztlich um einen weit gefassten Umgehungsschutz gegangen sein dürfte[561]. Das FG Hamburg hob zudem darauf ab, dass die Fristen für die Geltendmachung von geänderten Besteuerungsgrundlagen über die gesonderte Verlustfeststellung nicht verlängerbar sein sollten[562]. Der Gleichlauf zwischen Verlustfeststellung und Steuerfestsetzung dahingehend, dass Besteuerungsgrundlagen nur gesondert festgestellt werden konnten, wenn diese auch im Verfahren über die Besteuerung des Einkommens noch berücksichtigungsfähig waren, rechtfertigte sich jedenfalls nicht aus der Bestandskraft des Einkommensteuerbescheids des Verlustentstehungsjahrs heraus[563].

### 4. *Antragsfrist contra legem*

Im Zentrum der Rechtsprechung des XI. Senats zur gesonderten Feststellung des verbleibenden Verlustvortrags stand bis 2008 die verfahrensrechtliche Korrekturmöglichkeit des Steuerbescheids für das Jahr der Verlustentstehung. In dem in der Praxis häufig anzutreffenden Fall, dass eine von den Besteuerungsgrundlagen des Steuernullbescheids abweichende Verlustfeststellung begehrt wurde, ergab sich aus Sicht des Steuerpflichtigen die prozessuale Schwierigkeit, dass ein Einspruch gegen den Einkommensteuernullbescheid mangels Beschwer

---

561 In diese Richtung geht auch die Entscheidung des FG Düsseldorf, in der das Gericht unter besonderen Umständen den Erlass eines Gewinnfeststellungsbescheids mit anschließender Korrektur des bestandskräftigen Folgebescheids zum Schutz der Bestandskraft nur zulassen möchte, wenn der Steuerbescheid noch korrigiert werden kann, FG Düsseldorf, Urteil v. 27.05.1986 - XV 356/82 F, EFG 1986, 537; a.A. BFH, Urteil v. 01.07.2003 - VIII R 61/02, BFH/NV 2004, 27; vgl. dazu auch *Krumm*, DStR 2005, 631, 632 f. m.w.N.

562 FG Hamburg, Urteil v. 23.03.2004 - VII 62/01, EFG 2004, 1130 = DStRE 2004, 960, 962, rkr.

563 Ebenso *Meyer/Ball*, DStR 1999, 1257, 1259; die Begründung der Rechtsprechung als schlichtweg falsch bezeichnend *Süring*, DStR 2006, 345, 349; den fehlenden unmittelbaren Bezug zur Bestandskraft ebenfalls einräumend *Valentin*, EFG 2006, 1576; FG des Landes Sachsen-Anhalt, Urteil v. 18.11.2010 - 1 K 60/10, EFG 2011, 957, 958, rkr.; a.A. *Strahl*, BeSt 2006, 21, 22, der davon ausgeht, dass die Bestandskraft durch eine gesonderte Verlustfeststellung „durchbrochen" werde. Von einer mittelbaren Bestandskraftwirkung der Besteuerungsgrundlagen sprechend *Stöcker*, in: Carlé/Stahl/Strahl (Hrsg.), Gestaltung und Abwehr im Steuerrecht, S. 721, 746.

(§ 350 AO) regelmäßig unzulässig war[564]. Sofern kein Vorbehalt der Nachprüfung oder ein Vorläufigkeitsvermerk existierte, bestand somit keine Handhabe, den Eintritt der Bestandskraft zu verhindern. Kam sodann nur ein Erlass des Feststellungsbescheids gemäß § 10d Abs. 4 S. 5 EStG a.F. in Betracht, sah sich der Steuerpflichtige dem Risiko ausgesetzt, dass ihm ein grobes Verschulden am nachträglichen Bekanntwerden der geltend gemachten Verluste entgegengehalten werden konnte, § 173 Abs. 1 Nr. 2 AO[565]. Angesichts dieser verfahrensrechtlichen „Sackgasse", die unter Rechtsschutzgesichtspunkten mehr als bedenklich erschien, sollte nach Ansicht des BFH ein Ausweg für den Steuerpflichtigen darin bestehen, dass er innerhalb der Einspruchsfrist für den Steuerbescheid die gesonderte Verlustfeststellung gegenüber der zuständigen Finanzbehörde beantragen konnte[566]. Die gesetzliche Einspruchsfrist von einem Monat ab Bekanntgabe des Bescheids (§ 355 Abs. 1 S. 1 AO) wurde hierbei auf in der Regel zwölf Monate mit der Begründung verlängert, dass der Steuerpflichtige über die Antragsfrist in der dem Steuerbescheid beigefügten Rechtsbehelfsbelehrung nicht aufgeklärt worden sei, § 356 Abs. 2 AO analog[567].

---

564 BFH, Beschluss v. 15.12.2000 - IX B 91/00, BFH/NV 2001, 795.

565 Vorwerfbar war in diesem Kontext freilich nicht, dass kein ordentlicher Rechtsbehelf gegen den Steuerbescheid eingelegt wurde. Gleichwohl sollte es nach dem BFH zu Lasten des (auch nicht steuerlich beratenen) Steuerpflichtigen gehen, wenn dieser die gesonderte Feststellung des verbleibenden Verlustvortrags nicht innerhalb der Einspruchsfrist für den entsprechenden Steuerbescheid gegenüber der Finanzbehörde beantragte, BFH, Urteil v. 09.05.2001 - XI R 25/99, BStBl. II 2002, 817.

566 Sofern eine gesonderte Feststellung in Übereinstimmung mit der Steuerfestsetzung beantragt wurde, war nicht § 10d Abs. 4 S. 4, 5 EStG a.F., sondern § 10d Abs. 4 S. 1 EStG a.F. einschlägig mit der Folge, dass die Antragsfrist keine Anwendung fand. Zu diesem Ergebnis kommen auch *Meyer/Ball*, DStR 1999, 1257, 1260; vgl. auch *Gebhardt*, EStB 2003, 234 f. Diskutiert wurde zudem, ob die Antragsfrist wiedereinsetzungsfähig war, vgl. *Sikorski*, AO-StB 2001, 187, 189. *Heuermann* verstand den BFH irrtümlich dahin, dass der Feststellungsantrag im Rahmen des Einspruchs gegen den Nullbescheid geltend zu machen war, *Heuermann*, StBp 2006, 199.

567 BFH, Urteil v. 09.05.2001 - XI R 25/99, BStBl. II 2002, 817 = DStR 2001, 1932, 1933. Im Schrifttum wurde darüber hinaus dafür plädiert, dass dem mangels Beschwer unzulässigen Einspruch des Steuerpflichtigen ein Antrag auf gesonderte Feststellung des verbleibenden Verlustvortrags immanent sei, *Meyer/Ball*, DStR 2003, 1229, 1232; für eine großzügige Auslegung insoweit auch *Nöcker*, AO-StB 2008, 171, 172; vgl. indes FG München, Urteil v. 01.03.2006 - 10 K 2125/05, EFG 2006, 813, 814, dem zufolge eine Steuererklärung nicht in einen Feststellungsantrag ausgelegt werden können soll, wenn im Formular das Feld „Erklärung zur Festsetzung des verbleibenden

Die Einführung einer Jahresfrist kann als Eingeständnis gewertet werden, dass die Rechtsschutzmöglichkeiten des Steuerpflichtigen durch die Rechtsprechung des BFH übermäßig eingeschränkt und noch unübersichtlicher geworden waren. Der Ansatz ist insgesamt zurückzuweisen, da die Fristenübertragung im Gesetz keine Stütze fand[568]. Über die Grenze der Feststellungsverjährung nach § 181 Abs. 1 S. 1 i.V.m. §§ 169 Abs. 2 S. 1 Nr. 2, 170 Abs. 2 S. 1 Nr. 1 AO hinaus war für Anträge auf Verlustfeststellung keine gesetzliche Frist geregelt[569], insbesondere nicht im Rahmen der Rechtsbehelfsfristen der Abgabenordnung[570]. Vielmehr galt nach § 10d Abs. 4 S. 1 EStG a.F. das Offizialprinzip, wonach die gesonderte Verlustfeststellung von Amts wegen vorzunehmen war, ohne dass es eines gesonderten Antrags bedurfte. Aus Sicht des Steuerpflichtigen musste es daher mehr als überraschend anmuten, dass der BFH aus § 10d Abs. 4 S. 4 EStG a.F. eine ungeschriebene Antragsfrist ableitete, deren Lauf sich nach einem anderen, zumal nicht anfechtbaren Steuerbescheid richtete[571]. Hier wird erneut deutlich, dass die Rechtsprechung zwei kraft Gesetzes voneinander zu unterscheidende Verfahren miteinander vermischte[572].

Bedenken begegnete ferner der Analogieschluss in Bezug auf die Jahresfrist nach § 356 Abs. 2 AO. Der notwendige Inhalt der Rechtsbehelfsbelehrung ist für alle schriftlichen und elektronischen Verwaltungsakte abschließend[573] in § 356 Abs. 1 AO festgelegt und erschöpft sich in allgemeinen Angaben über den statthaften Rechtsbehelf, die zuständige Finanzbehörde sowie die anwendbare Frist[574]. Die Belehrung ist nur dann unrichtig mit der Folge, dass der Einspruch innerhalb eines Jahres ab Bekanntgabe des Steuerbescheids eingelegt werden kann, wenn die in Absatz 1 niedergelegten Informationen unzutreffend oder unvollständig im Bescheid wiedergegeben sind[575]. Vor diesem Hintergrund

---

Verlustabzugs" nicht angekreuzt ist und auch sonst keine Angaben zu Aufwendungen gemacht werden.

568 *Heinicke*, in: Schmidt (Hrsg.), 21. Aufl. 2002, § 10d EStG, Rdnr. 56; *Sikorski*, AO-StB 2001, 187, 189; *Süring*, DStR 2006, 345, 349; *Siebenhüter* sprach von einer erfundenen Antragsfrist, die sich für die Praxis als erhebliche Verfahrensfalle herausstelle, *Siebenhüter*, EStB 2009, 340; die Rechtsprechung diesbezüglich als abwegig bezeichnend *Sikorski*, NWB 2011, 2191, 2196.

569 *Heinicke*, in: Schmidt (Hrsg.), 21. Aufl. 2002, § 10d EStG, Rdnr. 56.

570 *Meyer/Ball*, DStR 1999, 1257, 1260.

571 *Süring*, DStR 2006, 345, 349; kritisch auch *Meyer/Ball*, INF 2002, 551, 553.

572 Dazu sogleich unter Zweites Kapitel A.V.5.

573 *Cöster*, in: Koenig (Hrsg.), § 356 AO, Rdnr. 14.

574 Vgl. ausführlich *Rätke*, in: Klein (Hrsg.), § 356 AO, Rdnr. 10 ff.

575 *Seer*, in: Tipke/Kruse (Hrsg.), § 356 AO, Rdnr. 12.

erscheint es problematisch, dass der XI. Senat die Rechtsfolge des Absatzes 2 isoliert und unter Verstoß gegen den abschließenden Tatbestand in Absatz 1 auf den Fall der unterlassenen Belehrung über die in richterlicher Rechtsfortbildung geschaffene ungeschriebene Antragspflicht übertrug.

Schließlich ist die Behauptung des XI. Senats kritisch zu würdigen, durch die Auslegung von § 10d Abs. 4 S. 4, 5 EStG a.F. unterschieden sich die Rechtsschutzmöglichkeiten des Adressaten einer Nullfestsetzung nicht von denen eines Steuerpflichtigen, gegen den im Einkommensteuerbescheid eine Steuerschuld festgesetzt wurde[576]. Zwar war in beiden Fällen über die Höhe der nicht ausgeglichenen negativen Einkünfte im Feststellungsverfahren zu entscheiden. Anders als bei der Festsetzung eines Steuerbetrags konnte der Adressat eines Nullbescheids aber keinen Einspruch einlegen, so dass es ihm verwehrt war, die notwendige Korrekturbefugnis selbst herbeizuführen. Über diesen verfahrensrechtlichen Nachteil konnte entgegen dem BFH auch kein Antrag auf gesonderte Feststellung innerhalb der Einspruchsfrist des Steuerbescheids hinweghelfen. Ausweislich von § 355 Abs. 1 S. 1 AO vermag nur die Einlegung eines Einspruchs den Eintritt der formellen Bestandskraft des Steuerbescheids abzuwenden und eine Verengung auf die Änderungsmöglichkeiten nach Maßgabe der §§ 172 ff. AO zu verhindern[577]. Da dem Antrag im Feststellungsverfahren keine hemmende Wirkung für den Ablauf der Rechtsbehelfsfrist gegen den Steuerbescheid zukommt[578], konnte die gesetzliche Monats- bzw. bei unterlassener Belehrung die auf ein Jahr verlängerte Frist im Zeitpunkt der Entscheidung[579] über den Feststellungsantrag bereits verstrichen sein[580]. Der Steuerpflichtige war dann darauf angewiesen, dass der Steuernullbescheid gemäß § 10d Abs. 4

576 BFH, Urteil v. 09.12.1998 – XI R 62/97, BStBl. II 2000, 3.

577 *Ettlich*, DB 2009, 18, 21.

578 *Ettlich*, DB 2009, 18, 21. Zwar weist *Valentin* darauf hin, dass auch ein gegen den Nullbescheid anhängiger Einspruch den Eintritt der Bestandskraft des Bescheids verhindern würde, *Valentin*, EFG 2006, 1576. Allerdings war nicht auszuschließen, dass über den Feststellungsantrag erst nach Verwerfung des unzulässigen Einspruchs entschieden wurde.

579 Nach dem FG Düsseldorf soll es für die Änderungsbefugnis – allerdings ohne nähere Begründung – auf den Zeitpunkt des Eingangs des Feststellungsantrags ankommen, vgl. FG Düsseldorf, Urteil v. 16.08.2006 – 16 K 5362/05 F, BeckRS 2006, 26022526.

580 Man konnte es andererseits ggf. als widersprüchlich bezeichnen, dass eine Rechtsbehelfsfrist auch in dem Fall laufen sollte, dass der Rechtsbehelf gegen einen Steuernullbescheid eindeutig unzulässig und damit unmöglich war. Weshalb insoweit trotzdem eine Monats- oder gar Jahresfrist zu laufen beginnen sollte, erschließt sich auch vor dem Hintergrund nicht ganz, dass die Rechtsbehelfsfrist keinen Selbstzweck verfolgt.

S. 5 EStG a.F. noch potentiell geändert werden konnte. Im Gegensatz zu der ohne weiteres möglichen Änderbarkeit infolge eines Einspruchs waren hierfür die Voraussetzungen eines abgabenrechtlichen Korrekturtatbestandes dem Rechtsgrund nach zu prüfen. Die zumeist einschlägige Berichtigungsnorm des § 173 Abs. 1 Nr. 2 AO[581] machte es erforderlich, dass den – die objektive Feststellungslast für eine Änderung zu seinen Gunsten tragenden[582] – Steuerpflichtigen kein grobes Verschulden am nachträglichen Bekanntwerden der Verluste traf. Eine strukturelle Benachteiligung im Rahmen des Rechtsschutzes dürfte nach hier vertretener Auffassung danach grundsätzlich vorgelegen haben, auch wenn sie sich wegen der Verlängerung der Einspruchsfrist in der Mehrzahl der Fälle nicht negativ auf die Zulässigkeit der gesonderten Feststellung nach § 10d Abs. 4 EStG a.F. ausgewirkt haben dürfte[583]. Der BFH setzte sich damit nicht näher auseinander. Seine Ausführungen beschränkten sich auf die Feststellung, dass die Finanzbehörden einem fristgerechten Antrag nach § 10d Abs. 4 S. 5 EStG a.F. nachzukommen hätten[584].

### 5. *(Un-)Selbstständigkeit des Feststellungsverfahrens*

Der Gesetzgeber hat das Feststellungsverfahren in der Abgabenordnung als selbstständiges, jedoch der Steuerveranlagung untergeordnetes und ihr dienendes Verfahren konzipiert[585]. Dies kommt an verschiedenen Stellen des Gesetzes, z.B. in § 180 Abs. 3 S. 1 Nr. 2 AO (keine gesonderte Feststellung bei geringer Bedeutung) und § 181 Abs. 5 AO (gesonderte Feststellung trotz

---

Für den Eintritt der formellen Bestandskraft mit Bescheiderlass daher *Erichsen/Knoke*, NVwZ 1983, 185, 186.

581 Nach Ablauf der Einspruchsfrist für den Steuerbescheid konnte dieser nur noch nach Maßgabe von § 173 Abs. 1 Nr. 2 AO geändert werden, *Herff*, KÖSDI 2003, 13733, 13739.

582 *Carlé*, KÖSDI 2011, 17588, 17593 f.

583 *Von Eichborn* merkt in diesem Zusammenhang richtigerweise an, dass das Finanzamt eine solche Rechtsbehelfsbelehrung nicht erteilen konnte, wenn es von den erst nachträglich erklärten Verlusten im Zeitpunkt des Erlasses des Einkommensteuerbescheids noch keine Kenntnis hatte, *von Eichborn*, HFR 2002, 106, 107. Auch *Carlé* weist darauf hin, dass Nullbescheide in der Praxis mit einer standardisierten Rechtsbehelfsbelehrung versehen seien, die keinen Hinweis darauf enthalte, dass ein Verlustfeststellungsantrag gestellt werden könne. Nach seiner Kenntnis sei ein solcher Textbaustein in den Mustertexten der Finanzverwaltung auch nicht vorgesehen, *Carlé*, AO-StB 2003, 231, 232 f.

584 BFH, Urteil v. 09.12.1998 – XI R 62/97, BStBl. II 2000, 3, 5.

585 *Kunz*, in: Gosch (Hrsg.), § 179 AO, Rdnr. 3.

Feststellungsverjährung)[586] zum Ausdruck[587]. Die gesonderte Feststellung verfolgt keinen Selbstzweck[588]. Ihre Verselbstständigung gegenüber dem Veranlagungsverfahren wird durch die Funktion begrenzt, die der Steuerfestsetzung zugrunde zu legenden Besteuerungsgrundlagen zu ermitteln und verbindlich festzuhalten[589]. Vor- oder Nachteile sollen dem Steuerpflichtigen aufgrund der Technik der gesonderten Feststellung nicht entstehen[590].

Der Bescheid über die gesonderte Feststellung des verbleibenden Verlustvortrags ist ein Feststellungsbescheid im Sinne des § 179 Abs. 1 AO[591]. Das Feststellungsverfahren gemäß § 10d Abs. 4 S. 4, 5 EStG a.F. war jedoch wesentlich enger mit dem Festsetzungsverfahren verzahnt als die sonstigen Verfahren nach den §§ 179 ff. AO[592]. Die Finanzbehörde hatte die dem Feststellungsgegenstand gemäß § 10d Abs. 4 S. 2 EStG a.F. zugrunde zu legenden Besteuerungsgrundlagen zwar unabhängig davon zu ermitteln und zu berücksichtigen, ob und wie diese im Steuerbescheid des jeweiligen Verlustentstehungsjahrs angesetzt worden waren[593]. Es bestand keine Bindung an die Beurteilung der Sach- und Rechtslage im Rahmen der Steuerfestsetzung, da der Steuerbescheid nicht als Grundlagenbescheid fungierte[594]. In der Folge waren etwaig vorhandene negative Einkünfte,

---

586 Zur Bedeutung des § 181 Abs. 5 AO im Rahmen der gesonderten Feststellung des verbleibenden Verlustvortrags nach Einführung von § 10d Abs. 4 S. 6 EStG i.d.F. des JStG 2007 näher unter Erstes Kapitel A.IV.1.

587 *Ratschow*, in: Klein (Hrsg.), § 179 AO, Rdnr. 2.

588 BT-Drs. VI/1982, S. 157; BFH, Urteil v. 12.06.2002 – XI R 26/01, BStBl. II 2002, 681 = DStRE 2002, 1345, 1346; *Baum*, NWB Fach 4 1997, 6699, 6703.

589 *Söhn*, in: Hübschmann/Hepp/Spitaler (Hrsg.), § 181 AO, Rdnr. 111; *Koenig*, in: Koenig (Hrsg.), § 181 AO, Rdnr. 33.

590 Eine (vorteilhafte) Ausnahme bildet die isolierte Anfechtbarkeit des Feststellungsbescheids, vgl. *Ratschow*, in: Klein (Hrsg.), § 179 AO, Rdnr. 2. Das Feststellungsverfahren des verbleibenden Verlustvortrags solle verfahrensrechtlich zu keinen anderen steuerlichen Ergebnissen führen als die Verlustberücksichtigung ohne gesondertes Feststellungsverfahren, *Krömker*, EStB 2006, 440.

591 *Heuermann*, in: Kirchhof/Söhn/Mellinghoff (Hrsg.), § 10d EStG, A 330.

592 *Wendt*, FR 1999, 543.

593 FG Köln, Urteil v. 28.01.1999 – 15 K 4043/98, EFG 1999, 454 = DStRE 1999, 822, 824; *Meyer*, DStR 1989, 238; *Süring*, DStR 2006, 345, 346; *Siebenhüter*, EStB 2009, 340. Soweit § 10d Abs. 4 EStG a.F. den Begriff „Veranlagungszeitraum" verwende, erfolge dies neutral und könne nicht dahin gedeutet werden, dass der nicht ausgeglichene Verlust nur im Rahmen einer Veranlagung ermittelt werden könne und müsse, FG Hamburg, Urteil v. 23.03.2004 – VII 62/01, EFG 2004, 1130, rkr.; a.A. *Gatzka/Wilhelm*, DStR 2005, 1794, 1797.

594 Vgl. hierzu unter Zweites Kapitel A.V.2.

die bei der Ermittlung des Gesamtbetrags der Einkünfte nicht ausgeglichen worden waren, jeweils eigenständig im Festsetzungs- und im Feststellungsverfahren zu berechnen. Demgemäß konnte ein Anspruch auf Feststellung eines erstmaligen oder höheren Verlustvortrags auch nur im Feststellungsverfahren geltend gemacht werden[595].

Die Verlustfeststellung wurde gemäß § 10d Abs. 4 S. 4, 5 EStG a.F. allerdings insofern überlagert, als der Steuerbescheid des Verlustentstehungsjahrs (potentiell) erlassen, aufgehoben oder geändert werden musste[596]. Anderenfalls war eine gesonderte Feststellung schon dem Grunde nach gesperrt und der materiell-rechtlich entstandene Verlust endgültig verloren. Der BFH legte die Sätze 4 und 5 derart weit aus, dass der Gesetzesauftrag nach § 10d Abs. 4 S. 1 EStG a.F. in den Hintergrund gerückt und die Selbstständigkeit des Feststellungsverfahrens stark ausgehöhlt wurde[597]. *Meyer/Ball* warfen der Rechtsprechung in diesem Zusammenhang vor, eine Akzessorietät des Verlustfeststellungsverfahrens gegenüber der Steuerfestsetzung zu installieren[598]. Den mit der gesteigerten Abhängigkeit des Feststellungsverfahrens einhergehenden Bedeutungsverlust verdeutlichten sie am (theoretischen) Beispiel einer nachträglichen Steuerfestsetzung, die inhaltlich im Widerspruch zu einer bestandskräftigen Verlustfeststellung ergeht[599]. Da die Bestandskraft des Feststellungsbescheids nach Satz 4 und 5 durchbrochen werden konnte[600], trat Rechtssicherheit erst mit Ablauf der Rechtsbehelfsfrist für den Steuerbescheid ein[601]. Die gesonderte Verlustfeststellung büßte insoweit ihre zentrale Funktion ein, die Besteuerungsgrundlagen

595 BFH, Urteil v. 14.06.2000 - XI R 4/00, BFH/NV 2000, 1465, 1466; BFH, Beschluss v. 15.12.2000 - IX B 91/00, BFH/NV 2001, 795; die Prüfung der Rechtmäßigkeit des verbleibenden Verlustvortrags war nicht in das Festsetzungsverfahren verlagert, *Meyer/Ball*, DStR 1999, 1257, 1260 f.

596 Vgl. *Baum*, DStZ 1988, 512.

597 Die Rechtsprechung des BFH ging indes nicht so weit, vortragsfähige Verluste von der gesonderten Feststellung auszuschließen, wenn kein Einkommensteuerbescheid für das Verlustentstehungsjahr mehr erlassen werden konnte, BFH, Urteil v. 01.03.2006 - XI R 33/04, BStBl. II 2007, 919; BFH, Urteil v. 26.04.2006 - XI R 56/04, BeckRS 2006, 25010760; BFH, Urteil v. 11.07.2007 - XI R 25/05, BFH/NV 2007, 2261.

598 *Meyer/Ball*, DStR 1999, 1257, 1259. An späterer Stelle sprachen die Autoren davon, dass das Feststellungsverfahren zum „Sklaven des Festsetzungsverfahrens" degradiert werde, vgl. *Meyer/Ball*, DStR 1999, 1257, 1261.

599 Hierzu bereits unter Zweites Kapitel A.V.1.

600 Ausführlich *Meyer/Ball*, DStR 1999, 1257, 1260 f.

601 So zu Recht *Meyer/Ball*, DStR 1999, 1257, 1260; *Meyer/Ball*, INF 2002, 551, 554; *Lambrecht*, in: Kirchhof (Hrsg.), 7. Aufl. 2007, § 10d EStG, Rdnr. 39.

auch unter Zweckmäßigkeitsgesichtspunkten sowie im Interesse einer gleichmäßigen Besteuerung verbindlich festzuhalten[602]. Darüber hinaus wurden Festsetzungs- und Feststellungsverfahren auch dadurch ineinander verwoben, dass der BFH die Einspruchsfrist des Steuerbescheids auf den Feststellungsantrag übertrug[603]. Der XI. Senat ging jedoch nicht so weit, das Feststellungsverfahren auch dahingehend an das Veranlagungsverfahren anzubinden, dass der Erlass des Steuerbescheids zur „Startbedingung" wurde[604].

### 6. *Sperrwirkung erfasst den Verlustrücktrag nicht*

War ein Verlust mangels Änderungsbefugnis nicht nach § 10d Abs. 4 S. 4, 5 EStG a.F. gesondert festzustellen, kam oftmals die (Anschluss-)Frage auf, ob er wenigstens nach § 10d Abs. 1 S. 1 EStG a.F. in den dem Verlustentstehungsjahr unmittelbar vorangehenden Veranlagungszeitraum einkünftemindernd zurückgetragen werden konnte oder insgesamt als verbraucht bzw. von der Sperrwirkung der bestandskräftigen Steuerfestsetzung erfasst gelten musste. Der Verlustrücktrag bildet das vergangenheitsbezogene Pendant zum Verlustvortrag. Er ist deutlich älter als das gesonderte Feststellungsverfahren nach § 10d Abs. 4 EStG a.F.[605] und fließt seit dessen Einführung als Bezugsgröße in den verbleibenden Verlustvortrag gemäß § 10d Abs. 4 S. 2 EStG a.F. ein, ohne selbst den Feststellungsgegenstand eines eigenen Verfahrens zu bilden[606]. Der gesetzliche Regelfall bestand bis in das Jahr 1993 hinein darin, dass nicht ausgeglichene negative Einkünfte des Verlustentstehungsjahrs zunächst zwingend in das vorletzte oder

---

602 Siehe zur Funktion des gesonderten Verlustfeststellungsverfahrens *Baum*, NWB Fach 4 1997, 6699.

603 Hierzu bereits unter Zweites Kapitel A.V.4. Siehe auch *Gebhardt*, EStB 2003, 234, 235.

604 *Meyer*, DStR 1989, 238; *Süring*, DStR 2006, 345, 348.

605 Der Verlustrücktrag wurde durch das Gesetz zur Änderung des Einkommensteuergesetzes vom 20.04.1976 mit Wirkung ab dem Veranlagungszeitraum 1975 eingeführt, BGBl. I 1976, 1054; dazu auch *Hallerbach*, in: Herrmann/Heuer/Raupach (Hrsg.), 220. Lfg. Oktober 2005, § 10d EStG, Rdnr. 3, 50. Da eine durch den Verlustvortrag bedingte Steuerentlastung regelmäßig erst dann eintritt, wenn das Unternehmen erstmals wieder Gewinne erzielt, sollten durch den Verlustrücktrag insbesondere notleidende mittelständische Unternehmen zeitnahe Liquiditätshilfe durch Rückzahlung bereits entrichteter Steuern erhalten, BT-Drs. 7/4604, S. 3 sowie BT-Drs. 7/3667, S. 6. In Bezug auf diese Begründung für den Verlustabzug kritisch *Bahlau*, FR 1988, 565, 569.

606 *Süring*, DStR 2006, 345, 346; *Heinicke*, in: Schmidt (Hrsg.), 21. Aufl. 2002, § 10d EStG, Rdnr. 50.

letzte Jahr übertragen und dort ggf. mit einem positiven Gesamtbetrag der Einkünfte verrechnet wurden, bevor ein etwaiger Restverlust vorgetragen werden konnte[607]. Durch das StandOG 1993[608] wurde der Rücktragszwang beseitigt und ein Wahlrecht zugunsten des Steuerpflichtigen normiert, um bei Bedarf auf den Verlustrücktrag ganz oder teilweise verzichten zu können[609]. Weiterhin unterliegt der Verlustrücktrag zeitlichen sowie betragsmäßigen Beschränkungen, die in der Vergangenheit mehrfach geändert wurden[610].

In seinem Urteil vom 9. Mai 2011[611] hat der XI. Senat des BFH im Rahmen eines obiter dictum klargestellt, dass es keine Konsequenzen für den Verlustrücktrag habe, wenn die Feststellung der vortragsfähigen Verluste an den Voraussetzungen des § 10d Abs. 4 S. 4, 5 EStG a.F. scheitere, also eine Verlustberücksichtigung in der Zukunft ausscheide. Die Frage eines Verlustrücktrags sei getrennt davon zu beurteilen, ob ein Anspruch auf gesonderte Feststellung des Verlustvortrags bestehe[612]. Dies leuchtete unmittelbar ein, da die Anforderungen an den Verlustrücktrag abschließend in § 10d Abs. 1 EStG a.F. normiert waren und die Vorschrift des § 10d Abs. 4 S. 4, 5 EStG a.F. sich dem Wortlaut zufolge ausschließlich auf den Fall der gesonderten Verlustfeststellung bezog. Ein Abhängigkeitsverhältnis zum Steuerbescheid des Verlustentstehungsjahrs bestand nicht[613]. Der Verlustrücktrag war losgelöst von dem in der Steuerfestsetzung des Verlustentstehungsjahrs ausgewiesenen Gesamtbetrag der Einkünfte nach § 10d Abs. 1 S. 1 EStG a.F. in zutreffender Höhe vorzunehmen, da über Grund und Höhe des rücktragbaren Verlusts nicht im Entstehungsjahr, sondern in dem Jahr entschieden wird, in dem sich der Verlustrücktrag steuerrechtlich auswirkt[614].

---

607 *Horlemann*, in: Blümich (Hrsg.), 86. Aufl. 2005, § 10d EStG, Rdnr. 86; *Hallerbach*, in: Herrmann/Heuer/Raupach (Hrsg.), 220. Lfg. Oktober 2005, § 10d EStG, Rdnr. 51.

608 StandOG vom 13.09.1993, BGBl. I 1993, 1569.

609 Auf diese Weise konnten Verlustabzugsbeträge in künftige Veranlagungszeiträume verschoben werden, *Heinicke*, in: Schmidt (Hrsg.), 21. Aufl. 2002, § 10d EStG, Rdnr. 50. Siehe dazu bereits unter Erstes Kapitel A.III.

610 Aus Vereinfachungsgründen wurde der zweijährige Verlustrücktrag durch das StEntlG 1999/2000/2002 zuletzt auf ein Jahr verkürzt und der Rücktragshöchstbetrag auf 1 Mio. DM (= 511.500 Euro) herabgesetzt, *Heuermann*, in: Kirchhof/Söhn/Mellinghoff (Hrsg.), § 10d EStG, A 280.

611 BFH, Urteil v. 09.05.2001 - XI R 25/99, BStBl. II 2002, 817.

612 BFH, Urteil v. 09.05.2001 - XI R 25/99, BStBl. II 2002, 817, 818.

613 BFH, Urteil v. 28.10.1999 - VIII R 7/97, BFH/NV 2000, 564.

614 St. Rspr., vgl. BFH, Urteil v. 11.11.1993 - XI R 12/93, BFH/NV 1994, 710; BFH, Beschluss v. 20.12.2006 - VIII B 111/05, BFH/NV 2007, 699; sowie BFH, Urteil

Fand hiernach ein Verbrauch der Verluste durch den im Entstehungsjahr bestandskräftigen Steuerbescheid nicht statt, konnten diese im Vorjahr in Abzug gebracht werden[615]. Ein bereits in Bestandskraft erwachsener Steuerbescheid war – bis zum Ablauf der Festsetzungsfrist im Verlustentstehungsjahr, § 10d Abs. 1 S. 6 EStG a.F. – nach § 10d Abs. 1 S. 2, 3 EStG a.F. insoweit zu ändern[616]. Der Verlustrücktrag war und ist allerdings der Höhe nach gedeckelt[617], so dass die nicht ausgeglichenen negativen Einkünfte im Übrigen untergingen. Lautete der Steuerbescheid des Rücktragsjahrs bereits auf null, waren die Verluste vollumfänglich verloren. Hatte der Steuerpflichtige auf das Rücktragsrecht verzichtet und stellte sich anschließend die gesonderte Feststellung des Verlustvortrags als unzulässig heraus, bestand grundsätzlich die Möglichkeit, die getroffene Wahl zu widerrufen[618].

Der Umstand, dass Verluste trotz eines positiven Gesamtbetrags der Einkünfte des bestandskräftigen Steuerbescheids im Entstehungsjahr zwar zurückgetragen, die verbleibenden Verlustbeträge aber nicht mit Wirkung für die Zukunft gesondert festgestellt werden konnten, ist nicht ohne Kritik geblieben[619]. Auch blieb nicht unbemerkt, dass der Verlustrücktrag innerhalb der Festsetzungsverjährung beliebig geändert werden konnte, während für den Verlustvortrag nur ausnahmsweise eine Änderung in Betracht kam[620]. Die Korrekturregelung des § 10d Abs. 1 S. 2, 3 EStG a.F. bezweckte die richtige und vollständige Verwirklichung des Verlustabzugs und stellte in diesem Bereich die Rechtmäßigkeit

---

v. 27.01.2010 – IX R 59/08, BStBl. II 2010, 1009 für das Streitjahr 1995. Mit der Begründung, dass es sich beim Steuerbescheid des Verlustentstehungsjahrs nicht um einen Grundlagenbescheid handele R 115 Abs. 11 S. 3, 4 EStR 2000; vgl. auch OFD Frankfurt a.M., Rundverfügung v. 04.09.1997 – S 2225 A-9-St II 22, DStR 1997, 2024 f.

615 *Heinicke*, in: Schmidt (Hrsg.), 21. Aufl. 2002, § 10d EStG, Rdnr. 56.

616 Vor Ablauf der Rechtsbehelfsfristen bedarf es indes keiner eigenständigen Korrekturvorschrift, BFH, Beschluss v. 19.11.2009 – IV B 4/09, BFH/NV 2010, 657.

617 Ab 2001: 1 Mio. DM; ab 2002: 511.500 Euro und ab 2013: 1 Mio. Euro (jeweils Einzelveranlagung).

618 *Heinicke*, in: Schmidt (Hrsg.), 21. Aufl. 2002, § 10d EStG, Rdnr. 37; *Paus*, DB 1994, 1842, 1844; *Dötsch*, DB 1993, 1639, 1643. Zeitliche Grenze des Widerrufs sollte die Bestandskraft des Feststellungsbescheids bzw. seine Unabänderlichkeit nach Eintritt der Unanfechtbarkeit sein, *Hallerbach*, in: Herrmann/Heuer/Raupach (Hrsg.), 220. Lfg. Oktober 2005, § 10d EStG, Rdnr. 90.

619 *Brüggmann*, DStZ 1998, 480, 481.

620 *Meyer*, DStR 1989, 238; *Süring*, DStR 2006, 345, 347.

des Bescheids über das Vertrauen auf dessen Bestand[621]. Da Verlustrück- und -vortrag materiell-rechtlich als Einheit zu verstehen seien, wurde bemängelt, dass der Gegensatz zwischen der einerseits umfassenden Fehlerkorrektur bei zurückgetragenen Verlusten und der andererseits zum Schutz der Bestandskraft des Steuerbescheids regelmäßig ausgeschlossenen Fehlerkompensation im Wege des Verlustvortrags nicht nachvollziehbar sei[622]. So entsprach es vor Einführung des gesonderten Feststellungsverfahrens der wohl überwiegenden Meinung, die umfassende Korrekturmöglichkeit nach § 10d Abs. 1 S. 2, 3 EStG a.F. entsprechend auch für den Verlustvortrag heranzuziehen[623]. Die Gesetzeslücke, welche die Rechtsprechung zum Anlass für eine analoge Anwendung genommen hatte[624], dürfte jedoch durch das StRefG 1990 geschlossen worden sein. Der Gesetzgeber hat die Gelegenheit, den Tatbestand der Änderungsvorschrift klarstellend auf den Verlustvortrag auszuweiten, ungenutzt verstreichen lassen[625]. Es ging ihm gerade darum, mit dem gesonderten Feststellungsverfahren eine zeitnahe verbindliche Verlustfeststellung zu ermöglichen[626]. Eine

---

621 BFH, Urteil v. 01.09.1998 – VIII R 4/97, BFH/NV 1999, 599; BFH, Urteil v. 18.09.1991 – XI R 36/90, BFH/NV 1992, 37; BFH, Urteil v. 04.04.2001 – XI R 59/00, BStBl. II 2001, 564.

622 *Meyer/Ball*, DStR 1999, 1257, 1261; *Süring*, DStR 2006, 345, 347. Auf den vergleichbaren Wortlaut von § 10d Abs. 1 S. 1 und Abs. 4 S. 2 EStG a.F. hinsichtlich der bei der Ermittlung des Gesamtbetrags der Einkünfte nicht ausgeglichenen negativen Einkünfte hinweisend *Ettlich*, DB 2009, 18, 22.

623 BFH, Urteil v. 14.11.1989 – VIII R 36/88, BStBl. II 1990, 618; BFH, Urteil v. 18.09.1991 – XI R 36/90, BFH/NV 1992, 37; BFH, Urteil v. 11.11.1993 – XI R 12/93, BFH/NV 1994, 710; BFH, Urteil v. 01.09.1998 – VIII R 4/97, BFH/NV 1999, 599; siehe auch Abschn. 115 Abs. 9 S. 7, 8 EStR bis 1987.

624 Dem BFH zufolge konnte ein bereits gewährter Verlustabzug im Vortragsjahr wegen eines Rechtsfehlers gemäß § 10d Abs. 1 S. 2, 3 EStG a.F. berichtigt werden. Es sei kein vernünftiger Grund ersichtlich, weshalb ein Verlust im Verlustentstehungsjahr, der sowohl zurück- als auch vorgetragen wurde, nur hinsichtlich des Verlustrücktrags und nicht auch in Bezug auf den Verlustvortrag korrigiert werden könne. Die Rechtssicherheit müsse auch in dieser Hinsicht hinter der Rechtmäßigkeit zurücktreten. Mangels anderweitiger Anhaltspunkte im Gesetz bejahte der BFH eine planwidrige Regelungslücke, die entsprechend der Systematik der Vorschrift ausgefüllt werden müsse, BFH, Urteil v. 14.11.1989 – VIII R 36/88, BStBl. II 1990, 618, 619.

625 Ähnlich argumentiert *Horlemann*, DStZ 1990, 273, 274.

626 *Meyer*, DStR 1989, 238, 242.

planwidrige Regelungslücke ließ sich vor diesem Hintergrund nicht mehr bejahen[627].

### *7. Vergleich zur Rechtslage vor Einführung des gesonderten Feststellungsverfahrens*

Anders als die Rechtslage beim Verlustrücktrag, die sich durch die Einführung des gesonderten Feststellungsverfahrens für den Verlustvortrag nicht wesentlich geändert hatte[628], erfuhr die verfahrensrechtliche Behandlung des Verlustvortrags – jedenfalls infolge der Auslegung des § 10d Abs. 4 S. 4, 5 EStG a.F. durch den BFH – erhebliche und für den Rechtsschutz des Steuerpflichtigen tiefgreifende Veränderungen.

Die wohl einschneidendste Neuerung dürfte darin bestanden haben, dass über das Schicksal vortragsfähiger Verluste nicht mehr erst im Zuge der Veranlagung des Jahres entschieden wurde, in dem sich der Abzug auswirkte[629]. Konnte der Steuerpflichtige nach altem Recht mit der Einlegung eines Rechtsbehelfs zuwarten, bis im Steuerbescheid nach Verlustabzug noch eine Steuerschuld festgesetzt und damit erstmals eine Beschwer gegeben war[630], musste er sich nunmehr um frühzeitige Klärung, namentlich innerhalb der Einspruchsfrist des Steuernullbescheids, im Feststellungsverfahren bemühen[631]. Wenngleich die zeitliche Begrenzung des Verlustvortrags auf zuletzt fünf Jahre durch das StRefG 1990 ersatzlos aufgehoben worden war, ergab sich durch die Abhängigkeit der gesonderten Verlustfeststellung von der Änderbarkeit des entsprechenden Steuerbescheids gemäß § 10d Abs. 4 S. 4, 5 EStG a.F. eine neue ungeschriebene Beschränkung.

---

627 *Hallerbach*, in: Herrmann/Heuer/Raupach (Hrsg.), 220. Lfg. Oktober 2005, § 10d EStG, Rdnr. 83; a.A. *von Groll*, in: Kirchhof/Söhn/Mellinghoff (Hrsg.), 58. Erg.Lfg. April 1995, § 10d EStG, B 422 ff.

628 OFD Frankfurt a.M., Rundverfügung v. 04.09.1997 – S 2225 A-9-St II 22, DStR 1997, 2025; *Meyer/Ball*, DStZ 1997, 452, 453. Vgl. auch dazu bereits unter Zweites Kapitel A.V.6.

629 BFH, Urteil v. 17.03.1961 – VI 67/60 U, BStBl. III 1961, 427; BFH, Urteil v. 12.01.1966 – I 184/63, BStBl. III 1966, 270; BFH, Urteil v. 09.12.1987 – I R 260/83, BStBl. II 1988, 460. Vgl. zur Rechtslage vor 1990 unter Erstes Kapitel A.I.

630 *Sikorski*, AO-StB 2001, 187.

631 Vgl. auch *Wendt*, FR 1999, 543. Neu war für den Steuerpflichtigen auch, dass er den Steuerbescheid nicht mehr nur dann zu überprüfen hatte, wenn ein Steuerbetrag ihm gegenüber festgesetzt worden war. Vielmehr musste fortan stets die zutreffende Verlustberücksichtigung kontrolliert werden.

Unterschiede ließen sich auch mit Blick auf die Rechtsfolgen einer bestandskräftigen Steuerfestsetzung für den Verlustvortrag ausmachen: So vermochte vor Einführung der gesonderten Feststellung ein Steuerbescheid, der eine Steuerschuld auswies und vom Steuerpflichtigen nicht rechtzeitig angefochten wurde, die nachträgliche Berücksichtigung von Verlusten nur insoweit auszuschließen, als sie in dem jeweiligen Veranlagungszeitraum ausgleichsfähig gewesen wären. Denn es hätte dem Wesen des Verlustabzugs widersprochen, die Beträge, die im Verlustjahr bereits bei der Festsetzung der Einkommensteuer zu berücksichtigen gewesen wären, auf spätere Jahre zu übertragen[632]. Ein Verbrauch der darüber hinausgehenden Verluste trat somit erst nach Ablauf der fünf Folgejahre ein[633]. Vor diesem Hintergrund bedeutete die BFH-Rechtsprechung zu § 10d Abs. 4 S. 4, 5 EStG a.F. eine echte Schlechterstellung. Waren die Voraussetzungen der Regelung nicht erfüllt, sollte ein absolutes Feststellungsverbot[634] auch dann eintreten, wenn es sich um einen Freistellungsbescheid (§ 155 Abs. 1 S. 3 AO) handelte[635]. Ausgenommen waren allein der Verlustrücktrag[636] und die Konstellation, dass die Vorschrift mangels vorhandener Steuerfestsetzung nicht anwendbar war[637].

Der durch die Einführung des gesonderten Verlustfeststellungsverfahrens bewirkte Paradigmenwechsel hin zu mehr Rechtssicherheit ist dennoch grundsätzlich positiv zu sehen. Eine zeitnahe verbindliche Entscheidung über den Verlustvortrag erleichterte der zuständigen Finanzbehörde die Sachverhaltsermittlung[638]. Auch waren seitens des Steuerpflichtigen keine langwierigen und

---

632 BFH, Urteil v. 02.02.1951 – IV 44/50 S, BStBl. III 1951, 55; BFH, Urteil v. 01.12.1955 – IV 266/54 U, BStBl. III 1956, 41. Der Steuerpflichtige verlor die Abzugsmöglichkeit daher für spätere Jahre, wenn der Verlust bereits in einem der Vorjahre hätte ausgeglichen oder abgezogen werden können, BFH, Urteil v. 01.12.1955 – IV 266/54 U, BStBl. III 1956, 41.

633 *Kuchenreuther*, DStR 1988, 638.

634 Im Korrekturfall musste die begehrte Änderung des Feststellungsbescheids entsprechend unterbleiben.

635 Vgl. nur BFH, Urteil v. 09.12.1998 – XI R 62/97, BStBl. II 2000, 3, 4 f.; Niedersächsisches FG, Urteil v. 25.04.1996 – XII 82/95, EFG 1997, 276, sowie oben unter Zweites Kapitel A.I.2. In der Literatur wurde indes vertreten, dass die bisherige Rechtslage weiter Bestand habe mit der Folge, dass ein Verlustverbrauch weiterhin auf den positiven Gesamtbetrag der Einkünfte des Verlustentstehungsjahrs beschränkt bleibe. Verluste, die über diesen Betrag hinausgingen, könnten daher zum Jahresende gesondert festgestellt werden, *Heinicke*, in: Schmidt (Hrsg.), 21. Aufl. 2002, § 10d EStG, Rdnr. 56.

636 BFH, Urteil v. 09.05.2001 – XI R 25/99, BStBl. II 2002, 817, 818.

637 BFH, Urteil v. 02.08.2006 – XI R 65/05, BStBl. II 2007, 921, 922.

638 *Bahlau*, FR 1988, 565, 571.

komplizierten Nachforschungen mehr nötig, um die ihm zustehende Verlusthöhe und ihren zwischenzeitlichen Verbrauch zu ermitteln. Etwaige Differenzen über die zutreffende Höhe des zu berücksichtigenden Verlusts aus vorangegangenen Veranlagungsjahren hatten die Beteiligten in der Regel viel früher, zumeist innerhalb der Rechtsbehelfsfrist des Steuerbescheids auszutragen[639]. Die Höhe des verbleibenden Verlustvortrags stand spätestens dann verbindlich fest, wenn die Steuerfestsetzung des Verlustentstehungsjahrs nicht mehr geändert werden konnte[640]. Das „Mehr" an Rechtssicherheit wurde freilich auf Kosten der Rechtsrichtigkeit erreicht. Die Rechtsprechung des BFH hat bis 2008 die Verlustvortragsmöglichkeiten jedoch zusätzlich und übermäßig eingeschränkt. Mit ihr ging eine erhebliche Verkomplizierung des Verfahrensrechts einher. Diese veranschaulicht folgendes

**Beispiel:**
Der Steuerpflichtige A führte einen Handwerksbetrieb, mit dem er fortlaufend Verluste erwirtschaftete. Im Jahr 1 machte A einen Verlust in Höhe von 100.000 DM in seiner Einkommensteuererklärung geltend. Das Finanzamt erkannte nur einen negativen Gesamtbetrag von 50.000 DM an und setzte die Steuer auf null DM fest. Der Einspruch des A wurde als unzulässig verworfen.

Auch vor der Reform durch das StRefG 1990 war der Einspruch gegen einen Steuernullbescheid mangels Beschwer unzulässig. Eine verbindliche Klärung der richtigen Verlusthöhe konnte A nicht zeitnah herbeiführen. Er musste abwarten, bis er mit seinem Unternehmen wieder Gewinne generierte und im Rahmen der Veranlagung ihm gegenüber erstmals wieder ein positiver Steuerbetrag festgesetzt wurde. Wäre z.B. im Jahr 3 eine Steuer entstanden, hätte A diesen Bescheid anfechten und eine korrekte Verlustberücksichtigung erstreiten können. Hingegen wären die Verluste endgültig verloren gewesen, wenn sein Handwerksbetrieb bis Ende von Jahr 7 nicht aus der Verlustzone herausgekommen wäre.

Nach der höchstrichterlichen Rechtsprechung zu § 10d Abs. 4 S. 4, 5 EStG a.F. war die gesonderte Feststellung des verbleibenden Verlustvortrags zum Ende des Jahres 1 ausgeschlossen, da A innerhalb der einjährigen Einspruchsfrist seit Bekanntgabe des Steuernullbescheids (§ 356 Abs. 2 AO analog) keinen Feststellungsantrag gestellt hatte. Hätte das Finanzamt neben dem Steuernullbescheid auch einen – wenn auch zu niedrigen – Verlustfeststellungsbescheid erlassen, hätte A innerhalb der Einspruchsfrist für den Steuerbescheid Einspruch einlegen und eine zeitnahe Klärung der zutreffenden Höhe des verbleibenden Verlustvortrags erreichen können. Insoweit ist eine Verbesserung des Rechtsschutzes durch die Einführung des Verlustfeststellungsverfahrens klar

639 *Wendt*, FR 1999, 543. Infolge der nach altem Recht bestehenden zeitlichen Begrenzung des Verlustvortrags bewegten sich Rechtsstreitigkeiten allerdings auch innerhalb eines gewissen Rahmens, *Kuchenreuther*, DStR 1988, 638.

640 So auch *Wendt*, FR 1999, 543.

zu erkennen. Hätte A stattdessen aber den Steuerbescheid bestandskräftig werden lassen, wäre eine Erhöhung des Verlustvortrags nach § 10d Abs. 4 S. 5 EStG a.F. nicht mehr möglich gewesen.

### VI. Zwischenergebnis

Die Rechtsprechung des BFH hatte in ihrer Ausprägung bis 2008 eine rein verfahrensrechtliche bzw. faktische Bindung der gesonderten Verlustfeststellung an den Einkommensteuerbescheid zur Folge. Diese gründete sich darin, dass der XI. Senat die Vorschrift des § 10d Abs. 4 S. 4, 5 EStG a.F. als spezielle Rechtsgrundlage für den erstmaligen Erlass des Feststellungsbescheids heranzog. In der Konsequenz musste der Steuerbescheid noch (potentiell) verfahrensrechtlich änderbar sein, damit Verluste abweichend von den ihm bisher zugrunde liegenden Besteuerungsgrundlagen gesondert festgestellt werden konnten. Das Feststellungsverfahren wurde auf diese Weise sehr eng an das Veranlagungsverfahren angebunden. Auch wenn maßgeblich auf eine Änderungsbefugnis für den Steuerbescheid abzustellen war, kam diesem nach Satz 4 und 5 aber keine inhaltliche Bindungs- oder gar eine Grundlagenwirkung zu. Dies folgte insbesondere daraus, dass die Feststellungsgrundlagen grundsätzlich selbstständig zu ermitteln waren und außerhalb des Anwendungsbereichs von § 10d Abs. 4 S. 4, 5 EStG a.F. nicht durch die Besteuerungsgrundlagen des Steuerbescheids überlagert wurden. In Ermangelung einer Steuerfestsetzung für das Verlustentstehungsjahr konnte ein Feststellungsbescheid daher nach § 10d Abs. 4 S. 1 EStG a.F. innerhalb der allgemeinen Verjährungsfrist ergehen. Die höchstrichterliche Rechtsprechung wurde im Schrifttum überwiegend kritisch gesehen und war mit dem Gesetzeswortlaut nur bedingt zu vereinbaren. Für den Steuerpflichtigen hatte sie zur Folge, dass nicht ausgeglichene negative Einkünfte möglichst vollständig und vor allem zeitnah, d.h. innerhalb der Einspruchsfrist, für den Steuerbescheid geltend gemacht werden mussten.

## B. Keine Bindungswirkung des Steuerbescheids für den Verlustfeststellungsbescheid nach Auslegung des BFH ab 2008

Nach den Grundsätzen des IX. Senats des BFH, bei dem seit dem Jahr 2008 die Entscheidungszuständigkeit für Rechtsfragen im Zusammenhang mit der gesonderten Verlustfeststellung geschäftsmäßig liegt, war für die anwendbare Rechtsgrundlage nicht mehr zwischen verschiedenen Konstellationen bzw. der Existenz eines bestandskräftigen Steuerbescheids mit positivem oder negativem Gesamtbetrag der Einkünfte zu differenzieren. Der geänderten Rechtsprechung lag ein Verständnis zugrunde, wonach § 10d Abs. 4 S. 4, 5 EStG a.F. nur noch als Korrekturvorschrift und damit nicht mehr als Rechtsgrundlage für den erstmaligen Erlass des Verlustfeststellungsbescheids fungierte[641].

## I. Rechtsprechungsänderung durch den IX. Senat des BFH: § 10d Abs. 4 S. 4, 5 EStG a.F. als reine Korrekturnorm

### 1. *Anstoß durch den XI. Senat mit Beschluss vom 24. Oktober 2007*

Die Rechtsprechungsänderung lässt sich nicht allein auf eine neue interne Geschäftsverteilung beim BFH zurückführen. Den Grundstein für eine abweichende und stärker am Wortlaut orientierte Auslegung legte schon der XI. Senat in seinem Beschluss vom 24. Oktober 2007[642].

Der XI. Senat brachte in dieser Entscheidung zum Ausdruck, dass er aufgrund einer Reihe von anhängigen Revisionen[643] die Notwendigkeit gegeben sehe, seine bisherige Rechtsprechung zum erstmaligen Erlass eines Verlustfeststellungsbescheids bei Vorliegen eines bestandskräftigen Einkommensteuerbescheids auf den Prüfstand zu stellen. Auch die vom XI. Senat in diesem Zusammenhang explizit erwähnte „nachhaltige Kritik" durch Vertreter der Literatur dürfte Anlass zu der angekündigten Überprüfung gegeben haben[644]. Die Bedenken des BFH an seiner bisherigen Rechtsauffassung gründeten maßgeblich im Gesetzeswortlaut des § 10d Abs. 4 S. 4, 5 EStG a.F. Das Tatbestandsmerkmal „Änderung der nach Satz 2 zu berücksichtigenden Beträge" sollte bei wortlautgetreuer Lesart dann nicht erfüllt sein, wenn im Verlustentstehungsjahr ein Einkommensteuerbescheid mit positivem oder einem Gesamtbetrag der Einkünfte von null

641 Die Rechtsprechungsänderung hatte ebenso Bedeutung für das Gewerbesteuerrecht, *Sarrazin*, in: Lenski/Steinberg (Hrsg.), § 35b GewStG, Rdnr. 33.

642 BFH, Beschluss v. 24.10.2007 – XI R 42/06, BFH/NV 2008, 48. *Heuermann* geht hingegen davon aus, dass diese Rechtsprechung bereits im Jahr 2006 begonnen hat, vgl. *Heuermann*, in: Kirchhof/Söhn/Mellinghoff (Hrsg.), § 10d EStG, D 144; in diese Richtung auch *Pfirrmann*, in: Kirchhof (Hrsg.), § 10d EStG, Rdnr. 20. Da in dem von *Heuermann* in Bezug genommenen Urteil § 10d Abs. 4 S. 4, 5 EStG a.F. mangels Steuerbescheid nicht anwendbar war, hat der BFH zur Auslegung der Vorschrift allerdings nicht entschieden, vgl. BFH, Urteil v. 02.08.2006 – XI R 65/05, BStBl. II 2007, 921 ff.

643 Neben dem schließlich durch den IX. Senat entschiedenen, hier besprochenen Verfahren (vgl. dazu unter Zweites Kapitel B.I.2.) handelte es sich um die erledigten anhängigen Verfahren XI R 40/06 (erledigt durch Abgabe, neues Az. IX R 69/06) und XI R 20/06 (erledigt durch Abgabe, neues Az. IX R 65/06).

644 Vgl. hierzu bereits unter Zweites Kapitel A.IV.

Euro ergangen war. Entscheidende Bezugsgröße im Sinne des § 10d Abs. 4 S. 2 EStG a.F. sei nämlich eindeutig nicht – und insoweit handelte es sich um ein echtes Novum in der Rechtsprechung des XI. Senats – der Gesamtbetrag der Einkünfte selbst, sondern ausschließlich die bei der Ermittlung des Gesamtbetrages der Einkünfte „nicht ausgeglichenen negativen Einkünfte". Da diese Bezugsgröße in den Fällen des positiven oder eines Gesamtbetrags der Einkünfte in Höhe von null gar nicht vorhanden sei, könne sie sich im Sinne von Satz 4 auch nicht geändert haben. Ohne eine Bezugsgrößenänderung falle der Erlass eines erstmaligen Feststellungsbescheids aber nicht in den Regelungsbereich von § 10d Abs. 4 S. 4, 5 EStG a.F.[645].

Eingedenk dieser Erwägungen erschien dem XI. Senat ein Festhalten an der bisherigen Rechtsprechung nur noch gerechtfertigt, sofern entweder die Voraussetzungen einer wortlautkorrigierenden Auslegung gegeben waren oder eine Rechtsfortbildung nach anerkannten Grundsätzen in Betracht kam. Das BMF wurde diesbezüglich zum Verfahrensbeitritt aufgefordert und um Abgabe einer Stellungnahme gebeten[646]. Auch wenn sich der XI. Senat eine endgültige rechtliche Würdigung im Anschluss an die Bewertung durch das Ministerium vorbehalten hatte, konnte seinen Ausführungen zumindest die Tendenz entnommen werden, dass er keine hinreichend gewichtigen Gründe für eine Fortführung der bisherigen Rechtsprechung gegeben sah. Des Weiteren war aus dem Beschluss zu ersehen, dass der BFH – insoweit unverändert zu den von ihm bisher vertretenen Grundsätzen – auf die Besteuerungsgrundlagen des Steuerbescheids als Bezugspunkt für eine Änderung von Bezugsgrößen abstellte[647].

Es fragt sich schließlich, was den BFH zu seinem Sinneswandel in Bezug auf die Subsumtion unter das Merkmal der Bezugsgrößenänderung bewegt hat. In seinen vorangehenden Urteilen schien er sich nicht am entgegenstehenden Gesetzeswortlaut zu stören und bejahte vielmehr stets die Voraussetzungen des Tatbestandsmerkmals, sofern sich nur eine objektive Diskrepanz zwischen dem der Steuerfestsetzung zugrunde liegenden Gesamtbetrag der Einkünfte auf der einen und dem nach materiellem Recht entstandenen Verlust auf der anderen Seite feststellen ließ[648]. Vermutlich dürfte die breite Kritik im Schrifttum den XI. Senat mit dazu bewegt haben, seine ursprüngliche Auslegung noch einmal zu überdenken. Insoweit hat sich der BFH aber nicht kurzerhand einer

---

645 BFH, Beschluss v. 24.10.2007 – XI R 42/06, BFH/NV 2008, 48 f.

646 BFH, Beschluss v. 24.10.2007 – XI R 42/06, BFH/NV 2008, 48, 49.

647 BFH, Beschluss v. 24.10.2007 – XI R 42/06, BFH/NV 2008, 48.

648 Vgl. hierzu Zweites Kapitel A.I.

Literaturmeinung angeschlossen, sondern seinen eigenen, nur in Teilen mit der Literatur übereinstimmenden Interpretationsansatz begründet. Noch bevor der XI. Senat eine Entscheidung treffen konnte, erledigte sich das Verfahren durch Abgabe an den IX. Senat.

### 2. *Entscheidung(en) des IX. Senats vom 17. September 2008*

Mit Urteil vom 17. September 2008[649] hat der IX. Senat die ständige Rechtsprechung des BFH aufgegeben[650] und entschieden, dass ein verbleibender Verlustvortrag auch in dem Fall nach § 10d Abs. 4 S. 1 EStG a.F. erstmals gesondert festzustellen war, wenn der bestandskräftige Einkommensteuerbescheid für das Verlustentstehungsjahr keine nicht ausgeglichenen negativen Einkünfte auswies. Der IX. Senat knüpfte hierbei wesentlich an die Vorarbeit des XI. Senats im Beschluss vom 24. Oktober 2007 an.

Im zugrunde liegenden Streitfall hatte das Finanzamt gegenüber dem Kläger für den Veranlagungszeitraum 2001 eine Einkommensteuer von null Euro basierend auf einem Gesamtbetrag der Einkünfte von null festgesetzt. Nachdem der Steuerbescheid bestandskräftig geworden war, reichte der Kläger eine Erklärung zur Feststellung des verbleibenden Verlustvortrags für das Streitjahr ein, mit der er vorab entstandene Werbungskosten bei den Einkünften aus nichtselbstständiger Arbeit geltend machte. Die nach erfolglosem Einspruch erhobene Klage wies das FG Düsseldorf in Übereinstimmung mit den Grundsätzen der bisherigen höchstrichterlichen Rechtsprechung als unbegründet ab[651]. Eine gesonderte Feststellung nach § 10d Abs. 4 S. 4, 5 EStG a.F. sei nicht zulässig gewesen, da der Einkommensteuerbescheid des Verlustentstehungsjahrs nicht mehr habe geändert werden können. Der Kläger habe es außerdem versäumt, innerhalb der Jahresfrist die gesonderte Feststellung zu beantragen[652].

Der IX. Senat des BFH ist dieser Argumentation nicht gefolgt. Er sah die Anforderungen an eine Änderung von Bezugsgrößen im Sinne des § 10d Abs. 4 S. 2 EStG a.F. nicht mehr als erfüllt an, wenn Verluste nachträglich erklärt wurden

649 BFH, Urteil v. 17.09.2008 – IX R 70/06, BStBl. II 2009, 897.

650 Dazu, dass die Kompetenz zur Gesetzesauslegung und diejenige zur Selbstkorrektur bzw. Auslegungsänderung zwangsläufig zusammenfallen, *Friauf*, in: Tipke (Hrsg.), Grenzen der Rechtsfortbildung durch Rechtsprechung und Verwaltungsvorschriften im Steuerrecht, S. 53, 55. Vgl. zur Rechtsfortbildung im weiteren Sinn durch Auslegung *Woerner*, in: Tipke (Hrsg.), Grenzen der Rechtsfortbildung durch Rechtsprechung und Verwaltungsvorschriften im Steuerrecht, S. 23, 27.

651 FG Düsseldorf, Urteil v. 16.08.2006 – 16 K 5362/05 F, BeckRS 2006, 26022526.

652 FG Düsseldorf, Urteil v. 16.08.2006 – 16 K 5362/05 F, BeckRS 2006, 26022526.

und der bestandskräftige Steuerbescheid einen positiven Gesamtbetrag der Einkünfte oder einen solchen von null Euro auswies. Der Anwendungsbereich von Satz 4 und 5 sei folglich nicht eröffnet, so dass für den Erlass des Feststellungsbescheids auf die allgemeine Rechtsgrundlage nach Satz 1 zurückzugreifen sei. Da eine Bezugsgrößenänderung im konkreten Fall unter keinen Umständen eingetreten sei, bedurfte es nach Ansicht des IX. Senats nicht der abschließenden Klärung, ob als Bezugspunkt insoweit auf den Steuer- oder den Feststellungsbescheid des Streitjahrs abzustellen gewesen wäre. Zum einen konnten sich die nicht ausgeglichenen negativen Einkünfte im Feststellungsbescheid nicht geändert haben, weil eine erstmalige gesonderte Feststellung noch gar nicht stattgefunden hatte. Zum anderen ließ sich mit Blick auf die Besteuerungsgrundlagen des Steuerbescheids des Verlustentstehungsjahrs – jetzt unter Rückgriff auf die vom XI. Senat befürwortete Lesart[653] – keine Veränderung der nicht ausgeglichenen negativen Einkünfte ausmachen, weil diese Bezugsgröße im Gesamtbetrag der Einkünfte von null Euro von vornherein nicht enthalten war[654]. Das dem Verfahren beigetretene BMF hatte – ebenso wie die Vorinstanz – mit der bisherigen Rechtsprechung des XI. Senats argumentiert, welche die § 10d Abs. 4 S. 4, 5 EStG a.F. in einer Konstellation wie der hiesigen wohl bedenkenlos angewendet hätte[655]. Der IX. Senat hat jedoch klargestellt, dass er an dieser Rechtsprechung nicht mehr festhalten werde, soweit sich nach dieser etwas anderes, also eine Änderung der nicht ausgeglichenen negativen Einkünfte, ergebe[656].

Neu und damit hervorzuheben war neben der durch den XI. Senat vorbereiteten, nunmehr ausdrücklich erklärten Rechtsprechungsänderung auch der Umstand, dass der IX. Senat den Steuerbescheid als maßgeblichen Bezugspunkt für eine Änderung der zu berücksichtigenden Beträge erstmals in Frage stellte[657]. Der IX. Senat des BFH schien sich jedoch bewusst Hinweisen (im Rahmen eines obiter dictum) darauf zu enthalten, welcher Sichtweise er den Vorzug geben würde. Dies ist insofern konsequent, als eine Abgrenzung erst bei einer Steuerfestsetzung mit negativem Gesamtbetrag der Einkünfte entscheidungserheblich gewesen wäre[658]. In jedem Fall hatte das Feststellungsverfahren durch die restriktivere Auslegung von § 10d Abs. 4 S. 4, 5 EStG a.F. schon jetzt eine wieder

---

653 Dazu bereits unter Zweites Kapitel B.I.1.

654 BFH, Urteil v. 17.09.2008 – IX R 70/06, BStBl. II 2009, 897, 898.

655 Dazu näher unter Zweites Kapitel A.II.3.a).

656 BFH, Urteil v. 17.09.2008 – IX R 70/06, BStBl. II 2009, 897, 898.

657 Vgl. auch *Ettlich*, DB 2009, 18, 21.

658 Für die Entscheidungserheblichkeit dieser Konstellation auch *Ettlich*, DB 2009, 18, 21.

eigenständigere Bedeutung erlangt[659]. Ob der Regelungsbereich der Vorschrift noch weiter – dann auf eine reine Korrekturnorm – einzuschränken war, blieb einer separaten Entscheidung vorbehalten[660].

Da auch ein Steuerbescheid mit positivem Gesamtbetrag der Einkünfte – sei es, dass er die Grundlage einer Steuerfestsetzung von null oder eines höheren Betrags bildet – keine nicht ausgeglichenen negativen Einkünfte beinhaltet, kam dem Leitsatz des Grundsatzurteils des IX. Senats auch für diese Konstellation Bedeutung zu[661]. Dass der IX. Senat mit gleicher Begründung und zum Teil mit Urteil vom selben Tag die erstmalige gesonderte Feststellung des verbleibenden Verlustvortrags gemäß § 10d Abs. 4 S. 1 EStG a.F. auch dann zugelassen hat, wenn der bestandskräftige Steuernullbescheid für den Verlustentstehungszeitraum einen positiven Gesamtbetrag der Einkünfte auswies[662], war daher als bloße Klarstellung zu werten. Die zu § 10d Abs. 4 EStG i.d.F. des StEntlG 1999/2000/2002[663] ergangenen neuen Rechtsprechungsgrundsätze konnten hierbei ohne Einschränkungen auch auf die den Urteilsfällen zugrunde liegende Vorgängerregelung angewendet werden. Der Austausch der Begriffe „verbleibender Verlustabzug" zu „verbleibender Verlustvortrag" sowie „nicht ausgeglichener Verlust" zu nunmehr „nicht ausgeglichene negative Einkünfte" im Rahmen von § 10d Abs. 4 S. 2 EStG a.F. änderte nichts daran, dass der Gesamtbetrag der Einkünfte jedenfalls kein Bestandteil des Feststellungsgegenstands war[664]. Das FG des Landes Sachsen-Anhalt hat die „wortlautgetreue Auslegung" der höchstrichterlichen Rechtsprechung schließlich auf den Fall der gesonderten Verlustfeststellung bei einer auf mehr als null Euro bestandskräftig festgesetzten Einkommensteuer übertragen[665].

---

659 Vgl. auch *Ettlich*, HFR 2009, 238.

660 Dazu sogleich unter Zweites Kapitel B.I.4.

661 Die Entscheidung sei zum Teil dahingehend verstanden worden, dass die geänderte Rechtsprechung nur für die Fallgruppe gelten solle, bei der dem Einkommensteuerbescheid keine nicht ausgeglichenen negativen Einkünfte zugrunde lägen, *Steinhauff*, jurisPR-SteuerR 14/2009, Anm. 2; *Intemann*, KSR 2009, 2, 3.

662 BFH, Urteil v. 17.09.2008 – IX R 92/07, BeckRS 2008, 25014484; BFH, Urteil v. 17.09.2008 – IX R 81/07, BFH/NV 2009, 386; BFH, Urteil v. 28.10.2008 – IX R 99/07, BeckRS 2008, 25014485.

663 StEntlG 1999/2000/2002 vom 24.03.1999, BGBl. I 1999, 402.

664 So ausdrücklich BFH, Urteil v. 17.09.2008 – IX R 92/07, BeckRS 2008, 25014484 und BFH, Urteil v. 17.09.2008 – IX R 81/07, BFH/NV 2009, 386.

665 Nach der Argumentation des FG könne die Entscheidung über das Bestehen oder Nichtbestehen einer Bindung des Verlustfeststellungsbescheids an den Einkommensteuerbescheid weder von der Höhe der festgesetzten Steuer noch von den zugrunde

### 3. *Entscheidung des IX. Senats vom 11. November 2008*

In der Entscheidung vom 11. November 2008[666] kam der IX. Senat erstmals zu dem Ergebnis, dass der Bescheid über die festgesetzte Einkommensteuer nicht Bezugspunkt für eine Änderung der nicht ausgeglichenen negativen Einkünfte im Sinne des § 10d Abs. 4 S. 4 i.V.m. S. 2 EStG a.F. sei. Der Aussagegehalt des Urteils muss für die vorliegend untersuchte erstmalige gesonderte Verlustfeststellung gleichwohl relativiert werden, da der BFH insoweit zu einer Sonderkonstellation entschieden hat und die Entscheidungsgründe aus diesem Grund wohl nicht verallgemeinerungsfähig waren[667].

Die Besonderheit des Streitfalls lag im materiellen Recht begründet, namentlich in der Anwendbarkeit der Verlustverrechnungsbeschränkung des § 23 Abs. 3 S. 9 HS. 1 EStG 2007 (jetzt: § 23 Abs. 3 S. 8 HS. 1 EStG). Danach durften Veräußerungsverluste nur bis zur Höhe des Gewinns, den der Steuerpflichtige im gleichen Kalenderjahr aus privaten Veräußerungsgeschäften erzielt hatte, ausgeglichen werden. Ein vertikaler Verlustausgleich mit positiven Einkünften anderer Einkunftsarten war ausgeschlossen. Die nicht ausgleichbaren Veräußerungsverluste waren für Zwecke des Verlustverrechnungskreises gesondert festzustellen[668], § 23 Abs. 3 S. 9 HS. 2 i.V.m. § 10d Abs. 4 S. 1 EStG 2007. Dem erstmaligen Erlass eines Feststellungsbescheids stand dem BFH zufolge nicht entgegen, dass im Steuerbescheid des Streitjahrs Verluste in geringerer Höhe ausgewiesen waren, als sie vom Steuerpflichtigen im Feststellungsverfahren

---

liegenden, nicht bestandskraftfähigen Besteuerungsgrundlagen abhängig gemacht werden. Aufgrund eines „redaktionellen Versehens“ des Gesetzgebers habe auch schon vor der Rechtsprechungsänderung kein Anwendungsbereich für die erstmalige gesonderte Feststellung im Rahmen der Sätze 4 und 5 bestanden, FG des Landes Sachsen-Anhalt, Urteil v. 18.11.2010 – 1 K 60/10, EFG 2011, 957, 958, rkr.

666 BFH, Urteil v. 11.11.2008 – IX R 44/07 = BStBl. II 2010, 31.

667 A.A. *Bode*, FR 2010, 40, dem zufolge spätestens mit der hiesigen Entscheidung geklärt war, dass der Einkommensteuerbescheid nicht den Bezugspunkt für eine mögliche Änderung von Bezugsgrößen bildete.

668 Nachdem es – zumindest nach Auffassung des BFH entgegen einer bestehenden Verwaltungsanweisung – an einer Rechtsgrundlage für die gesonderte Feststellung von Verlusten aus privaten Veräußerungsgeschäften im Sinne des § 23 EStG fehlte, vgl. BFH, Urteil v. 22.09.2005 – IX R 21/04, BStBl. II 2007, 158 = DStR 2006, 752, 753 f., hat der Gesetzgeber im Rahmen des JStG 2007 in § 23 Abs. 3 S. 9 HS. 2 EStG a.F. ausdrücklich klargestellt, dass ein gesondertes Feststellungsverfahren durchzuführen ist. Dies gilt rückwirkend für alle bis zum 01.01.2007 nicht feststellungsverjährten Veranlagungszeiträume, § 52 Abs. 39 S. 7 EStG i.d.F. des JStG 2007.

nachträglich geltend gemacht wurden. Nach Ansicht des IX. Senats kam der Regelung des § 23 Abs. 3 S. 9 HS. 2 i.V.m. § 10d Abs. 4 S. 4 EStG 2007 keine Sperrwirkung zu, da sie mangels geänderter Bezugsgrößen nicht anzuwenden war. Insbesondere könne der bereits ergangene Steuerbescheid nicht als Bezugspunkt dienen, weil die vom Ausgleichsverbot erfassten Veräußerungsverluste nicht in die Summe der Einkünfte nach § 2 Abs. 3 EStG eingingen und damit schon keinen Einfluss auf die Höhe der festzusetzenden Steuer hätten[669].

Dadurch, dass die Verluste vom vertikalen Verlustausgleich ausgeschlossen waren und folglich nicht mit etwaigen positiven Einkünften einer anderen Einkunftsart verrechnet werden konnten, sind sie mithin nicht in die Bemessungsgrundlage der Einkommensteuer eingeflossen und keine Besteuerungsgrundlagen geworden. Soweit der IX. Senat davon sprach, dass die genannten Verlustbeträge für die Einkommensteuer „irrelevant" seien[670], dürfte dies dahin gemeint gewesen sein, dass eine Änderung der Veräußerungsverluste nicht einmal potentiell geeignet gewesen wäre, eine Korrekturbefugnis für den Steuerbescheid des Verlustentstehungsjahrs im Sinne von § 10d Abs. 4 S. 4, 5 EStG a.F. zu begründen. Der BFH erweiterte damit die Möglichkeiten der erstmaligen gesonderten Feststellung um eine weitere Fallgruppe[671]. Er ging nach der hier vertretenen Auffassung allerdings nicht so weit, den Steuerbescheid für das Jahr der Verlustentstehung auch im Grundverrechnungskreis nach § 10d Abs. 4 EStG a.F. und damit generell als maßgeblichen Bezugspunkt auszuschließen[672]. Denn diejenigen Verluste die – im Regelfall – nicht vom Verlustausgleich nach § 2 Abs. 3 EStG ausgenommen sind, finden sehr wohl in den Gesamtbetrag der

---

669 BFH, Urteil v. 11.11.2008 – IX R 44/07, BStBl. II 2010, 31 = FR 2009, 726, 727; BFH, Urteil v. 05.11.2014 – VIII R 28/11, BStBl. II 2015, 276 = DStRE 2015, 403, 405; sowie FG Köln, Urteil v. 24.03.2015 – 12 K 1964/12, EFG 2015, 1373. Diese Rechtsprechung scheint ausweislich der aktuellen Kommentierung unverändert Gültigkeit zu haben, vgl. *Glenk/Ratschow*, in: Blümich (Hrsg.), § 23 EStG, Rdnr. 240. Laut FG München kann ein Feststellungsbescheid über nicht ausgleichbare Veräußerungsverluste, die sich geändert haben, nach § 10d Abs. 4 S. 5 EStG a.F. korrigiert werden, weil sich keine Auswirkungen für die Höhe der Einkommensteuer nach § 23 Abs. 3 S. 8 HS. 1 EStG a.F. ergeben, FG München, Urteil v. 14.09.2017 – 10 K 2312/16, EFG 2017, 1889, 1891.

670 BFH, Urteil v. 11.11.2008 – IX R 44/07, BStBl. II 2010, 31 = FR 2009, 726, 727; FG München, Urteil v. 14.09.2017 – 10 K 2312/16, EFG 2017, 1889, 1891.

671 Dies auch unter Rechtsschutzgesichtspunkten begrüßend *Steinhauff*, jurisPR-SteuerR 14/2009, Anm. 2.

672 So aber *Bode*, FR 2010, 40.

Einkünfte Eingang und können mit den Worten des BFH daher grundsätzlich auch „von Relevanz“ für die Steuerfestsetzung sein.

### 4. *Entscheidung des IX. Senats vom 14. Juli 2009*

Die Diskussion über die einschlägige Rechtsgrundlage für den Erlass eines Feststellungsbescheids über vortragsfähige Verluste fand ihren Schlusspunkt im Urteil des IX. Senats vom 14. Juli 2009[673].

Dem BFH lag erstmals die Sachverhaltskonstellation zur Entscheidung vor, dass der bestandskräftige Steuerbescheid des Verlustentstehungsjahrs einen negativen Gesamtbetrag der Einkünfte, mithin nicht ausgeglichene negative Einkünfte auswies. Als das Finanzamt die im Bescheid berücksichtigten Verluste nachträglich herabsetzte, machte der Kläger mit seinem Einspruch die gesonderte Feststellung der Verluste in ursprünglicher Höhe geltend. Seiner Auffassung nach sei der Verlustvortrag anhand des negativen Gesamtbetrags der Einkünfte des insoweit Bindungswirkung entfaltenden Erstbescheids zu berechnen. Der Anwendungsbereich von § 10d Abs. 4 S. 4, 5 EStG a.F. konnte im Streitfall allerdings nur eröffnet sein, wenn der Erstbescheid als maßgeblicher Bezugspunkt für eine Änderung der nicht ausgeglichenen negativen Einkünfte heranzuziehen war[674]. Die Frage des richtigen Bezugspunkts war damit entscheidungsrelevant[675].

Das FG Rheinland-Pfalz hatte der Klage stattgegeben, weil es die Abänderung des Erstbescheids für unzulässig und die Bindungswirkung des erhöhten negativen Gesamtbetrags der Einkünfte nach § 10d Abs. 4 S. 4, 5 EStG a.F. für gegeben erachtete[676]. Der BFH hob das Urteil indes auf und wies die Klage ab,

673 BFH, Urteil v. 14.07.2009 - IX R 52/08, BStBl. II 2011, 26.

674 Soweit *Bode* die Auffassung vertrat, in der jüngsten BFH-Rechtsprechung sei bereits geklärt, dass der Feststellungsbescheid für das Jahr der Verlustentstehung den Bezugspunkt bilde, *Bode*, FR 2010, 40, kann dem nicht gefolgt werden. Für die Entscheidung vom 11.11.2008, IX R 44/07, ist dies bereits unter Zweites Kapitel B.I.3. dargelegt worden. Hinsichtlich der von *Bode* darüber hinaus in Bezug genommenen, in der Entscheidung vom 14.07.2009 zitierten Urteile (soweit ersichtlich, sind dies die Urteile vom 02.08.2006, XI R 65/05, und vom 17.09.2008, IX R 70/06) kann nichts anderes gelten (zur zweiten Entscheidung siehe bereits unter Zweites Kapitel B.I.2). Im Urteil vom 02.08.2006, XI R 65/05 kam es auf den richtigen Bezugspunkt nicht an, da weder Steuer- noch Feststellungsbescheid existierten und sich die Bezugsgrößen somit in keinem Fall geändert haben konnten.

675 Siehe auch *Ettlich*, DB 2009, 2129.

676 FG Rheinland-Pfalz, Urteil v. 18.12.2007 - 2 K 1618/06, BeckRS 2007, 26025992.

da die Vorschrift nach seiner Ansicht nicht anwendbar war. Er räumte zwar ein, dass sich nach den von ihm aufgestellten Auslegungsgrundsätzen der im negativen Gesamtbetrag der Einkünfte des Steuerbescheids enthaltene nicht ausgeglichene Verlust geändert habe. Gegen den Steuerbescheid als Bezugspunkt im Sinne des § 10d Abs. 4 S. 4, 5 EStG a.F. spreche jedoch der Wortlaut der Norm. Mit der Formulierung am Ende von Satz 4 „[...] und deshalb der entsprechende Steuerbescheid zu erlassen, aufzuheben oder zu ändern ist" werde lediglich die Rechtsfolge des Erlasses, der Aufhebung oder Änderung eines Feststellungsbescheids festgelegt. Die Vorschrift sei gemäß ihrer Zweckbestimmung als reiner Korrekturtatbestand zu verstehen. Bezugspunkt für eine Änderung des bei der Ermittlung des Gesamtbetrags der Einkünfte nicht ausgeglichenen Verlusts könne damit grundsätzlich nur der für das Verlustentstehungsjahr erlassene Feststellungsbescheid sein. Da der vormals zuständige XI. Senat jedenfalls stillschweigend davon ausgegangen war, dass für den richtigen Bezugspunkt auf den Steuerbescheid abgestellt werden musste, kam es aufgrund der hiesigen Entscheidung zu einer Rechtsprechungsänderung[677].

Für den sodann nach § 10d Abs. 4 S. 1 EStG a.F. gesondert festzustellenden verbleibenden Verlustabzug hatte dies weiter zur Folge, dass das Finanzamt den bei der Ermittlung des Gesamtbetrags der Einkünfte nicht ausgeglichenen Verlust im Sinne des § 10d Abs. 4 S. 2 EStG a.F. nicht aus dem Steuerbescheid des Verlustjahrs übernehmen, sondern eigenständig nach materiellem Recht bestimmen musste. Hiernach war der Feststellungsgegenstand so zu berechnen, wie er sich bei zutreffender Berücksichtigung der Besteuerungsgrundlagen sowie des Verlustrück- und -vortrags nach § 10d Abs. 1 und 2 EStG a.F. ergeben hätte. Diese schon mit Urteil vom 2. August 2006 durch den XI. Senat des BFH proklamierte Selbstständigkeit des Feststellungs- gegenüber dem Festsetzungsverfahren[678] sollte nach dem IX. Senat auch dann Gültigkeit besitzen, wenn für das Jahr der Verlustentstehung ein bestandskräftiger Steuerbescheid existierte. Die bisherige Rechtsprechung wurde auf diese Weise konsequent fortentwickelt und ausgebaut, denn mit einer solchen Klarheit – und für die vorliegende Konstellation – war die Ermittlung der Feststellungsgrundlagen noch nicht höchstrichterlich entschieden.

Im Urteilsfall gereichte die materiell-rechtlich zutreffende Verlustfeststellung nach § 10d Abs. 4 S. 1 EStG a.F. jedoch ausnahmsweise zum Nachteil des Klägers, da die nicht ausgeglichenen negativen Einkünfte im Ausgangsbescheid

677 Vgl. *Schallmoser*, HFR 2009, 1079.

678 Vgl. BFH, Urteil v. 02.08.2006 – XI R 65/05, BStBl. II 2007, 921, 922.

fehlerhaft zu hoch angesetzt worden waren[679]. Die Sperrwirkung der Sätze 4 und 5 gegenüber der Rechtsgrundlage in Satz 1 hätte sich allerdings nur dann als günstiger erwiesen, wenn die Voraussetzungen einer Änderungsvorschrift im Hinblick auf den Steuerbescheid nicht dem Rechtsgrund nach erfüllt gewesen wären. Anderenfalls wäre die gesonderte Feststellung auch in lediglich herabgesetzter Höhe in Betracht gekommen. Im Regelfall dürfte sich die neue Rechtsprechung für den Steuerpflichtigen allerdings vorteilhaft ausgewirkt haben, was auch vermutlich den Gesetzgeber auf den Plan gerufen hat[680].

## II. Rezeption in Schrifttum und Finanzverwaltung

Das Schrifttum hat auch die neue Rechtsprechung des IX. Senats besprochen[681], wenn auch nicht mehr so eindringlich und in dem Ausmaß, wie es beim XI. Senat der Fall gewesen war[682]. Dies könnte damit zusammengehangen haben, dass sich die insoweit geäußerten zentralen Kritikpunkte aufgrund des neuen Auslegungsansatzes erledigt hatten. Auch blieb nicht viel Zeit für Rezensionen, da schon das JStG 2010 der Rechtsprechungsänderung teilweise rückwirkend die gesetzliche Grundlage entzog. Die feststellungsfreundliche Rechtsprechungslinie des IX. Senats wurde von der Literatur insgesamt positiv aufgenommen. Ihr wurde die Wirkung zugeschrieben, zu einer wesentlich einfacheren und verständlicheren Rechtslage zu führen[683]. Besonders hervorgehoben wurde in diesem Zusammenhang der verbesserte Rechtsschutz für den Steuerpflichtigen[684]. *Ettlich*[685] konstatierte, die erweiterten Feststellungsmöglichkeiten stünden im Einklang mit dem Zweck des § 10d EStG, die Erfassung der steuerlichen

---

679 Dies merkt auch *Bode* an, FR 2010, 40.

680 Siehe dazu unter Zweites Kapitel C.I.

681 Vgl. zu IX R 70/06: *Apitz*, EStB 2009, 14; *Ettlich*, DB 2009, 18; *Ettlich*, HFR 2009, 238; zu IX R 44/07 siehe z.B. *Apitz*, EStB 2009, 94; *Bode*, FR 2009, 726, 727; *Köhler*, BB 2009, 993; *Steinhauff*, jurisPR-SteuerR 14/2009, Anm. 2; vgl. zu IX R 52/08: *Bode*, FR 2010, 40; *Erl*, StuB 2009, 742; *Ettlich*, DB 2009, 2129; *Heuermann*, StBp 2009, 334; *ders.*, StC 2009, 9; *ders.*, BFH-PR 2010, 7; *Jachmann*, jurisPR-SteuerR 44/2009, Anm. 3; *Schallmoser*, HFR 2009, 1079; *ders.*, SteuK 2009, 38; *Siebenhüter*, EStB 2009, 340. Die überwiegende Mehrzahl der genannten Autoren beschränkt sich jedoch auf eine Wiedergabe der jeweiligen Entscheidung und einen kurzen Praxishinweis.

682 Dazu bereits unter Zweites Kapitel A.IV.

683 *Siebenhüter*, EStB 2009, 340.

684 *Steinhauff*, jurisPR-SteuerR 14/2009, Anm. 2.

685 *Ettlich*, DB 2009, 18, 21.

Leistungsfähigkeit des Steuerpflichtigen jenseits der Abschnittsbesteuerung zu gewährleisten[686]. Seiner Ansicht nach war auch der gesetzgeberischen Zielsetzung, mithilfe des gesonderten Feststellungsverfahrens eine zeitnahe und verbindliche Entscheidung über die Höhe des verbleibenden Verlustvortrags herbeizuführen, um Rechtsstreitigkeiten zu begrenzen, durch die Feststellungsfrist und § 181 Abs. 5 AO hinreichend Rechnung getragen[687].

Die Finanzverwaltung hatte anfangs noch für eine Beibehaltung der bisherigen Rechtsprechung und die Anwendbarkeit von § 10d Abs. 4 S. 4, 5 EStG a.F. auf den erstmaligen Erlass eines Verlustfeststellungsbescheids plädiert[688], dann allerdings die beiden Grundsatzentscheidungen des IX. Senats in Teil II des Bundessteuerblatts veröffentlicht[689]. In einer Verfügung des Bayerischen Landesamts für Steuern vom 3. Februar 2010 hieß es: „*Unerheblich für die Verlustfeststellung ist, ob der Einkommensteuerbescheid für das Verlustentstehungsjahr bestandskräftig ist oder gar nicht ergangen ist. Ebenso ist nicht entscheidend, ob in diesem Bescheid die nicht ausgeglichenen negativen Einkünfte materiell richtig erfasst wurden.*“[690] In der aktuellen Verfügung der OFD Frankfurt a.M. wird ebenfalls für die Antragstellung vor dem 14. Dezember 2010 klargestellt, dass zwischen dem Einkommensteuerbescheid für das Verlustentstehungsjahr und dem Verlustfeststellungsbescheid keine Bindungswirkung besteht. Ausgehend von der Rechtsprechung des IX. Senats sei die Möglichkeit des Erlasses eines Verlustfeststellungsbescheids damit nicht von der verfahrensrechtlichen Änderungsmöglichkeit der Steuerfestsetzung im Verlustentstehungsjahr abhängig[691].

686 *Ettlich*, DB 2009, 18, 21, mit Verweis auf den Vorlagebeschluss des BFH vom 28.07.2004 - XI R 54/99, BStBl. II 2005, 262, Ziffer B.III.2.c).

687 *Ettlich*, DB 2009, 18, 21.

688 Siehe hierzu die kurze Wiedergabe am Ende des Tatbestands in BFH, Urteil v. 17.09.2008 – IX R 70/06, BStBl. II 2009, 897, 898.

689 Vgl. BFH, Urteil v. 17.09.2008 – IX R 70/06, BStBl. II 2009, 897; das Urteil vom 14.07.2009 wurde allerdings erst im Jahr 2011 – und damit nach Inkrafttreten der Neuregelung im Rahmen des JStG 2010 vom 08.12.2010 – im Bundessteuerblatt veröffentlicht, BFH, Urteil v. 14.07.2009 – IX R 52/08, BStBl. II 2011, 26.

690 Bayerisches Landesamt für Steuern, Verfügung v. 03.02.2010 – S 2256.1.1-2/1 St32, DStR 2010, 651.

691 OFD Frankfurt a.M., Verfügung v. 24.01.2018 – S 2225 A – 009 – St 213, BeckVerw 353178, Rdnr. 8 ff.

## III. Stellungnahme

Die geänderte Rechtsprechung des IX. Senats war – auch aus den bereits unter A.V.1. genannten Gründen – zu begrüßen. Sie dürfte in der großen Mehrzahl der Fälle zu einem interessengerechten Ergebnis geführt haben, wenn der Steuerpflichtige beispielsweise einem unverschuldeten Rechtsirrtum über die steuerliche Relevanz oder die Höhe von erlittenen Verlusten unterlegen war und diese nun innerhalb der Feststellungsfrist nachträglich geltend machen konnte. Dies galt vor allem bei Nullfestsetzungen, die den Steuerpflichtigen leicht zu dem Fehlschluss verleiten konnten, dass es auf den genauen Betrag der Verluste nicht weiter ankomme[692]. Sofern sich dadurch als Nebeneffekt ggf. die Möglichkeit ergab, von einer zwischenzeitlich günstig ausgefallenen höchstrichterlichen Rechtsprechung zu profitieren, war dies angesichts des Wortlauts von § 10d Abs. 4 S. 4, 5 EStG a.F. hinzunehmen. Schließlich war im Einzelfall wohl auch nicht zu vermeiden, dass Verluste aus steuerplanerischen Gründen vorerst bewusst zurückgehalten wurden, um sie später gesondert feststellen zu lassen[693]. Hierbei musste allerdings berücksichtigt werden, dass zumindest in den Fällen, in denen ohne die Verluste eine Steuerschuld festzusetzen war, zunächst die (erhöhte) Steuerlast im Verlustentstehungsjahr in Kauf genommen werden musste.

## IV. Konsequenzen der restriktiven Auslegung des IX. Senats

Die „geläuterte Rechtserkenntnis“[694] des IX. Senats des BFH brachte weitreichende Veränderungen für das Verlustfeststellungsverfahren nach § 10d Abs. 4 EStG a.F. mit sich. Nach hier vertretener Ansicht handelte es sich bei dem Rechtsprechungswandel in Bezug auf die Bezugsgröße „nicht ausgeglichene negative Einkünfte“[695] um einen bloßen Zwischenschritt. Für eine grundlegende

---

692 Angelehnt an das vom FG gebildete Beispiel, FG des Landes Sachsen-Anhalt, Urteil v. 18.11.2010 - 1 K 60/10, EFG 2011, 957, 958, rkr.

693 So die Befürchtung des FG des Landes Sachsen-Anhalt, FG des Landes Sachsen-Anhalt, Urteil v. 18.11.2010 - 1 K 60/10, EFG 2011, 957, 959, rkr. Soweit das FG vorschlug, Wertungswidersprüchen künftig dadurch zu begegnen, dass das Finanzamt positive Schätzungsbescheide durch einen auf null Euro lautenden Verlustfeststellungsbescheid flankiert, um so den Anwendungsbereich des § 10d Abs. 4 S. 4, 5 EStG a.F. zu eröffnen und eine Sperrwirkung gegenüber später geltend gemachten Verlusten zu erreichen, konnte dies nicht überzeugen. Ein entsprechendes Vorgehen hätte die geänderte höchstrichterliche Rechtsprechung offenkundig konterkariert und gegen den Gesetzeswortlaut verstoßen.

694 BFH, Beschluss v. 26.08.2010 - X B 219/09, BFH/NV 2011, 50.

695 Siehe dazu ausführlich unter Zweites Kapitel B.I.2 oben.

Neuordnung des Systems der gesonderten Verlustfeststellung zeichnete erst die neue Auslegung verantwortlich, die den Feststellungsbescheid zum Bezugspunkt einer Bezugsgrößenänderung[696] erklärte. Denn nur letzterer Ansatz war derart umfassend, dass er sämtliche Fallvarianten der erstmaligen gesonderten Feststellung des verbleibenden Verlustvortrags abdeckte und für eine einheitliche, allgemeine Anwendung des § 10d Abs. 4 S. 1 EStG a.F. sorgte. Demgegenüber konnte allein mithilfe der Bezugsgröße „nicht ausgeglichene negative Einkünfte" die Anwendbarkeit der Sätze 4 und 5 – und damit eine Begrenzung des Feststellungsgegenstands der Höhe nach – bei einem negativen Gesamtbetrag des Steuerbescheids nicht ausgeschlossen werden[697]. Man mag insofern die retardierende Vorgehensweise des IX. Senats hinterfragen, weil ein Abstellen auf den Verlustfeststellungsbescheid für eine Änderung von Bezugsgrößen auch in den Urteilsfällen vom 17. September 2009[698] mit positivem oder ausgeglichenem Gesamtbetrag der Einkünfte zur Unanwendbarkeit der Sätze 4 und 5 geführt hätte. Eine mögliche Erklärung für den vom BFH eingeschlagenen „Umweg" könnte darin liegen, dass der IX. Senat nach dem Zuständigkeitswechsel zunächst die noch vom XI. Senat vorgeschlagene Auslegung weiterverfolgt hat.

Ausgehend vom Feststellungsbescheid gemäß § 10d Abs. 4 S. 1 EStG a.F. als Bezugspunkt im Sinne der Sätze 4 und 5 wurden Überschneidungen der Regelungsbereiche beider Normen beseitigt (dazu unter 1.). Gleichzeitig war klargestellt, dass den Besteuerungsgrundlagen des Steuerbescheids keine Bindungswirkung, d.h. insbesondere keine Grundlagenbescheidwirkung für die Ermittlung des Feststellungsgegenstands zukam (dazu unter 2.). Ferner war die enge Anbindung, die das Feststellungsverfahren aufgrund der höchstrichterlichen Rechtsprechung an das Veranlagungsverfahren bislang erfahren hatte, aufgehoben (dazu unter 3.).

### *1. Neuordnung des Verhältnisses von § 10d Abs. 4 S. 1 und S. 4, 5 EStG a.F.*

Die geänderte Rechtsprechung führte die Regelungen des § 10d Abs. 4 S. 1 und S. 4, 5 EStG a.F. einer klaren und einfach zu handhabenden Anwendung zu. Eine Abgrenzung zwischen den Vorschriften war nunmehr anhand der

---

696 Siehe dazu näher unter Zweites Kapitel B.I.4 oben.

697 Aus diesem Grund musste der BFH zusätzlich zur wortlautgetreueren Auslegung von § 10d Abs. 4 S. 2 EStG a.F. auf den Feststellungsbescheid als Bezugspunkt abstellen, BFH, Urteil v. 14.07.2009 – IX R 52/08, BStBl. II 2011, 26, 27.

698 Diese Entscheidungen sind unter Zweites Kapitel B.I.2. besprochen.

unterschiedlichen Funktionen möglich, die der IX. Senat ihnen zuschrieb. Eine Normenkollision, wie sie zuvor noch über den Spezialitätsgrundsatz aufzulösen war[699], konnte danach nicht mehr eintreten.

### a) *Erlass des Feststellungsbescheids gemäß § 10d Abs. 4 S. 1 EStG a.F.*

Dem IX. Senat zufolge hielt das Gesetz mit § 10d Abs. 4 S. 1 EStG a.F. eine einzige, abschließende Rechtsgrundlage für den erstmaligen Erlass eines Feststellungsbescheids über den verbleibenden Verlustvortrag bereit[700]. Die schwierige Subsumtion unter die Sätze 4 und 5 war der Finanzbehörde abgenommen, da für diese Regelung – entgegen ihrem Wortlaut, der auch den Erlass des Feststellungsbescheids enthielt – kein Raum mehr blieb. In zeitlicher Hinsicht war die gesonderte Feststellung nur noch durch die gesetzliche Feststellungsfrist begrenzt[701]. Je nachdem, ob eine Feststellungserklärung im Sinne von § 181 Abs. 1 S. 2 AO abgegeben wurde, konnte die Verjährung spätestens nach sieben Jahren seit Entstehung der Steuer eintreten. Eine kürzere, ungeschriebene Antragsfrist von regelmäßig nur einem Jahr ab Bekanntgabe des Steuerbescheids für den Verlustentstehungszeitraum musste nicht mehr beachtet werden. Der Gesetzeswortlaut erlangte hierdurch für den Steuerpflichtigen eine erhöhte Verlässlichkeit. Ob das nachträgliche Bekanntwerden von Verlusten grob schuldhaft herbeigeführt wurde, war für die Zulässigkeit der Verlustfeststellung nicht mehr von Bedeutung[702].

Das „Wie" der gesonderten Feststellung, also die Berechnung des Feststellungsgegenstands, war nach § 10d Abs. 4 S. 2 EStG a.F. unabhängig von der Existenz eines Steuerbescheids und dem Inhalt der diesem zugrunde liegenden Besteuerungsgrundlagen durchzuführen. Insgesamt entsprach die Rechtslage damit der alten Rechtsprechung für die Konstellation, dass die Steuerfestsetzung im Jahr der Verlustentstehung nicht mehr möglich bzw. unzulässig war[703].

**Beispiel:**
Der Steuerpflichtige A gab seine Steuererklärung für das Jahr 2006 trotz mehrfachen Aufforderns durch das Finanzamt ohne die Anlage KAP ab. Im Rahmen der Steuerfestsetzung schätzte das Finanzamt die Einkünfte aus Kapitalvermögen daher auf null Euro. A legte gegen den Steuerbescheid Einspruch ein und trug im Einspruchsverfahren erstmals vor, dass ihm bei den Einkünften aus Kapitalvermögen ein Verlust in Höhe von

---

699 Dazu bereits unter Zweites Kapitel A.II.1.

700 BFH, Urteil v. 14.07.2009 – IX R 52/08, BStBl. II 2011, 26, 27.

701 § 181 Abs. 1 S. 1 AO i.V.m. §§ 169 Abs. 2 S. 1 Nr. 2, 170 Abs. 2 S. 1 Nr. 2 AO.

702 Vgl. dazu unter Zweites Kapitel A.II.2.b).

703 Siehe dazu bereits Zweites Kapitel A.I.3.

150.000 Euro entstanden sei. Die entsprechende Anlage KAP reichte er nach. Der Einspruch wurde als verspätet zurückgewiesen.

Unabhängig davon, ob dem bestandskräftigen Steuerbescheid für das Jahr 2006 ein positiver oder negativer Gesamtbetrag der Einkünfte zugrunde lag und ob gegenüber A eine Steuer festgesetzt wurde oder ein Freistellungsbescheid erging, konnte er etwaige vortragsfähige Verluste nach § 10d Abs. 4 S. 1 EStG a.F. gesondert feststellen lassen und diesen Anspruch im Wege der Verpflichtungsklage durchsetzen. Dass die im Steuerbescheid ausgewiesenen Besteuerungsgrundlagen hiervon ggf. abwichen, war nicht von Bedeutung. Auch ergaben sich für A keine nachteiligen Folgen daraus, dass er es grob fahrlässig unterlassen hatte, die Anlage KAP rechtzeitig einzureichen. Hingegen wäre nach alter Rechtsprechung des BFH eine Verlustfeststellung in allen Konstellationen ausgeschieden, da für den Steuerbescheid keine Änderungsmöglichkeit (dem Rechtsgrund nach) bestanden hätte.

**Abwandlung zum Beispiel:**
A kam der Aufforderung des Finanzamts zwar unverzüglich nach und reichte die Anlage KAP noch vor Abschluss der Veranlagung ein, das Finanzamt unterließ es jedoch irrtümlicherweise, einen Steuerbescheid zu erlassen. Nach Ablauf der Festsetzungsfrist bemerkt A den Fehler und beantragt die gesonderte Verlustfeststellung.

Das Finanzamt wird auch in der Abwandlung den verbleibenden Verlustvortrag gesondert feststellen müssen, sofern noch keine Feststellungsverjährung eingetreten ist. Ein Unterschied zur bisherigen Rechtsprechung des XI. Senats besteht in der Abwandlung nicht.

### *b) Korrektur des Feststellungsbescheids nach § 10d Abs. 4 S. 4, 5 EStG a.F.*

Die gesteigerten Anforderungen des § 10d Abs. 4 S. 4, 5 EStG a.F. kamen nach der neuen Lesart des IX. Senats ausschließlich in Korrektursituationen – vorrangig vor den §§ 172 ff. AO (vgl. § 172 Abs. 1 S. 1 Nr. 2 Buchst. d) AO) – zum Tragen[704]. Wie schon nach der überholten Rechtsprechung des XI. Senats war der sachliche Anwendungsbereich eröffnet, wenn sich Bezugsgrößen geändert hatten[705]. Diese Voraussetzung konnte jetzt nur noch erfüllt sein, wenn ein Feststellungsbescheid nach Satz 1 erlassen worden war, der nicht ausgeglichene negative Einkünfte auswies, die nach materiellem Recht in abweichender Höhe zu berücksichtigen gewesen wären, § 10d Abs. 4 S. 2 EStG a.F. Den Bezugspunkt konnte neben dem Erstfeststellungsbescheid auch der unmittelbar vorangegangene Änderungsbescheid bilden[706]. Aus welchem Grund

---

704 Vgl. *Heuermann*, in: Kirchhof/Söhn/Mellinghoff (Hrsg.), § 10d EStG, D 155.

705 Vgl. dazu unter Zweites Kapitel A.II.2.a).

706 Der IX. Senat ordnete die Ablehnung einer erstmaligen gesonderten Verlustfeststellung nicht als Erstfeststellung ein, vgl. *Siebenhüter*, EStB 2009, 340, mit Verweis auf BFH, Urteil v. 14.07.2009 – IX R 52/08, BStBl. II 2011, 26, 27.

die Feststellungsgröße fehlerhaft zugrunde gelegt wurde, war nach wie vor irrelevant[707].

Zum Zweiten war erforderlich, dass der entsprechende[708] Steuerbescheid infolge der geänderten, nicht ausgeglichenen negativen Einkünfte erlassen, aufgehoben oder geändert werden musste bzw. eine Änderung mangels steuerlicher Auswirkung unterblieb[709]. Zwar schien ein Widerspruch zwischen dem Erfordernis der Änderungsbefugnis und den Ausführungen des IX. Senats zu bestehen, wonach gemäß dem Wortlaut von Satz 4 der Erlass, die Aufhebung oder Änderung des entsprechenden Steuerbescheids lediglich Rechtsfolge eines Erlasses, einer Aufhebung oder Änderung des Feststellungsbescheids sei[710]. Die Änderung des Steuerbescheids konnte schwerlich zugleich Tatbestandsmerkmal und Rechtsfolge der Korrektur des Feststellungsbescheids sein. Mit dieser Argumentation zielte der IX. Senat allein auf die erste Voraussetzung von Satz 4 und hierbei darauf ab, zu begründen, weshalb der Steuerbescheid nicht Bezugspunkt für die Änderung von Bezugsgrößen sein konnte. Der Begriff „Rechtsfolge" dürfte daher nicht im streng juristischen Sinn verwendet worden sein. Die Begründung des BFH war möglicherweise dahin zu verstehen, dass der Steuerbescheid als Bezugspunkt ausscheiden sollte, weil er erst infolge der geänderten Bezugsgrößen des Feststellungsbescheids anzupassen war[711]. Damit der Feststellungsbescheid nach § 10d Abs. 4 S. 4, 5 EStG a.F. berichtigt werden konnte, musste folglich eine verfahrensrechtliche (ggf. nur potentielle) Änderungsmöglichkeit für den entsprechenden Steuerbescheid nach §§ 164 f., 172 ff. AO vorliegen[712]. Handelte es sich um einen Steuernullbescheid, war eine ungeschriebene

---

707 Vgl. auch *Ettlich*, DB 2009, 18, 24; ebenso *Siebenhüter*, EStB 2009, 340. Aus dem Wortlaut von § 10d Abs. 4 S. 4, 5 EStG a.F. hätten sich – anders als bei Korrekturtatbeständen wie z.B. § 173 AO – keine Einschränkungen der Änderungsmöglichkeit ergeben, FG München, Urteil v. 14.09.2017 - 10 K 2312/16, EFG 2017, 1889, 1891. Vgl. dazu auch unter Zweites Kapitel A.II.2.a)bb).

708 Vgl. hierzu unter Zweites Kapitel A.II.2.b)cc).

709 BFH, Urteil v. 22.01.2013 - IX R 11/12, BFH/NV 2013, 1069, 1071; FG München, Urteil v. 14.09.2017 - 10 K 2312/16, EFG 2017, 1889, 1891; so ausdrücklich auch *Ettlich*, DB 2009, 18, 25. In Bezug auf das Tatbestandsmerkmal der Bezugsgrößenänderung dürften die bisherigen Maßstäbe entsprechend für den Feststellungsbescheid fortgegolten haben, vgl. hierzu unter Zweites Kapitel A.II.2.a)bb).

710 BFH, Urteil v. 14.07.2009 - IX R 52/08, BStBl. II 2011, 26, 27.

711 In diese Richtung auch *Ettlich*, DB 2009, 2129.

712 BFH, Urteil v. 22.01.2013 - IX R 11/12, BFH/NV 2013, 1069, 1071.

Antragsfrist analog § 256 Abs. 2 AO darüber hinaus nicht zu beachten[713]. Zum einen hätte sie in den wenigsten Fällen Bedeutung erlangen können, weil bei der Korrektur einer in der Regel bestandskräftigen[714] Verlustfeststellung regelmäßig auch der Steuerbescheid bereits in Bestandskraft erwachsen war. Zum anderen gründete sich die einjährige Antragsfrist auf die Rechtsprechung des XI. Senats des BFH, der eine – ebenfalls ungeschriebene – Belehrungspflicht nur für die erstmalige gesonderte Verlustfeststellung angenommen hatte[715].

Auf Rechtsfolgenseite war der festgestellte verbleibende Verlustvortrag nach den materiell-rechtlichen Vorgaben zu korrigieren. Eine inhaltliche Bindung an die Besteuerungsgrundlagen des Steuerbescheids bestand nicht[716]. Fraglich und, soweit ersichtlich, weder finanzgerichtlich noch höchstrichterlich entschieden war der Sachverhalt, dass ein Steuerbescheid nie erlassen wurde und rechtlich auch nicht mehr ergehen konnte. Sofern die geänderten Bezugsgrößen nicht gerade eine erstmalige Steuerfestsetzung erforderlich machten, ging das zweite Tatbestandsmerkmal von Satz 4 ins Leere. Es sprach insoweit viel dafür, § 10d Abs. 4 S. 4 EStG a.F. nicht anzuwenden und stattdessen auf die §§ 172 ff. AO abzuheben[717].

### 2. *Keine Bindungswirkung der Besteuerungsgrundlagen des Steuerbescheids*

Durch die Aufgabe seiner bisherigen Rechtsprechung hat der BFH die Erlassvoraussetzungen für den Verlustfeststellungsbescheid von den Besteuerungsgrundlagen der Steuerfestsetzung abgekoppelt. Dadurch kam erneut zum Ausdruck, dass der Einkommensteuerbescheid des Verlustentstehungsjahrs

---

713 *Siebenhüter* lehnte die Antragsfrist für eine Änderung des Feststellungsbescheids nach § 10d Abs. 4 S. 4 oder S. 5 EStG a.F. ab, vgl. *Siebenhüter*, EStB 2009, 340. Ihm konnte insoweit nicht gefolgt werden, als die Antragsfrist vom BFH nur für den Fall des Satzes 5 entwickelt wurde. In einer von Satz 4 erfassten Konstellation war hingegen der Einspruch gegen den Steuerbescheid statthaft.

714 Vor Eintritt der Bestandskraft war eine Abänderung jederzeit im Wege des Einspruchs ohne besondere Rechtsgrundlage möglich, vgl. *Ettlich*, DB 2009, 18, 24.

715 Vgl. dazu unter Zweites Kapitel A.V.4.

716 BFH, Beschluss v. 06.04.2010 – IX B 139/09, BFH/NV 2010, 1626.

717 Die bisherige Rechtsprechung hatte mangels Steuerbescheid die Anwendbarkeit der Vorschrift mit der – abweichenden – Begründung verneint, dass sich die Bezugsgrößen nicht geändert hätten, BFH, Urteil v. 01.03.2006 – XI R 33/04, BStBl. II 2007, 919, 920; BFH, Urteil v. 26.04.2006 – XI R 56/04, BeckRS 2006, 25010760; BFH, Urteil v. 02.08.2006 – XI R 65/05, BStBl. II 2007, 921, 922.

keinen Grundlagenbescheid in Bezug auf die gesonderte Feststellung des verbleibenden Verlustvortrags darstellte[718]. Der X. Senat des BFH begründete dies ausdrücklich mit der durch den IX. Senat mit Urteil vom 17. September 2009 geschaffenen Selbstständigkeit des Feststellungs- gegenüber dem Festsetzungsverfahren[719]. Die gemäß § 10d Abs. 4 S. 4 EStG a.F. hergestellte verfahrensrechtliche Abhängigkeit zwischen Steuerfestsetzung und Verlustfeststellung beschränkte sich nach der neuen Auslegung auf Korrektursachverhalte[720]. Es war daher nicht nur weiterhin keine inhaltliche Bindungswirkung gegeben[721], es entfiel auch die faktische Bindung der gesonderten Feststellung an die Möglichkeit, den Steuerbescheid verfahrensrechtlich noch zu ändern[722]. Die gesonderte Verlustfeststellung fand somit dem Grunde und der Höhe nach unabhängig von den Besteuerungsgrundlagen des Steuerbescheids statt. Die nach materiellem Recht durchzuführende Berechnung der bei der Ermittlung des Gesamtbetrags der Einkünfte nicht ausgeglichenen negativen Einkünfte wurde nicht mehr von den Anforderungen des Satzes 4 und 5 überlagert[723]. Da die Rechtsprechung zum Sollverlustabzug unverändert Gültigkeit besaß, konnte der Steuerpflichtige Verluste nicht über mehrere Veranlagungszeiträume aufsparen, sofern hinreichendes Verlustverrechnungspotential bestand[724].

### 3. *Selbstständigkeit des Feststellungs- gegenüber dem Festsetzungsverfahren*

Die schon durch den XI. Senat unter engen Voraussetzungen vertretene Selbstständigkeit des Feststellungsverfahrens wurde durch den IX. Senat aufgegriffen

---

718 Vgl. nur BFH, Urteil v. 11.04.2017 - IX R 22/16, BFH/NV 2017, 1178, 1179. Dies galt gleichermaßen für den Gewerbesteuermessbetragsbescheid, FG München, Urteil v. 05.11.2009 - 7 K 1237/08, EFG 2010, 379, 380. Bestätigung erfuhr diese Ansicht auch durch die Ausführungen in der Gesetzesbegründung zum JStG 2010, BT-Drs. 17/2249, S. 52 linke Spalte. Vgl. bereits zur alten Rechtsprechung unter Zweites Kapitel A.V.2.

719 BFH, Urteil v. 21.08.2013 – X R 20/10, BFH/NV 2014, 524.

720 Für die Erlasskonstellation bestand folglich kein Abhängigkeitsverhältnis zwischen Steuer- und Feststellungsbescheid, BFH, Beschluss v. 26.08.2010 - X B 219/09, BFH/NV 2011, 50, 51.

721 *Schallmoser*, SteuK 2009, 38; *ders.*, HFR 2009, 1079; *Erl*, StuB 2009, 742; FG München, Urteil v. 05.11.2009 - 7 K 1237/08, EFG 2010, 379, 380; vgl. auch FG München, Urteil v. 14.09.2017 - 10 K 2312/16, EFG 2017, 1889; siehe auch unter Zweites Kapitel A.V.2.

722 Zum Begriff der „verfahrensrechtlichen Bindung" siehe FG München, Urteil v. 14.09.2017 - 10 K 2312/16, EFG 2017, 1889.

723 BFH, Urteil v. 14.07.2009 – IX R 52/08, BStBl. II 2011, 26 = DStR 2009, 1999, 2000.

724 *Sikorski*, NWB 2011, 2191, 2197.

und sukzessive erweitert. Die bisherige Rechtsprechung hatte eine selbstständige Berechnung des verbleibenden Verlustvortrags nur in dem Fall bejaht, dass für das Verlustentstehungsjahr kein Steuerbescheid existierte[725]. Hieran anknüpfend ging der IX. Senat zunächst dahin, den Feststellungsgegenstand von dem entsprechenden Steuerbescheid mit positivem oder auf null Euro lautendem Gesamtbetrag der Einkünfte zu lösen[726], um in einem zweiten und letzten Schritt die unabhängige Berechnung für sämtliche Szenarien der erstmaligen Verlustfeststellung zu statuieren[727].

Auf diese Weise wurde ein Gleichlauf mit dem Verlustrücktrag geschaffen, welcher ebenfalls selbstständig, d.h. nach den Vorgaben des materiellen Rechts durchzuführen ist, § 10d Abs. 1 S. 1 EStG a.F.[728]. Dies überzeugte vor allem deshalb, weil Verlustvor- und -rücktrag Varianten des übergeordneten Prinzips „Verlustabzug" bilden und sowohl hinsichtlich der Tatbestandsanforderungen als auch in Bezug auf die Rechtsfolgen im Grundsatz denselben Regeln folgen[729]. Dem Gesetzeswortlaut ließ sich kein eindeutiger Hinweis auf unterschiedliche Ermittlungsmethoden für den grundsätzlich erst zurück- und dann im Übrigen vorzutragenden Verlustvorrat entnehmen. Vielmehr sprachen § 10d Abs. 1 S. 1 und Abs. 4 S. 2 EStG a.F. beide von negativen, bei der Ermittlung des Gesamtbetrags der Einkünfte nicht ausgeglichenen Einkünften (im Zusammenhang mit dem Feststellungsgegenstand „verbleibender Verlustvortrag" allerdings nur als Ausgangsgröße). Es war daher nicht einzusehen, weshalb sich der damit in Bezug genommene Verlustbetrag einmal nach materiellem Recht und ein anderes Mal, nämlich für Zwecke der gesonderten Feststellung, nach den Besteuerungsgrundlagen des entsprechenden Steuerbescheids richten sollte[730]. Eine derartige Abhängigkeit konnte ebenso wenig aus § 10d Abs. 4 S. 4, 5 EStG a.F. herrühren, da nach vorzugswürdiger Auslegung die Anpassung, Aufhebung oder der Erlass des entsprechenden Steuerbescheids lediglich Folge der veränderten,

725 BFH, Urteil v. 02.08.2006 – XI R 65/05, BStBl. II 2007, 921.

726 Vgl. dazu bereits unter Zweites Kapitel B.I.2.

727 Vgl. dazu bereits unter Zweites Kapitel B.I.4.

728 Vgl. auch zu den insoweit bestehenden, weitreichenden Korrekturmöglichkeiten unter Zweites Kapitel A.V.6.

729 Freilich bestanden bzw. bestehen Unterschiede insbesondere mit Blick auf den grundsätzlichen Nachrang des Verlustvortrags, seine fehlende zeitliche Begrenzung und die dem Steuerpflichtigen nur für den Rücktrag eingeräumte direkte Einflussnahmemöglichkeit in Form eines Verzichtsrechts, vgl. *von Groll*, in: Kirchhof/Söhn/Mellinghoff (Hrsg.), 58. Erg.Lfg. April 1995, § 10d EStG, C 5.

730 Vgl. *Ettlich*, DB 2009, 18, 22.

nicht ausgeglichenen negativen Einkünfte im Sinne des Abs. 4 S. 2 war[731]. Lediglich im bereits beschriebenen Korrekturfall[732] konnte diese Vorschrift zu einer gewissen (Rest-)Abhängigkeit führen, indem sie die Berichtigung des Feststellungsbescheids versagte, wenn keine (potentielle) verfahrensrechtliche Änderungsmöglichkeit für den entsprechenden Steuerbescheid gegeben war.

### V. Zwischenergebnis

Die Rechtsprechungsänderung durch den IX. Senat des BFH hat das Verlustfeststellungsverfahren aus der bisherigen engen Anbindung an den Einkommensteuerbescheid gelöst. Die gesonderte Feststellung des verbleibenden Verlustvortrags war danach dem Grunde und der Höhe nach eigenständig. Eine Bindungswirkung bestand nur noch in eine Richtung, nämlich durch den Verlustfeststellungsbescheid des Entstehungsjahrs für den Steuerbescheid des Folgejahrs. Die geänderte Rechtsprechung fußte auf einer wortlautgetreueren Auslegung von § 10d Abs. 4 S. 4, 5 EStG a.F., die der Regelung nur noch die Funktion eines Korrekturtatbestands zuschrieb. Für den Steuerpflichtigen wirkte sich dies in doppelter Hinsicht günstig aus: Das Verfahrensrecht wurde in der Anwendung erheblich einfacher und darüber hinaus hatte er nun bis zu sieben Jahre Zeit, um seine Verluste gegenüber dem Finanzamt zu erklären.

## C. Inhaltliche Bindungswirkung des Steuerbescheids für die gesonderte Verlustfeststellung seit 2010

### I. Aushebelung der Rechtsprechungsänderung durch das JStG 2010

Die Überarbeitung von § 10d Abs. 4 S. 4, 5 EStG im Zuge des JStG 2010 kann als sog. rechtsprechungsbrechende Gesetzgebung bezeichnet werden[733]. Der Erlass eines Nichtanwendungsgesetzes findet seine Rechtfertigung in der eigenständigen Verantwortung der Gewalten für das Recht, wenn damit nicht rein

---

731 Zu Recht weist *Ettlich* in diesem Kontext darauf hin, dass der Gesetzgeber angesichts der in Abs. 4 S. 2 ausdrücklich erwähnten Bindungswirkung des Verlustfeststellungsbescheids für das Vorjahr es deutlicher zum Ausdruck gebracht hätte, wenn dem Gesamtbetrag der Einkünfte des Steuerbescheids Bindungswirkung für die Berechnung des Feststellungsgegenstands hätte zukommen sollen, *Ettlich*, DB 2009, 18, 22, mit Verweis auf BFH, Urteil v. 04.02.2000 – XI B 119/98, BFH/NV 2000, 948.

732 Vgl. unter Zweites Kapitel B.IV.1.b).

733 Von einem Nichtanwendungsgesetz spricht *Hallerbach*, in: Herrmann/Heuer/Raupach (Hrsg.), 246. Lfg. 2011, § 10d EStG, J 10-1; sowie *Schießl*, HFR 2016, 1066.

fiskalische Motive verfolgt, sondern rechtsdogmatische Fehlurteile korrigiert werden sollen[734]. Ausweislich der Gesetzesmaterialien hat es sich der Gesetzgeber des JStG 2010 zum Ziel gemacht, der Rechtsprechungsänderung durch den IX. Senat des BFH die rechtliche Grundlage zu entziehen[735]. Die ausgehend vom Urteil vom 17. September 2008[736] eröffneten weitreichenden Verlustfeststellungsmöglichkeiten[737] sollten – im Einklang mit dem ursprünglichen gesetzgeberischen Willen – wieder zeitlich begrenzt und die Höhe der in künftigen Veranlagungszeiträumen ggf. zu berücksichtigenden Verluste einer zeitnahen bindenden Entscheidung für alle Verfahrensbeteiligten zugeführt werden[738]. Zu diesem Zweck wurde die nach alter Rechtsprechung und Verwaltungspraxis angenommene Sperrwirkung des bestandskräftigen Einkommensteuerbescheids des Verlustentstehungsjahrs gegenüber der gesonderten Feststellung von nachträglich geltend gemachten, inhaltlich abweichenden Verlusten wiederhergestellt[739]. Verluste, die im Anschluss an eine abgeschlossene Veranlagung erklärt werden, können fortan nur noch im Rahmen der gesonderten Feststellung Berücksichtigung finden, wenn das Finanzamt sie bei rechtzeitiger Kenntnis mit an Sicherheit grenzender Wahrscheinlichkeit gleichermaßen gesondert festgestellt hätte[740]. Steuerpflichtige sollen sich auf diese Weise gegenüber dem Finanzamt nicht mehr auf eine später zu ihren Gunsten geänderte Rechtsprechung berufen können[741].

Das Eingreifen des Gesetzgebers konnte bei genauer Betrachtung nicht überraschen. Schon im Zusammenhang mit den BFH-Entscheidungen vom 12. Juni 2002[742] und 1. März 2006[743], welche die Vorschrift des § 181 Abs. 5 AO im Rahmen der gesonderten Verlustfeststellung für anwendbar erklärt und den Eintritt der Feststellungsverjährung hierdurch auf unabsehbare Zeit hinausgezögert hatten, wurde der Gesetzeswortlaut alsbald angepasst, um der Rechtsprechung zu begegnen. Aus gesetzgeberischer Sicht stritten mit der Steuervereinfachung und dem Rechtsfrieden dabei dieselben Gründe für eine zeitliche Begrenzung

734 *Englisch*, in: Tipke/Lang (Hrsg.), Steuerrecht, § 5, Rdnr. 40.
735 Vgl. BT-Drs. 17/2249, S. 51 f.
736 BFH, Urteil v. 17.09.2008 – IX R 70/06, BStBl. II 2009, 897.
737 Vgl. dazu unter Zweites Kapitel B.I.2.
738 Vgl. dazu unter Erstes Kapitel A.IV.2.
739 Vgl. BFH, Urteil v. 10.02.2015 – IX R 6/14, BFH/NV 2015, 812, 813 f.
740 Vgl. BR-Drs. 318/10, S. 76; *Sikorski*, NWB 2011, 2191, 2198.
741 BT-Drs. 17/2249, S. 51 f.
742 BFH, Urteil v. 12.06.2002 – XI R 26/01, BStBl. II 2002, 681.
743 BFH, Urteil v. 01.03.2006 – XI R 33/04, BStBl. II 2007, 919.

des Verlustvortrags wie sie auch drei Jahre später im Rahmen des JStG 2010 erneut fruchtbar gemacht wurden[744]. Während es beim JStG 2007 lediglich darum ging, die zeitlich unbegrenzte Verlustfeststellung für die Konstellation der fehlenden Einkommensteuerveranlagung auszuschließen, sah sich der Gesetzgeber nunmehr mit einer Rechtsauffassung des IX. Senats konfrontiert, die die Sperrwirkung eines bestandskräftigen, keine bzw. zu niedrige Verluste ausweisenden Steuerbescheids für die gesonderte Feststellung nach § 10d Abs. 4 S. 1 EStG verneinte und auf diese Weise die Feststellungsfrist wesentlich, d.h. auf sieben Jahre verlängerte. Die Tragweite dieses jüngsten Rechtsprechungswandels ging damit weit über die der Entscheidungen zu § 181 Abs. 5 AO hinaus. Es erscheint aus der Warte der Gesetzgebung jedenfalls konsequent, dass sie auch insoweit eingeschritten ist.

Bemerkenswert ist schließlich, dass die Gesetzesbegründung allein auf das BFH-Urteil vom 17. September 2008[745] als Grund für die Reformanstrengungen abstellt[746]. Der IX. Senat hat nämlich mit Urteil vom 14. Juli 2009[747] eine noch weitergehende Entscheidung zugunsten des Steuerpflichtigen getroffen, indem er den Feststellungsbescheid als maßgeblichen Bezugspunkt für eine Änderung von Bezugsgrößen im Sinne von § 10d Abs. 4 S. 4, 5 EStG a.F. herausgearbeitet und die Anwendung dieser restriktiven Vorschrift im Rahmen der gesonderten Verlustfeststellung insgesamt ausgeschlossen hat[748]. Es hätte sich daher angeboten, auch dieses Urteil ausdrücklich in Bezug zu nehmen. Dadurch, dass in der neuen Fassung von Satz 4 der Einkommensteuerbescheid als Bezugspunkt jetzt eindeutig festgeschrieben ist, wird aber auch diese Entscheidung durch die Neufassung ausgehebelt.

## II. § 10d Abs. 4 S. 1 EStG als maßgebliche Rechtsgrundlage für den erstmaligen Erlass des Verlustfeststellungsbescheids

Mit der grundlegenden Überarbeitung von § 10d Abs. 4 EStG durch den Gesetzgeber des JStG 2010 scheint der langjährige Diskurs über die einschlägige Rechtsgrundlage für den Erlass des Verlustfeststellungsbescheids (vorerst)

---

744 Vgl. BT-Drs. 16/2712, S. 44 linke Spalte; zur Gesetzesbegründung des JStG 2007 siehe auch unter Erstes Kapitel A.IV.1.

745 BFH, Urteil v. 17.09.2008 - IX R 70/06, BStBl. II 2009, 897.

746 BT-Drs. 17/2249, S. 51 rechte Spalte.

747 BFH, Urteil v. 14.07.2009 - IX R 52/08, BStBl. II 2011, 26.

748 Vgl. BFH, Urteil v. 14.07.2009 - IX R 52/08, BStBl. II 2011, 26, 27; vgl. dazu auch bereits unter Zweites Kapitel B.IV.

ein Ende gefunden zu haben. Das Verhältnis der Regelungen in Satz 1 und den Sätzen 4 und 5 zueinander wurde neu geordnet und einer – zumindest im Ausgangspunkt – einfacheren Anwendung zugeführt. Standen nach der höchstrichterlichen Interpretation des XI. Senats bis 2008 mit Blick auf frühere Gesetzesfassungen insgesamt zwei Rechtsgrundlagen für die erstmalige gesonderte Feststellung zur Verfügung, die es mit Hilfe des Spezialitätsgrundsatzes auseinanderzuhalten galt[749], erübrigen sich die mitunter schwierigen Abgrenzungen nach neuem Recht[750].

Mit § 10d Abs. 4 S. 1 EStG ist im Grundsatz nur noch eine Rechtsgrundlage kodifiziert, der zufolge der am Schluss des Veranlagungszeitraums verbleibende Verlustvortrag gesondert festzustellen ist. Die Vorschrift selbst hat im Zuge der Gesetzesreform keinerlei Änderungen erfahren. Sie schreibt nach wie vor die Tatbestands- und Rechtsfolgenseite der Verlustfeststellung verbindlich fest und bildet den eigentlichen Kern der Regelung[751]. Erst durch die in Satz 4 und 5 vorgenommenen Anpassungen wird deutlich, dass ein kompliziertes Nebeneinander zweier Rechtsgrundlagen jedenfalls künftig nicht mehr gewollt sein dürfte. So wurde insbesondere in Satz 4 das – nach alter Rechtslage umstrittene[752] – Verb „erlassen“ im Zusammenhang mit dem Feststellungsbescheid ersatzlos gestrichen. Es war von der Rechtsprechung ursprünglich zum Anlass genommen worden, die strengen Korrekturanforderungen des § 10d Abs. 4 S. 4, 5 EStG a.F. auch

---

749 Hierzu bereits ausführlich unter Zweites Kapitel A.II.1.

750 Vgl. dazu auch *Heuermann*, in: Kirchhof/Söhn/Mellinghoff (Hrsg.), § 10d EStG, D 95; *Pfirrmann*, in: Kirchhof (Hrsg.), § 10d EStG, Rdnr. 20. Die zu Eingang des Urteils etwas missverständliche Formulierung, wonach die gesonderte Feststellung des verbleibenden Verlustvortrags „auf der Grundlage von § 10d Abs. 4 Satz 4 und 5 EStG“ möglich sei, muss im Kontext der über viele Jahre gewachsenen, ständigen höchstrichterlichen Rechtsprechung zur Rechtsgrundlage für den Erlass des Verlustfeststellungsbescheids gesehen werden. Ein zunächst vermuteter Widerspruch löst sich im Rahmen der weiteren Lektüre auf, denn auch die Revisionsentscheidung rekurriert – zumindest stillschweigend – auf § 10d Abs. 4 S. 1 EStG. Der Hinweis auf § 10d Abs. 4 S. 4, 5 EStG muss daher als eine Klarstellung verstanden werden, dass die Vorschrift der gesonderten Feststellung im Streitfall nicht entgegensteht. Ein am Wortlaut der Entscheidung verhaftetes Verständnis vermag den Bruch mit der gefestigten Jurisprudenz somit nicht zu rechtfertigen. Es kann davon ausgegangen werden, dass der BFH den Willen zu einem solchen Gesinnungswandel mit größter Deutlichkeit zum Ausdruck gebracht hätte. Überdies dürfte die Auslegung von § 10d Abs. 4 S. 4, 5 EStG i.d.F. des JStG 2010 als (alternative) Rechtsgrundlage kaum vertretbar sein.

751 *Heuermann*, in: Kirchhof/Söhn/Mellinghoff (Hrsg.), § 10d EStG, D 12.

752 Vgl. dazu unter Zweites Kapitel A.IV.

auf die Fälle der erstmaligen gesonderten Feststellung anzuwenden[753]. Nunmehr geht § 10d Abs. 4 S. 4 EStG allein dahin, den Inhalt des nach Satz 1 zu erlassenden Verlustfeststellungsbescheids näher zu bestimmen. Durch den Anfangspassus „Bei der Feststellung des verbleibenden Verlustvortrags sind die Besteuerungsgrundlagen so zu berücksichtigen, wie [...]" kommt zum Ausdruck, dass nicht der Anspruch auf Verlustfeststellung selbst, also die Entscheidung über das „Ob" im Sinne einer Rechtsgrundlage, von zusätzlichen Voraussetzungen abhängig gemacht werden soll. Vielmehr geht es in erster Linie darum, inhaltliche Vorgaben für das „Wie", mithin den Feststellungsgegenstand gemäß § 10d Abs. 4 S. 2 EStG zu machen[754]. Den der Steuerfestsetzung des Abzugs- wie auch des Feststellungsjahrs zugrunde liegenden Besteuerungsgrundlagen wird zu diesem Zweck eine der Figur des Grundlagenbescheids ähnliche Bindungswirkung zugeschrieben und die Vorschriften für Grundlagenbescheide für entsprechend anwendbar erklärt. Ausnahmen von dieser Rückanbindung der gesonderten Feststellung an den Steuerbescheid sind in Satz 5 abschließend geregelt. Vor dem Hintergrund, dass die Unterscheidung der Anwendungsbereiche von § 10d Abs. 4 S. 1 und Sätze 4 und 5 EStG a.F. nach altem Recht zwischen Rechtsprechung und Schrifttum sehr umstritten war und der BFH letztlich eine Abkehr von seiner bisherigen Auslegung vornahm, um ausschließlich auf die Rechtsgrundlage des Satzes 1 zu rekurrieren, wird man auch erwarten können, dass der Gesetzgeber die Wiedereinführung eines zweigleisigen Systems im Gesetzestext deutlicher zum Ausdruck gebracht hätte. Der Hinweis in der Gesetzesbegründung, die bisherige Rechtsprechung des BFH wiederherstellen zu wollen[755], dürfte hierfür allein nicht ausreichen. Nach der objektiven Theorie des Bundesverfassungsgerichts, der sich der BFH angeschlossen hat[756], muss sich der objektivierte gesetzgeberische Wille vielmehr aus dem Wortlaut der Gesetzesbestimmung und dem Sinnzusammenhang ergeben[757]. Der Sinn der in Satz 4 und 5 eingefügten Rechtssätze wird auch anhand des Bedeutungszusammenhangs offenbar, in den diese eingestellt sind. Da die Definition des Tatbestandsmerkmals „verbleibender Verlustvortrag" im Sinne von § 10d Abs. 4 S. 1 EStG (vermutlich aus Gründen der Übersichtlichkeit) in Satz 2 des Absatzes 4 ausgelagert ist, erscheint

753 Siehe dazu bereits unter Zweites Kapitel A.I.2.

754 Vgl. *Heuermann*, in: Kirchhof/Söhn/Mellinghoff (Hrsg.), § 10d EStG, D 95.

755 BT-Drs. 17/2249, S. 52 rechte Spalte.

756 Vgl. nur BFH, Urteil v. 17.08.1954 – I 119/52 U, BStBl. III 1954, 324, 326.

757 Vgl. dazu *Paulick*, in: Thoma/Niemann (Hrsg.), Die Auslegung der Steuergesetze in Wissenschaft und Praxis, S. 165, 173; BVerfG, Urteil v. 21.05.1952 – 2 BvH 2/52, BVerfGE 1, 299, 312; *Englisch*, in: Tipke/Lang (Hrsg.), Steuerrecht, § 5, Rdnr. 52.

die Normierung der Bindungswirkung der Besteuerungsgrundlagen des Steuerbescheids für den Feststellungsgegenstand in Satz 4 nicht völlig überraschend. Unter systematischen Gesichtspunkten hätte man diese Regelung allerdings eher unmittelbar nach Satz 2 erwartet.

Soweit über § 10d Abs. 4 S. 4 HS. 2 EStG die Vorschrift des § 175 Abs. 1 S. 1 Nr. 1 AO in Bezug genommen wird, dürfte dieser Verweis regelmäßig keine eigenständige Bedeutung im Hinblick auf den erstmaligen Erlass eines Feststellungsbescheids erlangen und nur insofern relevant werden, als die Verlustfeststellung im Anschluss an eine (geänderte) Steuerfestsetzung angeglichen bzw. korrigiert werden muss. Dafür spricht, dass es sich bei § 175 Abs. 1 S. 1 Nr. 1 AO der Gesetzessystematik nach um einen Korrekturtatbestand handelt. Der Erlass eines Folgebescheids wird dort als eine mögliche Rechtsfolge genannt, um einen rechtswidrigen Zustand zu beseitigen[758]. Auch im Regierungsentwurf wird der Norminhalt des § 175 Abs. 1 S. 1 Nr. 1 AO mit der „Änderung von Folgebescheiden zur Anpassung an den Grundlagenbescheid“ umschrieben[759]. Dies lässt darauf schließen, dass der Gesetzgeber bei der Einführung der Verweisung wohl zuvörderst die Korrekturvariante im Blick gehabt haben dürfte. Das Schrifttum misst den Regelungen in Satz 4 und 5 – neben der Anordnung der gesetzlichen Bindungswirkung – ebenfalls überwiegend eine Berichtigungsfunktion bei[760].

Wenn man die „entsprechende“ Anwendbarkeit des § 175 Abs. 1 S. 1 Nr. 1 AO im Rahmen des Feststellungsverfahrens aber nicht als eingeschränkte, sondern vollumfängliche Rechtsgrundverweisung versteht, muss die von den Besteuerungsgrundlagen des Steuerbescheids ausgehende Bindungswirkung verfahrensrechtlich auch voll zur Geltung gebracht werden[761]. Folglich wären die einer Steuerfestsetzung zugrunde liegenden nicht ausgeglichenen negativen Einkünfte gemäß § 10d Abs. 4 S. 4 HS. 2 EStG i.V.m. § 175 Abs. 1 S. 1 Nr. 1 AO gesondert festzustellen[762]. Der Geltungsbereich dieser Rechtsgrundlage bleibt gleichwohl

---

758 *Von Groll*, in: Hübschmann/Hepp/Spitaler (Hrsg.), Vorbemerkungen zu §§ 172–177 AO, Rdnr. 120.

759 BT-Drs. 17/2249, S. 52 linke Spalte.

760 Vgl. *Heuermann*, in: Kirchhof/Söhn/Mellinghoff (Hrsg.), § 10d EStG, D 12; siehe auch das Beispiel Nr. 3 bei *Meyer/Ball*, DStR 2011, 345, 348; a.A. *Heinicke*, in: Schmidt (Hrsg.), § 10d EStG, Rdnr. 46.

761 Zum Normzweck des § 175 Abs. 1 S. 1 Nr. 1 AO vgl. *Rüsken*, in: Klein (Hrsg.), § 175 AO, Rdnr. 7.

762 Vgl. FG Köln, Urteil v. 16.02.2016 – 10 K 2574/15, EFG 2016, 1109, 1110. So auch das Finanzministerium Mecklenburg-Vorpommern, dem zufolge Verlustfeststellungsbescheide nach § 175 Abs. 1 S. 1 Nr. 1 AO zu erlassen oder zu ändern sind, Finanzministerium Mecklenburg-Vorpommern, Erlass v. 15.11.2013 – IV-S 0619-00000-2013/002,

hinter dem des Satzes 1 zurück, denn er greift nur ein, wenn eine Veranlagung stattgefunden hat[763] und eine korrespondierende Verlustfeststellung durchgeführt werden muss[764]. Die in der Praxis bedeutsamen und zur Entscheidung durch die Gerichte kommenden Fälle beziehen sich demgegenüber auf die Frage der Zulässigkeit einer inhaltlich divergierenden Feststellung, die nach § 10d Abs. 4 S. 1 i.V.m. S. 4, S. 5 EStG zu beantworten ist. Zwar mag die Abgrenzung im Ergebnis theoretischer Natur sein, da ein verbleibender Verlustvortrag nach beiden Vorschriften festzustellen ist und insoweit keinen unterschiedlichen Einschränkungen unterliegt[765]. Aus Sicht des Rechtsanwenders hat der Gesetzgeber jedoch die Chance vertan, § 10d Abs. 4 S. 1 EStG eindeutig als alleinige Rechtsgrundlage festzuschreiben und das Recht in diesem Punkt zu vereinfachen.

Die Rechtsprechung des BFH hat die Folgen der Gesetzesreform für die Rechtsgrundlage der gesonderten Verlustfeststellung nicht thematisiert. Dies kann man dahin verstehen, dass der IX. Senat den bisherigen Streit infolge des JStG 2010 als zugunsten von § 10d Abs. 4 S. 1 EStG entschieden sieht. Vor diesem Hintergrund irritiert die Formulierung in einem Urteil jüngerer Zeit, wonach dem Steuerpflichtigen eine Feststellung des verbleibenden Verlustvortrags zur Einkommensteuer „auf der Grundlage von § 10d Abs. 4 S. 4 S. 4 und 5 EStG" ermöglicht werde[766]. Dass der BFH die Vorschrift dennoch nicht als Rechtsgrundlage heranzog, folgt daraus, dass sie mangels Einkommensteuerveranlagung im zu entscheidenden Fall nicht anwendbar war. „Auf der Grundlage" meint deswegen, dass die gesonderte Feststellung nach Satz 1 im Streitfall nicht nach Maßgabe von Satz 4 und 5 beschränkt war. In einer anderen Entscheidung spricht der BFH vom „erstmalige[n] Erlass eines Feststellungsbescheids über den verbleibenden Verlustvortrag nach § 10d Abs. 4 Satz 4 EStG i.d.F. des JStG 2010"[767].

---

BeckVerw 278411. Der Erlass ist jedoch insoweit überholt, als der BFH inzwischen klargestellt hat, dass der erstmalige Erlass eines Verlustfeststellungsbescheids nicht davon abhängt, dass eine Einkommensteuerveranlagung stattgefunden hat bzw. noch durchgeführt werden kann, vgl. dazu unter Zweites Kapitel C.III.1.a).

763 Dazu näher unter Zweites Kapitel C.III.1.a).

764 Streng genommen greift § 10d Abs. 4 S. 4 HS. 2 EStG i.V.m. § 175 Abs. 1 S. 1 Nr. 1 AO erst ein, wenn der Steuerbescheid schon bekanntgegeben und damit wirksam geworden ist. Die Vorschrift dürfte nicht anzuwenden sein, sofern Steuer- und Feststellungsbescheid – wie in der Praxis üblich – gleichzeitig erlassen werden.

765 Da die Anwendung von § 10d Abs. 4 S. 4 EStG voraussetzt, dass eine Veranlagung stattgefunden hat (dazu im Einzelnen unter Zweites Kapitel C.III.1.a)), dürfte die Regelung gegenüber Satz 1 spezieller sein.

766 BFH, Urteil v. 13.01.2015 – IX R 22/14, BStBl. II 2015, 829, 831.

767 BFH, Urteil v. 12.07.2016 – IX R 31/15, BStBl. II 2018, 699 = DStR 2016, 2646, 2648.

Aufgrund der Besonderheiten des neuen Rechts hat die Darstellung der einschlägigen Rechtsgrundlage hiermit noch nicht ihr Bewenden. Wurde die (Un-)Zulässigkeit der gesonderten Verlustfeststellung vormals anhand der jeweils anwendbaren Rechtsgrundlage und deren mehr oder weniger hohen Voraussetzungen entschieden, ist diese Prüfung nun auf die nachgelagerte Ebene des (un-)zulässigen Inhalts der gesonderten Feststellung verschoben. In § 10d Abs. 4 S. 4 HS. 1 EStG ist insoweit die Anbindung an den Einkommensteuerbescheid angeordnet: „*Bei der Feststellung des verbleibenden Verlustvortrags sind die Besteuerungsgrundlagen so zu berücksichtigen, wie sie den Steuerfestsetzungen des Veranlagungszeitraums, auf dessen Schluss der verbleibende Verlustvortrag festgestellt wird, und des Veranlagungszeitraums, in dem ein Verlustrücktrag vorgenommen werden kann, zu Grunde gelegt worden sind.*"

## III. Zusätzliche Anforderungen an das „Ob" und „Wie" der Verlustfeststellung gemäß § 10d Abs. 4 S. 4, 5 EStG

Eine wirkungsorientierte Darstellung der Anwendung von § 10d Abs. 4 S. 4, 5 EStG hat danach zu differenzieren, ob es infolge der gesetzlich angeordneten Rückkoppelung zu einer Sperrwirkung der Besteuerungsgrundlagen des Steuerbescheids gegenüber der erstmaligen gesonderten Verlustfeststellung nach Satz 1 kommt und letztere schon dem Grunde nach ausscheidet (dazu unter 1.) oder ob lediglich die Höhe des Feststellungsgegenstands verbindlich vorgegeben wird (dazu unter 2.).

### 1. *Inhaltliche Bindung dem Grunde nach*

Die bindende Wirkung der Besteuerungsgrundlagen des Einkommensteuerbescheids kann – in ihrer drastischeren Konsequenz – über das „Ob" der Verlustfeststellung entscheiden. Ein Feststellungsbescheid darf nicht nach § 10d Abs. 4 S. 1 EStG erlassen werden, wenn zwei kumulative Voraussetzungen erfüllt sind: Zum Ersten dürfen der Steuerfestsetzung keine nicht ausgeglichenen negativen Einkünfte „zu Grunde gelegt" worden sein. In diesem Fall blockieren die tatsächlich zugrunde liegenden positiven Einkünfte die Verlustfeststellung, § 10d Abs. 4 S. 4 HS. 1 EStG[768]. Zum Zweiten darf keine verfahrensrechtliche Änderungsbefugnis in Bezug auf den entsprechenden Steuerbescheid mehr

768 So auch *Pfützenreuter*, EFG 2017, 987, 988; *Trossen*, jM 2015, 303, 305; *Aweh*, EStB 2016, 448, 449.

bestehen, d.h. es muss Bestandskraft eingetreten und kein abgabenrechtlicher Korrekturtatbestand (dem Rechtsgrund nach) einschlägig sein.

Den Dreh- und Angelpunkt der Bindungswirkung und damit auch eines faktischen Feststellungsverbots bildet das Tatbestandsmerkmal des „Zugrundeliegens" der Besteuerungsgrundlagen. Unter welchen Voraussetzungen Besteuerungsgrundlagen der Steuerfestsetzung zugrunde gelegt werden, hat die Rechtsprechung des BFH – chronologisch betrachtet – zunächst in negativer (dazu unter a)) und später auch in positiver Hinsicht (dazu unter b)) entschieden.

### *a) Keine Sperrwirkung bei fehlender Veranlagung*

Schon die erste BFH-Entscheidung zum neuen Recht der gesonderten Verlustfeststellung dürfte aus Sicht des Gesetzgebers bereits besondere Brisanz aufweisen, da sie die zentrale Regelung der Gesetzesnovellierung, § 10d Abs. 4 S. 4, 5 EStG, in einem wesentlichen Teilbereich für nicht anwendbar erklärt.

#### aa) Entscheidung des IX. Senats des BFH vom 13. Januar 2015

Mit Urteil vom 13. Januar 2015[769] hat der IX. Senat des BFH entschieden, dass ein verbleibender Verlustvortrag auch dann erstmals gesondert festzustellen ist, wenn ein Einkommensteuerbescheid für das Verlustentstehungsjahr wegen Eintritts der Festsetzungsverjährung nicht mehr erlassen werden kann. Eine durch § 10d Abs. 4 S. 4 EStG angeordnete Bindungswirkung, wonach bei der Feststellung des verbleibenden Verlustvortrags die Besteuerungsgrundlagen so zu berücksichtigen sind, wie sie der Steuerfestsetzung des Veranlagungszeitraums, auf dessen Schluss der verbleibende Verlustvortrag festgestellt wird, zugrunde gelegt worden sind, bestehe nicht, wenn keine Einkommensteuerveranlagung durchgeführt worden sei[770].

Der Urteilsfall betraf die Geltendmachung von Kosten der beruflichen Erstausbildung als vorweggenommene Werbungskosten bei den Einkünften aus nichtselbstständiger Arbeit. Da die Klägerin ausweislich ihrer Steuererklärungen in den streitgegenständlichen Veranlagungszeiträumen 2005 bis 2007 keine Einnahmen erzielte, setzte das Finanzamt die Einkommensteuer jeweils auf null Euro fest. Die Ausbildungskosten berücksichtigte es nur als Sonderausgaben mit dem damaligen Höchstbetrag von 4.000 Euro[771]. Die seitens der Klägerin

769 BFH, Urteil v. 13.01.2015 – IX R 22/14, BStBl. II 2015, 829.
770 BFH, Urteil v. 13.01.2015 – IX R 22/14, BStBl. II 2015, 829.
771 Seit dem Veranlagungszeitraum 2012 beläuft sich der Höchstbetrag auf 6.000 Euro im Kalenderjahr, § 10 Abs. 1 Nr. 7 S. 1 EStG.

ebenfalls begehrten Verlustfeststellungen lehnte es daher mit der Begründung ab, dass ausgleichsfähige negative Einkünfte nicht vorlägen. Im Einspruchsverfahren hob das Finanzamt die Steuernullbescheide auf, weil diese unstreitig nach Ablauf der Festsetzungsfrist erlassen worden waren und verweigerte die gesonderte Feststellung mit Verweis auf die Bindungswirkung gemäß § 10d Abs. 4 S. 4 EStG.

Auf die Nichtzulassungsbeschwerde des Finanzamts hin hat der BFH die Revision zugelassen[772] und die Bedeutung der Rechtsfrage dadurch herausgestellt[773]. Er ist dem Vorbringen des Finanzamts jedoch nicht gefolgt, wonach die der Verlustfeststellung entgegenstehende Bindungswirkung auch dann gegeben sein soll, wenn keine Einkommensteuerfestsetzung (mehr) existiert und wegen eingetretener Festsetzungsverjährung auch nicht nachgeholt werden kann. Er hat sich vielmehr der Ansicht der Vorinstanz angeschlossen und den Besteuerungsgrundlagen der aufgehobenen Steuerbescheide jegliche bindende Wirkung in Bezug auf die in den Streitjahren aufgelaufenen Verlustvorträge abgesprochen.

Der IX. Senat stellte zunächst grammatikalische Überlegungen an. Danach greife die Bindungswirkung dem Gesetzeswortlaut zufolge lediglich ein, wenn die jeweiligen Verlustbeträge „den Steuerfestsetzungen des Veranlagungszeitraums […] zu Grunde gelegt worden sind". Dies mache es erforderlich, dass im Verlustentstehungsjahr eine Einkommensteuerveranlagung durchgeführt und nicht (z.B. wegen des Ablaufs der Festsetzungsfrist) wieder aufgehoben worden sei. Anderenfalls würden die Besteuerungsgrundlagen nicht „zu Grunde gelegt", so dass keine Bindungswirkung entstehen und der verbleibende Verlustvortrag auf den Schluss des Jahres weiterhin festgestellt werden könne. Dieses Ergebnis sieht der IX. Senat durch die Gesetzesbegründung[774] bestätigt. Ziel der Neuregelung sei es gewesen, der gewandelten höchstrichterlichen Rechtsprechung den Boden zu entziehen. Für die Konstellation, dass im Jahr der Verlustentstehung eine bestandskräftige Steuerfestsetzung vorhanden war, die keine nicht ausgeglichenen negativen Einkünfte enthielt, hatte der BFH die erstmalige Verlustfeststellung zugelassen. Aus diesem Grund knüpfe die Gesetzesbegründung an das Vorhandensein einer Einkommensteuerveranlagung an. Die im Streitfall gegebene Fallgestaltung, dass kein Steuerbescheid für das Verlustentstehungsjahr vorliegt, werde demgegenüber nicht thematisiert und sei auch nicht Bestandteil der Neuregelung[775].

---

772 BFH, Beschluss v. 05.08.2014 – IX B 66/14, nicht dokumentiert.

773 *Yilmaz/Nunnenkamp*, NWB 2015, 1832, 1835.

774 Vgl. BT-Drs. 17/2249, S. 51 f.

775 BFH, Urteil v. 13.01.2015 – IX R 22/14, BStBl. II 2015, 829, 831.

### bb) Entscheidungsanalyse

Die zentrale und mit Spannung erwartete Entscheidung des BFH ist – nicht nur aus Sicht des Steuerpflichtigen – zu begrüßen[776]. Sie stellt eine Antwort auf die seit Einführung des neuen § 10d Abs. 4 S. 4, 5 EStG im Schrifttum umstrittene Frage bereit, ob ein Feststellungsbescheid nach Satz 1 auch dann zu erlassen ist, wenn die Steuer im Verlustentstehungsjahr aufgrund eingetretener Verjährung nicht mehr festgesetzt werden kann. Ein Teil der Literatur hatte die gesetzlich normierte Bindungswirkung zum Anlass genommen, die Zulässigkeit des Feststellungsverfahrens zu verneinen[777]. Die überwiegende Mehrheit der Autoren ging hingegen davon aus, dass den Besteuerungsgrundlagen keine bindende Wirkung zukommen könne, wenn sie mangels Veranlagung keiner Steuerfestsetzung zugrunde gelegt würden[778]. Der IX. Senat folgt der zweiten Meinung und macht den Eintritt der Bindungswirkung im Sinne des § 10d Abs. 4 S. 4 EStG davon abhängig, dass eine Veranlagung zur Einkommensteuer tatsächlich durchgeführt worden ist. Gleichzeitig stellt er klar, dass die Feststellungsgrundlagen – wie schon nach altem Recht[779] – nicht Gegenstand einer Veranlagung gewesen sein müssen, damit sie gesondert festgestellt werden können[780].

Die Auslegung durch den BFH steht im Einklang mit dem Wortlaut der Norm, welcher ausdrücklich eine Ist-Größe in Bezug nimmt. Für die Maßgeblichkeit einer Soll-Größe hätte es einer abweichenden Wortwahl im Sinne von z.B. „zugrunde zu legen sind" bedurft. Dies wird auch im Vergleich zu den in § 10d Abs. 2 S. 3 und Abs. 4 S. 2 EStG verwendeten Termini deutlich. Das Gesetz differenziert insoweit streng zwischen dem tatsächlich vorgenommenen Verlustrücktrag („nicht nach Absatz 1 abgezogen worden sind"; „nach Absatz 1 abgezogenen") einerseits und dem materiell-rechtlich zu bestimmenden Vortrag

---

776 Zustimmend auch *Yilmaz/Nunnenkamp*, NWB 2015, 1832, 1835; *Hildebrand*, BB 2015, 1384; *Carlé*, DStZ 2015, 507; die Auslegung der Rechtsprechung als gut vertretbar bezeichnend *Bode*, FR 2015, 1033.

777 *Hallerbach*, in: Herrmann/Heuer/Raupach (Hrsg.), 246. Lfg. 2011, § 10d EStG, J 10-5; a.A. nunmehr aber *Hallerbach*, in: Herrmann/Heuer/Raupach (Hrsg.), § 10d EStG, Rdnr. 127; *Butler*, NWB 2013, 1636, 1638.

778 *Heuermann*, in: Kirchhof/Söhn/Mellinghoff (Hrsg.), § 10d EStG, A 335, D 95; *Meyer/Ball*, DStR 2011, 345, 348; *Sikorski*, NWB 2011, 2191, 2198; *Schlenker*, in: Blümich (Hrsg.), 122. Aufl. 2014, § 10d EStG, Rdnr. 225; *Gassen*, in: Littmann/Bitz/Pust (Hrsg.), 99. Erg.Lfg. Mai 2013, § 10d EStG, Rdnr. 87.

779 Vgl. dazu unter Zweites Kapitel A.I.3.

780 Zu den Folgen für die Ermittlung der Höhe des verbleibenden Verlustvortrags siehe unter Zweites Kapitel C.III.2.

(„nicht nach Satz 1 und 2 abgezogen werden konnten"; „die nach Absatz 2 abziehbaren Beträge") andererseits[781]. Ähnlich wie bei den ins Vorjahr zurückgetragenen Verlusten, die bei der Ermittlung des Feststellungsgegenstands so zu berücksichtigen sind, wie sie tatsächlich abgezogen wurden[782], soll auch bei den Besteuerungsgrundlagen des Steuerbescheids keine eigenständige materiellrechtliche Herleitung erfolgen. § 10d Abs. 4 S. 4 HS. 1 EStG fügt sich sprachlich in die Gesamtregelung ein. Der Einkommensteuerveranlagung kommt somit keine abstrakte, d.h. von der Existenz eines Festsetzungsbescheids losgelöste Bindungswirkung für die Feststellung des verbleibenden Verlustvortrags zu[783]. Vielmehr bedarf es der konkreten Berücksichtigung der für die Verlustfeststellung relevanten Besteuerungsgrundlagen in dem die Einkommensteuerschuld verbindlich ausweisenden Steuerbescheid des entsprechenden Veranlagungszeitraums. Die Auswirkungen des § 10d Abs. 4 S. 4 EStG beschränken sich auf die Modalitäten, das „Wie" der vom Finanzamt durchzuführenden gesonderten Feststellung, indem die der Ermittlung des Feststellungsgegenstands im Sinne des § 10d Abs. 4 S. 2 EStG zugrunde zu legenden Beträge inhaltlich vorgegeben und automatisch zu übernehmen sind[784]. Wird der Tatbestand des § 10d Abs. 4 S. 4 EStG nicht verwirklicht, vermag die Vorschrift die gesonderte

---

781 Vgl. *Heuermann*, in: Kirchhof/Söhn/Mellinghoff (Hrsg.), § 10d EStG, A 35, C 40 f., D 22.

782 Vgl. *Heuermann*, in: Kirchhof/Söhn/Mellinghoff (Hrsg.), § 10d EStG, A 35, C 40.

783 Wenn *Heuermann* in diesem Zusammenhang argumentiert, dass in der Vorschrift des § 10d Abs. 4 S. 4 EStG die Intention des § 155 Abs. 2 AO zu Ausdruck komme, vgl. *Heuermann*, in: Kirchhof/Söhn/Mellinghoff (Hrsg.), § 10d EStG, D 95, kann dies nur bedingt überzeugen. Die abgabenrechtliche Vorschrift berechtigt nur zum vorläufigen vorzeitigen Erlass des Folgebescheids und steht unter der Prämisse, dass der Grundlagenbescheid zu einem späteren Zeitpunkt noch erlassen werden wird. Da ausschließlich die zeitliche Reihenfolge der gesetzlich aufeinander aufbauenden Verwaltungsakte eine Lockerung nach § 155 Abs. 2 AO erfährt, bleibt die Bindung an den Grundlagenbescheid dem Grunde nach bestehen. Demgegenüber entfällt die gesetzliche Bindung nach § 10d Abs. 4 S. 4 EStG endgültig, wenn kein Steuerbescheid vorhanden ist. Der in der Folge nach § 10d Abs. 4 S. 1 EStG zu erlassende Feststellungsbescheid steht gerade nicht mehr unter dem erkennbaren Vorbehalt, dass eine Steuerfestsetzung noch durchgeführt werden muss. Die Interessenlage ist auch deswegen eine andere, weil die Zuständigkeiten für den Quasi-Grundlagenbescheid und den Folgebescheid nach § 10d Abs. 4 S. 3 EStG nicht auseinanderfallen. Für das hiernach zuständige Finanzamt besteht zu keiner Zeit Ungewissheit darüber, wann bzw. ob der Grundlagenbescheid erlassen werden wird, vgl. BFH, Urteil v. 08.10.1986 – I R 155/84, BFH/NV 1987, 564, 565.

784 Vgl. dazu bereits unter Zweites Kapitel C.II.

Verlustfeststellung nach Satz 1 nicht zu blockieren. Die gegenteilige Ansicht würde den systematischen Vorrang des § 10d Abs. 4 S. 1 EStG missachten[785].

Dem BFH ist auch insofern zuzustimmen, als er seine Auslegung im Einklang mit der Regelungsabsicht des Gesetzgebers sieht[786]. Der Gesetzesbegründung zufolge habe es dem historischen Willen entsprochen, mit der Einführung des gesonderten Feststellungsverfahrens im Zuge des StRefG 1990 eine zeitnahe und verbindliche Entscheidung über die Höhe des in Folgejahren abzuziehenden Verlusts zu erreichen und auf diese Weise der Steuervereinfachung und dem Rechtsfrieden zu dienen[787]. Diese Zielsetzung dürfte nicht als gefährdet anzusehen sein, wenn sich für den Steuerpflichtigen mangels Veranlagung ein Zeitraum von bis zu sieben Jahren ergibt, in dem er seine Verluste erklären und sich hierbei ggf. auch eine spätere, für ihn günstigere Rechtsprechung zunutze machen kann. Eine möglicherweise in größerem Umfang beabsichtigte Anbindung der Verlustfeststellung an das Veranlagungsverfahren kommt in den Gesetzesunterlagen nicht hinreichend deutlich zum Ausdruck, da die Konstellation der fehlenden Steuerfestsetzung dort nicht behandelt wird[788]. Gesetzeswortlaut und gesetzgeberische Zielsetzung stimmen demnach überein. Der Gesetzgeber wird den Normtext der Vorschrift abermals ändern bzw. nachbessern müssen, wenn dieser enger ausfällt, als es seiner ursprünglichen Vorstellung entsprach[789].

Für die Steuerrechtspraxis bewirkt die Grundsatzentscheidung einen Abbau rechtlicher Hürden bei der Geltendmachung vortragsfähiger Verluste[790]. Ihre

785 *Heuermann*, in: Kirchhof/Söhn/Mellinghoff (Hrsg.), § 10d EStG, D 95.

786 BFH, Urteil v. 13.01.2015 – IX R 22/14, BStBl. II 2015, 829, 831.

787 BT-Drs. 17/2249, S. 51.

788 Da der gesetzliche Wille objektiviert zu bestimmen ist, vgl. *Seiler*, Auslegung als Normkonkretisierung, S. 27, würde dem Gesetzeswortlaut der Vorrang gegenüber einem ggf. abweichenden Ergebnis im Rahmen der historischen Auslegung gebühren. Für die objektive Theorie sprechen im konkreten Fall der Grundsatz der Rechtssicherheit sowie die Tatsache, dass man sich anderenfalls zuungunsten des Steuerpflichtigen vom Wortlaut lösen würde, vgl. *Paulick*, in: Thoma/Niemann (Hrsg.), Die Auslegung der Steuergesetze in Wissenschaft und Praxis, S. 165, 168.

789 Vgl. dazu allgemein *Paulick*, in: Thoma/Niemann (Hrsg.), Die Auslegung der Steuergesetze in Wissenschaft und Praxis, S. 165, 168. Nach *Eckardt*, in: Kanzler/Kraft/Bäuml/Marx/Hechtner (Hrsg.), § 10d EStG, Rdnr. 85, hätte der Gesetzgeber sorgfältiger arbeiten müssen und sei nun durch die Judikatur erneut zum Handeln aufgefordert. Auch *Gierlich*, Steueranwaltsmagazin 2015, 89, 90 f., vertritt die Ansicht, dass dem Gesetzgeber die Fallgestaltung der fehlenden Veranlagung im Rahmen der Neuregelung durchgegangen sei.

790 *Hildebrand*, BB 2015, 1384; *Kruhl*, StBW 2015, 548, 549.

Reichweite und Bedeutung ist gleichwohl auf die verfahrensrechtliche Situation beschränkt, dass die Festsetzungsfrist für das Abzugs- bzw. Feststellungsjahr bereits abgelaufen (§ 169 Abs. 1 S. 1 AO), der Feststellungsanspruch aber noch nicht verjährt ist. Da ein Gleichlauf von Festsetzungs- und Feststellungsfrist vom Gesetz nicht vorgeschrieben ist, können gesetzliche An- und Ablauftatbestände eine unterschiedliche Hemmung des Fristenlaufs bedingen. Der Urteilsfall zeigt, dass Festsetzungs- und Feststellungszeitraums insbesondere auseinanderfallen, wenn der Steuerpflichtige – weder kraft Gesetzes noch durch Aufforderung des Finanzamts (§ 149 Abs. 1 S. 2 AO) – verpflichtet ist, eine Einkommensteuererklärung einzureichen und die Anlaufhemmung nach § 170 Abs. 2 S. 1 Nr. 1 AO deshalb nur in Bezug auf die Feststellungsfrist greift. Die vierjährige Frist für die Einkommensteuerfestsetzung beginnt gemäß § 170 Abs. 1 AO somit schon mit Ablauf des Kalenderjahrs, in dem die Steuer entstanden ist. Demgegenüber fällt der Beginn der vierjährigen Feststellungsfrist erst auf den Ablauf des dritten Jahres, das auf das Jahr der Steuerentstehung folgt, sofern die Verluste bislang nicht erklärt wurden, § 181 Abs. 1 S. 1 i.V.m. § 170 Abs. 2 S. 1 Nr. 1 AO. Eine Diskrepanz von bis zu drei Jahren tritt typischerweise in Fällen der Antragsveranlagung bei den Einkünften aus nichtselbstständiger Arbeit auf (vgl. § 46 Abs. 2 Nr. 8 EStG)[791], denn die Pflicht zur Abgabe Steuererklärung entfällt danach nur in Bezug auf die Steuerfestsetzung, nicht auch hinsichtlich der gesonderten Verlustfeststellung[792].

Die Rechtsprechung des IX. Senats dürfte vor diesem Hintergrund vor allem Steuerpflichtige auf den Plan rufen, denen vorweggenommene Werbungskosten/Betriebsausgaben im Zusammenhang mit einer Berufsausbildung oder einem Studium entstanden sind[793]. Sie haben die Möglichkeit, Verluste aus noch

791 BFH, Urteil v. 14.04.2011 – VI R 53/10, BStBl. II 2011, 746 = DStR 2011, 1317, 1318; BFH, Urteil v. 18.10.2012 – VI R 16/11, BFH/NV 2013, 340; BVerfG, Beschluss v. 18.09.2013 – 1 BvR 924/12, NJW 2014, 139, 140 f. Eine Anlaufhemmung kommt in den Fällen der Antragsveranlagung gleichwohl in Betracht, wenn ein verbleibender Verlustvortrag zum Schluss des vorangegangenen Veranlagungszeitraums gesondert festgestellt wurde und nach § 56 S. 2 EStDV ausnahmsweise eine Steuererklärungspflicht besteht, vgl. BFH, Urteil v. 30.03.2017 – VI R 43/15, BStBl. II 2017, 1046 = DStRE 2017, 952, 953 f.

792 Der BFH bejaht die Anwendung der Anlaufhemmung des § 170 Abs. 2 S. 1 Nr. 1 AO im Rahmen der gesonderten Feststellung nach § 10d Abs. 4 EStG auch im Fall der Antragsveranlagung, vgl. BFH, Urteil v. 10.07.2008 – IX R 90/07, BStBl. II 2009, 816; ebenso mit Verweis auf den BFH *Yilmaz/Nunnenkamp*, NWB 2015, 1832, 1836.

793 Vgl. auch *Trossen*, HFR 2015, 237.

nicht feststellungsverjährten Veranlagungszeiträumen (d.h. rückwirkend für die letzten sieben Jahre) im Wege der gesonderten Feststellung zu sichern, um in den ersten Jahren ihrer Berufstätigkeit die Einkommensteuerbelastung mithilfe des Verlustvortrags zu verringern. Unter materiell-rechtlichen Gesichtspunkten trifft diese Aussage jedenfalls für Kosten eines Zweitstudiums oder einer zweiten Ausbildung unmittelbar zu[794]. Ob auch Aufwendungen für eine Erstausbildung dem Werbungskostenabzug unterfallen oder wegen §§ 4 Abs. 9, 9 Abs. 6 EStG nur als Sonderausgaben nach § 10 Abs. 1 Nr. 7 EStG und insofern mangels positiver Einkünfte oberhalb des Grundfreibetrags in der Regel gar nicht in Abzug gebracht werden können[795], ist nicht abschließend geklärt[796]. Der VI. Senat des BFH vertritt in seinen Vorlagebeschlüssen an das BVerfG vom 17. Juli 2014 die Auffassung, dass das vom Gesetzgeber im Jahr 2011[797] verankerte Abzugsverbot für Erstausbildungskosten außerhalb eines Dienstverhältnisses gegen Art. 3 Abs. 1 GG verstößt[798]. Für Auszubildende und Berufsanfänger kann es sich daher anbieten, für die festsetzungsverjährten Zeiträume die Verlustfeststellung zu beantragen und Einspruch gegen den Ablehnungsbescheid des Finanzamts einzulegen, um von einer ggf. vorteilhaften Entscheidung des BVerfG[799] profitieren

---

794 Vgl. nur *Thürmer*, in: Blümich (Hrsg.), § 9 EStG, Rdnr. 698 m.w.N.; BFH, Urteil v. 18.06.2009 – VI R 14/07, BStBl. II 2010, 816; für das Zweitstudium vgl. R 9.2 S. 4 LStR 2015.

795 *Trossen*, jM 2015, 303 f. Im Rahmen des Sonderausgabenabzugs scheidet auch eine veranlagungszeitraumübergreifende Berücksichtigung von Aufwendungen aus, vgl. *Kruhl*, StBW 2015, 548, 550.

796 Zur Entwicklung der einkommensteuerlichen Behandlung von Kosten der erstmaligen Berufsausbildung siehe näher *Hey*, in: Tipke/Lang (Hrsg.), Steuerrecht, § 8, Rdnr. 263 ff.; *Yilmaz/Nunnenkamp*, NWB 2015, 1832 f.

797 Der Gesetzgeber reagierte mit der Einführung des § 9 Abs. 6 EStG im Rahmen des Beitreibungsrichtlinie-Umsetzungsgesetzes (BeitrRLUmsG) vom 07.12.2011, BGBl. I 2011, 2592, auf die steuerbürgerfreundliche Rechtsprechung des VI. Senats des BFH. Die Vorschrift ist mit Wirkung ab dem Veranlagungsjahr 2004 anzuwenden, § 52 Abs. 23d S. 5 EStG i.d.F. des BeitrRLUmsG.

798 BFH, Beschluss v. 17.07.2014 – VI R 8/12, BFH/NV 2014, 1970; BFH, Beschluss v. 17.07.2014 – VI R 2/12, BFH/NV 2014, 1954; BFH, Beschluss v. 17.07.2014 – VI R 61/11, BeckRS 2014, 96235; BFH, Beschluss v. 17.07.2014 – VI R 38/12, BeckRS 2014, 96236; BFH, Beschluss v. 17.07.2014 – VI R 2/13, BeckRS 2014, 96246; BFH, Beschluss v. 17.07.2014 – VI R 72/13, BeckRS 2014, 96242.

799 Die Normenkontrollverfahren sind beim BVerfG unter dem Az. 2 BvL 22–27/14 anhängig. Ob das BVerfG entscheiden wird, dass eine Zweitausbildung steuerlich anders behandelt werden darf als eine Erstausbildung sei „noch völlig offen", *Trossen*, FR 2015, 40, 42 f.

zu können[800]. Ist die Festsetzungsfrist hingegen noch offen, muss zunächst eine Einkommensteuererklärung abgegeben und zugleich im Mantelbogen die Beantragung der Verlustfeststellung angekreuzt werden[801].

### cc) Stellungnahme des Bundesrats i.R.d. ProtUmsG-ZollkodexAnpG (StÄndG 2015)

In Reaktion auf das BFH-Urteil vom 13. Januar 2015 hat der Bundesrat den Gesetzentwurf der Bundesregierung „zur Umsetzung der Protokollerklärung zum Gesetz zur Anpassung der Abgabenordnung an den Zollkodex der Union und zur Änderung weiterer steuerlicher Vorschriften" (jetzt: Steueränderungsgesetz 2015)[802] zum Anlass genommen, um eine weitere Reform des § 10d Abs. 4 EStG anzuregen. In seiner Stellungnahme vom 8. Mai 2015 unterbreitete er gemäß Art. 76 Abs. 2 S. 2 GG den Vorschlag, den Verlustfeststellungsbescheid endgültig an den Einkommensteuerbescheid des Verlustentstehungsjahrs zu koppeln[803]. Nach Ansicht der Länder entzieht die BFH-Rechtsprechung der Regelung des § 10d Abs. 4 S. 4 EStG ihren Anwendungsbereich in Fällen, in denen - wie bei der Antragsveranlagung - die Feststellungsfrist länger läuft als die Festsetzungsfrist und Verluste erst im Anschluss geltend gemacht werden[804]. Die vom Gesetzgeber geforderte materielle Übereinstimmung von Verlustfeststellung und Steuerfestsetzung des Verlustjahrs[805] sei infolgedessen nicht mehr gewahrt und seine ursprünglichen Zielsetzungen der Steuervereinfachung

---

800 Instruktiv hierzu *Yilmaz/Nunnenkamp*, NWB 2015, 1832, 1837 f. Nach § 363 Abs. 2 S. 2 AO ruhen entsprechende Einspruchsverfahren bis zu einer Entscheidung des BVerfG, vgl. *Ratschow*, BFH/PR 2015, 229, 230; *Siebenhüter*, EStB 2015, 229.

801 *Trossen*, jM 2015, 303, 304. Wegen der nach Eintritt der Bestandskraft ggf. später nach § 10d Abs. 4 S. 5 EStG erforderlichen Änderungsbefugnis sollte darauf hingewirkt werden, dass die Bescheide hinsichtlich der Frage der Abzugsfähigkeit vorläufig im Sinne von § 165 AO ergehen, vgl. *Yilmaz/Nunnenkamp*, NWB 2015, 1832, 1838.

802 Gesetzentwurf der Bundesregierung vom 27.03.2015, BR-Drs. 121/15.

803 Stellungnahme des Bundesrats vom 08.05.2015, BR-Drs. 121/15(B), S. 12. Damit wäre die seitens der Finanzverwaltung vertretene Ansicht gesetzlich verankert worden, wonach der Eintritt der Festsetzungsverjährung die Durchführung einer nachträglichen gesonderten Verlustfeststellung verhindern soll, *Trossen*, jM 2015, 303, 306.

804 Stellungnahme des Bundesrats vom 08.05.2015, BR-Drs. 121/15(B), S. 12.

805 Bemerkenswert ist insofern, dass in der Begründung für das JStG 2010 leicht abweichend darauf abgestellt wird, dass „die vom Gesetzgeber vorgesehene Abstimmung der materiellen und formellen Änderungserfordernisse beider Bescheide (Verlustfeststellung und Steuerfestsetzung des Folgejahres) nicht mehr gewahrt" sei, BT-Drs. 17/2249, S. 51 rechte Spalte.

und des Rechtsfriedens konterkariert[806]. Die Bundesregierung wurde gebeten, „im weiteren Gesetzgebungsverfahren zu prüfen, ob § 10d Absatz 4 EStG derart geändert werden sollte, dass ein Verlustfeststellungsbescheid, für den noch keine Feststellungsverjährung eingetreten ist, nicht mehr ergehen kann, wenn für das Verlustentstehungsjahr kein Einkommensteuerbescheid existiert und auch kein Einkommensteuerbescheid mehr erlassen werden kann, da für diesen bereits Festsetzungsverjährung eingetreten ist."[807] Obgleich die Bundesregierung der Prüfbitte nachgekommen ist[808], wurde die angeregte Gesetzesänderung nicht im Rahmen des Steueränderungsgesetzes 2015[809] umgesetzt.

Angesichts drohender Steuermindereinnahmen bzw. -rückzahlungen, die insbesondere im Fall einer BVerfG-Entscheidung zugunsten des Werbungskostenabzugs von Aufwendungen der Erstausbildung nochmal um ein Vielfaches potenziert würden[810], erscheint es nicht völlig unwahrscheinlich, dass der Gesetzgeber den Vorschlag zu gegebener Zeit wieder aufgreifen und das

806 Stellungnahme des Bundesrats vom 08.05.2015, BR-Drs. 121/15(B), S. 12 f.

807 Stellungnahme des Bundesrats vom 08.05.2015, BR-Drs. 121/15(B), S. 12. Die Bundessteuerberaterkammer und der Neue Verband der Lohnsteuerhilfevereine e.V. (NVL) hatten sich bezugnehmend auf den Bundesrat vorerst gegen eine verfahrensrechtliche Änderung ausgesprochen. Die Bundessteuerberaterkammer verwies auf die begrenzte Relevanz des BFH-Urteils vom 13. Januar 2015 vorwiegend im Bereich der Antragsveranlagung. Sofern erforderlich, könnten Anpassungen später in das geplante Verfahrensmodernisierungsgesetz aufgenommen werden, vgl. Stellungnahme der Bundessteuerberaterkammer vom 25.06.2015, Anlage zum Wortprotokoll der 46. Sitzung des Finanzausschusses vom 29.06.2015, Protokoll-Nr. 18/46, S. 57. Demgegenüber sprach sich der NVL kritisch zur geltenden Rechtslage aus, nach der verfahrensrechtliche Probleme und Unsicherheiten bei der Verlustfeststellung bestehen blieben. Ohne eine Überarbeitung des rechtlichen Zusammenhangs und der verfahrensrechtlichen Folgen zwischen Veranlagung und Verlustfeststellung (wohl im Sinne der Herstellung einer echten Grundlagenbescheidwirkung gemeint) solle von dem Gesetzesvorschlag des Bundesrats, der einseitig in die Rechte der Steuerpflichtigen eingreife, abgesehen werden, vgl. NVL-Stellungnahme zum Gesetzentwurf BT-Drs. 18/4902, Anlage 12 zum Wortprotokoll der 46. Sitzung des Finanzausschusses vom 29. Juni 2015, Protokoll-Nr. 18/46, S. 153 f. Das Wortprotokoll ist abrufbar unter https://www.bundestag.de/blob/383298/3ac12d82c5b9406f8f85cdd7578d1e7d/protokoll-data.pdf (zuletzt abgerufen am 30. Mai 2019).

808 Anlage 4 zu BT-Drs. 18/4902, S. 83 „Zu Ziffer 6 Artikel 1 nach Nummer 4 (§ 10d Abs. 4 EStG)".

809 Steueränderungsgesetz (StÄndG) vom 02.11.2015, BGBl. I 2015, 1834.

810 *Kruhl* deutet eine Bedeutung für möglicherweise Millionen junger Menschen an, *Kruhl*, StBW 2015, 548, 550.

„Steuerausfalltor“[811] schließen wird[812]. Nicht zuletzt muss er unliebsame finanzielle Einbußen auch bei der Gewerbesteuer befürchten, denn im Umkehrschluss zu § 25 Abs. 1 Nr. 1 GewStDV sind diejenigen gewerbesteuerpflichtigen Unternehmen von der Pflicht zur Abgabe einer Gewerbesteuererklärung befreit, die keine Kapitalgesellschaften[813] sind und deren Gewerbeertrag im Erhebungszeitraum den Betrag von 24.500 Euro nicht überschritten hat. Vor allem Unternehmensgründer können deshalb auf Basis der BFH-Rechtsprechung Anlaufverluste des Gründungsjahrs innerhalb von sieben Jahren gemäß § 10a S. 6 GewStG gesondert feststellen lassen, auch wenn die Festsetzungsfrist nach §§ 169 Abs. 2 S. 1 Nr. 2, 170 Abs. 1 AO bereits verstrichen ist.

Anhaltspunkte für die mögliche Ausgestaltung eines etwaigen Nichtanwendungsgesetzes lassen sich ggf. der – soweit ersichtlich – nicht veröffentlichten Formulierungshilfe des BMF für die Stellungnahme des Bundesrats entnehmen[814]. Diese sah vor, sowohl nach § 10d Abs. 4 S. 5 EStG als auch nach § 35b Abs. 2 S. 3 GewStG jeweils folgenden Satz einzufügen: „Der Anlauf der Feststellungsfrist wird nicht nach § 170 Absatz 2 Satz 1 Nummer 1 der Abgabenordnung gehemmt.“[815] Festsetzungs- und Feststellungsfrist sollten auf diese Weise „gleichgeschaltet“ werden und vorbehaltlich anderweitiger Vorschriften der An- und Ablaufhemmung zur gleichen Zeit enden. In Verbindung mit der Ablaufhemmung nach § 10d Abs. 4 S. 6 HS. 1 EStG bzw. § 35b Abs. 2 S. 4 HS. 1 GewStG (nach dem Entwurf sodann § 10d Abs. 4 S. 7 HS. 1 EStG-E bzw. § 35b Abs. 2 S. 5 HS. 1 GewStG-E), die das Ende der Feststellungsfrist an den Ablauf der ggf. verlängerten Festsetzungsfrist knüpft, wäre dies auch für die Konstellation der Pflichtveranlagung erreicht worden. Da in umgekehrter Richtung ein automatisches Durchschlagen einer Ablaufhemmung der Feststellungs- auf die

---

811 *Kruhl*, StBW 2015, 548, 550.

812 In diese Richtung auch *Hallerbach*, FR 2017, 152, 153.

813 Kapitalgesellschaften sind nach § 25 Abs. 1 Nr. 2 GewStDV kraft Rechtsform erklärungspflichtig, sofern sie nicht von der Gewerbesteuer befreit sind.

814 Nicht veröffentlicht.

815 In zeitlicher Hinsicht wurde vorgeschlagen, § 10d Abs. 4 S. 6 EStG-E und § 35b Abs. 2 S. 4 GewStG-E erstmals bei der gesonderten Feststellung des zum Schluss des Veranlagungs- bzw. Erhebungszeitraums 2016 verbleibenden Verlustvortrags bzw. vortragsfähigen Gewerbeverlustes anzuwenden, um keine unter verfassungsrechtlichen Gesichtspunkten bedenkliche Verkürzung von Fristen für Altverluste zu bewirken. Die Rückwirkungsproblematik im Zusammenhang mit einer Neuregelung war bereits im Anschluss an die BFH-Entscheidung vom 13. Januar 2015 im Schrifttum thematisiert worden, vgl. *Hildebrand*, BB 2015, 1384; *Bode*, FR 2015, 1033, 1034.

Festsetzungsfrist nicht gesetzlich angeordnet ist, hätte ein Auseinanderfallen in den Fällen des § 171 Abs. 3 und Abs. 3a AO allerdings auch durch § 10d Abs. 4 S. 6 EStG-E nicht verhindert werden können. Insoweit wäre die BFH-Rechtsprechung in einem eng begrenzten Bereich relevant geblieben. Interessant ist hierbei, dass der Änderungsvorschlag einen verfahrensrechtlichen Ansatz zur Eindämmung der durch den BFH bejahten Feststellungsmöglichkeiten wählt, obwohl diese im Urteil vom 13. Januar 2015 maßgeblich mit dem Wortlaut des § 10d Abs. 4 S. 4 HS. 1 EStG und somit dem materiellen Recht begründet werden. Es ist nicht auszuschließen, dass nach der grundlegenden Überarbeitung des materiell-rechtlichen Teils im Rahmen des JStG 2010 auf Seiten des Gesetzgebers ein gewisser Widerwille dagegen bestanden haben könnte, § 10d Abs. 4 S. 4 HS. 1 EStG erneut zu reformieren. Im Gegensatz dazu hätte die „kleine Lösung" über das Verfahrensrecht eine nur punktuelle Ergänzung des bestehenden Rechts erforderlich gemacht und eine relativ kurzfristige Reaktion auf die BFH-Rechtsprechung ermöglicht.

**Beispiel**[816]**:**
In einem Szenario, wie es der BFH-Entscheidung vom 13. Januar 2015 zugrunde lag, d.h. dass Verluste im Fall der Antragsveranlagung erst nach Eintritt der Festsetzungsverjährung geltend gemacht wurden, wäre gemäß § 10d Abs. 4 S. 6 EStG-E eine Anlaufhemmung der Feststellungsfrist ausgeschlossen gewesen. Der Anspruch auf gesonderte Feststellung des verbleibenden Verlustvortrags wäre zeitgleich mit dem Ablauf der vierjährigen Festsetzungsfrist verjährt, wenn nicht vor Ablauf der Feststellungsfrist ein Feststellungsantrag nach § 171 Abs. 3 AO gestellt wurde.

### *b) Sperrwirkung nur der „zu Grunde gelegten" Besteuerungsgrundlagen*

Aufbauend auf die Erkenntnis, dass Besteuerungsgrundlagen einer Steuerfestsetzung nicht zugrunde gelegt worden sind, wenn im jeweiligen Veranlagungszeitraum keine Veranlagung durchgeführt wurde, galt es für die höchstrichterliche Rechtsprechung im Anschluss an diese erste „Weichenstellung", die Anforderungen an das Tatbestandsmerkmal des „Zugrundelegens" auch für den Fall zu konkretisieren, dass eine Veranlagung stattgefunden hat. Soweit ersichtlich, sind mittlerweile insgesamt drei BFH-Entscheidungen zu dieser Fragestellung ergangen.

816 Angelehnt an BFH, Urteil v. 13.01.2015 - IX R 22/14, BStBl. II 2015, 829.

### aa) Entscheidung des IX. Senats des BFH vom 10. Februar 2015

Die Entscheidung des BFH vom 10. Februar 2015[817] behandelt die steuerliche Berücksichtigung von Aufwendungen, die anlässlich einer Zweitausbildung getätigt wurden. Entgegen der Steuererklärung des Klägers, mit der er vorweggenommene Werbungskosten geltend machte, ließ das Finanzamt nur den Abzug als Sonderausgaben zu. Seinen gegen den Freistellungsbescheid zunächst eingelegten Einspruch nahm der Kläger wieder zurück. Nachdem der Bescheid bestandskräftig geworden war, reichte er eine Feststellungserklärung ein und begehrte abermals, die Ausbildungskosten als Werbungskosten zu berücksichtigen. Das Finanzamt lehnte die gesonderte Feststellung mit dem Hinweis auf die Neuregelung des § 10d Abs. 4 S. 4, 5 EStG im Rahmen des JStG 2010 ab. Die Aufwendungen des Klägers für sein Studium seien nach damaliger Rechtsauffassung zutreffend als Sonderausgaben im Steuerbescheid berücksichtigt worden, der in Bestandskraft erwachsen und nicht mehr änderbar sei.

Die Revision gegen die Abweisung der Klage hatte keinen Erfolg. Nach Auffassung des BFH konnten die vom Kläger angeführten Verluste nicht gesondert festgestellt werden, da sie in der Steuerfestsetzung für das Verlustentstehungsjahr nicht als Werbungskosten angesetzt worden waren. Wegen der Bindungswirkung, die dem Steuerbescheid kraft Gesetzes zukomme, könnten die Besteuerungsgrundlagen grundsätzlich nur so in das Feststellungsverfahren Eingang finden, wie sie der letzten bestandskräftigen Veranlagung zugrunde lägen, vgl. § 10d Abs. 4 S. 4 HS. 1 EStG. Die Festsetzung für das Streitjahr wies die Aufwendungen jedoch nicht im Gesamtbetrag der Einkünfte gemäß § 2 Abs. 3 EStG als vorab entstandene Werbungskosten aus, sondern berücksichtigte sie lediglich nach § 10 Abs. 1 Nr. 7 EStG als beschränkt abziehbare Sonderausgaben bei der Ermittlung des Einkommens nach § 2 Abs. 4 EStG. Da der Kläger seinen Einspruch zurückgenommen hatte, bestand keine Korrekturbefugnis im Rahmen des Rechtsbehelfsverfahrens. Auch kam nicht mehr in Betracht, den Einkommensteuernullbescheid nach den Vorschriften der Abgabenordnung dem Grunde nach zu ändern. Die Aufhebung, Änderung oder Berichtigung des Steuerbescheids war mithin nicht ausschließlich mangels Auswirkung auf die Höhe der Steuer unterblieben. Einer abweichenden Berücksichtigung der Verluste im Bescheid über den verbleibenden Verlustabzug standen daher die Anforderungen von § 10d Abs. 4 S. 5 EStG entgegen.

Mit der Entscheidung macht der BFH deutlich, dass ein Verlust der Steuerfestsetzung nur dann im Sinne des § 10d Abs. 4 S. 4 HS. 1 EStG „zu Grunde gelegt

817 BFH, Urteil v. 10.02.2015 – IX R 6/14, BFH/NV 2015, 812.

worden ist" und Bindungswirkung für die gesonderte Feststellung des verbleibenden Verlustvortrags entfaltet, wenn er in den Gesamtbetrag der Einkünfte gemäß § 2 Abs. 3 EStG eingeflossen ist. Es reicht nicht aus, dass der Verlust überhaupt Eingang in die Bemessungsgrundlage des Steuerbescheids, d.h. in das zu versteuernde Einkommen im Sinne von § 2 Abs. 5 S. 1 HS. 2 EStG findet. Eine Berücksichtigung auf früherer (wie z.B. bei Verlustausgleichsverboten auf Ebene der Einkünfteermittlung gemäß § 2 EStG[818]) oder späterer Stufe des Systems der geltenden Einkommensbesteuerung (z.B. im Rahmen des Einkommens nach Absatz 4) genügt den Anforderungen grundsätzlich nicht[819]. Eine fehlerhafte Einordnung seitens des Finanzamts geht zu Lasten des Steuerpflichtigen, wenn er den Bescheid unanfechtbar werden lässt. Die Auslegung des BFH erscheint deshalb überzeugend, weil sich der Gesamtbetrag der Einkünfte nach § 2 Abs. 3 EStG aus der Summe der Einkünfte errechnet (die im nächsten Schritt u.a. um den Altersentlastungsbetrag zu vermindern ist). Die gesetzlich nicht legal definierte „Summe der Einkünfte" bildet ihrerseits den Saldo der positiven und negativen Einkünfte im Rahmen des horizontalen und vertikalen Verlustausgleichs. § 10d Abs. 4 S. 2 EStG spricht von den „bei der Ermittlung des Gesamtbetrags der Einkünfte nicht ausgeglichenen negativen Einkünfte[n]" als Berechnungsgröße für den verbleibenden Verlustvortrag. Aus der Zusammenschau mit Satz 4 folgt nunmehr eindeutig, dass maßgeblicher Bezugspunkt insoweit die Steuerfestsetzung des entsprechenden Veranlagungszeitraums ist. Die „nicht ausgeglichenen negativen Einkünfte" müssen mithin Bestandteil des Verlustausgleichs gewesen und mangels hinreichendem Verlustverrechnungspotential nicht (vollständig) verrechnet worden sein.

Die zweite zentrale Aussage, die dem BFH-Urteil entnommen werden kann, lautet dahin, dass eine Verlustfeststellung entfällt, wenn der bestandskräftige Steuerbescheid des betreffenden Veranlagungszeitraums keinen Verlust berücksichtigt und nach den Vorschriften der Abgabenordnung nicht mehr geändert werden kann[820]. Das Erfordernis einer ggf. nur potentiellen Änderungsbefugnis ist an die überkommene Rechtsprechung des XI. Senats angelehnt[821]. Dem Gesetzgeber war es ein wesentliches Anliegen, diese Voraussetzung für den

---

818 Zu den Besonderheiten der sinngemäßen Anwendung des § 10d Abs. 4 S. 4, 5 EStG im Rahmen von Verlustverrechnungsbeschränkungen vgl. Zweites Kapitel C.III.1.b) cc)(2).

819 Vgl. das in R 2 EStR 2012 abgedruckte amtliche Ermittlungsschema für das zu versteuernde Einkommen.

820 Vgl. *Jachmann*, jurisPR-SteuerR 32/2015, Anm. 3.

821 Vgl. zur alten Rechtslage unter Zweites Kapitel A.II.2.b).

erstmaligen Erlass des Verlustfeststellungsbescheids im Rahmen des JStG 2010 verbindlich festzulegen[822]. Über den insoweit regelmäßig einschlägigen Korrekturtatbestand des § 173 Abs. 1 S. 2 AO ist die Zulässigkeit der gesonderten Feststellung danach wieder von der Rechtserheblichkeit des nachträglich erklärten Verlusts abhängig[823]. Maßstab ist insoweit, ob das Finanzamt bei rechtzeitiger Kenntnis schon bei der ursprünglichen Veranlagung, d.h. der zu dieser Zeit geltenden Rechtslage, mit an Sicherheit grenzender Wahrscheinlichkeit zur entsprechenden Verlustfeststellung gelangt wäre[824]. Steuerpflichtigen soll es auf diese Weise verwehrt sein, sich nachträglich auf eine nach Abschluss der Veranlagung zu ihren Gunsten eingetretene Rechtsprechung zu berufen[825].

#### bb) Entscheidung des IX. Senats des BFH vom 12. Juli 2016

Das Urteil vom 12. Juli 2016 führt die Entscheidung des BFH vom 10. Februar 2015 konsequent fort[826] und präzisiert die dort an das „Zugrundeliegen" gestellten Anforderungen.

Die Klägerin wurde zusammen mit ihrem verstorbenen Ehemann zur Einkommensteuer veranlagt. Aufgrund eines positiven Gesamtbetrags der Einkünfte in Höhe von 215.000 Euro setzte das Finanzamt die Einkommensteuer auf ca. 63.000 Euro fest. Im Nachgang an eine Außenprüfung erhöhte es die bestandskräftige Festsetzung auf insgesamt ca. 80.000 Euro. Gegen diesen Änderungsbescheid legten die Eheleute Einspruch ein. Sie erklärten erstmalig einen Verlust in Höhe von ca. 572.000 Euro und beantragten, diesen gesondert festzustellen. Das Finanzamt änderte den Steuerbescheid daraufhin ab und führte den Verlust unter „Besteuerungsgrundlagen" auf. Infolge des Verlustausgleichs ergaben sich ein negativer Gesamtbetrag der Einkünfte von ca. 314.000 Euro und eine Einkommensteuer von null Euro. „Wegen der Anfechtungs-/Änderungsbeschränkung

---

822 Vgl. BT-Drs. 17/2249, S. 51 f.

823 Vgl. auch *Sikorski*, NWB 2011, 2191, 2198.

824 BT-Drs. 17/2249, S. 51 rechte Spalte. Es handelt sich um eine Modifikation des herkömmlichen Prüfungsmaßstabs des § 173 Abs. 1 Nr. 2 AO, der danach fragt, ob das Finanzamt auch bei rechtzeitiger Kenntnis der Tatsachen oder Beweismittel schon bei der ursprünglichen Veranlagung mit an Sicherheit grenzender Wahrscheinlichkeit zu einer anderen Steuerfestsetzung gelangt wäre oder nicht, vgl. *Koenig*, in: Koenig (Hrsg.), § 173 AO, Rdnr. 87.

825 Vgl. BT-Drs. 17/2249, S. 51 f.

826 So auch *Hallerbach*, FR 2017, 152, 153. Insgesamt steht die Entscheidung in der schon mit Urteil vom 13. Januar 2015, IX R 22/14, BStBl. II 2015, 829 = DStR 2015, 939 ff., begründeten Rechtsprechungslinie, vgl. *Schießl*, HFR 2016, 1066 f.

(§ 351 bzw. § 177 AO)“ setzte das Finanzamt die Steuer allerdings wie im Tenor des Ausgangsbescheids auf 63.000 Euro fest, da eine weitergehende Korrektur ausscheide. Einen Teilverlust trug es antragsgemäß in das Vorjahr zurück. Die Feststellung des verbleibenden Verlustvortrags wurde indes verwehrt und konnte weder im Wege des Einspruchs noch der Klage[827] durchgesetzt werden.

Der geltend gemachten Verlustfeststellung stand aus Sicht des BFH entgegen, dass die bei der Ermittlung des Gesamtbetrags der Einkünfte nicht ausgeglichenen negativen Einkünfte der festgesetzten Einkommensteuer nicht im Sinne des § 10d Abs. 4 S. 4 EStG zugrunde gelegt worden waren. Die Regelung des Satzes 4 setze voraus, dass sich die jeweilige Besteuerungsgrundlage auf die Höhe der Steuerfestsetzung auswirke. Dies werde gesetzessystematisch durch Satz 5 bestätigt, welcher die Konstellation der fehlenden Auswirkung auf die Höhe der festzusetzenden Steuer abschließend normiere. Nach diesen Maßgaben konnte sich der im wiederholt geänderten Steuerbescheid verbleibende negative Gesamtbetrag der Einkünfte in Höhe von ca. 314.000 Euro wegen der beschränkten Anfechtbarkeit gemäß § 351 Abs. 1 AO und des Saldierungsrahmens nach § 177 Abs. 1 AO nicht auf die Höhe der im Umfang von 63.000 Euro bestandskräftigen Steuerfestsetzung auswirken. Die Änderungssperre des § 351 Abs. 1 AO sei im Rahmen des Verlustfeststellungsverfahrens anzuwenden, auch wenn die Verweisung in § 10d Abs. 4 S. 4 HS. 2 EStG allgemein gültige Verfahrensvorschriften nicht erwähne. Angesichts des Normzwecks und der Entstehungsgeschichte von § 10d Abs. 4 S. 4 HS. 2 EStG lasse sich nicht auf die Nichtanwendbarkeit des § 351 Abs. 1 AO schließen. Denn diese Regelung solle verhindern, dass der Steuerpflichtige besser gestellt werde, als er bei Eintritt der Unanfechtbarkeit des Ausgangsbescheids stehe, soweit die Abgabenordnung nicht selbst eine Durchbrechung der Bestandskraft zulasse.

Der bestandskräftige, der Verlustfeststellung entgegenstehende Teil der Steuerfestsetzung sei nicht weiter abänderbar gewesen. Der BFH führt dazu zunächst allgemein aus, dass eine Verlustfeststellung nicht allein deshalb erstmalig durchzuführen oder zu korrigieren sei, weil sich die Besteuerungsgrundlagen als Bezugsgröße betragsmäßig geändert hätten. Eine Bezugsgrößenänderung müsse vielmehr zur Berichtigung der Festsetzung führen. Der erstmalige Erlass eines Feststellungsbescheids nach § 10d Abs. 4 S. 4 EStG sei ebenso wie im Korrekturfall von der Reichweite der verfahrensrechtlichen Änderungsmöglichkeit der Steuerfestsetzung gemäß §§ 164 f., 172 ff. AO abhängig. Die Bestandskraft des vorausgehenden Steuerbescheids werde hierdurch gesichert, da anderenfalls

827 FG München, Urteil v. 01.06.2015 – 10 K 650/14, EFG 2015, 1688.

die im Bescheid enthaltenen Fehler ohne verfahrensrechtliche Rechtsgrundlage nachträglich durch den Feststellungsbescheid korrigiert würden. Der BFH sieht insoweit keinen Grund, vom Gesetzeswortlaut abzuweichen. Das Ergebnis folge auch aus der Gesetzesbegründung. Der Gesetzgeber habe verhindern wollen, dass der Steuerpflichtige in größerem zeitlichen Abstand nach Eintritt der Bestandskraft des Steuerbescheids Gründe für die erstmalige Verlustfeststellung vortrage und infolgedessen die „Abstimmung der materiellen und formellen Änderungserfordernisse" von Verlustfeststellung und Steuerfestsetzung des Folgejahres nicht mehr gewährleistet sei. Eine unzulässige Rechtsschutzverkürzung sei damit nicht verbunden, da die Eheleute den Erlass des Feststellungsbescheids innerhalb der Einspruchsfrist für den Erstbescheid hätten beantragen können und das Finanzamt verpflichtet gewesen wäre, diesem Begehren zu entsprechen.

Die Entscheidung vom 12. Juli 2016 liest sich auf den ersten Blick als Einschränkung der mit vorangegangenem Urteil vom 10. Februar 2015 entwickelten Grundsätze dazu, unter welchen Voraussetzungen Besteuerungsgrundlagen der Steuerfestsetzung „zu Grunde gelegt worden sind". Der BFH scheint mit der Auswirkung der Besteuerungsgrundlage auf die Höhe der Steuer ein zusätzliches, die Anforderungen steigerndes Merkmal im Anwendungsbereich des Satzes 4 (keine Nullfestsetzung) aufgestellt zu haben. In der Mehrzahl der Fälle des § 10d Abs. 4 S. 4 EStG werden sich die in den Gesamtbetrag der Einkünfte einbezogenen Verluste jedoch automatisch auf den festgesetzten Steuerbetrag auswirken[828]. Der vorliegend gegebene Umstand, dass ein Teil des Verfügungssatzes des Steuerbescheids aufgrund wiederholter Abänderung bereits bestandskräftig ist, beschreibt eine Sondersituation. Im Urteilsfall kam den nacherklärten Verlusten bei genauer Betrachtung zumindest partielle Wirkung für den Tenor des Steuerbescheids zu, nämlich insoweit als sie die durch den Änderungsbescheid bewirkte Steuererhöhung rückgängig machten. Da Besteuerungsgrundlagen nicht an der Bestandskraft der Steuerfestsetzung teilnehmen, konnte das Finanzamt die Verluste in voller Höhe bei der Ermittlung des Gesamtbetrags der Einkünfte berücksichtigen. Soweit erstere zur Herabsetzung der Steuerlast auch verbraucht wurden, lagen sie im Sinne von § 10d Abs. 4 S. 4 HS. 1 EStG zugrunde[829]. Dass

828 Sofern nicht ein Überschuss an Verlustverrechnungspotential vorhanden ist, dürften Steuerfestsetzungen, denen Verluste zugrunde gelegt worden sind, regelmäßig auf null Euro lauten. Missverständlich fallen in diesem Kontext die Ausführungen von *Ratschow* aus, der davon ausgeht, dass „grundsätzlich nur ein Einkommensteuerbescheid, in dem die Einkommensteuer (wegen des Verlusts) mit 0 EUR festgesetzt worden ist", Bindungswirkung entfaltet, *Ratschow*, BFH/PR 2017, 44.

829 Vgl. FG München, Urteil v. 01.06.2015 – 10 K 650/14, EFG 2015, 1688, 1689 f.

der BFH die Bestandskraft des Ausgangsbescheids hierbei unter Rückgriff auf die allgemeine Verfahrensvorschrift des § 351 Abs. 1 AO schützt, überzeugt und dürfte auch dem gesetzgeberischen Willen entsprechen[830]. Nach der sog. Ummantelungstheorie tritt der Änderungsbescheid zwar an die Stelle des Erstbescheids. Die bereits eingetretenen Wirkungen des Erstbescheids werden durch die Änderung jedoch nicht beseitigt[831]. Vor dem Hintergrund, dass eine Verlustfeststellung schon mit Eintritt der Bestandskraft des Erstbescheids gemäß § 10d Abs. 4 S. 4, 5 EStG in der Regel ausgeschlossen ist, erscheint es nur konsequent und dem Schutz der Bestandskraft dienlich, wenn auch durch eine spätere Änderung des bestandskräftigen Bescheids keine Feststellungsmöglichkeit erstmals eröffnet wird. Zudem weisen § 10d Abs. 4 S. 4, 5 EStG und § 351 Abs. 1 AO die gleiche Schutzrichtung auf, da sie beide der Rechtssicherheit dienen[832]. Die Anwendung von § 351 Abs. 1 AO auf die Verlustfeststellung kann auch deswegen nicht überraschen, weil diese allgemeingültige verfahrensrechtliche Norm schon vor der Gesetzesreform von der Rechtsprechung im Rahmen des § 10d Abs. 4 EStG herangezogen wurde[833]. Aus § 10d Abs. 4 S. 4 HS. 2 EStG folgt nichts anderes, da sich der Inhalt der Regelung darin erschöpft, die formell-rechtlichen Konsequenzen aus der materiellen Bindungswirkung der Besteuerungsgrundlagen nach Halbsatz 1 zu ziehen[834]. Abschließender Charakter soll der Vorschrift mit Blick auf allgemeine Verfahrensnormen erkennbar nicht zukommen. Die durch § 351 Abs. 1 AO gesetzten Grenzen der Anfechtung stimmen mit dem nach § 177 Abs. 1 AO zulässigen Saldierungsrahmen überein[835]. Da es für eine

830 In diese Richtung auch *Hallerbach*, FR 2017, 152, 153.

831 *Kies*, DStR 2001, 1555, 1556. Anders verhält es sich bei einem Grundlagenänderungsbescheid, der den ursprünglichen Grundlagenbescheid korrigiert, da der Ausgangsbescheid in seinem Regelungsgehalt in vollem Umfang durch den Änderungsbescheid aufgenommen und suspendiert wird, *von Wedelstädt*, AO-StB 2009, 203, 204; BFH, Urteil v. 28.07.1994 – IV R 53/93, BFH/NV 1995, 184, 185; vgl. zur Ersetzungsfunktion auch *Söhn*, in: FS Musielak, S. 557, 560.

832 Zu § 10d Abs. 4 S. 4, 5 EStG vgl. BT-Drs. 17/2249, S. 51 f. Zum Schutzzweck des § 351 Abs. 1 AO siehe *Cöster*, in: Koenig (Hrsg.), § 351 AO, Rdnr. 1.

833 Vgl. BFH, Urteil v. 22.01.2013 – IX R 11/12, BFH/NV 2013, 1069.

834 Die Vorschriften für das Grundlagen- und Folgebescheid-Verhältnis werden für entsprechend anwendbar erklärt, vgl. *Hallerbach*, FR 2017, 152, 153. Nach anderer Ansicht geht es in § 10d Abs. 4 S. 4 HS. 1 EStG primär darum, eine (quasi-)formelle Bindung anzuordnen und auf diese Weise dem Verständnis als rein materielle Bindungswirkung vorzubeugen, *Brühl/Weiss*, NWB 2017, 3270, 3279.

835 Vgl. *Cöster*, in: Koenig (Hrsg.), § 351 AO, Rdnr. 3. *Günther* zufolge übertrage § 351 Abs. 1 AO den § 177 AO immanenten Rechtsgedanken auf das Einspruchsverfahren gegen Änderungsbescheide, *Günther*, AO-StB 2010, 279, 281.

weiterreichende Korrektur an der einschlägigen Rechtsgrundlage fehlte, konnte die Sperrwirkung des § 351 Abs. 1 AO nicht überwunden werden. Damit stand zugleich fest, dass mangels Änderungsbefugnis auch eine von den Besteuerungsgrundlagen des Steuerbescheids abweichende Verlustfeststellung nach § 10d Abs. 4 S. 5 EStG nicht in Betracht kam.

### cc) Entscheidung des VIII. Senats des BFH vom 9. Mai 2017

Mit Urteil vom 9. Mai 2017[836] hat der VIII. Senat des BFH zu einer Fallgestaltung außerhalb der tariflichen Einkommensteuer Stellung bezogen. In Streit stand, ob die bereits dargestellten, höchstrichterlich entwickelten Anforderungen an ein „Zugrundeliegen" von Besteuerungsgrundlagen im Sinne von § 10d Abs. 4 S. 4 HS. 1 EStG auch dann uneingeschränkt heranzuziehen sind, wenn die Regelung nur sinngemäße Anwendung bei den verlustverrechnungsbeschränkten und mit abgeltender Wirkung besteuerten Kapitaleinkünften findet, vgl. § 20 Abs. 6 S. 3 EStG.

Der Kläger und Revisionsbeklagte ist Steuerberater. Im Streitjahr 2013 erklärte er Einkünfte aus selbstständiger Arbeit sowie geringfügige Kapitalerträge in Höhe von 36 Euro. Er beantragte neben der Günstigerprüfung nach § 32d Abs. 6 EStG, auch den Steuereinbehalt für bestimmte Kapitalerträge zu überprüfen (vgl. § 32d Abs. 4 EStG). Das Finanzamt veranlagte den Kläger erklärungsgemäß und legte der Ermittlung des zu versteuernden Einkommens ausschließlich die Einkünfte aus selbstständiger Arbeit zugrunde. Die der Abgeltungsteuer unterliegenden Kapitalerträge verrechnete es mit vorhandenen Verlustvorträgen aus Kapitalvermögen, so dass sich der nach § 32d Abs. 1 EStG zu besteuernde Betrag auf null Euro belief. Die Günstigerprüfung, so heißt es im Bescheid, habe ergeben, dass die Besteuerung nach dem allgemeinen Tarif nicht günstiger sei. In dem ebenfalls unter Vorbehalt der Nachprüfung erlassenen Feststellungsbescheid ermittelte das Finanzamt den für 2013 verbleibenden Verlustvortrag, indem es den Verlustvortrag aus dem Vorjahr um 36 Euro kürzte. Der Kläger legte gegen beide Bescheide Einspruch ein, nachdem die Vorbehalte der Nachprüfung aufgehoben worden waren. Er machte erstmals einen Verlust von rund 7.000 Euro aus drei Wertpapierkäufen geltend. Dieser sei weder in den Erträgnisaufstellungen der Bank noch in dem von ihr geführten „Verlusttopf" berücksichtigt worden. Hierzu legte er u.a. Wertpapierabrechnungen und Ausbuchungsmitteilungen der Bank vor. Der Kläger beantragte, den erlittenen

836 BFH, Urteil v. 09.05.2017 – VIII R 40/15, BStBl. II 2017, 1049.

Verlust gesondert festzustellen und nahm seinen Einspruch gegen den Steuerbescheid zurück.

Das FG Niedersachsen hat in erster Instanz die Korrektur der festgestellten Verluste unmittelbar im Feststellungsbescheid zugelassen. Das Finanzamt sei nicht nach § 10d Abs. 4 S. 4 EStG daran gehindert, den verbleibenden Verlustvortrag zu erhöhen, da die klägerischen Einkünfte aus Kapitalvermögen nicht in die Steuerfestsetzung des Einkommensteuerbescheids eingeflossen und dementsprechend nicht für die gesonderte Feststellung bindend seien. Die im Steuerbescheid enthaltenen Angaben zur „Berechnung der Einkünfte, die nach § 32d Abs. 1 EStG besteuert werden (Abgeltungsteuer)" stünden nach der Ermittlung des zu versteuernden Einkommens und seien damit nicht bei der Steuerfestsetzung zugrunde gelegt worden[837].

(1) „Sinngemäße Anwendung" des § 10d Abs. 4 EStG muss Besonderheiten der Verrechnungsbeschränkung berücksichtigen

Der BFH hat einer wortlautgetreuen Anwendung des § 10d Abs. 4 EStG im Bereich der Kapitaleinkünfte eine Absage erteilt. Er kommt anders als das FG Niedersachsen zu dem Ergebnis, dass die nachträglich erklärten Verluste wegen § 20 Abs. 6 S. 4 (jetzt: S. 3) i.V.m. § 10d Abs. 4 S. 4 EStG grundsätzlich nur über den Umweg des Steuerbescheids berücksichtigt werden können. Im Urteilsfall könne die bestandskräftige Steuerfestsetzung, der die streitigen Verluste nicht zugrunde lägen, aber nicht mehr nach den Korrekturvorschriften der Abgabenordnung geändert werden, so dass auch die Voraussetzungen für eine abweichende Berücksichtigung gemäß § 10d Abs. 4 S. 5 EStG nicht erfüllt seien. Hierbei misst er der in § 20 Abs. 6 S. 4 EStG a.F. angeordneten sinngemäßen Anwendung des § 10d Abs. 4 EStG eine andere Bedeutung als das FG zu. Der BFH versteht die gesetzliche Verweisung dahin, dass § 10d Abs. 4 EStG unter Beachtung der Besonderheiten anzuwenden ist, die für die der Abgeltungsteuer unterliegenden Einkünfte aus Kapitalvermögen gelten, namentlich die Regelungen zur besonderen Ermittlung der gemäß § 32d Abs. 1 EStG zu besteuernden Einkünfte (vgl. § 2 Abs. 5b EStG).

Indes können Verluste bei den Kapitaleinkünften nur ausnahmsweise im Rahmen der Einkommensteuerveranlagung individuell verrechnet und ggf. vorgetragen werden. Denn die Einkommensteuer wird bei dieser Einkunftsart grundsätzlich durch den Abzug vom Kapitalertrag mit abgeltender Wirkung erhoben, § 43 Abs. 1, Abs. 5 S. 1 EStG. Das zum Einbehalt der Kapitalertragsteuer

837 Niedersächsisches FG, Urteil v. 28.10.2015 – 3 K 420/14, EFG 2016, 190 = DStRE 2017, 392, 394.

verpflichtete Kreditinstitut nimmt auch die unterjährige Verlustverrechnung vor, vgl. § 43a Abs. 3 EStG[838]. Ein Verlustvortrag ist möglich. Sollen die Verluste statt in das Kapitalertragsteuerabzugsverfahren bei der Veranlagung einbezogen werden, muss der Steuerpflichtige eine Bescheinigung seines Kreditinstituts über die Höhe der nicht ausgeglichenen Verluste vorlegen und in seiner Steuererklärung die sog. Antragsveranlagung nach § 32d Abs. 4 EStG wählen. Unter diesen Voraussetzungen findet § 10d Abs. 4 EStG gemäß § 20 Abs. 6 S. 4 EStG a.F. sinngemäß Anwendung. Für diesen Fall gibt der BFH im Hinblick auf das in § 10d Abs. 4 S. 4 EStG niedergelegte Kriterium des „Zugrundeliegens von Besteuerungsgrundlagen" zu bedenken, dass Kapitalerträge gemäß § 2 Abs. 5b EStG grundsätzlich getrennt ermittelt werden. Sie bleiben außerhalb der Summe der Einkünfte im Sinne von § 2 Abs. 3 EStG sowie des Gesamtbetrags der Einkünfte nach § 2 Abs. 4 EStG und fließen nicht in das zu versteuernde Einkommen ein. Vor diesem Hintergrund soll es für den Verlustvortrag ausreichen, wenn ein Verlust bei der Ermittlung der nach § 32d Abs. 1 EStG mit abgeltender Wirkung zu besteuernden Einkünfte im Steuerbescheid zugrunde gelegt worden oder eine Bescheidänderung nach § 10d Abs. 4 S. 4, 5 EStG noch möglich ist.

Bemerkenswert sind schließlich die Ausführungen des BFH zum anzulegenden Sorgfaltsmaßstab im Rahmen der Prüfung des § 173 Abs. 1 Nr. 2 AO. Anknüpfend an den Steuerberaterberuf des Klägers sieht der BFH bereits ein grob fahrlässiges Vorgehen darin, dass die Verluste nicht in der Steuererklärung angegeben wurden. Dem Kläger sei der Vorwurf grob fahrlässigen Verhaltens aber auch deswegen zu machen, weil er durch die Rücknahme seines Einspruchs gegen den Steuerbescheid eine Erfassung der Verluste im Rahmen der Festsetzung unmöglich gemacht habe. Als Steuerberater hätte sich ihm mit Blick auf §§ 20 Abs. 6, 10d Abs. 4 EStG die Frage aufdrängen müssen, ob die von ihm begehrte Verlustberücksichtigung nur im Rahmen der Veranlagung erfolgen könne und eine unmittelbare Berücksichtigung im Feststellungsverfahren grundsätzlich ausgeschlossen sei. Der BFH erachtet die Problematik einer Bindungswirkung des Steuerbescheids für die gesonderte Verlustfeststellung insoweit als offenkundig. Daran ändere auch nichts, dass die Bindungswirkung des § 10d Abs. 4 S. 4 EStG erst nach der Einführung des § 20 Abs. 6 S. 4 EStG a.F. normiert worden sei. Der Gesetzgeber hätte es anderenfalls im JStG 2010 deutlich gemacht, wenn sich die Bindungswirkung nicht auf die der Abgeltungsteuer unterliegenden

838 Vgl. dazu das BMF-Schreiben v. 18.01.2016 – IV C 1-S 2252/08/10004:017, 2015/0468306, BStBl. I 2016, 85, Rdnr. 118, 212.

Einkünfte aus Kapitalvermögen hätte erstrecken bzw. diese nur dann umfassen sollen, wenn sie zu einer abweichenden Steuerfestsetzung führen.

(2) Entscheidungsanalyse; insbesondere Konsequenzen für andere vertikale Ausgleichsverbote

Das Urteil zeigt zunächst eindrucksvoll, dass durch die Neufassung des § 10d Abs. 4 S. 4, 5 EStG eine neue Stufe der Komplexität des Rechts der gesonderten Verlustfeststellung erreicht ist, die im Anwendungsbereich von Verlustverrechnungsbeschränkungen nochmals eine Steigerung erfährt. So kam es, dass zumindest im Urteilsfall der steuerlich versierte Kläger vor der aus Sicht des BFH „offenkundigen Problematik" der Bindungswirkung des Steuerbescheids kapitulierte und den folgenreichen Fehlschluss hinsichtlich der Anfechtungslast zog. Offen bleibt auch nach der Entscheidung, welche Sorgfaltsanforderungen die Rechtsprechung im Fall des § 173 Abs. 1 Nr. 2 AO bei einem Steuerlaien anlegen würde. Dies hätte direkte Auswirkung auf die verfahrensrechtliche Möglichkeit, den bestandskräftigen Steuerbescheid nachträglich abzuändern.

Dass der VIII. Senat mit seiner Auslegung den Geltungsbereich der Bindungswirkung des Steuerbescheids auf den Verlustvortrag bei Kapitaleinkünften ausdehnt, wenn diese ausnahmsweise in das Veranlagungsverfahren einzubeziehen sind, ist vom Wortlaut des § 20 Abs. 6 S. 4 EStG a.F. gedeckt und dürfte auch mit dem Willen des Gesetzgebers des JStG 2010 im Einklang stehen. Es ist kein Grund ersichtlich, weshalb die mit der Neufassung des § 10d Abs. 4 S. 4, 5 EStG verfolgte Zielsetzung, eine zeitnahe und verbindliche Entscheidung über die Höhe des vortragsfähigen Verlusts zu erreichen[839], nicht ebenfalls für Verluste aus besonderen Verlustverrechnungskreisen gelten soll. Zwar wurde der im Gesetzgebungsverfahren seitens des Bundesrats unterbreitete Vorschlag, die Bindungswirkung des Steuerbescheids auch für solche Verluste ausdrücklich im Gesetz festzuschreiben, die aufgrund einer Verlustverrechnungsbeschränkung nicht in den Gesamtbetrag der Einkünfte einfließen, durch die Bundesregierung nicht aufgegriffen[840]. Dies wird man allerdings dahin verstehen können, dass der Gesetzgeber lediglich auf eine zusätzliche gesetzliche Klarstellung dessen verzichtete, was nach seiner Ansicht über die Verweisungen der Verlustverrechnungsregeln auf § 10d EStG schon geltendes Recht war[841].

---

839 BT-Drs. 17/2249, S. 51 f.

840 BT-Drs. 17/2823, S. 10 und S. 38 (Zu Nummer 13). Vgl. hierzu bereits unter Erstes Kapitel A.IV.2.

841 Diese Auffassung schien auch der Bundesrat zu teilen, da die von ihm vorgeschlagene Regelung für Verlustverrechnungsbeschränkungen lediglich klarstellenden Charakter haben sollte, vgl. BT-Drs. 17/2823, S. 10. Hintergrund ist die langjährige Kontroverse

Die Entscheidung des für Kapitaleinkünfte sachlich zuständigen VIII. Senats[842] wirft insbesondere die Frage auf, wie in Bezug auf andere Verlustverrechnungsbeschränkungen zu entscheiden ist, die § 10d Abs. 4 EStG ebenfalls für sinngemäß oder entsprechend anwendbar erklären. Eine die Thematik in der gebotenen Tiefe und die Verlustausgleichs- und Verlustabzugsbeschränkungen unter Berücksichtigung ihrer jeweiligen Besonderheiten im Einzelnen behandelnde Untersuchung kann im Rahmen dieser Arbeit nicht geleistet werden. Es soll dennoch in Grundzügen überprüft werden, ob die Entscheidungsgrundsätze jedenfalls im Ausgangspunkt übertragen werden könnten. Das Gesetz sieht an verschiedenen Stellen spezielle[843] Beschränkungen der Verlustverrechnung vor, die eine besondere Kategorie von negativen Einkünften definieren, diese von der allgemeinen Verlustverrechnung ausnehmen und einer Sonderbehandlung zuführen[844]. Solche Verluste können nur innerhalb des jeweiligen „Verrechnungskreises" abgebaut werden. Es ergeht ein separater Feststellungsbescheid, dessen Erlass entweder – wie beispielsweise in § 15a und § 15b EStG – eigenständig im Sinne des § 179 Abs. 1 AO angeordnet ist oder die jeweilige Verrechnungsbeschränkung greift auf das Verfahrensregime des § 10d EStG zurück. In letzterem Fall lauten die gängigsten Varianten des Verweisungstexts (ggf.

---

um die Reichweite der Verweisung „nach Maßgabe des § 10d EStG". Nachdem der BFH entgegen der wohl herrschenden Meinung in Schrifttum und Finanzverwaltung zu § 23 Abs. 3 S. 9 EStG i.d.F. des StEntlG 1999/2000/2002 entschieden hatte, dass das Feststellungsverfahren nicht vom Gesetzesverweis erfasst sei, BFH, Urteil v. 22.09.2005 – IX R 21/04, BStBl. II 2007, 158, und das BMF diese Entscheidung mit einem Nichtanwendungserlass belegte, vgl. BMF-Schreiben v. 14.02.2007 – IV C 3-S 2256-12/07, BStBl. II 2007, 158, ist der Gesetzgeber im Rahmen des JStG 2007 klarstellend tätig geworden und hat die Vorschrift des § 23 Abs. 3 S. 9 EStG a.F. (sowie den wortlautidentischen § 22 Nr. 3 S. 4 EStG a.F.) um den zweiten Halbsatz „§ 10d Abs. 4 EStG gilt entsprechend" erweitert, vgl. BT-Drs. 16/3368, S. 18. Weitere klarstellende Anpassungen folgten in Reaktion auf kontroverse finanzgerichtliche Entscheidungen auch in Bezug auf die Verrechnungsbeschränkungen in § 15 Abs. 4 EStG a.F., vgl. BT-Drs. 17/11220, S. 27 f.

842 Vgl. dazu die Geschäftsverteilungspläne im Archiv des BFH unter https://www.bundesfinanzhof.de/gericht/geschaeftsverteilung/archiv (zuletzt abgerufen am 30. Mai 2019).

843 Dies geschieht in Abgrenzung zu allgemeinen, undifferenzierten Beschränkungen für alle Verlustarten z.B. der Höhe nach im Rahmen des Verlustrücktrags nach § 10d Abs. 1 S. 1 EStG oder in Form einer Mindestbesteuerung auch beim Verlustvortrag gemäß § 10d Abs. 2 EStG, vgl. auch *Röder*, Das System der Verlustverrechnung im deutschen Steuerrecht, S. 16.

844 *Röder*, Das System der Verlustverrechnung im deutschen Steuerrecht, S. 16.

mit minimalen Unterschieden in der Formulierung bzw. im Satzbau): „§ 10d Absatz 4 gilt sinngemäß“[845] und „§ 10d Absatz 4 (des Einkommensteuergesetzes) gilt entsprechend“[846]. Bei beiden Versionen handelt es sich gesetzestechnisch um sog. Analogieverweisungen, weil die Bezugsnorm des § 10d Abs. 4 EStG hinsichtlich des Feststellungsgegenstands nicht wörtlich passt[847]. Dass die Begriffe insoweit synonym gebraucht werden[848], spricht zumindest im Grundsatz für eine Übertragung der vom VIII. Senat zu § 20 Abs. 6 S. 4 EStG a.F. vertretenen Lesart auch auf Verweisungen, die regeln, § 10d Abs. 4 EStG entsprechend anzuwenden. Für die erst nach Inkrafttreten der Änderungen des JStG 2010 mit einem ausdrücklichen Verweis auf § 10d Abs. 4 EStG versehenen Verrechnungsbeschränkungen[849] hat der Gesetzgeber von der Möglichkeit, diesen auf die Sätze 1 bis 3 sowie 6 zu beschränken, keinen Gebrauch gemacht[850]. Würde man hingegen mit dem Niedersächsischen FG auch bei verrechnungsbeschränkten Verlusten verlangen, dass diese nur dann der Steuerfestsetzung zugrunde liegen, wenn sie im Gesamtbetrag der Einkünfte Berücksichtigung finden, käme den Sätzen 4 und 5 des § 10d Abs. 4 EStG bei Verlustverrechnungskreisen von vornherein kein Anwendungsbereich zu. Denn wesentliches Charakteristikum von Verlustverrechnungsbeschränkungen ist es gerade, dass betreffende Verluste nicht in die Saldierung nach § 2 Abs. 3 EStG eingehen. Dem Gesetzgeber kann

845 Vgl. § 2a Abs. 1 S. 5 HS. 2 EStG (negative Einkünfte mit Bezug zu Drittstaaten) und § 20 Abs. 6 S. 3 EStG (Verluste aus Kapitalvermögen).

846 Vgl. § 15 Abs. 4 S. 2 HS. 2 EStG (gewerbliche Tierzucht/-haltung); § 15 Abs. 4 S. 3 EStG (Verluste aus Termingeschäften); § 15 Abs. 4 S. 7 HS. 2 EStG (Verluste aus stillen Gesellschaften, Unterbeteiligungen oder sonstigen Innengesellschaften an Kapitalgesellschaften); § 22 Nr. 2 i.V.m. § 23 Abs. 3 S. 8 HS. 2 EStG (Verluste aus privaten Veräußerungsgeschäften); § 22 Nr. 3 S. 4 HS. 2 EStG (Werbungskostenüberschuss aus Leistungen); § 8 Abs. 9 S. 8 HS. 2 KStG (Verlustabzug bei Kapitalgesellschaften mit Dauerverlustgeschäften); § 8d Abs. 1 S. 7 HS. 2 KStG (fortführungsgebundener Verlustvortrag) sowie § 10 Abs. 3 S. 5 AStG (Verluste aus Zwischengesellschaften) mit Verweis auf die gesamte Vorschrift des § 10d EStG.

847 *Larenz/Canaris*, Methodenlehre der Rechtswissenschaft, S. 82; Bundesministerium der Justiz, Handbuch der Rechtsförmlichkeit, Rdnr. 232.

848 Vgl. Bundesministerium der Justiz, Handbuch der Rechtsförmlichkeit, Rdnr. 232.

849 Der Gesetzgeber hat z.B. im Rahmen des Amtshilferichtlinie-Umsetzungsgesetzes (AmtshilfeRLUmsG) vom 26.06.2013, BGBl. I 2013, 1809, die Verlustverrechnungsbeschränkungen in § 15 Abs. 4 S. 2 und S. 7 EStG a.F. jeweils am Ende dahingehend ergänzt, dass § 10d Abs. 4 EStG entsprechend gilt.

850 Im Gesetz finden sich durchaus Vorschriften wie z.B. § 10a Abs. 4 S. 1 HS. 2 EStG, die lediglich auf bestimmte Sätze des § 10d Abs. 4 EStG Bezug nehmen.

jedoch nicht unterstellt werden, dass er Gesetzesverweise eingeführt hat, die zu einem gewichtigen Teil ins Leere gehen. Vorbehaltlich eines sachlichen Differenzierungsgrunds dürfte es zudem grundsätzlich nicht gerechtfertigt erscheinen, nur einzelne besondere Verlustgruppen mit der Bindungswirkung des Steuerbescheids und den damit verbundenen steuerlichen Nachteilen zu belegen. Dies gilt umso mehr, als bestimmte Verlustverrechnungsbeschränkungen nur auf § 10d Abs. 4 EStG verweisen, so dass nicht gesondert feststellbare Verluste auch nicht teilweise zurückgetragen werden könnten, vgl. z.B. § 20 Abs. 6 S. 3 EStG. Freilich kann es für ein sinngemäßes „Zugrundeliegen" nicht genügen, wenn die betreffenden Verluste überhaupt und an irgendeiner Stelle im Steuerbescheid aufgeführt sind. Überträgt man die Maßgaben des VIII. Senats auf andere Verrechnungsnormen, dürfte es vorbehaltlich der normspezifischen Besonderheiten der jeweiligen Vorschrift ausreichen, wenn solche negativen Einkünfte auf Ebene der Einkünfteermittlung in den Steuerbescheid Eingang finden. Dass die Verluste in diesem Fall zwangsläufig keinen Einfluss auf die Höhe der Steuer haben können, dürfte einem Zugrundeliegen – wie der VIII. Senat bereits für § 20 Abs. 6 S. 4 EStG a.F. entschieden hat – nicht entgegenstehen.

Mit Blick auf das Urteil vom 11. November 2008[851] zur Verrechnungsbeschränkung des § 23 Abs. 3 S. 8 EStG 2007[852] ist indes fraglich, ob sich der IX. Senat für die neue Gesetzesfassung des § 10d Abs. 4 EStG der Rechtsprechung des VIII. Senats anschließen würde. Denn der IX. Senat hat zumindest für die über § 23 Abs. 3 S. 9 HS. 2 EStG 2007 entsprechend anwendbare Vorgängernorm des § 10d Abs. 4 EStG argumentiert, dass dem Steuerbescheid des Verlustentstehungsjahrs keine verfahrensrechtliche Bindung für die Verlustfeststellung im Verrechnungskreis zukommen könne. Der Steuerbescheid sei nicht Bezugspunkt für eine Bezugsgrößenänderung, da das vertikale Verlustausgleichsverbot zur Folge habe, dass die nicht ausgleichbaren Veräußerungsverluste nicht in die Summe der Einkünfte nach § 2 Abs. 3 EStG eingingen und damit keinen Einfluss auf die Höhe der Steuer hätten[853]. Auch wenn diese Entscheidung in der einschlägigen Kommentierung (noch) nicht als überholt gekennzeichnet wird[854], steht zu erwarten, dass der IX. Senat aus den bereits genannten Gründen und der nun ausdrücklich gesetzlich angeordneten Bindung des Steuerbescheids die

851 BFH, Urteil v. 11.11.2008 – IX R 44/07, BStBl. II 2010, 31.
852 Vgl. dazu bereits unter Zweites Kapitel B.I.3.
853 BFH, Urteil v. 11.11.2008 – IX R 44/07, BStBl. II 2010, 31 = FR 2009, 726, 727.
854 Vgl. *Glenk/Ratschow*, in: Blümich (Hrsg.), § 23 EStG, Rdnr. 240.

Rechtslage in Bezug auf die Verweisung des § 23 Abs. 3 S. 8 HS. 2 EStG neu bewerten dürfte[855].

### *c) Zusammenfassung der Anforderungen an das „Zugrundelegen"*

Ein „Zugrundelegen" von Verlusten im Sinne von § 10d Abs. 4 S. 4 HS. 1 EStG macht nach den Grundsätzen des BFH erstens die Durchführung der Veranlagung zur Einkommensteuer erforderlich. Der hiernach erlassene Steuerbescheid muss wirksam, d.h. ordnungsgemäß bekanntgegeben und im Feststellungszeitpunkt nicht wieder aufgehoben worden sein[856]. Anderenfalls ist der Anwendungsbereich von § 10d Abs. 4 S. 4 EStG schon nicht eröffnet. Kann eine fehlende Steuerfestsetzung nachgeholt werden, hat dies vorrangig zu erfolgen. Das Feststellungsverfahren ist dann ggf. auszusetzen. Zweitens müssen die geltend gemachten Verluste im unmittelbaren Regelungsbereich des Satzes 4 in den Gesamtbetrag der Einkünfte im Sinne von § 2 Abs. 3 EStG einfließen. Im Rahmen des Verlustausgleichs darf es sodann nicht zur vollständigen Verrechnung mit etwaig vorhandenem Verlustausgleichspotential kommen. Demgegenüber genügt es nicht, wenn die Verluste lediglich als beschränkt abziehbare Sonderausgaben nach § 10 Abs. 1 Nr. 7 S. 1 EStG bei der Ermittlung des Einkommens gemäß § 2 Abs. 4 EStG berücksichtigt werden[857]. Finden sie indes Eingang in die Berechnung des Gesamtbetrags der Einkünfte und lautet die festgesetzte Steuer nicht auf null Euro, müssen sie sich – drittens – auch auf die Höhe der Steuerfestsetzung auswirken[858]. Eine Ausnahme besteht insoweit jedenfalls für die mit

---

855 In diese Richtung deutet auch das Urteil des FG München v. 14.09.2017 – 10 K 2312/16, EFG 2017, 1889, 1890, gegen das die Revision beim IX. Senat unter dem Az. IX R 28/17 anhängig ist. Obschon die Streitjahre vor dem Geltungszeitraum des JStG 2010 liegen, trifft das Gericht im Rahmen einer Gegenüberstellung die Aussage, dass anders als nach der Neuregelung die Fassung des § 23 Abs. 3 S. 9 HS. 2 i.V.m. § 10d Abs. 4 S. 4, 5 EStG a.F. keine inhaltliche, sondern eine bloß verfahrensrechtliche Bindung des Verlustfeststellungsbescheids an den Einkommensteuerbescheid bewirke. Zwar setzt sich das FG München nicht konkret mit der Auslegung der Verweisung auseinander. Seine Ausführungen könnten gleichwohl dahin verstanden werden, dass eine Bindung durch den Einkommensteuerbescheid nunmehr auch für Verluste aus privaten Veräußerungsgeschäften bejaht wird.

856 Vgl. *Siebenhüter*, EStB 2015, 229.

857 BFH, Urteil v. 10.02.2015 – IX R 6/14, BFH/NV 2015, 812, 814. Möglicherweise kann eine abweichende Verlustfeststellung in diesem Fall aber noch unter den Voraussetzungen des § 10d Abs. 4 S. 5 EStG ergehen. In diese Richtung auch FG Düsseldorf, Gerichtsbescheid v. 06.01.2014 – 13 K 329/13 F, EFG 2014, 835.

858 BFH, Urteil v. 12.07.2016 – IX R 31/15, BStBl. II 2018, 699 = DStR 2016, 2646, 2648 f.

abgeltender Wirkung besteuerten Einkünfte aus Kapitalvermögen. Sofern die formellen Voraussetzungen für eine – gegenüber dem Kapitalertragsteuerabzug regelmäßig nachrangige – Berücksichtigung der Verluste im Rahmen der Einkommensteuerveranlagung gegeben sind[859], soll es nach der Rechtsprechung des VIII. Senats unschädlich sein, wenn die Verluste hierbei in einem eigenen Verrechnungstopf verbleiben und nicht in den Gesamtbetrag der Einkünfte eingehen. Sie können sich dann zwangsläufig auch nicht auf die Höhe der Einkommensteuer auswirken. Die Besonderheiten, die für den Verlustabzug bei dieser Einkunftsart gelten, sollen es jedoch rechtfertigen, dass bei sinngemäßer Anwendung des § 10d Abs. 4 S. 4 EStG die Verluste der Besteuerung zugrunde liegen, wenn sie bei der der Ermittlung der nach § 32d Abs. 1 EStG mit abgeltender Wirkung zu besteuernden Einkünfte im Steuerbescheid berücksichtigt wurden[860].

Liegen die nicht ausgeglichenen negativen Einkünfte nach diesen Maßgaben der Festsetzung der Einkommensteuer zugrunde, sind diese zwingend für die Ermittlung des Feststellungsgegenstands nach § 10d Abs. 4 S. 2 EStG zu übernehmen[861]. Nicht erheblich ist hierbei, ob die Besteuerungsgrundlagen zu Recht oder zu Unrecht der Festsetzung zugrunde gelegt wurden[862]. Stehen die sonach bindenden Besteuerungsgrundlagen der gesonderten Feststellung nach Satz 1 aber dem Grunde oder der Höhe nach entgegen, weil sie keine oder zu niedrige Verluste enthalten, kann die Bindungswirkung nur dadurch beseitigt werden, dass der Steuerbescheid korrigiert wird bzw. eine Änderungsbefugnis dem Rechtsgrund nach besteht. Sämtliche erlittenen Verluste sind folglich idealitär zum Ende des jeweiligen Veranlagungszeitraums[863] bzw. spätestens vor Eintritt der Bestandskraft des Steuerbescheids geltend zu machen[864]. Im Anschluss hieran finden die erschwerten Korrekturerfordernisse der §§ 172 ff. AO – und damit insbesondere der Ausschlussgrund des groben Verschuldens sowie das Kriterium der Rechtserheblichkeit – Anwendung.

---

859 Diese sind der Antrag nach § 32d Abs. 4 EStG und eine Bescheinigung gemäß §§ 20 Abs. 6 S. 5, 43a Abs. 3 S. 4 HS. 1 EStG.

860 BFH, Urteil v. 09.05.2017 – VIII R 40/15, BStBl. II 2017, 1049, 1052.

861 Niedersächsisches FG, Urteil v. 28.10.2015 – 3 K 420/14, EFG 2016, 190 = DStRE 2017, 392, 393.

862 FG München, Urteil v. 01.06.2015 – 10 K 650/14, EFG 2015, 1688, 1689.

863 Dies empfiehlt ebenfalls *Sikorski*, NWB 2011, 2191, 2198.

864 *Marfels*, AO-StB 2016, 342, 343.

### *d) Keine Bindung des Verlustrücktrags*

Es dürfte inzwischen als geklärt gelten, dass im Zuge der Gesetzesnovellierung durch das JStG 2010 das Verlustrücktragsrecht nicht neu geordnet worden ist[865]. Wie schon nach bisherigem Recht[866] lässt eine Sperrwirkung gegenüber der Verlustfeststellung gemäß § 10d Abs. 4 S. 4, 5 EStG a.F. den (partiellen) Rücktrag der im Entstehungsjahr nicht ausgeglichenen negativen Einkünfte in den unmittelbar vorangehenden Veranlagungszeitraum unberührt[867]. Zwar ist eine ausdrückliche Bestätigung durch den BFH bislang nicht erfolgt. Er hat es in seinem Urteil vom 12. Juli 2016 jedoch nicht beanstandet, dass im zugrunde liegenden Streitfall ein Teil der geltend gemachten, nicht gesondert feststellbaren Verluste vom Finanzamt in das Vorjahr zurückgetragen worden waren[868]. Die Neufassung der Sätze 4 und 5 vermag den Verlustrücktrag deshalb nicht zu beeinflussen, weil die negativen Einkünfte im Sinne des § 10d Abs. 1 S. 1 EStG, „die bei der Ermittlung des Gesamtbetrags der Einkünfte nicht ausgeglichen werden", allein nach materiellem Recht zu bemessen sind. Die Regelung wird nicht von Satz 4 verdrängt, da diese ausschließlich die Höhe der nicht ausgeglichenen negativen Einkünfte für die gesonderte Feststellung vorgibt[869] und die Verlustfeststellung ihrerseits nicht über den nach § 10d Abs. 1 S. 1 EStG als Verlustrücktrag abgezogenen Betrag entscheidet[870]. Der Gesetzgeber des JStG 2010 hat bewusst unterschiedliche Systeme für Verlustvortrag und -rücktrag etabliert und hierdurch klargestellt,

---

865 Anders noch *Hallerbach*, FR 2017, 152, 153; vgl. aber OFD Frankfurt a.M., Verfügung v. 24.01.2018 – S 2225 A – 009 – St 213, BeckVerw 353178.

866 Vgl. dazu unter Zweites Kapitel A.V.6.

867 *Sikorski*, NWB 2011, 2191, 2198; *Meyer/Ball*, DStR 2011, 345, 349 f.; *Heuermann*, in: Kirchhof/Söhn/Mellinghoff (Hrsg.), § 10d EStG, B 139, D 104 Beispiel (2); *Gassen*, in: Littmann/Bitz/Pust (Hrsg.), 99. Erg.Lfg. Mai 2013, § 10d EStG, Rdnr. 87; *Butler*, NWB 2013, 1636, 1637; *Schlenker*, in: Blümich (Hrsg.), 122. Aufl. 2014, § 10d EStG, Rdnr. 225; *Gierlich*, Steueranwaltsmagazin 2015, 89; *Haskamp*, DStR 2015, 1593, 1597; *Hallerbach*, in: Herrmann/Heuer/Raupach (Hrsg.), § 10d EStG, Rdnr. 127; *Heinicke*, in: Schmidt (Hrsg.), § 10d EStG, Rdnr. 47; *Eckardt*, in: Kanzler/Kraft/Bäuml/Marx/Hechtner (Hrsg.), § 10d EStG, Rdnr. 36, 86. Diese Ansicht vertritt auch die Finanzverwaltung, vgl. OFD Münster, Kurzinformation v. 10.06.2011, DStR 2011, 1522, 1523; OFD Frankfurt a.M., Rundverfügung v. 12.01.2012 – S 2225 A – 9 – St 213, DStR 2012, 357 Ziffer 3.2.

868 BFH, Urteil v. 12.07.2016 – IX R 31/15, BStBl. II 2018, 699 = DStR 2016, 2646, 2647.

869 OFD Münster, Kurzinformation v. 10.06.2011, DStR 2011, 1522, 1523; *Meyer/Ball*, DStR 2011, 345, 350.

870 BFH, Beschluss v. 09.02.2017 – X B 49/16, BFH/NV 2017, 721, 722.

dass er – entgegen mancher Forderung im Schrifttum[871] – eine verfahrensrechtlich einheitliche Behandlung unter dem Oberbegriff des Verlustabzugs ablehnt. Seine Beweggründe für ein Auseinanderfallen könnten insbesondere darin gelegen haben, dass der auf das Vorjahr beschränkte Verlustrücktrag im Vergleich zum zeitlich unbegrenzten Verlustvortrag in der Regel ein erheblich geringeres Potential zur Reduzierung der Steuerlast darstellt[872].

## *2. Inhaltliche Bindung der Höhe nach*

Sofern der Einkommensteuerbescheid nicht ausgeglichene negative Einkünfte ausweist bzw. der Gesamtbetrag der Einkünfte negativ ist, die Verluste im Veranlagungszeitraum aber wesentlich höher ausfallen, kann eine gesonderte Feststellung nach § 10d Abs. 4 S. 1 EStG die zusätzlichen Verluste nur berücksichtigen, wenn der Steuernullbescheid dem Rechtsgrund nach noch änderbar ist. Es gelten grundsätzlich die gleichen Voraussetzungen wie in dem Szenario, dass der Steuerfestsetzung bislang keine Verluste zugrunde liegen[873]. Während Steuerbescheide, die auf eine Steuerschuld lauten, als Folge der gesetzlichen Bindungswirkung nach §§ 164 f., 172 ff. AO oder im Rahmen eines Einspruchsverfahrens tatsächlich abgeändert werden müssen, gilt für sog. Nullbescheide die Regelung des Satzes 5[874]. Danach reicht es für die Zulässigkeit der Verlustfeststellung aus, wenn eine potentielle Änderungsbefugnis nach dem Verfahrensrecht gegeben ist und die Aufhebung, Änderung oder Berichtigung des Steuerbescheids allein deshalb unterbleibt, weil sie sich nicht auf die Höhe der festzusetzenden Steuer auswirken würde. Für den Fall, dass der Tatbestand einer Korrekturvorschrift nicht erfüllt oder – nach wohl herrschender Ansicht – ein Einspruch nicht rechtzeitig eingelegt sein sollte, bleiben die bei der Ermittlung des Gesamtbetrags der Einkünfte nicht ausgeglichenen negativen Einkünfte auf den im Steuerbescheid ausgewiesenen Betrag gedeckelt. Diese Zahl muss ungeachtet eines etwaig höheren Verlusts für die Berechnung des verbleibenden Verlustvortrags nach § 10d

---

871 *Süring*, DStR 2006, 345, 346 ff.

872 *Meyer/Ball*, DStR 2011, 345, 349.

873 Vgl. dazu unter Zweites Kapitel C.III.1.

874 Zwar liegen der Nullfestsetzung in der Regel nicht ausgeglichene negative Einkünfte zugrunde. Ein Freistellungsbescheid ergeht aber auch dann, wenn der Gesamtbetrag der Einkünfte den Grundfreibetrag gemäß § 32a Abs. 1 S. 1 Nr. 1 EStG in Höhe von 9.000 Euro (ab dem 01.01.2018) nicht übersteigt.

Abs. 4 S. 2 EStG übernommen werden[875]. Es kann an dieser Stelle offen bleiben, ob es sich hierbei um eine Folge der den Besteuerungsgrundlagen des Steuerbescheids zukommenden Bindungswirkung oder eine verfahrensrechtlich angeordnete Bindung handelt[876].

Eine Ausnahme zu dem Vorgenannten existiert - auch nach höchstrichterlicher Rechtsprechung[877] - für den Fall, dass eine Veranlagung zur Einkommensteuer nicht stattgefunden hat und nicht mehr nachgeholt werden kann. Die Vorschrift des § 10d Abs. 4 S. 4 EStG ist nach Ansicht des BFH nicht anwendbar, sofern kein Steuerbescheid für das entsprechende Veranlagungsjahr existiert[878]. Da Satz 5 seinem Wortlaut und der Systematik zufolge auf Satz 4 aufbaut und mit dieser Regelung sachlich untrennbar verbunden ist, haben die Rechtsprechungsgrundsätze insoweit ebenfalls Gültigkeit. Die Höhe der nicht ausgeglichenen negativen Einkünfte ist für den Feststellungsgegenstand „verbleibender Verlustvortrag" folglich selbstständig zu ermitteln[879]. Durch die Reform des JStG 2010 ist der Geltungsbereich der Rechtsprechung zum sog. Sollverlustabzug[880] somit nicht vollkommen verdrängt, aber doch erheblich und zwar auf die Konstellation beschränkt worden, dass eine Einkommensteuerveranlagung nicht durchgeführt wurde und auch nicht mehr möglich ist[881].

---

875 Eine eigenständige Prüfung der maßgeblichen Besteuerungsgrundlagen findet im Rahmen des Feststellungsverfahrens nicht mehr statt, *Szymczak*, AO - eKommentar, § 350 AO, Rdnr. 7.1.

876 Vgl. dazu unter Zweites Kapitel C.III.2.b).

877 Vgl. dazu unter Zweites Kapitel C.III.1.a).

878 BFH, Urteil v. 13.01.2015 - IX R 22/14, BStBl. II 2015, 829.

879 Vgl. *Siebenhüter*, EStB 2015, 229.

880 Vgl. dazu bereits unter Zweites Kapitel A.II.3.

881 Für die insoweit weiterhin anwendbaren Grundsätze der fiktiven Verlustverrechnung auch *Hallerbach*, in: Herrmann/Heuer/Raupach (Hrsg.), § 10d EStG, Rdnr. 62. Diese weist zutreffend darauf hin, dass aus Vorsichtsgründen ein Verzicht auf den Verlustrücktrag angebracht ist, damit diese Verluste trotz fehlender Veranlagung im Rücktragsjahr nicht im Rahmen des Sollverlustabzugs als verbraucht gelten und für die gesonderte Feststellung ungeschmälert zur Verfügung stehen, vgl. für das Verfahren bei Arbeitnehmern auch R 10d Abs. 4 S. 2, 4 EStR 2012.

### *a) Rechtliche Qualifizierung der gesetzlichen Bindungswirkung nach § 10d Abs. 4 S. 4 EStG*

#### aa) Besteuerungsgrundlagen als Gegenstand der Bindungswirkung

Das Gesetz definiert Besteuerungsgrundlagen als tatsächliche und rechtliche Verhältnisse, die für die Steuerpflicht und die Bemessung der Steuer maßgebend sind, § 199 Abs. 1 AO[882]. Im Fall der gesonderten Feststellung des verbleibenden Verlustvortrags sind dies die in § 10d Abs. 4 S. 2 EStG aufgeführten drei Merkmale[883], namentlich die bei der Ermittlung des Gesamtbetrags der Einkünfte nicht ausgeglichenen negativen Einkünfte, die nach § 10d Abs. 1 EStG abgezogenen und die nach § 10d Abs. 2 S. 1 EStG abziehbaren Beträge[884].

In zeitlicher Hinsicht binden die Besteuerungsgrundlagen, wie sie im Verlustentstehungsjahr berücksichtigt wurden, also die bei der Ermittlung des Gesamtbetrags der Einkünfte nicht ausgeglichenen negativen Einkünfte[885]. Darüber hinaus sind auch diejenigen Besteuerungsgrundlagen als bindend angeordnet, die der Steuerfestsetzung des Rücktragsjahrs zugrunde gelegt worden sind, § 10d Abs. 4 S. 4 HS. 1 EStG.

#### bb) Einkommensteuerbescheid ist kein Grundlagenbescheid

##### (1) Ganz herrschende Meinung verneint Grundlagenbescheidfunktion

Dass der Einkommensteuerbescheid kein Grundlagenbescheid für die gesonderte Feststellung des verbleibenden Verlustvortrags ist, hat der IX. Senat des

882 Der Begriff ist weder in § 157 Abs. 2 AO noch in § 179 Abs. 1 AO legaldefiniert. Nach der wohl überwiegenden Meinung sind Besteuerungsgrundlagen im Sinne des § 179 Abs. 1 AO alle nach den einschlägigen Vorschriften selbständig feststellungsfähigen Steuerfestsetzungsvoraussetzungen, *Söhn*, in: Hübschmann/Hepp/Spitaler (Hrsg.), § 179 AO, Rdnr. 12; *Kunz*, in: Gosch (Hrsg.), § 179 AO, Rdnr. 1; *von Wedelstädt*, in: Kühn/von Wedelstädt (Hrsg.), § 179 AO, Rdnr. 3.

883 *Heuermann*, in: Kirchhof/Söhn/Mellinghoff (Hrsg.), § 10d EStG, D 87.

884 *Heuermann*, in: Kirchhof/Söhn/Mellinghoff (Hrsg.), § 10d EStG, A 30; vgl. auch die Aufzählung in BT-Drs. 17/2249, S. 52 rechte Spalte, die durch den Zusatz „u.a." jedoch darauf hindeuten könnte, dass der Gesetzgeber von mehr als drei Feststellungsgrundlagen ausgeht. *Hallerbach* geht von insgesamt fünf Merkmalen aus und bezieht zusätzlich den Gesamtbetrag der Einkünfte sowie den auf das Ende des vorangegangenen Veranlagungszeitraums verbleibenden Verlustvortrag ein, *Hallerbach*, in: Herrmann/Heuer/Raupach (Hrsg.), § 10d EStG, Rdnr. 125.

885 *Heuermann*, in: Kirchhof/Söhn/Mellinghoff (Hrsg.), § 10d EStG, A 34, D 87.

BFH für die Neufassung des § 10d Abs. 4 S. 4 EStG wiederholt entschieden[886]. Es kann nur gemutmaßt werden, ob die Rechtsprechung es angesichts der nur entsprechenden Anwendbarkeit der Vorschriften zum Grundlagenbescheid nicht für notwendig erachtete, ihre Auffassung näher zu begründen[887]. Das FG Düsseldorf führt in einem Beschluss aus dem Jahr 2016 zur fehlenden Grundlagenfunktion des Steuerbescheids aus, der Regelungsteil in Gestalt der Festsetzung eines bestimmten Steuerbetrags entfalte keine Bindungswirkung im Sinne von § 182 Abs. 1 S. 1 AO. Die bei der Ermittlung des Gesamtbetrags der Einkünfte nicht ausgeglichenen negativen Einkünfte könnten als Besteuerungsgrundlagen regelmäßig nur bindend sein, soweit sie gesondert festgestellt würden. Eine solche Feststellung werde bei einer Steuerfestsetzung indes nicht getroffen[888]. Ganz ähnliche Argumente werden auch in der Literatur vorgebracht[889]. Soweit ersichtlich, herrscht in dieser Hinsicht ein nahezu einheitlich ablehnendes Meinungsbild vor[890]. Die Finanzverwaltung lehnt gleichermaßen eine echte Grundlagenwirkung des Steuerbescheids im Sinne von § 182 Abs. 1 S. 1 AO ab und nimmt in diesem Zusammenhang auf die lediglich entsprechende Anwendbarkeit der grundlagenbescheidspezifischen Regelungen Bezug[891].

---

886 BFH, Urteil v. 13.01.2015 - IX R 22/14, BStBl. II 2015, 829, 831; BFH, Urteil v. 10.02.2015 - IX R 6/14, BFH/NV 2015, 812, 814; BFH, Urteil v. 12.07.2016 - IX R 31/15, BStBl. II 2018, 699 = DStR 2016, 2646, 2647. So auch der I. Senat, vgl. BFH, Urteil v. 07.12.2016 - I R 76/14, BStBl. II 2017, 704, 706.

887 Darüber hinaus dürfte die Einordnung wegen § 10d Abs. 4 S. 4 HS. 2 EStG regelmäßig nicht entscheidungserheblich sein, vgl. *Perrar*, Grundlagenbescheide im Steuerverfahrensrecht, S. 462.

888 FG Düsseldorf, Beschluss v. 16.02.2016 - 10 K 3686/13 F, EFG 2016, 662, 663.

889 Vgl. nur *Heuermann*, in: Kirchhof/Söhn/Mellinghoff (Hrsg.), § 10d EStG, A 34 sowie *Ratschow*, in: Klein (Hrsg.), § 182 AO, Rdnr. 16.

890 *Meyer/Ball*, DStR 2011, 345 ff.; *Sikorski*, NWB 2011, 2191, 2198; *Lindberg*, in: Frotscher (Hrsg.), 177. Lfg. 9/2013, § 10d EStG, Rdnr. 89c; *Heuermann*, in: Kirchhof/Söhn/Mellinghoff (Hrsg.), § 10d EStG, A 34, D 89; *Siebenhüter*, EStB 2015, 229; *Heinicke*, in: Schmidt (Hrsg.), § 10d EStG, Rdnr. 46 f.; *Hallerbach*, FR 2017, 152, 153; *Schlenker*, in: Blümich (Hrsg.), § 10d EStG, Rdnr. 204; *Frotscher*, in: Schwarz/Pahlke (Hrsg.), Vor § 179 AO, Rdnr. 14. Eine andere Ansicht vertritt, soweit ersichtlich, nur *Perrar*, Grundlagenbescheide im Steuerverfahrensrecht, S. 463 ff.

891 OFD Frankfurt a.M., Rundverfügung v. 12.01.2012 – S 2225 A – 9 – St 213, DStR 2012, 357; vgl. auch R 10d Abs. 7 S. 2, 3 EStR 2012. *Perrar*, Grundlagenbescheide im Steuerverfahrensrecht, S. 462, weist jedoch zutreffend darauf hin, dass der Richtlinientext hinsichtlich der Änderungen des § 10d Abs. 4 S. 4, 5 EStG durch das JStG 2010 (noch) nicht angepasst wurde. Dies zeigt ein Abgleich mit R 10d Abs. 8 S. 2, 3 EStR 2005, der einen identischen Wortlaut aufweist. Noch ältere Versionen weichen nur in Bezug

(2) Stellungnahme

Der herrschenden Meinung ist darin beizupflichten, dass Einkommensteuer- und Verlustfeststellungsbescheid auch nach neuem Recht nicht in dem Verhältnis von Grundlagen- und Folgebescheid zueinander stehen. Indes deckt die insoweit häufig anzutreffende Argumentation, wonach die Besteuerungsgrundlagen der Steuerfestsetzung mangels gesonderter Feststellung nicht nach § 182 Abs. 1 S. 1 AO bindend seien[892], gemäß der hier vertretenen Auffassung nur einen Teilbereich der Problematik ab. Es wurde bereits aufgezeigt, dass das Gesetz – ausgehend von der Legaldefinition in § 171 Abs. 1 S. 1 HS. 1 AO – eine Vielzahl von Grundlagenwirkungen normiert[893]. Als Grundlagenbescheide sind daher nicht nur Feststellungsbescheide im Sinne von § 179 Abs. 1 AO zu qualifizieren, die nach § 182 Abs. 1 S. 1 AO für ausdrücklich bindend erklärt werden. Der Umstand allein, dass eine Bindung des Einkommensteuerbescheids vorliegend nicht aus § 182 Abs. 1 S. 1 AO folgt, bedeutet mithin nicht, dass seine Grundlagenbescheidfunktion von vornherein auch nach anderen Vorschriften ausgeschlossen ist. Mit Blick auf Regelungen wie u.a. § 51a Abs. 5 EStG bzw. § 3 Abs. 1 Nr. 1 SolzG und § 47 Abs. 2 KStG a.F. dürfte es zudem der Intention des Gesetzgebers widersprechen, wenn Steuerbescheide als Grundlagenbescheide stets ausscheiden müssten, weil sie keine Besteuerungsgrundlagen gesondert feststellen. Hervorzuheben ist in diesem Zusammenhang der Wortlaut des § 47 Abs. 2 Nr. 3 KStG a.F.[894], der lautete: „*Der Körperschaftsteuerbescheid ist Grundlagenbescheid [...] für den Bescheid über die gesonderte Feststellung nach § 10d Abs. 4 des Einkommensteuergesetzes hinsichtlich des Einkommens*". Dieses Regelungsbeispiel veranschaulicht, dass eine Grundlagenwirkung von Besteuerungsgrundlagen des Steuerbescheids – hier des Einkommens gemäß § 2 Abs. 4 EStG – dem Gesetz nicht vollends fremd ist und im Fall des § 10d Abs. 4 S. 4 HS. 1 EStG hinsichtlich der nicht ausgeglichenen negativen Einkünfte somit kein echtes Novum bedeutete. Da das im Körperschaftsteuerbescheid ausgewiesene Einkommen nach § 47 Abs. 2 KStG a.F. im Ergebnis wie eine gesondert festgestellte Besteuerungsgrundlage behandelt wurde, d.h. der Bestandskraft fähig und isoliert anfechtbar

---

auf den Hinweis bei § 10d Abs. 4 EStG als „n.F." ab, vgl. z.B. R 115 Abs. 11 S. 3, 4 EStR 1999.

892 FG Düsseldorf, Beschluss v. 16.02.2016 – 10 K 3686/13 F, EFG 2016, 662, 663; *Heuermann*, in: Kirchhof/Söhn/Mellinghoff (Hrsg.), § 10d EStG, A 34; *Ratschow*, in: Klein (Hrsg.), § 182 AO, Rdnr. 16.

893 Vgl. dazu unter Erstes Kapitel B.II.1.

894 Es handelt sich hierbei um die mit Steueränderungsgesetz vom 25.02.1992, BGBl. I 1992, 297, eingeführte Fassung.

war[895], ging die Rechtsprechung des BFH von einer fingierten Feststellung analog § 182 AO aus[896]. Dies überzeugt aus zweierlei Gründen. Zum einen dürfte dieser Ansatz im Einklang mit dem in § 179 Abs. 1 i.V.m. § 157 Abs. 2 AO gesetzlich verankerten Grundsatz stehen, dem zufolge Besteuerungsgrundlagen nur bindend sein können, wenn sie gesondert festgestellt sind[897]. Zum anderen kam die Fiktion in den Versionen des § 47 KStG a.F. vor Inkrafttreten des Steueränderungsgesetzes 1992 durch das Wort „gilt“ noch deutlich zum Ausdruck[898]. Die fehlende gesonderte Feststellung muss nach hier vertretener Ansicht damit nicht automatisch bedeuten, dass die Besteuerungsgrundlagen der Steuerfestsetzung nicht ausnahmsweise trotzdem verselbstständigt sind.

Bei isolierter Betrachtung des § 10d Abs. 4 S. 4 HS. 1 EStG könnten die – nicht ganz scharf konturierten – Maßgaben der höchstrichterlichen Rechtsprechung hinsichtlich der gesetzlichen Anordnung der Bindungswirkung[899] möglicherweise erfüllt sein. Zwar werden die Besteuerungsgrundlagen nicht explizit als „bindend“ angeordnet oder angelehnt an § 47 Abs. 2 KStG a.F. als „Grundlagenbescheid“ fingiert. Daran, dass die Vorschrift den Bezugsgrößen für die Verlustfeststellung bindende Wirkung – ab Wirksamkeit des Steuerbescheids und im Übrigen voraussetzungslos – zuschreibt und insoweit als Abweichungsverbot fungiert, dürften jedoch keine Zweifel bestehen[900]. Indes hat der BFH entschieden, dass die Existenz des Steuerbescheids auch nach dem neuen § 10d Abs. 4

895 BFH, Beschluss v. 18.05.1983 – I R 263/82, BStBl. II 1983, 602, 603.

896 BFH, Urteil v. 09.12.1987 – I R 1/85, BStBl. II 1988, 463, 465; *Schlagheck*, StBp 1999, 234; so auch *Baum*, DStZ 1988, 512, 513. In einer jüngeren Entscheidung zu § 47 Abs. 2 Nr. 1 Buchst. a) KStG a.F. geht der I. Senat des BFH jedoch nicht auf die Fiktion ein, sondern spricht nur vom Körperschaftsteuerbescheid als Grundlagenbescheid für den Feststellungsbescheid nach § 47 Abs. 1 S. 1 Nr. 1 KStG a.F., BFH, Urteil v. 12.10.2010 – I R 99/09, BFH/NV 2011, 650 = DStRE 2011, 466, 468.

897 Ohne Fiktion wäre dieser Grundsatz voraussichtlich verletzt worden, *Schlagheck*, StBp 1999, 234.

898 Beispielsweise lautete § 47 Abs. 2 S. 1, 2 KStG in der Fassung vom 11.03.1991: *„Der Feststellungsbescheid ist zu ändern, wenn der Körperschaftsteuerbescheid geändert wird und die Änderung die Höhe des Einkommens oder der Tarifbelastung berührt. Der Körperschaftsteuerbescheid gilt insoweit als Grundlagenbescheid.“*

899 Vgl. hierzu unter Erstes Kapitel B.II.1.a).

900 *Heuermann* zufolge kommt den Besteuerungsgrundlagen nach § 10d Abs. 4 S. 4 HS. 1 EStG nur eine ähnliche Wirkung zu, wie wenn diese gesondert festgestellt worden wären. Um eine echte Feststellungsfiktion soll es sich deshalb nicht handeln, weil in Satz 5 Einschränkungen in Bezug auf die Bindung geregelt werden, *Heuermann*, DStR 2011, 1489, 1493.

S. 4 HS. 1 EStG keine verfahrensrechtliche Voraussetzung für den Erlass des Feststellungsbescheids (sodann als Folgebescheid) bildet[901]. Vor allem aber in der Gesamtschau mit den zugehörigen Regelungen in § 10d Abs. 4 S. 4 HS. 2, S. 5 EStG ist die Qualifikation als Grundlagenbescheid insgesamt abzulehnen. Die in Satz 4 Halbsatz 1 geregelte Bindungswirkung erfährt über Satz 5 eine nicht unwesentliche Relativierung, die in der typischerweise starken Anbindung des Folgebescheids an die inhaltlichen Festlegungen des Grundlagenbescheids keine Entsprechung findet[902]. Die Vorschrift ermöglicht eine von den Besteuerungsgrundlagen des Steuerbescheids abweichende Verlustfeststellung, wenn der Steuerbescheid mangels Auswirkung auf die Höhe der festzusetzenden Steuer nicht angepasst wird. Das Abweichungsverbot nach Satz 4 wird folglich aus Gründen der Praktikabilität und der Notwendigkeit heraus suspendiert, dass eine Herabsetzung unter null für die Einkommensteuer nicht möglich ist. Anders als bei einem Grundlagenbescheid muss das zuständige Finanzamt die vorrangig getroffenen Entscheidungen gerade nicht automatisch und ungeprüft umsetzen. Im Umfang der (potentiellen) Änderungsbefugnis dürfte ihm vielmehr ein eigener Beurteilungsspielraum eingeräumt sein. *Perrar*[903] argumentiert insoweit zugunsten der Grundlagenbescheidwirkung, dass die Bindung auch nach Satz 5 unangetastet bleibe, da eine abweichend vorgenommene Verlustfeststellung nach § 175 Abs. 1 S. 1 Nr. 1 AO angepasst werden müsse, wenn anstelle des Steuernullbescheids nachträglich eine Steuer festgesetzt werde[904]. Hiergegen lässt sich anführen, dass in der geschilderten Anpassungskonstellation durch die erstmalige Festsetzung einer Steuerschuld der Anwendungsbereich des Satzes 4 eröffnet und dadurch die Bindungswirkung hergestellt wird. Da die dem Steuerbescheid zugrunde liegenden Besteuerungsgrundlagen im Fall des Satzes 5 nicht abgeändert werden, muss die grundsätzlich nach Satz 4 eingreifende Bindungswirkung denknotwendig ausgeschlossen sein, damit Verluste in anderer Höhe gesondert festgestellt werden können. Freilich bleibt es bei der verfahrensrechtlichen Bindung, wonach der Steuerbescheid dem Rechtsgrund nach geändert werden können muss. Diese Art von Verknüpfung des Festsetzungs- mit dem Feststellungsverfahren wohnte bereits der Vorgängernorm des § 10d Abs. 4 EStG

901 BFH, Urteil v. 13.01.2015 – IX R 22/14, BStBl. II 2015, 829.

902 In diese Richtung ebenfalls argumentierend *Frotscher*, in: Schwarz/Pahlke (Hrsg.), Vor § 179 AO, Rdnr. 13.

903 *Perrar*, Grundlagenbescheide im Steuerverfahrensrecht, S. 463 f.

904 *Perrar*, Grundlagenbescheide im Steuerverfahrensrecht, S. 463 f.

i.d.F. des JStG 2010 inne und wurde seinerzeit ganz überwiegend als für nicht ausreichend erachtet, um eine Grundlagenwirkung zu begründen[905].

M.E. kann auch nicht – wie von *Perrar* darüber hinaus vorgeschlagen – die Umqualifikation von Einkünften auf Gesellschafterebene im Rahmen einer Zebragesellschaft mit Erfolg dafür fruchtbar gemacht werden, dass eine Abweichungsmöglichkeit im Folgebescheid unter weiteren Voraussetzungen der Annahme eines Grundlagenbescheidverhältnisses nicht entgegensteht[906]. Die hierfür vorgebrachte Entscheidung des Großen Senats vom 11. April 2005[907] vermag diese These nicht zu untermauern, da aus den Entscheidungsgründen deutlich hervorgeht, dass der Große Senat nicht über eine „Divergenzsituation" zu befinden hatte. Seiner Ansicht nach beziehe sich die begrenzte verfahrensrechtliche Reichweite der Feststellungswirkung gemäß § 180 Abs. 1 Nr. 2 Buchst. a) AO stets nur auf gemeinschaftlich verwirklichte Tatbestandsmerkmale. Die hiervon zu unterscheidenden Merkmale außerhalb der Beteiligung, die dem Bereich der persönlichen Einkünfteerzielung zuzuordnen seien, gehörten nicht in den Regelungsbereich des Grundlagenbescheids, sondern in jenen des Folgebescheids. Die bei der Beteiligung an einer Zebragesellschaft erforderliche Umqualifizierung auf Ebene des Gesellschafters berühre daher nicht die Grundlagenentscheidung[908]. Mit den Worten von *von Groll*, der an dieser Stelle vom Großen Senat zitiert wird, werde die Grundlagenentscheidung weiterhin als richtig anerkannt und erscheine nur auf Gesellschafterebene im Zusammenhang mit den genannten, außerhalb des Regelungsbereichs des Grundlagenbescheids liegenden Umständen in einem „anderen Licht"[909]. Während im Beschluss also der Regelungsbereich des Grundlagenbescheids nicht durch den Folgebescheid tangiert war, legt ein nach § 10d Abs. 4 S. 1 i.V.m. S. 5 EStG erlassener Feststellungsbescheid die bei der Ermittlung des Gesamtbetrags der Einkünfte nicht ausgeglichenen negativen Einkünfte sehr wohl unabhängig und abweichend von der insofern im Steuerbescheid ausgewiesenen Größe der Berechnung des verbleibenden Verlustvortrags zugrunde. Die Bedeutung des Satzes 5 für die nach § 171 Abs. 10 S. 1 HS. 1 AO erforderliche Bindungswirkung lässt sich nicht marginalisieren, da der Einkommensteuernullbescheid als Hauptanwendungsfall des Satzes 5 im Kontext der Verlustfeststellung keine Ausnahmeerscheinung ist.

905 Zur alten Rechtslage siehe unter Zweites Kapitel A.V.2.

906 So aber *Perrar*, Grundlagenbescheide im Steuerverfahrensrecht, S. 464.

907 Großer Senat des BFH, Beschluss v. 11.04.2005 – GrS 2/02, BStBl. II 2005, 679.

908 Großer Senat des BFH, Beschluss v. 11.04.2005 – GrS 2/02, BStBl. II 2005, 679.

909 *Von Groll*, in: Hübschmann/Hepp/Spitaler (Hrsg.), § 175 AO, Rdnr. 148.

Die Voraussetzungen für einen Grundlagenbescheid sind somit mangels Bindungswirkung nicht erfüllt.

Klarstellend hat der Gesetzgeber die im Grundlagen-/Folgebescheid-Verhältnis gültigen Vorschriften der §§ 171 Abs. 10, 175 Abs. 1 S. 1 Nr. 1, 351 Abs. 2 AO sowie § 42 FGO in § 10d Abs. 4 S. 4 HS. 2 EStG für entsprechend anwendbar erklärt[910]. Ausweislich der Gesetzesbegründung erklärt auch der Gesetzgeber die fehlende Grundlagenbescheideigenschaft damit, dass die Besteuerungsgrundlagen mangels gesonderter Feststellung unselbstständig im Sinne von § 157 Abs. 2 AO sind[911].

### cc) Eigenschaften des sog. Quasi-Grundlagenbescheids

Ausgehend davon, dass die Vorschriften für Grundlagenbescheide auf die Besteuerungsgrundlagen der Steuerfestsetzungen des Rücktrags- sowie des jeweiligen Feststellungszeitraums nur entsprechend anzuwenden sind, vgl. § 10d Abs. 4 S. 4 HS. 2 EStG, wurden sowohl im Schrifttum als auch in der Rechtsprechung gewisse Anstrengungen unternommen, diese dem Grundlagenbescheid nahe Art der Bindung begrifflich einzufangen. Am geläufigsten und aus diesem Grund auch in dieser Arbeit nachfolgend verwendet ist der von *Meyer/Ball* (mit-)geprägte Begriff des sog. „Quasi-Grundlagenbescheids“[912]. An anderer Stelle wird in der Literatur angenommen, der Steuerbescheid werde „de facto zum Grundlagenbescheid“[913]. Das FG Düsseldorf verwendet demgegenüber den Begriff der „Quasi-Bindungswirkung“ der Einkommensteuerfestsetzung[914], während das FG Sachsen-Anhalt nur von der „grundlagenbescheidsähnlichen

---

910 Zu Recht darauf abhebend, dass bei einer echten Grundlagenbescheidwirkung des Steuerbescheids die Verweisung auf die §§ 171 Abs. 10, 175 Abs. 1 S. 1 Nr. 1 AO nicht nur obsolet, sondern wegen der nur „entsprechend“ angeordneten Anwendbarkeit sogar sinnwidrig würde, *Frotscher*, in: Schwarz/Pahlke (Hrsg.), Vor § 179 AO, Rdnr. 13.

911 BT-Drs. 17/2249, S. 52 linke Spalte.

912 *Meyer/Ball*, DStR 2011, 345, 346. Der Quasi-Grundlagenbescheid wird von den Autoren auf S. 348 auch als Nichtgrundlagenbescheid umschrieben, der gleichwohl die Rechtsfolgen eines Grundlagenbescheids entfaltet. Die Bezeichnung als Quasi-Grundlagenbescheid verwendet auch *Heuermann*, in: Kirchhof/Söhn/Mellinghoff (Hrsg.), § 10d EStG, D 90.

913 Vgl. *Sikorski*, NWB 2011, 2191, 2199.

914 FG Düsseldorf, Gerichtsbescheid v. 06.01.2014 – 13 K 329/13 F, EFG 2014, 835; diese Bezeichnung verwendet auch *Braun*, in: Hübschmann/Hepp/Spitaler (Hrsg.), § 40 FGO, Rdnr. 264 („Steuerbescheid“).

Funktion“ des Steuerbescheids spricht[915]. Nach dem FG Münster gewinne der Steuerbescheid schließlich nicht „formal“, aber doch „materiell“ den Charakter eines Grundlagenbescheids mit der Folge, dass der Verlustfeststellungsbescheid gleichsam materiell einen Folgebescheid darstelle[916].

Den Versuch, die auf diese Weise vielfältig umschriebene Bindungswirkung unter eine der anerkannten Kategorien von Abweichungsverboten[917] zu subsumieren, unternehmen nicht viele Autoren. Dies mag ggf. daran liegen, dass es in prozessualer Hinsicht für das Vorliegen einer Beschwer (vgl. § 350 AO) nicht darauf ankommt, wie die Bindung – so lange sie nur vorhanden ist – im Einzelnen rechtlich eingeordnet werden kann. Nach der, soweit ersichtlich, einzigen Darstellung bei *Heuermann*[918] handelt es sich bei der Bindung im Sinne des § 10d Abs. 4 S. 4 EStG um eine Art besonders angeordnete Tatbestandswirkung[919]. Er begründet dies insbesondere mit der „Faktizität des tatsächlich im Steuerbescheid Berücksichtigten“, die gemäß Satz 4 Geltung für den Feststellungsbescheid beanspruche. Obschon der Steuerbescheid nicht zu einer gesonderten Feststellung führe, würden die Besteuerungsgrundlagen kraft Gesetzes und abweichend vom Grundsatz des § 157 Abs. 2 AO verselbstständigt, mithin zu einem mit Rechtsbehelfen eigenständig anfechtbaren Teil des Steuerbescheids[920]. Alternativ dazu schlägt *Heuermann* vor, von einer materiellen, da über die Norm des § 10d Abs. 4 S. 4 EStG für das Feststellungsverfahren vermittelten Bindungswirkung der im Rahmen der im Steuerbescheid berücksichtigten Besteuerungsgrundlagen zu sprechen[921].

Da sich die Tatbestandswirkung nach der in dieser Arbeit zugrunde gelegten Definition allein auf den Verfügungssatz des Steuerbescheids bezieht[922], könnte *Heuermann* möglicherweise dahin zu verstehen sein, dass die von ihm explizit als verselbstständigt bezeichneten Besteuerungsgrundlagen am Regelungsteil des Bescheids teilnehmen. Für das allgemeine Verwaltungsverfahren wird ebenfalls davon ausgegangen, dass Vorfragen als Teil der Begründung dem Regelungsgehalt des Verwaltungsakts angehören können, wenn das Fachrecht diesen

915 FG des Landes Sachsen-Anhalt, Beschluss v. 15.09.2015 – 3 KO 962/15, EFG 2015, 2108.
916 FG Münster, Urteil v. 21.07.2016 – 9 K 2794/15 K, F, EFG 2016, 1546, 1547.
917 Vgl. dazu unter Erstes Kapitel B.III.
918 *Heuermann*, in: Kirchhof/Söhn/Mellinghoff (Hrsg.), § 10d EStG, D 89.
919 *Heuermann*, in: Kirchhof/Söhn/Mellinghoff (Hrsg.), § 10d EStG, D 89.
920 *Heuermann*, in: Kirchhof/Söhn/Mellinghoff (Hrsg.), § 10d EStG, D 89.
921 *Heuermann*, in: Kirchhof/Söhn/Mellinghoff (Hrsg.), § 10d EStG, A 28, D 89.
922 Vgl. dazu unter Erstes Kapitel B.III.1.a).

eine Bindungswirkung zuschreibt[923]. Problematisch erscheint dann jedoch die Abgrenzung zur Feststellungswirkung, welche nach hiesigem Verständnis in Bezug auf vorausliegende Entscheidungselemente bindend wirkt[924]. Es dürfte ferner der gängigen Differenzierung widersprechen, die Tatbestandswirkung in einem Fall der gesetzlich angeordneten Bindung zu bejahen. Dies mag grundsätzlich zulässig sein, fördert allerdings die bereits vorhandene Unschärfe der Begrifflichkeiten. Wenngleich Tatbestands- und Feststellungswirkung einige Attribute – namentlich die Drittbindungswirkung und ihr Eintritt mit Existentwerden des Verwaltungsakts – miteinander teilen, ist die in § 10d Abs. 4 S. 4 EStG geregelte Bindungswirkung nach den hier herangezogenen Unterscheidungsmerkmalen als Feststellungswirkung zu qualifizieren. Maßgeblich ist hierbei vor allem, dass die Bindung ausdrücklich gesetzlich angeordnet ist und an die tatsächlichen Feststellungen im Berechnungs- und Erläuterungsteil des Steuerbescheids anknüpft („zu Grunde gelegt worden sind"). Darüber hinausgehend wird man die Feststellungswirkung durchaus als insoweit „besonders" bezeichnen können, als die für Grundlagenbescheide anwendbaren Vorschriften für sie entsprechend gelten.

### *b) „Echte" Ausnahme von der Bindungswirkung gemäß § 10d Abs. 4 S. 5 EStG?*

Für die Konstellation, dass sich die der Steuerfestsetzung zugrunde gelegten Besteuerungsgrundlagen ändern und der Steuerbescheid allein deshalb nicht angepasst wird, weil die Änderung keinerlei Auswirkungen auf die Höhe der festzusetzenden Steuer hat, hält das geltende Recht in § 10d Abs. 4 S. 5 EStG eine Regelung bereit, die die gesonderte Feststellung unter Einbeziehung der geänderten Bezugsgröße ermöglicht[925]. „In Anlehnung" an § 10d Abs. 4 S. 5 EStG a.F. (zuletzt in der Fassung des StEntlG 1999/2000/2002[926]) ist de lege lata eine „Ausnahme von der ‚Bindungswirkung' des Einkommensteuerbescheids" normiert[927]. Die neue Version macht den Erlass oder die Korrektur des Feststellungsbescheids

---

923 Vgl. *Stelkens*, in: Stelkens/Bonk/Sachs (Hrsg.), § 35 VwVfG, Rdnr. 144.

924 Vgl. unter Erstes Kapitel B.III.1.b).

925 Die Vorschrift dient mithin der Verfahrensökonomie, da die Steuerfestsetzung nicht angepasst werden muss, damit eine korrespondierende Verlustfeststellung nach § 10d Abs. 4 S. 4 HS. 1 EStG i.V.m. § 175 Abs. 1 S. 1 Nr. 1 AO erfolgen kann. Im Hauptanwendungsfall des Steuernullbescheids scheidet eine weitere Herabsetzung der (nicht vorhandenen) Steuer bei zusätzlich zu berücksichtigenden Verlusten allerdings denknotwendig aus.

926 BGBl. I 1999, S. 402.

927 Vgl. BT-Drs. 17/2249, S. 52 linke Spalte.

wie bisher davon abhängig, dass der jeweilige Einkommensteuerbescheid potentiell nach steuerlichem Verfahrensrecht korrigiert werden könnte, also dem Grunde nach eine Änderungsbefugnis besteht[928]. Unter dieser Voraussetzung kann die Verlustfeststellung sodann „ausnahmsweise unabhängig von den der Steuerfestsetzung zu Grunde gelegten Besteuerungsgrundlagen erfolgen“[929]. Scheitert die verfahrensrechtliche Änderungsmöglichkeit hingegen daran, dass der Steuerpflichtige z.B. das nachträgliche Bekanntwerden der Verluste grob verschuldet hat oder letztere nicht rechtserheblich sind, soll nach dem Willen des Gesetzgebers die Bindungswirkung der Steuerfestsetzung für die Verlustfeststellung bestehen bleiben[930]. Auch wenn der Wortlaut von Satz 5 im Zuge des JStG 2010 merklich abgeändert worden ist, lassen sich die auf der Rechtsfolgenseite erzielten Wirkungen im Ergebnis durchaus mit denjenigen der alten Normfassung vergleichen[931]. So kann der verbleibende Verlustvortrag in beiden Fällen ungeachtet dessen gesondert festgestellt bzw. korrigiert[932] werden, dass der Steuerbescheid des entsprechenden Veranlagungszeitraums nicht angepasst wird, weil sich die Steuer nicht ändert[933]. Die gemeinsame Schutzrichtung der alten sowie der neuen Regelung dürfte in der Sicherung der Bestandskraft vor einer Umgehung zu erkennen sein[934].

---

928 Wird entgegen der fehlenden betragsmäßigen Änderung der Steuerschuld ein Änderungsbescheid erlassen, ist § 10d Abs. 4 S. 5 EStG nicht anwendbar, da eine Änderung des Nullbescheids gerade nicht „unterblieben“ ist, FG Münster, Urteil v. 21.07.2016 – 9 K 3457/15 E, F, EFG 2016, 1871; FG Münster, Urteil v. 26.04.2017 – 9 K 3847/15 K, F, EFG 2017, 1372.

929 BT-Drs. 17/2249, S. 52 linke Spalte. Die Ausführungen zur Änderungsbefugnis nach altem Recht gelten entsprechend, vgl. unter Zweites Kapitel A.II.2.b).

930 BT-Drs. 17/2249, S. 52 linke Spalte. So auch *Lindberg*, in: Frotscher (Hrsg.), 177. Lfg. 9/2013, § 10d EStG, Rdnr. 89e.

931 *Lindberg*, in: Frotscher (Hrsg.), 177. Lfg. 9/2013, § 10d EStG, Rdnr. 89e.

932 Nach der geläuterten Rechtsprechungsansicht handelte es sich bei § 10d Abs. 4 S. 5 EStG a.F. bis zum Inkrafttreten des JStG 2010 um eine reine Korrekturvorschrift, siehe hierzu unter Zweites Kapitel B.I.

933 Vgl. *Hallerbach*, in: Herrmann/Heuer/Raupach (Hrsg.), 246. Lfg. 2011, § 10d EStG, J 10-2.

934 Für die Neuregelung des § 10d Abs. 4 S. 4 HS. 1 EStG hat der IX. Senat des BFH ausdrücklich klargestellt, dass das Erfordernis einer Änderungsbefugnis die Bestandskraft des vorausgehenden Steuerbescheids sichere, da anderenfalls – und insoweit gleicht die Formulierung derjenigen des XI. Senats zur bisherigen Vorschrift, vgl. BFH, Urteil v. 09.12.1998 – XI R 62/97, BStBl. II 2000, 3, 5 – durch den Erlass oder die Änderung des Feststellungsbescheids die in einem bestandskräftigen Steuerbescheid enthaltenen Fehler ohne verfahrensrechtliche Rechtsgrundlage berichtigt

In Bezug auf die gültige Fassung des § 10d Abs. 4 S. 5 EStG, die ausweislich des Gesetzeswortlauts eine von den Besteuerungsgrundlagen des Steuerbescheids abweichende Berücksichtigung der Feststellungsgrundlagen im Rahmen der Verlustfeststellung zulässt, ist fraglich, welche Konsequenzen sich aus der Abweichungsmöglichkeit für die nach Satz 4 angeordnete Bindungswirkung ergeben und was unter der vom Gesetzgeber so bezeichneten „Ausnahme von der Bindung" zu verstehen ist. Soweit ersichtlich, scheint die Rechtsprechung von einem Fortbestand der Bindung durch die Besteuerungsgrundlagen auszugehen, wenn ein Fall des Satzes 5 – namentlich bei einer Nullfestsetzung[935] – gegeben ist. Die Problematik wird allerdings hauptsächlich in ihrer prozessualen Dimension thematisiert[936]. Da eine – in praxi freilich besonders relevante – verfahrensrechtliche Bewertung stets auf der materiellen Rechtslage aufbaut, wird die Auslegung des Satzes 5 bereits an dieser Stelle der Arbeit besprochen.

### aa) Auslegung von Satz 5 nicht abschließend geklärt

Zugunsten eines Fortwirkens der Bindung auch im Fall des § 10d Abs. 4 S. 5 EStG hat das FG Düsseldorf in einem Beschluss über die Aussetzung des Verfahrens gegen Verlustfeststellungsbescheide vom 16. Februar 2016[937] argumentiert. Der Gesetzgeber habe die Bindungswirkung nicht abschaffen, sondern lediglich dem

---

werden könnten, vgl. BFH, Urteil v. 12.07.2016 – IX R 31/15, BStBl. II 2018, 699 = DStR 2016, 2646, 2648. Im Hinblick auf Satz 5 kann aber nichts anderes gelten. Schließlich soll durch das dort geregelte Merkmal „ausschließlich" zum Ausdruck kommen, dass der Eintritt der formellen Bestandskraft des Steuerbescheids die Verlustfeststellung ausschließt, sofern nicht die Voraussetzungen eines Korrekturtatbestands dem Rechtsgrund nach erfüllt sind, vgl. BFH, Urteil v. 12.07.2016 – IX R 31/15, BStBl. II 2018, 699 = DStR 2016, 2646, 2648. Auch in der Gesetzesbegründung zum JStG 2010 heißt es, dass durch die Neuregelung erreicht werden solle, dass eine erstmalige oder korrigierte Verlustfeststellung nach Bestandskraft des Steuerbescheids für nachträglich erklärte Verluste nur möglich ist, wenn der Steuerbescheid geändert werden könne, BT-Drs. 17/2249, S. 52 rechte Spalte. Für diesen Regelungszweck der Neuregelung ebenfalls FG Berlin-Brandenburg, Gerichtsbescheid v. 28.04.2016 – 3 K 3106/15, EFG 2016, 1091 = DStRE 2017, 820, 821, rkr.; vgl. für die alte Fassung Zweites Kapitel A.V.3.

935 BFH, Urteil v. 10.02.2015 – IX R 6/14, BFH/NV 2015, 812, 814; FG Münster, Urteil v. 26.04.2017 – 9 K 3847/15 K, F, EFG 2017, 1372. In Betracht kommt aber auch, dass die Saldierung mit anderen Rechtsfehlern dazu führt, dass die Festsetzung nicht geändert wird, *Hallerbach*, in: Herrmann/Heuer/Raupach (Hrsg.), 246. Lfg. 2011, § 10d EStG, J 10-6.

936 Siehe dazu ausführlich unter Drittes Kapitel B.III.

937 FG Düsseldorf, Beschluss v. 16.02.2016 – 10 K 3686/13 F, EFG 2016, 662.

Umstand Rechnung tragen wollen, dass auf die Erteilung eines neuen Steuerbescheids mangels Auswirkung auf die festzusetzende Steuer verzichtet werde. Ungeachtet dessen solle es aber weiterhin möglich bleiben, die Besteuerungsgrundlagen im Rahmen der Verlustfeststellung in zutreffender Höhe anzusetzen. Anhand der einschränkenden Formulierungen „nur“ und „ausschließlich“ werde deutlich, dass es bei Satz 5 lediglich darum gehe, zu verhindern, dass Einwände, die nicht mehr mit Erfolg gegen die Besteuerungsgrundlagen des Steuerbescheids vorgebracht werden können, noch im Feststellungsverfahren durchsetzbar sind[938]. Eine andere, die Bindungswirkung insoweit verneinende Auslegung vertritt das Hessische FG in seinem Kostenbeschluss nach Erledigung vom 29. Oktober 2015[939]. Sofern die Verlustfeststellung bzw. deren Erhöhung zu einem Zeitpunkt begehrt werde, in dem der Steuerbescheid (z.B. wegen einer Klage) noch nicht unanfechtbar sei, unterbleibe die Änderung nicht mangels Ablauf der Rechtsbehelfsfrist oder einschlägigem Korrekturtatbestand, sondern ausschließlich deshalb, weil keine Herabsetzung der Steuer in Betracht komme. Eine Ablehnung der Bindung nach Satz 5 entziehe § 10d Abs. 4 S. 4 EStG nicht den Anwendungsbereich, welcher als Reaktion auf die geänderte BFH-Rechtsprechung letztlich darin bestehe, die erst nach Bestandskraft eines Steuerbescheids begehrte Feststellung eines vom Erläuterungsteil des Bescheids abweichenden Verlustvortrags zu verhindern[940]. Obgleich das Hessische FG mithin zum gegenteiligen Ergebnis kommt, fällt auf, dass die Argumentation zur Funktion des Satzes 5 nicht vollends verschieden zu der des FG Düsseldorf ist. Das FG Berlin-Brandenburg, welches sich in seinem Urteil vom 28. April 2016 mit beiden vorangegangenen Entscheidungen auseinandersetzt, geht davon aus, dass die Bindungswirkung gemäß § 10d Abs. 4 S. 4 EStG jedenfalls mit Blick auf den Wortlaut entfalle, wenn der Tatbestand des Satzes 5 erfüllt sei[941]. Soweit das Gericht die Auffassung des Hessischen FG dahin wiedergibt, den Sätzen 4 und 5 des § 10d Abs. 4 EStG werde nur der Anwendungsbereich zugewiesen, bei bestandskräftigen Steuerfestsetzungen eine widerstreitende Verlustfeststellung auszuschließen, muss dem widersprochen werden. Denn das Hessische FG spricht im Zusammenhang mit Satz 4 explizit von einer Bindungswirkung

938 FG Düsseldorf, Beschluss v. 16.02.2016 – 10 K 3686/13 F, EFG 2016, 662, 664.

939 Hessisches FG, Beschluss v. 29.10.2015 – 4 K 307/15, BeckRS 2016, 94030.

940 Hessisches FG, Beschluss v. 29.10.2015 – 4 K 307/15, BeckRS 2016, 94030.

941 Das Gericht erachtet den Wortlaut der Vorschrift als zumindest missverständlich und schließt sich im Ergebnis der Auffassung des FG Düsseldorf an, FG Berlin-Brandenburg, Gerichtsbescheid v. 28.04.2016 – 3 K 3106/15, EFG 2016, 1091 = DStRE 2017, 820, 822, rkr.

„gleich einem Grundlagenbescheid", die bekanntermaßen bereits mit Wirksamkeit und nicht erst mit Bestandskraft eintritt. Die Darstellung des FG Berlin-Brandenburg trifft nach hier vertretener Ansicht nur in Bezug auf Satz 5 zu.

Der IX. Senat des BFH hat sich in materiell-rechtlicher Hinsicht bislang nicht eindeutig positioniert. Einerseits hält er fest, dass es bei der in Satz 4 normierten Bindungswirkung bleibe, wenn eine Änderung verfahrensrechtlich dem Grunde nach ausscheide[942]. Daraus ließe sich im Umkehrschluss folgern, dass der BFH vom Wegfall der Bindung ausgeht, wenn der Tatbestand des Satzes 5 verwirklicht ist. Andererseits hat er in einer späteren Entscheidung ausgeführt, dass die Bindungswirkung die Durchführung der Einkommensteuerveranlagung (ggf. mit einer festzusetzenden Steuer von null Euro) voraussetze[943]. Darin ist angedeutet, dass der IX. Senat die Bindungswirkung ggf. unabhängig davon bejahen könnte, ob im Tenor eine Steuer festgesetzt ist oder nicht. Der I. Senat des BFH hat demgegenüber wiederholt die Anfechtung eines Steuernullbescheids mit der Begründung zugelassen, dass die in der angegriffenen Nullfestsetzung ausgewiesenen Besteuerungsgrundlagen auf der Grundlage einer inhaltlichen Bindung für die Verlustfeststellungsbescheide wirkten[944]. Die Entscheidungsbegründungen geben allerdings nur bedingt Aufschluss darüber, weshalb der Bindungswirkung nicht die Regelung des § 10d Abs. 4 S. 5 EStG entgegenstehen soll. Sie erschöpfen sich in dem knappen Hinweis darauf, dass ein Fall des Satzes 5 nicht gegeben sei[945]. Es erschließt sich vor diesem Hintergrund nicht, aus welchen Gründen der sachliche Anwendungsbereich von Satz 5 nach Auffassung des I. Senats bei einem rechtzeitig angefochtenen Steuernullbescheid, von dessen Besteuerungsgrundlagen im Rahmen der Verlustfeststellung abgewichen würde, nicht eröffnet sein und welcher Regelungsgehalt der Vorschrift danach überhaupt noch zukommen soll. Denn nach den bisher allgemein anerkannten Grundsätzen liegt die nach Satz 5 erforderliche potentielle Änderungsbefugnis

---

942 BFH, Urteil v. 10.02.2015 – IX R 6/14, BFH/NV 2015, 812, 814; so auch FG München, Urteil v. 01.06.2015 – 10 K 650/14, EFG 2015, 1688, 1689.

943 BFH, Urteil v. 13.01.2015 – IX R 22/14, BStBl. II 2015, 829, 831; BFH, Urteil v. 12.07.2016 – IX R 31/15, BStBl. II 2018, 699 = DStR 2016, 2646, 2648.

944 BFH, Urteil v. 22.11.2016 – I R 30/15, BStBl. II 2017, 921, 922 f.; BFH, Urteil v. 07.12.2016 – I R 76/14, BStBl. II 2017, 704, 705 f.; BFH, Urteil v. 09.05.2017 – VIII R 40/15, BStBl. II 2017, 1049, 1051.

945 BFH, Urteil v. 22.11.2016 – I R 30/15, BStBl. II 2017, 921, 923; BFH, Urteil v. 07.12.2016 – I R 76/14, BStBl. II 2017, 704, 706. Für die Parallelnorm des § 35b Abs. 2 S. 3 GewStG im Gewerbesteuerrecht BFH, Urteil v. 06.12.2016 – I R 79/15, BStBl. II 2019, 173 = DStR 2017, 774 f.

nach dem Verfahrensrecht vor, wenn der Steuerbescheid – wie in den hier genannten Urteilsfällen – rechtzeitig angefochten wird[946]. Sind die verfahrensrechtlichen Änderungsvoraussetzungen aber für die Steuerfestsetzung erfüllt, ist § 10d Abs. 4 S. 5 EStG anwendbar[947]. Die in der Literatur zu dieser Fragestellung vereinzelt anzutreffenden Meinungen gehen ebenfalls auseinander[948]. Dies dürfte dem Wortlaut von Satz 5 und seinem komplizierten Nebeneinander mit der Regelung des § 10d Abs. 4 S. 4 HS. 1 EStG i.V.m. § 351 Abs. 2 AO geschuldet sein.

### bb) Gesetzeswortlaut spricht für Wegfall der Bindung

Wie bereits durch das Hessische FG postuliert[949] und seitens des FG Berlin-Brandenburg eingeräumt[950], sind die Besteuerungsgrundlagen des Steuernullbescheids bei wortlautgetreuer Lesart des § 10d Abs. 4 S. 5 EStG für die Verlustfeststellung nicht bindend, wenn eine Änderungsmöglichkeit – sei es aufgrund eines fristgerechten Einspruchs, gemäß §§ 164 f. AO oder nach Maßgabe der §§ 172 ff. AO – dem Rechtsgrund nach gegeben ist. Die Vorschrift ermöglicht ausdrücklich („dürfen") eine Verlustberücksichtigung „abweichend von Satz 4" und damit losgelöst von der grundsätzlich angeordneten Bindungswirkung. Da eine Korrektur des Steuernullbescheids aus verfahrensökonomischen Gründen „unterbleibt", würden die vorhandenen Besteuerungsgrundlagen ohne die Regelung des Satzes 5 ihre gesetzliche Bindungswirkung nach Satz 4 beibehalten und einer divergierenden gesonderten Feststellung entgegenstehen.

---

946 In diese Richtung auch FG Berlin-Brandenburg, Gerichtsbescheid v. 28.04.2016 – 3 K 3106/15, EFG 2016, 1091 = DStRE 2017, 820, 821, rkr.; *Heinicke*, in: Schmidt (Hrsg.), § 10d EStG, Rdnr. 47.

947 *Heinicke*, in: Schmidt (Hrsg.), § 10d EStG, Rdnr. 47.

948 Für eine Bindungswirkung der Besteuerungsgrundlagen unabhängig davon, ob sie sich auf den festgesetzten Steuerbetrag auswirken oder nicht, plädieren: *Hallerbach*, FR 2017, 152, 153; *Perrar*, Grundlagenbescheide im Steuerverfahrensrecht, S. 463 f.; diese wohl voraussetzend *Sikorski*, NWB 2011, 2191, 2199. *Heuermann* lehnt die materielle Bindung im Fall des § 10d Abs. 4 S. 5 EStG zwar grundsätzlich ab, zieht aus dem Erfordernis der potentiellen Änderungsbefugnis jedoch prozessual andere Schlüsse, *Heuermann*, in: Kirchhof/Söhn/Mellinghoff (Hrsg.), § 10d EStG, D 94; vgl. dazu unter Drittes Kapitel B.III.1.c). Dagegen wohl auch *Lindberg*, in: Frotscher (Hrsg.), 177. Lfg. 9/2013, § 10d EStG, Rdnr. 89e sowie *Haskamp*, DStR 2015, 1593, 1597 mit Verweis auf eine wörtliche Auslegung.

949 Hessisches FG, Beschluss v. 29.10.2015 – 4 K 307/15, BeckRS 2016, 94030.

950 Vgl. FG Berlin-Brandenburg, Gerichtsbescheid v. 28.04.2016 – 3 K 3106/15, EFG 2016, 1091 = DStRE 2017, 820, 821, rkr.

Das Erfordernis, dass sich die zugrunde liegenden Besteuerungsgrundlagen im Geltungsbereich des Satzes 4 gerade auf die Höhe des Steuerbetrags auswirken müssen, hat der BFH im Umkehrschluss zu Satz 5 aufgestellt[951]. Ausgehend von der Erkenntnis, dass § 10d Abs. 4 S. 5 EStG das Abweichungsverbot hinsichtlich der Steuerfestsetzung nach Satz 4 – wenn auch nur aus Praktikabilitätserwägungen – suspendiert, lässt sich eine inhaltliche Bindungswirkung auch nicht mit der in Satz 5 vorgeschriebenen verfahrensrechtlichen Änderungsmöglichkeit begründen. Diese Voraussetzung bestand bereits nach altem Recht und wurde dort nahezu einhellig als rein verfahrensrechtlich wirkende Bindung verstanden[952]. Dafür, dass dieses Verständnis aufgrund des Zusammenspiels mit dem neuen § 10d Abs. 4 S. 4 EStG inzwischen überholt ist, bestehen jedoch keine Anhaltspunkte. Eine andere, grundsätzlich erforderliche rechtliche Grundlage für eine bindende Wirkung ist nicht ersichtlich.

## IV. Neufassung des § 10d Abs. 4 S. 4, 5 EStG geht über wiederherzustellende Rechtslage hinaus

Der Gesetzgeber hat die Novellierung des § 10d Abs. 4 S. 4, 5 EStG durch das JStG 2010 mitunter damit gerechtfertigt, das Gesetz im Sinne der bisherigen Rechtsprechung klarstellen zu wollen[953]. Dieses Argument wurde vom BFH aufgegriffen, um die im Zusammenhang mit der Neuregelung aufgekommenen verfassungsrechtlichen Bedenken im Hinblick auf eine mögliche Rückwirkung zurückzuweisen[954]. Das Vertrauen des Einzelnen in den Fortbestand der für nahezu zwei Jahre gültigen Rechtslage müsse zurückstehen, da eine Rechtslage rückwirkend festgeschrieben werde, die vor der Rechtsprechungsänderung einer gefestigten Rechtsprechung und einheitlichen Rechtspraxis entsprochen habe[955]. Die Ausführungen in Gesetzesbegründung und Rechtsprechung geben dazu Anlass, die Anwendung des § 10d Abs. 4 S. 4, 5 EStG i.d.F. des JStG 2010

951 Vgl. dazu unter Zweites Kapitel C.III.1.b)bb).

952 Vgl. dazu unter Zweites Kapitel A.V.2.

953 BT-Drs. 17/2249, S. 52 rechte Spalte.

954 Hintergrund war die Anordnung in § 52 Abs. 25 S. 5 EStG i.d.F. des JStG 2010, die Neuregelung unterschiedslos auf alle nach dem 13.12.2010 abgegebenen Feststellungserklärungen anzuwenden. Dadurch konnten auch solche Verluste erfasst werden, die vor der Gesetzesänderung entstanden waren und nach der geänderten BFH-Rechtsprechung grundsätzlich noch bis zum Ablauf der Feststellungsfrist hätten gesondert festgestellt werden können.

955 Vgl. BFH, Urteil v. 10.02.2015 – IX R 6/14, BFH/NV 2015, 812, 814 f.; zuletzt BFH, Urteil v. 11.10.2017 – IX R 15/17, BFH/NV 2018, 433 mit Verweis auf die Begründung

durch den BFH einem überblicksartigen Vergleich mit seiner ursprünglichen Auslegung der (im Wesentlichen inhaltsgleichen) Vorgängerversionen zu unterziehen[956]. Zum besseren Verständnis und im Sinne einer ersten Zusammenfassung des Kapitels wird die These auf den Prüfstand gestellt, dass die bisherige Rechtslage wiederhergestellt worden sei[957].

Parallelen weist die Gesetzesinterpretation des BFH insbesondere in Bezug auf den sachlichen Anwendungsbereich, die Erlass- und Korrekturvoraussetzungen einer (potentiellen) Änderungsbefugnis und den Schutzzweck der Regelungen auf. Die Vorschriften des Satzes 4 und 5 waren und sind in ihrer Anwendbarkeit an die Existenz des Steuerbescheids geknüpft. Kann dieser z.B. wegen Ablaufs der Festsetzungsfrist nicht mehr ergehen oder wird er durch die Finanzbehörde aufgehoben, ist allein § 10d Abs. 4 S. 1 EStG anwendbar. Ebenso wenig traf und trifft der Regelungsbereich eine Aussage zum Verlustrücktrag. Dieser bleibt in seiner Zulässigkeit durch Satz 4 und 5 grundsätzlich unberührt. Hinsichtlich der Berechtigung zum Erlass des Verlustfeststellungsbescheids genügt es nach wie vor nicht, dass sich die relevanten Besteuerungsgrundlagen als Bezugsgrößen betragsmäßig ändern[958]. Abzustellen war und ist insoweit auf den Steuerbescheid des entsprechenden Veranlagungszeitraums als maßgeblichen Bezugspunkt. Dies ist für das geltende Recht in § 10d Abs. 4 S. 4 HS. 1 EStG kodifiziert. Sollen Verluste abweichend vom Einkommensteuerbescheid gesondert festgestellt werden und ist die Einspruchsfrist bereits abgelaufen, bedarf es zum Schutz der Bestandskraft unverändert (und ggf. nur dem Rechtsgrund nach) einer verfahrensrechtlichen Änderungsmöglichkeit nach Maßgabe der Abgabenordnung. Danach mussten und müssen nachträglich erklärte Verluste insbesondere rechtserheblich bzw. ursächlich für die Rechtsfehlerhaftigkeit des Steuerbescheids sein[959], vgl. § 173 Abs. 1 S. 2 AO. Während jedoch nach altem Recht das Bestehen einer Änderungsbefugnis notwendig und zugleich hinreichend war[960], muss die Korrektur im Fall des § 10d Abs. 4 S. 4 EStG n.F. nunmehr tatsächlich durchgeführt werden. Anderenfalls liegen die zu berücksichtigenden nicht ausgeglichenen negativen Einkünfte der Steuerfestsetzung nicht zugrunde.

---

im Urteil vom 10.02.2015. Die Verfassungsmäßigkeit ebenfalls bejahend *Heuermann*, in: Kirchhof/Söhn/Mellinghoff (Hrsg.), § 10d EStG, A 294; *Hallerbach*, FR 2017, 152 f.

956 Letztere ist dargestellt unter Zweites Kapitel A.I.

957 Vgl. BT-Drs. 17/2249, S. 51 f.; *Butler*, NWB 2013, 1636, 1637.

958 *Aweh*, EStB 2016, 448, 449.

959 *Koenig*, in: Koenig (Hrsg.), § 173 AO, Rdnr. 87.

960 Vgl. dazu unter Zweites Kapitel A.II.2.b).

Ein erster formaler Unterschied ist nach hier vertretener Auffassung darin auszumachen, dass die aktuelle Fassung des § 10d Abs. 4 S. 4, 5 EStG nicht mehr als spezielle Rechtsgrundlage für den Erlass des Feststellungsbescheids herangezogen werden kann[961]. Der Regelungsinhalt des neuen Satzes 4 erschöpft sich in der verbindlichen Festlegung der Bezugsgrößen für die Verlustfeststellung. Der in Satz 1 geregelte allgemeine Feststellungsauftrag bildet hierdurch nicht mehr nur nachrangig und ausnahmsweise, sondern grundsätzlich die alleinige Rechtsgrundlage für die gesonderte Feststellung des verbleibenden Verlustvortrags[962]. Der Kern der Neuregelung besteht in der ausdrücklichen Normierung einer jenseits der Bestandskraft liegenden, inhaltlichen Bindungswirkung der Besteuerungsgrundlagen des Steuerbescheids für den Feststellungsgegenstand. Es handelt sich hierbei um ein echtes Novum, da aus § 10d Abs. 4 S. 4, 5 EStG a.F. allenfalls eine faktische bzw. über das Änderungserfordernis vermittelte verfahrensrechtliche Bindung abgeleitet werden konnte. Eine bestandskräftige, nicht mehr korrigierbare Steuerfestsetzung blockiert zwar nach beiden Normfassungen den Erlass des Feststellungsbescheids. Die in § 10d Abs. 4 S. 4 EStG geregelte Bindung geht indes über das bisherige Recht hinaus. Sie koppelt Festsetzungs- und Feststellungsverfahren enger aneinander[963]. Eine eigenständige Ermittlung des Feststellungsgegenstands findet nicht mehr statt[964]. Den maßgeblichen Bezugspunkt bildet insoweit wieder der entsprechende Steuerbescheid. Auch wenn der Steuerbescheid weiterhin kein Grundlagenbescheid im Sinne des § 171 Abs. 10 S. 1 AO ist, sind für ihn die Vorschriften über Grundlagenbescheide entsprechend anwendbar. Dies hat in zeitlicher Hinsicht zur Folge, dass die Feststellungsfrist nicht vor Ablauf von zwei Jahren nach Bekanntgabe der Steuerbescheide für das Verlustentstehungsjahr und das Rücktragsjahr endet[965]. Des Weiteren findet § 175 Abs. 1 S. 1 Nr. 1 AO Anwendung, so dass sämtliche Änderungen des Steuerbescheids im Feststellungsbescheid korrespondierend nachvollzogen werden müssen. Da § 10d Abs. 4 S. 4 EStG a.F. dieser Vorschrift

961 Vgl. dazu näher unter Zweites Kapitel C.II.

962 Etwas anderes dürfte lediglich für die – aus Sicht des Steuerpflichtigen weniger interessante – Konstellation gelten, dass die Verlustfeststellung in Übereinstimmung mit den im Steuerbescheid zugrunde gelegten Bezugsgrößen erfolgt. Insoweit dürfte die Regelung des § 10d Abs. 4 S. 4 HS. 2 EStG i.V.m. § 175 Abs. 1 S. 1 Nr. 1 AO spezieller sein.

963 So auch *Heuermann*, DStR 2011, 1489, 1491.

964 *Heuermann*, in: Kirchhof/Söhn/Mellinghoff (Hrsg.), § 10d EStG, D 90; *Szymczak*, AO – eKommentar, § 350 AO, Rdnr. 7.1.

965 *Heuermann*, in: Kirchhof/Söhn/Mellinghoff (Hrsg.), § 10d EStG, D 91.

nachempfunden war, ist insoweit die Rechtslage gleichgeblieben. Schließlich ergibt sich wegen § 10d Abs. 4 S. 4 HS. 2 EStG i.V.m. § 351 Abs. 2 AO, § 42 FGO nach derzeit wohl herrschender Meinung aber erstmals die prozessuale Besonderheit, dass Rechtsschutz nur im Wege der Anfechtung des Steuerbescheids möglich sein soll. Dies soll ungeachtet des Wortlauts von Satz 5 auch im Fall eines Nullbescheids gelten[966]. Damit besteht zugleich keine Notwendigkeit mehr, die Verlustfeststellung innerhalb der – in der Regel auf ein Jahr verlängerten – Anfechtungsfrist des Steuerbescheids zu beantragen[967].

In der Gesamtschau hat der Gesetzgeber des JStG 2010 die in der Vergangenheit herrschende Rechtspraxis im Ergebnis wiederhergestellt[968]. Er ist allerdings über die bisher rein verfahrensrechtliche Anbindung der Verlustfeststellung an die Einkommensteuerfestsetzung hinausgegangen und schreibt dem Steuerbescheid nunmehr die Wirkung eines Quasi-Grundlagenbescheids – mit den daran anknüpfenden Folgewirkungen – zu.

## V. Zwischenergebnis

Nach geltendem Recht erfährt das Verlustfeststellungsverfahren eine in seiner historischen Entwicklung einmalige Abhängigkeit von den Besteuerungsgrundlagen des Einkommensteuerbescheids. Dem gesetzgeberischen Konzept zufolge soll die Entscheidung über den verbleibenden Verlustvortrag verbindlich im Rahmen der Steuerfestsetzung getroffen werden. Die dort tatsächlich zugrunde gelegten Bezugsgrößen sind grundsätzlich ungeprüft für die Ermittlung des Feststellungsgegenstands zu übernehmen. Indes dürfte eine wortlautgetreue Auslegung des § 10d Abs. 4 S. 5 EStG dazu führen, dass insbesondere Steuernullbescheiden keine bindende Wirkung zukommt. Auch soll eine Bindung laut BFH entfallen, wenn für den jeweiligen Veranlagungszeitraum kein Steuerbescheid existiert bzw. ein solcher nicht mehr erlassen werden kann. Insoweit ist nicht auszuschließen, dass der Gesetzgeber noch einmal tätig werden und nachbessern wird. Zwar dürften keine Abgrenzungsschwierigkeiten mehr im Hinblick auf die zutreffende Rechtsgrundlage bestehen, da diese nunmehr allein in Satz 1 festgeschrieben ist. Eine neue Stufe der Komplexität erreicht das Verlustfeststellungsrecht jedoch durch die – soweit ersichtlich beispiellose – gesetzgeberische Konzeption des Steuerbescheids als Quasi-Grundlagenbescheid. Hierbei dürfte es sich nach dem dieser Untersuchung zugrunde liegenden Verständnis um eine

966 Vgl. dazu unter Drittes Kapitel A., Drittes Kapitel B.III.

967 Zur Antragsfrist contra legem unter Zweites Kapitel A.V.4.

968 *Butler*, NWB 2013, 1636, 1637.

besondere, da die entsprechende Anwendung der Vorschriften für Grundlagenbescheide auslösende Feststellungswirkung handeln. Vor diesem Hintergrund muss erheblich mehr Sorgfalt im Zusammenhang mit der Geltendmachung von erlittenen Verlusten aufgebracht werden[969].

969 Dies ebenfalls anmahnend *Sikorski*, NWB 2011, 2191, 2199.

# Drittes Kapitel Konsequenzen der Bindung an den Steuerbescheid für den Rechtsschutz

Naturgemäß steht die verfahrensrechtliche Durchsetzung des Verlustvortrags im Fokus der Diskussion um die Vorschrift des § 10d Abs. 4 EStG. In diesem Kapitel wird daher die praktische Umsetzung der bereits erarbeiteten gesetzlichen Ausgangslage, genauer: der materiell rechtlichen Bindungswirkung des Steuerbescheids für das Verfahren der gesonderten Verlustfeststellung behandelt. Zu diesem Zweck wird die Warte des rechtsschutzsuchenden Steuerpflichtigen eingenommen, der sich in praxi regelmäßig mit bis zu zwei[970] Bescheiden (und ggf. unterschiedlich laufenden Rechtsbehelfsfristen) konfrontiert sieht. Begehrt er eine von der festgesetzten Steuer abweichende erstmalige gesonderte Feststellung des verbleibenden Verlustvortrags, stehen ihm grundsätzlich drei Möglichkeiten offen: die Anfechtung des Steuernullbescheids, der Antrag auf Erlass oder Änderung des Verlustfeststellungsbescheids oder ein zweigleisiges Vorgehen[971]. Geht es indes darum, Verluste in größerem Umfang gesondert feststellen zu lassen, als sie der entsprechenden Nullfestsetzung zugrunde gelegt wurden, muss der Steuerpflichtige Überlegungen in abgewandelter Form dazu anstellen, nämlich ob er gegen den Steuer- oder den Feststellungsbescheid oder idealiter gegen beide Bescheide vorgehen muss. Diese Vorprüfung ist erforderlich, weil der Einspruchs- bzw. Klagegegenstand – vorbehaltlich etwaiger Hilfestellungen im Wege der Auslegung des Antrags, § 133 BGB analog – gemäß § 357 Abs. 3 S. 1 AO bzw. § 65 Abs. 1 S. 1 FGO (i.V.m. § 44 Abs. 2 FGO) hinreichend genau zu bezeichnen ist. Für das außergerichtliche Vorverfahren wie für das Klageverfahren muss das Anfechtungsziel somit abhängig davon bestimmt werden, welcher Steuerverwaltungsakt die die Rechtsverletzung auslösende Regelung enthält und

970 In der Regel führt die Finanzverwaltung die Veranlagung, die gesonderte Feststellung im Verlustentstehungsjahr und den anschließenden Versand gleichzeitig durch, *Sikorski*, NWB 2011, 2191, 2195. In der Praxis ist es zudem möglich, dass die Festsetzung der Einkommensteuer und des Solidaritätszuschlags sowie die gesonderte Verlustfeststellung in einem Sammelbescheid ergehen, Niedersächsisches FG, Urteil v. 26.11.2015 – 6 K 261/13, EFG 2016, 708.

971 Vgl. auch FG Köln, Urteil v. 16.02.2016 – 10 K 2574/15, EFG 2016, 1109, 1110.

nicht nur übernimmt oder wiederholt[972]. Die in diesem Kontext relevant werdenden Veränderungen, die mit der Neuregelung des § 10d Abs. 4 S. 4, 5 EStG einhergehen, bringen neue Herausforderungen in Bezug auf den Rechtsschutz mit sich, denen im Folgenden nachgegangen wird.

## A. Der Einkommensteuerbescheid als zentraler Gegenstand des Rechtsbehelfsverfahrens

Der Gesetzgeber hat mit der Einführung des § 10d Abs. 4 S. 4, 5 EStG i.d.F. des JStG 2010 einen Paradigmenwechsel im Hinblick auf bestehende Rechtsschutzmöglichkeiten vollzogen. Die im ersten Halbsatz von Satz 4 erstmals normierte Bindungswirkung der Besteuerungsgrundlagen des Einkommensteuerbescheids für den Feststellungsgegenstand nach § 10d Abs. 4 S. 2 EStG führt dazu, dass im Rahmen des Verfahrens zur Feststellung des verbleibenden Verlustvortrags die Einkünfte nicht mehr eigenständig zu ermitteln sind. Damit steckt die Vorschrift die verbindlichen Regelungsbereiche zwischen Festsetzungs- und Feststellungsbescheid neu ab[973], was sich zwangsläufig auf den richtigen Einspruchs- bzw. Klagegegenstand auswirkt. Werden bei der Veranlagung die nicht ausgeglichenen negativen Einkünfte im Rahmen des Gesamtbetrags der Einkünfte aus Sicht des Steuerpflichtigen nicht zutreffend ermittelt, muss er bereits gegen diese Steuerfestsetzung vorgehen. Er verfehlt indes sein Rechtsschutzziel, wenn er stattdessen nur den Verlustfeststellungsbescheid anficht[974]. Das FG Düsseldorf wertet dies als Folge der gemäß § 10d Abs. 4 S. 4 HS. 2 EStG entsprechend anwendbaren Vorschriften für das Verhältnis von Grundlagen- und Folgebescheid, namentlich § 351 Abs. 2 AO und § 42 FGO[975]. Diesen Regelungen dürfte jedoch rein klarstellende verfahrensrechtliche Funktion zukommen; sie setzen die materielle Bindung durch den Bescheid voraus. Notwendig, aber auch hinreichend für die Beschwer durch die dem Steuerbescheid zugrunde liegenden Besteuerungsgrundlagen ist daher die Anordnung in § 10d Abs. 4 S. 4 HS. 1 EStG. Sowohl der Erlass als auch die Korrektur eines Feststellungsbescheids in

972 *Von Groll*, in: Kirchhof/Söhn/Mellinghoff (Hrsg.), 58. Erg.Lfg. April 1995, § 10d EStG, B 220.

973 Vgl. auch *Brühl/Weiss*, NWB 2017, 3270, 3274.

974 A.A. *Nöcker*, AO-StB 2014, 54, 55, der den Steuerpflichtigen weiterhin auf einen Rechtsbehelf gegen den Feststellungsbescheid verweist. Zusätzlich soll auch die Festsetzung angefochten werden, um die Änderung der Verlustfeststellung zu ermöglichen.

975 FG Düsseldorf, Beschluss v. 16.02.2016 – 10 K 3686/13 F, EFG 2016, 662, 663.

Abweichung von den im Steuerbescheid bislang ausgewiesenen Besteuerungsgrundlagen können danach nur über den „Umweg“ durchgesetzt werden, dass zunächst der Steuerbescheid korrigiert und der zu berücksichtigende Verlust diesem zugrunde gelegt wird. Erst im zweiten Schritt ist der Feststellungsbescheid zu erlassen bzw. anzupassen, § 10d Abs. 4 S. 1 bzw. § 10d Abs. 4 S. 4 HS. 2 EStG i.V.m. § 175 Abs. 1 S. 1 Nr. 1 AO[976]. Nach derzeit wohl überwiegender, aber nicht unbestrittener Auffassung sollen diese Grundsätze auch im Fall einer Nullfestsetzung gelten, bei der die Änderung der Besteuerungsgrundlagen keine Auswirkung auf die festgesetzte Steuer hat, vgl. § 10d Abs. 4 S. 5 EStG[977].

Im Gegensatz zur Rechtslage vor dem Inkrafttreten des JStG 2010 wird der Einkommensteuerfestsetzung damit eine Schlüsselfunktion für den Rechtsschutz des um eine korrekte Verlustberücksichtigung bemühten Steuerpflichtigen zugeschrieben. Das alte Recht hatte der BFH bis in das Jahr 2008 hinein noch dahingehend interpretiert, dass nachträgliche Verluste jedenfalls im Feststellungsverfahren geltend zu machen waren[978]. Die Verlustfeststellung bedurfte jedoch einer verfahrensrechtlichen Änderungsmöglichkeit für den entsprechenden Steuerbescheid, so dass dieser parallel anzufechten bzw. ein Feststellungsantrag innerhalb der Rechtsbehelfsfrist des Nullbescheids zu stellen war[979]. Nach der mit Urteil vom 17. September 2008[980] geänderten Rechtsprechung war ein zweigleisiges Vorgehen nicht mehr von Nöten. Der Steuerpflichtige wurde vielmehr ausschließlich darauf verwiesen, die gesonderte Feststellung zu beantragen und einen etwaigen Ablehnungsbescheid gerichtlich anzugreifen. Dass das geltende Recht den Rechtsschutz größtenteils vom Feststellungsbescheid weg

---

976 Vermittels der entsprechend anwendbaren Vorschrift des § 175 Abs. 1 S. 1 Nr. 1 AO können Änderungen des Feststellungsbescheids ungeachtet seiner Bestandskraft vorgenommen werden, vgl. *von Groll*, in: Hübschmann/Hepp/Spitaler (Hrsg.), § 175 AO, Rdnr. 60.

977 Vgl. nur BFH, Urteil v. 22.11.2016 – I R 30/15, BStBl. II 2017, 921, 922 f.; BFH, Urteil v. 07.12.2016 – I R 76/14, BStBl. II 2017, 704, 705 f.; *Heuermann*, in: Kirchhof/Söhn/Mellinghoff (Hrsg.), § 10d EStG, D 93 f.; *Seer*, in: Tipke/Kruse (Hrsg.), § 350 AO, Rdnr. 13; *Seer*, in: Tipke/Kruse (Hrsg.), § 40 FGO, Rdnr. 55.

978 Statt vieler *Brill*, BeSt 2017, 20, 21.

979 BFH, Urteil v. 09.12.1998 – XI R 62/97, BStBl. II 2000, 3, 5; BFH, Urteil v. 09.05.2001 – XI R 25/99, BStBl. II 2002, 817, 819.

980 BFH, Urteil v. 17.09.2008 – IX R 70/06, BStBl. II 2009, 897; BFH, Urteil v. 17.09.2008 – IX R 69/09, BFH/NV 2009, 555; BFH, Urteil v. 17.09.2008 – IX R 81/07, BFH/NV 2009, 386; BFH, Urteil v. 17.09.2008 – IX R 92/07, BeckRS 2008, 25014484.

und hin zum Festsetzungsbescheid verlagert, ist seit der Einführung des Feststellungsverfahrens durch das StRefG 1990 somit beispiellos[981].

Die hiernach verbleibenden, unmittelbar im Rahmen eines Rechtsbehelfs gegen den Verlustfeststellungsbescheid zu klärenden Fallgestaltungen sind überschaubar. Zum einen kann überprüft werden, ob die nach Maßgabe des Steuerbescheids anzusetzenden Besteuerungsgrundlagen zutreffend in den Feststellungsbescheid über den verbleibenden Verlustvortrag übernommen worden sind[982]. Ggf. ist im Vorfeld die Frage zu untersuchen, ob der Steuerbescheid überhaupt wirksam geworden ist[983]. Zum anderen ist der Einspruch direkt gegen den Feststellungsbescheid zu richten, wenn nachträglich ein Verlustrücktrag berücksichtigt oder geändert werden soll[984]. Auch liegt es auf der Hand, dass der Feststellungsgegenstand „verbleibender Verlustvortrag" im Sinne von § 10d Abs. 4 S. 2 EStG nur mittels Rechtsbehelf gegen den Bescheid kontrolliert werden kann, der diesen gesondert feststellt[985]. Schließlich wird man als bedeutendste Konstellation wohl diejenige hervorheben können, in der mangels durchgeführter Veranlagung kein Steuerbescheid existiert und die Höhe des Verlustvortrags eigenständig und ohne Rückanbindung an das Festsetzungsverfahren nach § 10d Abs. 4 S. 1 EStG zu ermitteln ist[986].

## B. Anfechtbarkeit der Steuernullfestsetzung

Hinsichtlich der verfahrensrechtlichen Durchsetzung nachträglich geltend gemachter oder seitens der Finanzbehörde bewusst nicht berücksichtigter Verluste geht die wesentliche und in der praktischen Anwendung des geltenden Rechts besonders relevante Frage dahin, ob das Primat der Anfechtung des

---

981 Zur Rechtslage vor 1990 vgl. unter Erstes Kapitel A.I.

982 FG Düsseldorf, Beschluss v. 16.02.2016 – 10 K 3686/13 F, EFG 2016, 662, 663.

983 Die Vorschriften des § 351 Abs. 2 AO und § 42 FGO stehen dem nicht entgegen, da die Wirksamkeit nicht Teil der Entscheidung eines Grundlagenbescheids ist, *Steinhauff*, AO-StB 2010, 271, 272

984 *Eckardt*, in: Kanzler/Kraft/Bäuml/Marx/Hechtner (Hrsg.), § 10d EStG, Rdnr. 36, 100.

985 Vgl. nur *Hallerbach*, in: Herrmann/Heuer/Raupach (Hrsg.), § 10d EStG, Rdnr. 43; *Schmieszek*, in: Bordewin/Brandt (Hrsg.), 404. Aktualisierung 2018, § 10d EStG, Rdnr. 351.

986 Vor diesem Hintergrund bezeichnet *Siebenhüter* das Verfahren zur Durchsetzung von Verlusten als fallenreicher, EStB 2015, 229. Da in der hier besprochenen Konstellation kein Steuerbescheid existiert, der angefochten werden könnte, dürfte der Rechtsschutz aus Sicht des Steuerpflichtigen durch diese Fallgruppe jedoch nicht entscheidend verkompliziert werden.

Steuerbescheids auch dann Gültigkeit besitzt, wenn eine Steuer von null Euro festgesetzt ist. Eine endgültige höchstrichterliche Klärung dürfte hierzu nach wie vor ausstehen. Da die Problematik in der Auslegung von § 10d Abs. 4 S. 5 EStG fußt, wird zur Vermeidung von Wiederholungen auf die Ausführungen im Zweiten Kapitel unter C.III.2.b) verwiesen.

Die Bedeutung von Steuernullbescheiden (vgl. § 155 Abs. 1 S. 3 Alt. 1 AO) in der steuerlichen Praxis kann in diesem Zusammenhang nur unterstrichen werden. Sie werden mitunter erlassen, wenn der Steuerpflichtige im Veranlagungsjahr keine, negative oder positive Einkünfte nur in Höhe des Existenzminimums erzielt hat. Bei höheren Einkünften kann der vertikale Ausgleich mit negativen Einkünften einer anderen Einkunftsart oder die interperiodische Verrechnung mit vorgetragenen Verlusten den Erlass eines Freistellungsbescheids bedingen. Der Nullbescheid kann sich aber auch als das Ergebnis einer durch die Finanzbehörde vorgenommenen Schätzung der Besteuerungsgrundlagen gemäß § 162 AO darstellen, wenn der Steuerpflichtige nicht oder nicht fristgerecht seine Einkünfte erklärt[987]. Vor diesem Hintergrund wird man es als unbefriedigend empfinden müssen, wenn der Regelungsgehalt des neuen § 10d Abs. 4 S. 4, 5 EStG in der Rechtsprechung insoweit teilweise als „nahezu undurchschaubar" bezeichnet[988] und aus Beratersicht nicht nur aus Gründen der Vorsicht, sondern ähnlich einer Kapitulation vor dem Gesetz regelmäßig die Anfechtung sowohl des Null- als auch des Feststellungsbescheids empfohlen wird[989].

Im Folgenden wird sich der Rechtsschutzproblematik im Anwendungsbereich des § 10d Abs. 4 S. 5 EStG dadurch genähert, dass zunächst die Grundsätze zur Beschwer im Sinne von § 350 AO bzw. § 40 Abs. 2 FGO erläutert und daran anschließend die in der Rechtsprechung anerkannten Fälle dargestellt werden, in denen die Beschwer ausnahmsweise aus den Besteuerungsgrundlagen des Nullbescheids abgeleitet wird. Bevor schließlich der eigentliche Meinungsstreit erörtert wird, werden kurz die Gründe herausgearbeitet, die den BFH für die

---

987 *Carlé*, AO-StB 2003, 231.

988 FG Köln, Urteil v. 16.02.2016 – 10 K 2574/15, EFG 2016, 1109, 1110. In seinem Urteil vom 26.10.2016 hat auch der 7. Senat des FG Köln darauf hingewiesen, dass die verfahrensrechtliche Rechtslage in Bezug auf die Bindungswirkung nach § 10d Abs. 4 S. 4, 5 EStG „unklar" sei, vgl. FG Köln, Urteil v. 26.10.2016 – 7 K 3387/13, EFG 2017, 216, 221.

989 Vgl. nur *Nöcker*, AO-StB 2014, 54, 57; *Peters*, EFG 2016, 1111, 1112; *Binnewies*, Stbg 2017, 360; *Brill*, BeSt 2017, 20, 21; mit dem berechtigten Hinweis darauf, dass der Mandant auf etwaige negative Kostenfolgen hinzuweisen ist, wenn vorsorglich mehrere Gerichtsverfahren geführt werden, *Brühl/Weiss*, NWB 2017, 3270, 3280.

alte Gesetzeslage dazu bewogen haben, eine Beschwer zu verneinen. Zielsetzung ist es, aus den gewonnenen Erkenntnissen sodann Rückschlüsse für das aktuelle Recht zu ziehen.

## I. Beschwer durch Besteuerungsgrundlagen ausnahmsweise möglich

Die Vorschrift des § 350 AO macht die Zulässigkeit des Einspruchs davon abhängig, dass der Einspruchsführer schlüssig vorträgt, durch den angegriffenen Steuerverwaltungsakt (oder dessen Unterlassung) in einer ihm zustehenden steuerrechtlichen Rechtsstellung beschwert zu sein[990]. Im Gegensatz zur Klagebefugnis im Finanzgerichtsprozess (vgl. § 40 Abs. 2 FGO) muss im außerprozessualen Vorverfahren keine Rechtsverletzung geltend gemacht werden[991]. Ob und inwieweit die Beschwer des Steuerpflichtigen auch tatsächlich vorliegt, ist der Begründetheitsprüfung durch die zuständige Rechtsbehelfsstelle vorbehalten[992]. Eine Beschwer im Sinne einer Beeinträchtigung eigener Rechte muss im Grundsatz, wenn auch nicht ausschließlich, auf dem Verfügungssatz des angegriffenen Verwaltungsakts beruhen[993]. Durch ihn trifft die zuständige Behörde eine Regelung für den konkreten Einzelfall, vgl. § 118 S. 1 AO[994]. Erschöpft sich der Regelungsinhalt in einer Festsetzung der Steuer auf null Euro (vgl. § 155 Abs. 1 S. 3 Alt. 1 AO), wird eine Steuerzahlungsverpflichtung nicht begründet. Das Recht des Steuerpflichtigen, nur die nach materiellem Recht geschuldete Steuer entrichten zu müssen, bleibt unberührt[995]. Aus § 157 AO folgt daher, dass er einen Steuerbescheid grundsätzlich nur wegen einer zu hohen Steuerfestsetzung

990 *Seer*, in: Tipke/Kruse (Hrsg.), § 350 AO, Rdnr. 26; FG München, Urteil v. 05.11.2009 – 7 K 1237/08, EFG 2010, 379. Bei der Beschwer handelt es sich um eine Zulässigkeitsvoraussetzung, die allgemein im Zeitpunkt der Einlegung des Einspruchs gegeben sein muss und von Amts wegen überprüft wird, *Bartone*, in: Gosch (Hrsg.), § 350 AO, Rdnr. 1, 4.

991 *Siegers*, in: Hübschmann/Hepp/Spitaler (Hrsg.), § 350 AO, Rdnr. 8. Der Unterschied wird bei Ermessensentscheidungen der Finanzbehörden deutlich. Die Beschwer ist gegeben, wenn die Entscheidung innerhalb der Grenzen des Ermessens liegt, jedoch eine dem Steuerpflichtigen günstige Entscheidung in Betracht kommt, vgl. *Cöster*, in: Koenig (Hrsg.), § 350 AO, Rdnr. 3; *Rätke*, in: Klein (Hrsg.), § 350 AO, Rdnr. 1.

992 *Rätke*, in: Klein (Hrsg.), § 350 AO, Rdnr. 3.

993 *Seer*, in: Tipke/Kruse (Hrsg.), § 350 AO, Rdnr. 10.

994 Aus nicht gesondert festgestellten Besteuerungsgrundlagen folgt demgegenüber keine Beschwer, vgl. AEAO zu § 350 Nr. 1 S. 2 mit Verweis auf § 157 Abs. 2 AO. Siehe auch *Cöster*, in: Koenig (Hrsg.), § 350 AO, Rdnr. 25.

995 BFH, Urteil v. 11.11.2014 – I R 51/13, BFH/NV 2015, 305; FG Münster, Urteil v. 23.09.2014 – 9 K 2451/10 K, EFG 2015, 744. Anders als bei der Umsatzsteuer kann im Rahmen der Einkommensteuerveranlagung keine negative Steuer festgesetzt werden.

gerichtlich überprüfen lassen kann[996]. Einem gleichwohl gegen einen Steuernullbescheid gerichteten Rechtsbehelf fehlt es in der Regel an der erforderlichen sachlichen Beschwer[997].

Von dem Grundsatz, wonach eine Einkommensteuerfestsetzung auf null Euro den Steuerpflichtigen nicht beschwert und deshalb ein Rechtsbehelf gegen einen solchen Bescheid gemäß § 350 AO bzw. § 40 Abs. 2 FGO unzulässig ist, ist eine Ausnahme anerkannt, wenn der Bescheid sich für den Steuerpflichtigen nachteilig auswirkt, weil in ihm angesetzte Besteuerungsgrundlagen im Rahmen anderer Verfahren verbindliche Entscheidungsvorgaben liefern[998]. Unter diesen Voraussetzungen geht die Steuerfestsetzung über die Konkretisierung des Steuerschuldverhältnisses hinaus. Soweit ersichtlich, werden keine weiteren Abstufungen hinsichtlich der erforderlichen Qualität und Beschaffenheit der Bindungswirkung vorgenommen. Dies folgt aus dem Gebot des effektiven Rechtsschutzes, wonach der Steuerpflichtige eine für ihn jedenfalls bindend wirkende Entscheidung gerichtlich überprüfen lassen können muss, Art. 19 Abs. 4 GG. Die von den Besteuerungsgrundlagen ausgehende Bindung muss nicht unbedingt als Grundlagenwirkung im Sinne von § 171 Abs. 10 S. 1 AO zu qualifizieren sein[999], sondern kann z.B. auch in Form einer Tatbestands- oder Feststellungswirkung bestehen[1000].

---

996 BFH, Urteil v. 15.04.2010 – V R 11/09, BFH/NV 2010, 1830; FG Münster, Urteil v. 23.09.2014 - 9 K 2451/10 K, EFG 2015, 744.

997 St. Rspr., vgl. BFH, Urteil v. 08.11.1989 – I R 174/86, BStBl. II 1990, 91; BFH, Urteil v. 17.02.1998 – VIII R 21/95, BFH/NV 1998, 1356; BFH, Urteil v. 15.04.2010 – V R 11/09, BFH/NV 2010, 1830 m.w.N.; vgl. auch AEAO zu § 350 Nr. 3 S. 1; *Siegers*, in: Hübschmann/Hepp/Spitaler (Hrsg.), § 350 AO, Rdnr. 91.

998 BFH, Urteil v. 24.01.1975 – VI R 148/72, BStBl. II 1975, 382, 383; BFH, Urteil v. 08.11.1989 – I R 174/86, BStBl. II 1990, 91; BFH, Urteil v. 20.12.1994 – IX R 124/92, BStBl. II 1995, 628 = DStR 1995, 684 f.; BFH, Urteil v. 29.05.1996 – III R 49/93, BStBl. II 1996, 654; BFH, Urteil v. 19.02.2013 – IX R 31/11, BFH/NV 2013, 1075, 1076; BFH, Urteil v. 06.12.2016 – I R 79/15, BStBl. II 2019, 173; FG Düsseldorf, Urteil v. 07.05.2014 – 15 K 14/14 E, F, EFG 2014, 1879; *Heuermann*, in: Kirchhof/Söhn/Mellinghoff (Hrsg.), § 10d EStG, D 93; *Szymczak*, AO – eKommentar, § 157 AO, Rdnr. 8; zustimmend auch *Meyer/Ball*, INF 2002, 513, 516; *Brüggmann*, DStZ 1998, 480; *Siegers*, in: Hübschmann/Hepp/Spitaler (Hrsg.), § 350 AO, Rdnr. 91.

999 Vgl. für die Beschwer durch einen Körperschaftsteuernullbescheid, dessen Besteuerungsgrundlagen Grundlagenfunktion für die besondere Feststellung nach § 47 Abs. 1 KStG 1977 entfalten, BFH, Beschluss v. 18.05.1983 – I R 263/82, BStBl. II 1983, 602.

1000 Der IX. Senat des BFH spricht in seiner Entscheidung vom 19.02.2013 von einer „(gesetzlichen) Bindungswirkung", die den Besteuerungsgrundlagen für andere

## II. Vor Inkrafttreten des JStG 2010: BFH verneint Beschwer durch Nullfestsetzung

Der BFH hat bis zur Gesetzesreform im Jahr 2010 in ständiger Rechtsprechung entschieden, dass ein auf null DM/Euro lautender Einkommensteuerbescheid nicht angefochten werden könne, um eine höhere Verlustberücksichtigung zu erreichen. Eine zu diesem Zweck erhobene Klage sei mangels Beschwer bzw. Klagebefugnis (vgl. § 40 Abs. 2 FGO) unzulässig.

Für die Veranlagungszeiträume bis einschließlich 1989 wurde dies damit begründet, dass die Entscheidung über die Höhe des Verlustabzugs grundsätzlich nicht im Jahr der Verlustentstehung, sondern erst im Jahr des Abzugs getroffen werde[1001]. Unter dem Abzugsjahr war der Veranlagungszeitraum zu verstehen, in dem sich der Verlustrücktrag oder Verlustvortrag erstmals einkommensteuerrechtlich auswirkte[1002]. Der Steuerpflichtige musste daher abwarten, bis im Steuerbescheid trotz Verlustberücksichtigung noch eine Steuer gegen ihn festgesetzt und er dadurch beschwert wurde[1003]. Dem noch zum Abzug zur Verfügung stehenden Verlust kam keine bindende Wirkung zu. Er wurde im Steuerbescheid rein nachrichtlich und als unselbstständiger Bestandteil festgehalten[1004].

Die Einführung des Verlustfeststellungsverfahrens mit Wirkung ab dem Veranlagungsjahr 1990 hat hieran im Grundsatz nichts geändert. Wegen fehlender Beschwer erachtete der XI. Senat des BFH die Anfechtung des

---

Bescheide zukommen müsse, BFH, Urteil v. 19.02.2013 – IX R 31/11, BFH/NV 2013, 1075, 1076; *von Beckerath*, in: Gosch (Hrsg.), § 40 FGO, Rdnr. 197. Eine Beschwer durch die Steuernullfestsetzung des Rücktragsjahrs hat der I. Senat des BFH mit Verweis auf eine Art Tatbestandswirkung bejaht, die dem zugrunde liegenden Gesamtbetrag der Einkünfte für den Verlustrücktrag zukomme, BFH, Urteil v. 11.11.2014 – I R 51/13, BFH/NV 2015, 305, 306; die Beschwer entgegen dem BFH ausdrücklich ablehnend FG Köln, Urteil v. 26.03.2015 – 10 K 3777/09, EFG 2015, 1212.

1001 BFH, Urteil v. 09.07.1992 – XI R 29/91, BStBl. II 1993, 29, 30; BFH, Urteil v. 17.02.1998 – VIII R 21/95, BFH/NV 1998, 1356, 1357; für Gewerbeverluste BFH, Urteil v. 27.10.1992 – VIII R 30/90, BFH/NV 1993, 264 f.

1002 BFH, Urteil v. 09.07.1992 – XI R 29/91, BStBl. II 1993, 29, 30.

1003 *Sikorski*, AO-StB 2001, 187.

1004 *Bahlau*, FR 1988, 565, 566; *von Groll*, in: Kirchhof/Söhn/Mellinghoff (Hrsg.), 58. Erg.Lfg. April 1995, § 10d EStG, B 221; BFH, Urteil v. 17.03.1961 – VI 67/60 U, BStBl. III 1961, 427 f.

Steuernullbescheids auch nach der geänderten Rechtslage für unzulässig, die sowohl den erstmaligen Erlass als auch die Korrektur eines Feststellungsbescheids davon abhängig machte, dass der Einkommensteuerbescheid dem Rechtsgrund nach noch änderbar war[1005]. Aus dem Umstand, dass er den Steuerpflichtigen zur Geltendmachung eines höheren Verlustabzugs auf das Verfahren gegen den Feststellungsbescheid verwies[1006], kann gefolgert werden, dass im Festsetzungsverfahren nach Ansicht des BFH über die Bezugsgrößen für die gesonderte Verlustfeststellung nicht verbindlich entschieden wurde[1007]. Damit war zugleich klargestellt, dass über das Erfordernis der verfahrensrechtlichen Änderungsbefugnis gemäß § 10d Abs. 4 S. 4, 5 EStG a.F. keine materielle, sondern allenfalls eine faktische oder verfahrensrechtliche Bindung an den Steuerbescheid hergestellt wurde[1008]. Soweit ersichtlich, hat der XI. Senat auch zu keiner Zeit von einer Bindungswirkung der Besteuerungsgrundlagen, allenfalls vereinzelt von einem durch das Gesetz vermittelten „Zusammenhang" zwischen Feststellungs- und Einkommensteuerbescheid gesprochen[1009]. Stattdessen hat er eine erstinstanzliche Entscheidung des Niedersächsischen FG bestätigt, das die Klagebefugnis im Feststellungsverfahren mit der fehlenden Bindungswirkung für die Verlustfeststellung begründet hat. Das Gericht stützte seine Auffassung auf die Regelung des § 10d Abs. 4 S. 5 EStG a.F., welche anderenfalls überflüssig wäre, weil dann auch bei einem Nullbescheid eine „steuerliche Auswirkung" bestünde[1010].

Aufgrund der im Jahr 2008 geänderten, restriktiveren Auslegung von § 10d Abs. 4 S. 4, 5 EStG a.F. durch den IX. Senat des BFH[1011] konnte erst recht keine Beschwer durch den Erlass einer auf null Euro festgesetzten Steuer eintreten,

---

1005 BFH, Urteil v. 09.12.1998 – XI R 62/97, BStBl. II 2000, 3, 5; BFH, Urteil v. 09.05.2001 – XI R 25/99, BStBl. II 2002, 817, 818; so auch der VIII. Senat des BFH, Beschluss v. 23.02.2007 – VIII B 106/06, BFH/NV 2007, 1164; vgl. für den X. Senat des BFH, Beschluss v. 16.12.2014 – X B 113/14, BFH/NV 2015, 510; *Braun*, EFG Beilage 2000, 78, 79; *Adamek*, EFG 2004, 1294.

1006 BFH, Urteil v. 14.06.2000 – XI R 4/00, BFH/NV 2000, 1465, 1466.

1007 A.A. FG München, Urteil v. 31.08.1998 – 7 K 412/95, EFG 1998, 1695, rkr.

1008 Vgl. auch zur fehlenden Grundlagenwirkung Zweites Kapitel A.V.2.

1009 BFH, Urteil v. 01.03.2006 – XI R 33/04, BStBl. II 2007, 919, 920.

1010 Niedersächsisches FG, Urteil v. 17.11.1999 – 2 K 646/95, II 646/95, EFG 2000, 511 = DStRE 2000, 585, 586.

1011 Dazu ausführlich unter Zweites Kapitel B.I.

die keine oder zu geringe Verluste berücksichtigte[1012]. Eine Ausnahme hat der I. Senat des BFH jedoch in einem Fall gemacht, in dem die Nullfestsetzung des Verlustrücktragsjahrs angefochten wurde, um dort weitere Betriebsausgaben ansetzen und dadurch das Verlustrücktragsvolumen reduzieren zu können. Die Beschwer begründete der BFH damit, dass der Ermittlung des Gesamtbetrags der Einkünfte eine bindende (Tatbestands-)Wirkung für die Höhe des durchzuführenden Verlustrücktrags und folglich für den Feststellungsgegenstand nach § 10d Abs. 4 S. 2 EStG a.F. zukomme[1013]. In Rdnr. 14 des Urteils wird im Zusammenhang mit der Tatbestandswirkung auch explizit auf § 10d Abs. 4 S. 4 EStG i.V.m. §§ 351 Abs. 2 AO, 42 FGO verwiesen, wodurch der BFH möglicherweise zu erkennen geben wollte, dass er auch nach neuem Recht zum selben Ergebnis kommen würde[1014]. Da der I. Senat jedoch nicht explizit auch auf § 10d Abs. 4 S. 5 EStG eingeht, lassen sich dem Urteil keine eindeutigen Vorgaben für die richtige Auslegung entnehmen.

## III. Folgen des § 10d Abs. 4 S. 5 EStG für die Beschwer

Die Bedeutung der Regelung des § 10d Abs. 4 S. 4, 5 EStG ist für die Konstellation entscheidungserheblich, in der sowohl das Festsetzungs- als auch das Feststellungsverfahren noch „offen", mithin nicht bestandskräftig verbeschieden sind. Ist der Steuerbescheid des jeweiligen Veranlagungszeitraums bereits in Bestandskraft erwachsen, fehlt es in der Regel an der für Satz 5 erforderlichen potentiellen Änderungsbefugnis, weil die Aufhebung, Änderung oder Berichtigung des Bescheids nicht ausschließlich mangels Auswirkung auf die Höhe der festzusetzenden Steuer unterbleibt. Der sachliche Anwendungsbereich der Vorschrift ist dann nicht eröffnet[1015]. Die Frage, ob und inwiefern sich Satz 5 auf den richtigen Einspruchs- bzw. Klagegegenstand auswirken kann, wird daher insbesondere virulent, wenn der Steuerpflichtige vorsorglich und rechtzeitig gegen alle ihm gegenüber erlassenen Bescheide Rechtsbehelfe einlegt. Es kann aber auch passieren, dass eine zunächst festgesetzte Steuer im Klageverfahren

1012 FG München, Urteil v. 05.11.2009 – 7 K 1237/08, EFG 2010, 379. Soweit ersichtlich, hat sich der IX. Senat des BFH zur Beschwer-Problematik für die alte Gesetzesfassung nicht geäußert. Dies mag insbesondere daran liegen, dass in den ihm zur Entscheidung vorliegenden Streitfällen die Einkommensteuernullbescheide bereits bestandskräftig geworden waren, vgl. Zweites Kapitel B.I.

1013 BFH, Urteil vom 11.11.2014 – I R 51/13, BFH/NV 2015, 305, 306.

1014 BFH, Urteil vom 11.11.2014 – I R 51/13, BFH/NV 2015, 305, 306.

1015 *Heinicke*, in: Schmidt (Hrsg.), § 10d EStG, Rdnr. 47.

nachträglich auf null herabgesetzt wird und das Finanzamt daraufhin erstmals einen Feststellungsbescheid erlässt. Die Auslegung von § 10d Abs. 4 S. 5 EStG entscheidet insoweit darüber, ob der anhängige Rechtsstreit gegen den Nullbescheid fortgeführt werden kann oder sich die Beschwer – ähnlich wie nach altem Recht[1016] – ggf. auf den Verlustfeststellungsbescheid verlagert, so dass letzterer gemäß § 68 S. 1 FGO zum Gegenstand des finanzgerichtlichen Verfahrens wird.

Eine Vielzahl von Finanzgerichten hat sich in den letzten Jahren mit der Thematik beschäftigt und zum Teil divergierend entschieden[1017]. Mittlerweile sind auch einige höchstrichterliche Entscheidungen ergangen, die eine Beschwer trotz Nullfestsetzung bejahen, ohne sich jedoch vertieft mit den Konsequenzen des § 10d Abs. 4 S. 5 EStG bzw. der gewerbesteuerlichen Parallelnorm des § 35b Abs. 2 S. 3 GewStG auseinanderzusetzen[1018]. Eine abschließende Klärung durch den BFH dürfte daher weiterhin ausstehen[1019]. Ungeachtet dessen sprechen sich die überwiegende Mehrheit im Schrifttum sowie die Finanzverwaltung für eine Beschwer aus. Die Tragweite ist immens, zieht die Anfechtung des Steuernullbescheids doch eine Reihe nicht unerheblicher Folgeprobleme hinsichtlich des sodann abweichend zu formulierenden Klageantrags, der statthaften Klageart sowie des ggf. zu modifizierenden Urteilsausspruches nach sich.

---

1016 Vgl. BFH, Beschluss v. 16.12.2014 – X B 113/14, BFH/NV 2015, 510, 511. Dem X. Senat zufolge soll die Vorschrift des § 68 S. 1 FGO auch anwendbar sein, wenn der Feststellungsbescheid zu dem geänderten Steuerbescheid hinzutritt, für den nunmehr die Beschwer fehle. Er begründet dies mit dem Zweck der Norm, der darin bestehe, den Kläger vor einem Herausdrängen aus dem ursprünglich zulässigen Klageverfahren zu schützen.

1017 Niedersächsisches FG, Urteil v. 26.02.2015 – 6 K 424/13, EFG 2015, 1297; FG Hamburg, Urteil v. 28.08.2015 – 6 K 285/13, EFG 2016, 133; Hessisches FG, Beschluss v. 29.10.2015 – 4 K 307/15, BeckRS 2016, 94030; FG Düsseldorf, Beschluss v. 16.02.2016 – 10 K 3686/13 F, EFG 2016, 662; FG Köln, Urteil v. 16.02.2016 – 10 K 2574/15, EFG 2016, 1109; FG Baden-Württemberg, Urteil v. 12.04.2016 – 6 K 3007/15, EFG 2016, 1533; FG Berlin-Brandenburg, Gerichtsbescheid v. 28.04.2016 – 3 K 3106/15, EFG 2016, 1091, rkr.; FG Münster, Urteil v. 21.07.2016 – 9 K 2794/15 K, F, EFG 2016, 1546; FG Hamburg, Urteil v. 19.09.2016 – 6 K 67/15, EFG 2016, 1987; FG Köln, Urteil v. 26.10.2016 – 7 K 3387/13, EFG 2017, 216; FG Berlin-Brandenburg, Urteil v. 06.04.2017 – 10 K 10105/15, EFG 2017, 1179.

1018 BFH, Urteil v. 06.12.2016 – I R 79/15, BStBl. II 2019, 173; BFH, Urteil v. 22.11.2016 – I R 30/15, BStBl. II 2017, 921; BFH, Urteil v. 07.12.2016 – I R 76/14, BStBl. II 2017, 704; BFH, Urteil v. 09.05.2017 – VIII R 40/15, BStBl. II 2017, 1049; BFH, Urteil v. 31.01.2018 – I R 25/16, BFH/NV 2018, 838; BFH, Urteil v. 22.02.2018 – VI R 17/16, BFH/NV 2018, 768.

1019 So auch *Binnewies*, Stbg 2017, 360.

Nachfolgend nicht näher behandelt ist die zum Teil diskutierte Fragestellung, ob eine Anfechtung des Nullbescheids jedenfalls in den Konstellationen ausscheiden muss, in denen der verbleibende Verlustvortrag gleichermaßen mit null Euro festzustellen wäre. Insoweit wird das Argument vorgebracht, es könne zu Rechtsbehelfsverfahren ohne jede steuerliche Auswirkung kommen. Eine derartige – unter verfahrensökonomischen Gesichtspunkten möglicherweise noch nachvollziehbare – Differenzierung ist im Gesetzeswortlaut von § 10d Abs. 4 S. 4, 5 EStG allerdings nicht angelegt und deshalb abzulehnen. Sie würde die Bindungswirkung des bestandskräftigen Nullbescheids in Frage stellen[1020].

### 1. *Einheitliche Anfechtung des Steuernullbescheids*

Die als vorherrschend zu bezeichnende Auffassung identifiziert den Einkommensteuerbescheid als zutreffenden Anfechtungsgegenstand unabhängig davon, ob er eine Steuer festsetzt oder nicht. Die von ihm nach § 10d Abs. 4 S. 4 EStG ausgehende Bindungswirkung für die Verlustfeststellung soll danach von Satz 5 nicht angetastet werden. Eine solche Auslegung hat den klaren Vorteil, dass sie keinerlei Abgrenzungsschwierigkeiten mit sich bringt. Sie ist für den Steuerpflichtigen einfach zu handhaben, da er sich für seinen Rechtsbehelf keine Gedanken um den Tenor des Steuerbescheids machen muss. Die für das alte Recht gültige Regel, wonach stets der Feststellungsbescheid anzufechten ist, wird allerdings in ihr Gegenteil verkehrt[1021]. Ein Rechtsbehelf gegen die Verlustfeststellung ist nach diesem Ansatz gemäß § 10d Abs. 4 S. 4 HS. 2 EStG i.V.m. § 351 Abs. 2 AO bzw. § 42 FGO wohl bereits unzulässig[1022]. Werden Steuer- und Verlustfeststellungsbescheid parallel angefochten, ist das Verfahren gegen den Feststellungsbescheid auszusetzen.

---

1020 A.A. *Weinschütz*, EFG 2016, 1091, 1093.

1021 *Weinschütz*, EFG 2016, 1091, 1093.

1022 In diese Richtung BFH, Urteil v. 22.11.2016 – I R 30/15, BStBl. II 2017, 921, 922 f., mit Verweis auf die Kommentierung von *Heuermann*, der die Zulässigkeit verneint, vgl. *Heuermann*, in: Kirchhof/Söhn/Mellinghoff (Hrsg.), § 10d EStG, A 354, D 93. Ebenso *Hallerbach*, in: Herrmann/Heuer/Raupach (Hrsg.), § 10d EStG, Rdnr. 43; *Schlenker*, in: Blümich (Hrsg.), § 10d EStG, Rdnr. 227; a.A. *Schmieszek*, in: Bordewin/Brandt (Hrsg.), 404. Aktualisierung 2018, § 10d EStG, Rdnr. 348a. Auch für den direkten Anwendungsbereich des § 351 Abs. 2 AO ist umstritten, ob die Vorschrift eine Sachurteilsvoraussetzung oder lediglich ein Begründetheitserfordernis darstellt, vgl. *Cöster*, in: Koenig (Hrsg.), § 351 AO, Rdnr. 43; *Rätke*, in: Klein (Hrsg.), § 351 AO, Rdnr. 31.

### *a) Rechtsprechung des BFH*

Soweit ersichtlich, hat der I. Senat des BFH in bislang insgesamt vier Urteilen die Anfechtung des Körperschaftsteuerbescheids bzw. Gewerbesteuermessbescheids zugelassen, obgleich die Steuer- bzw. Messbetragsfestsetzung auf null Euro lautete[1023]. Den Entscheidungen ist gemeinsam, dass sie die sachliche Beschwer bzw. Klagebefugnis ausnahmsweise durch eine Nullfestsetzung ausgelöst sehen, weil deren Besteuerungsgrundlagen gemäß § 10d Abs. 4 S. 4 EStG (i.V.m. § 8 Abs. 1 S. 1 KStG) bzw. § 35b Abs. 2 S. 2 GewStG für den Verlustfeststellungsbescheid bindend seien. Eine eigenständige Prüfung im Rahmen des Feststellungsverfahrens sei auf dieser Grundlage nicht mehr durchzuführen. Während das Vorliegen einer Beschwer jeweils recht ausführlich aus § 10d Abs. 4 S. 4 EStG bzw. § 35b Abs. 2 S. 2 GewStG hergeleitet wird, wird nur am Rande auf die Regelung in Satz 5 bzw. 3 eingegangen. Die Ausführungen erschöpfen sich in der Wiedergabe des Gesetzestextes und schließen mit dem knappen Hinweis darauf, dass ein Fall des Satzes 5 bzw. 3 im konkreten Fall nicht gegeben sei[1024]. Aus welchen Gründen der BFH die Bindungswirkung der Besteuerungsgrundlagen nicht durch Satz 5 bzw. 3 gefährdet sieht und welchen (Rest-)Geltungsbereich er der Ausnahmeregelung danach zuschreibt, legt er nicht offen. Da er eine nähere Begründung offenbar nicht für erforderlich hält, scheint der I. Senat das Zusammenspiel von Satz 4 und 5 bzw. Satz 2 und 3 als unproblematisch einzustufen.

In seiner Entscheidung vom 22. November 2016 hat der BFH indes angedeutet, dass der Rechtsschutz des Steuerpflichtigen durch die Anfechtung des Steuernullbescheids nicht in jeder Hinsicht sichergestellt sei[1025], d.h. ggf. zusätzlich der betreffende Verlustfeststellungsbescheid angefochten werden könne[1026]. Zwar bezieht er seine Ausführungen insbesondere auf die Regelungswirkung des § 8c KStG. Diese könne unter bestimmten Voraussetzungen dazu führen, dass eine verbindliche Entscheidung über die Kürzung des im Vorjahr verbleibenden Verlustvortrags erst im Feststellungsbescheid für das Jahr des schädlichen

1023 BFH, Urteil v. 06.12.2016 – I R 79/15, BStBl. II 2019, 173 = DStR 2017, 774 f.; BFH, Urteil v. 22.11.2016 – I R 30/15, BStBl. II 2017, 921, 922 f.; BFH, Urteil v. 07.12.2016 – I R 76/14, BStBl. II 2017, 704, 705 f.; BFH, Urteil v. 09.05.2017 – VIII R 40/15, BStBl. II 2017, 1049, 1051; BFH, Urteil v. 31.01.2018 – I R 25/16, BFH/NV 2018, 838.

1024 BFH, Urteil v. 06.12.2016 – I R 79/15, BStBl. II 2019, 173 = DStR 2017, 774 f.; BFH, Urteil v. 22.11.2016 – I R 30/15, BStBl. II 2017, 921, 923; BFH, Urteil v. 07.12.2016 – I R 76/14, BStBl. II 2017, 704, 706.

1025 BFH, Urteil v. 22.11.2016 – I R 30/15, BStBl. II 2017, 921, 923.

1026 So auch die Deutung von *Märtens*, jurisPR-SteuerR 2017, Anm. 5.

Beteiligungserwerbs getroffen werde[1027]. Dass sich die Aussage des BFH aber nicht nur („jedenfalls") auf § 8c KStG beschränkt, folgt daraus, dass er insoweit auf drei Literaturquellen verweist, von welchen sich die beiden erstgenannten auf den zitierten Seiten damit beschäftigen, ob ein Rechtsbehelf tatsächlich gegen den Nullbescheid statthaft oder nicht vielmehr gegen den Verlustfeststellungsbescheid einzulegen ist[1028]. So plädiert *Haskamp* dafür, die nach dem Wortlaut von § 10d Abs. 4 S. 5 EStG ohne vorherige Korrektur des Einkommensteuerbescheids mögliche gesonderte Änderung der Verlustfeststellung auf den Fall der gesonderten Anfechtung zu übertragen[1029]. Die ebenfalls genannte Anmerkung von *Linkermann* zu einer erstinstanzlichen Entscheidung des FG Baden-Württemberg, in der das Gericht – wenn auch nicht gestützt auf eine bestimmte Regelung – die Beschwer durch den Nullbescheid verneint hat, hebt den Streit zu dieser Rechtsfrage und ihre große Bedeutung für die Praxis hervor[1030]. Der BFH könnte durch die Verweise somit zumindest Zweifel an der von ihm vertretenen Auffassung zum Ausdruck gebracht haben. In diese Richtung könnte man auch den ersten Leitsatz des Urteils verstehen, der viel vorsichtiger als die Entscheidungsgründe nur dahin geht, die Beschwer einer gegen eine Nullfestsetzung gerichteten Anfechtungsklage zu bejahen, „soweit in diesem Bescheid über eine Besteuerungsgrundlage entschieden wird und insoweit über § 10d Abs. 4 Satz 4 EStG eine inhaltliche Bindung für ein Verlustfeststellungsverfahren ausgelöst wird"[1031]. Alles in allem sind die Hinweise jedoch relativ versteckt angebracht und gehen wohl nicht über ein eher abstraktes Missbehagen hinaus.

Gleichwohl können sie als weiterer Beleg dafür dienen, dass die Folgen des § 10d Abs. 4 S. 5 EStG für die sachliche Beschwer höchstrichterlich bisher allenfalls oberflächlich behandelt wurden und vor diesem Hintergrund noch nicht abschließend geklärt sind. Insbesondere hat der für Angelegenheiten des § 10d EStG gerichtsintern zuständige IX. Senat zu dieser Frage nicht entschieden. Da

---

1027 Da sich die Regelungswirkung auch auf den zum vorherigen Stichtag festgestellten verbleibenden Verlustvortrag erstrecke, werde dieser nicht Gegenstand der Ermittlung des zu versteuernden Einkommens im Rahmen der Steuerfestsetzung, wenn im Jahr des schädlichen Beteiligungserwerbs ein negativer Gesamtbetrag der Einkünfte erzielt werde. Eine verbindliche Entscheidung über die Kürzung des im Vorjahr verbleibenden Verlustvortrags werde erst im Feststellungsbescheid des Erwerbsjahrs getroffen, BFH, Urteil v. 22.11.2016 – I R 30/15, BStBl. II 2017, 921, 923.

1028 *Haskamp*, DStR 2015, 1593, 1596 f.; *Linkermann*, EFG 2016, 1533, 1535.

1029 *Haskamp*, DStR 2015, 1593, 1597.

1030 *Linkermann*, EFG 2016, 1533, 1535.

1031 BFH, Urteil v. 22.11.2016 – I R 30/15, BStBl. II 2017, 921 f.

der I. Senat des BFH drei der Revisionen als unbegründet zurückgewiesen und das vierte Verfahren zur Aufhebung des FG-Urteils und zur vollumfänglichen Klageabweisung geführt hat, musste er sich noch nicht zur Tenorierungsproblematik bei einem erfolgreich angegriffenen Steuernullbescheid äußern.

Auch der XI. Senat des BFH hat jüngst zum Verhältnis der Verlustfeststellung zur Steuerfestsetzung entschieden und das Erfordernis der Anfechtung des Nullbescheids bejaht[1032]. Die zugrunde liegende Sachverhaltskonstellation ist besonders hervorhebenswert, weil der Kläger unter explizitem Verweis auf Sinn und Zweck von § 10d Abs. 4 S. 5 EStG (i.V.m. § 8 Abs. 1 S. 1 KStG) und § 35b Abs. 2 S. 3 GewStG ausschließlich gegen die gesonderten Feststellungen des verbleibenden Verlustvortrags zur Körperschaftsteuer und des vortragsfähigen Gewerbeverlusts des Veranlagungszeitraums vorgegangen war. Nach diesen Vorschriften sei ein Rechtsbehelf gegen die Nullbescheide nicht erforderlich, wenn die Feststellung eines höheren Verlustvortrags zu einem Zeitpunkt begehrt worden sei, in dem der Steuer- bzw. Steuermessbetragsbescheid noch anfechtbar war. Der BFH ist dem nicht gefolgt. Seiner Ansicht nach fehle es an der Änderungsbefugnis für Steuer- und Steuermessbetragsbescheid, insbesondere weil diese nicht angefochten worden seien. Eine rechtsschutzgewährende Auslegung der Klage gegen die Feststellungsbescheide in eine solche gegen die Steuerbescheide käme wegen der insoweit eindeutigen Klageschrift nicht in Betracht. Die Rechtslage sei entgegen der Argumentation des Klägers auch nicht unklar und verkürze nicht seinen Rechtsschutz[1033].

Im Ergebnis verweist auch der XI. Senat den Steuerpflichtigen auf den Umweg über die Anfechtung des Steuernullbescheids, um die begehrte Verlustfeststellung zu erreichen. In den Urteilsgründen wird diese Rechtsauffassung allerdings nicht am Gesetz festgemacht. Dies ist auch deswegen misslich, weil der Kläger sein Rechtsmittel ausdrücklich auf Satz 5 gestützt und bereits im Hinblick auf die Entscheidung der Vorinstanz bemängelt hatte, dass keine Auseinandersetzung mit der Vorschrift stattgefunden habe.

#### *b) Argumentation der Finanzgerichte*

Die deutliche Mehrheit der Finanzgerichte spricht sich ungeachtet des Wortlauts von § 10d Abs. 4 S. 5 EStG ebenfalls für die Belastungseignung des Nullbescheids und seine Anfechtbarkeit aus[1034]. Soweit die Begründungsansätze denen des BFH

1032 BFH, Urteil v. 16.05.2018 – XI R 50/17, BStBl. II 2018, 752.

1033 BFH, Urteil v. 16.05.2018 – XI R 50/17, BStBl. II 2018, 752 = DStR 2018, 1563, 1564.

1034 Niedersächsisches FG, Urteil v. 26.02.2015 – 6 K 424/13, EFG 2015, 1297; FG Hamburg, Urteil v. 28.08.2015 – 6 K 285/13, EFG 2016, 133; FG Düsseldorf, Beschluss entsprechen, wird auf eine gesonderte Darstellung verzichtet[1035]. Nur die darüber hinausgehenden wesentlichen Argumentationslinien der einzelnen Gerichte sind nachfolgend wiedergegeben.

aa) Beschluss des FG Düsseldorf vom 16. Februar 2016

Das FG Düsseldorf vertritt in seinem Beschluss vom 16. Februar 2016[1036] die Auffassung, eine Beschwer sei auch dann gegeben, wenn der Steuerpflichtige bei einem Steuernullbescheid den (unrichtigen) Ansatz von Besteuerungsgrundlagen rüge. Aus § 10d Abs. 4 S. 5 EStG folge nichts anderes, da der Gesetzgeber die Bindungswirkung der Verlustfeststellung an die bei der Steuerfestsetzung zugrunde gelegten Besteuerungsgrundlagen in diesen Fällen nicht habe ausschließen wollen. Er habe mit der Regelung in Satz 5 vielmehr nur dem Umstand Rechnung getragen, dass es keiner neuen Steuerfestsetzung, d.h. keines neuen Steuerbescheids mit veränderten Besteuerungsgrundlagen bedürfe, da sich die Höhe der Steuer nicht verändere. Der Verzicht auf die Erteilung eines neuen Steuerbescheids solle jedoch nicht dazu führen, dass die Besteuerungsgrundlagen, wenn sie bei erneuter Steuerfestsetzung abweichend vom bisherigen Ansatz anzusetzen wären, nicht in dieser zutreffenden Form bei der Feststellung des verbleibenden Verlustvortrags angesetzt werden können. Mit Blick auf die Gesetzesbegründung zum JStG 2010 habe der Gesetzgeber durch Satz 5 lediglich verhindern wollen, dass Einwände gegen die im Rahmen der Steuerfestsetzung berücksichtigten Besteuerungsgrundlagen, die – z.B. wegen bereits eingetretener Bestandskraft des Steuerbescheids ohne Änderungsmöglichkeit – gegen den Steuerbescheid nicht mehr erfolgreich vorgebracht werden können, originär

---

v. 16.02.2016 – 10 K 3686/13 F, EFG 2016, 662; FG Köln, Urteil v. 16.02.2016 – 10 K 2574/15, EFG 2016, 1109; FG Berlin-Brandenburg, Gerichtsbescheid v. 28.04.2016 – 3 K 3106/15, EFG 2016, 1091, rkr.; FG Hamburg, Urteil v. 10.06.2010 – 5 K 185/13, EFG 2016, 1432; FG Münster, Urteil v. 21.07.2016 – 9 K 2794/15 K, F, EFG 2016, 1546; FG Münster, Urteil v. 21.07.2016 – 9 K 3457/15 E, F, EFG 2016, 1871; FG Hamburg, Urteil v. 19.09.2016 – 6 K 67/15, EFG 2016, 1987; FG Köln, Urteil v. 26.10.2016 – 7 K 3387/13, EFG 2017, 216; FG Berlin-Brandenburg, Urteil v. 06.04.2017 – 10 K 10105/15, EFG 2017, 1179; FG Münster, Urteil v. 26.04.2017 – 9 K 3847/15 K, F, EFG 2017, 1372; FG Bremen, Urteil v. 15.11.2017 – 1 K 105/17 (3), BeckRS 2017, 135081.

1035 Vgl. Niedersächsisches FG, Urteil v. 26.02.2015 – 6 K 424/13, EFG 2015, 1297. Ganz ohne Auseinandersetzung mit der Vorschrift des § 10d Abs. 4 S. 5 EStG bzw. § 35b Abs. 2 S. 3 GewStG bejahen die Beschwer FG Hamburg, Urteil v. 28.08.2015 – 6 K 285/13, EFG 2016, 133; FG Hamburg, Urteil v. 19.09.2016 – 6 K 67/15, EFG 2016, 1987; FG Bremen, Urteil v. 15.11.2017 – 1 K 105/17 (3), BeckRS 2017, 135081.

1036 FG Düsseldorf, Beschluss v. 16.02.2016 – 10 K 3686/13 F, EFG 2016, 662, rkr.

im Verfahren gegen den Verlustfeststellungsbescheid vorgetragen werden[1037]. Durch die einschränkenden Formulierungen „nur" und „ausschließlich" in Satz 5 sollte zum Ausdruck gebracht werden, dass bei berechtigten Einwänden, die – insbesondere aufgrund eines Rechtsbehelfs – im Verfahren betreffend die Steuerfestsetzung geltend gemacht werden, die Bindungswirkung der nunmehr als zutreffend beurteilten Besteuerungsgrundlagen für den Verlustfeststellungsbescheid auch dann besteht, wenn die Steuerfestsetzung nicht geändert wird. Die Vorgreiflichkeit der bei der Einkommensteuerfestsetzung anzusetzenden Besteuerungsgrundlagen habe dadurch auch für die in § 10d Abs. 4 S. 5 EStG geregelten Sonderfälle nicht beseitigt werden sollen[1038].

Dieser Ansicht haben sich zahlreiche Finanzgerichte angeschlossen[1039]. Soweit das FG Düsseldorf zur Begründung den gesetzgeberischen Willen heranzieht, wie er sich nach den Gesetzesmaterialien darstellt, ist anzumerken, dass ein ggf. abweichendes subjektives Verständnis des Gesetzgebers nach der herrschenden objektiven Theorie zurückstehen muss, wenn es im Gesetzeswortlaut nicht hinreichend deutlich zum Ausdruck gebracht wird[1040]. Der Gesetzestext von § 10d Abs. 4 S. 5 EStG kann sehr wohl auch dahingehend gelesen werden, dass die grundsätzliche Bindungswirkung zur Verlustberücksichtigung „abweichend von Satz 4" suspendiert ist. Dem historischen Argument kommt daher nur bedingt Durchschlagskraft zu. Aus dem Beschluss geht zudem hervor, dass das Gericht im Anwendungsbereich des Satzes 5 eine rechtliche Bindung des Feststellungsbescheids an die nach materiellem Recht zutreffend ermittelten Besteuerungsgrundlagen annimmt. Anders als bei Satz 4 sollen diese der Steuerfestsetzung

1037 FG Düsseldorf, Beschluss v. 16.02.2016 – 10 K 3686/13 F, EFG 2016, 662, 664, rkr.

1038 FG Düsseldorf, Beschluss v. 16.02.2016 – 10 K 3686/13 F, EFG 2016, 662, 664, rkr.

1039 FG Berlin-Brandenburg, Gerichtsbescheid v. 28.04.2016 – 3 K 3106/15, EFG 2016, 1091, rkr.; FG Münster, Urteil v. 21.07.2016 – 9 K 2794/15 K, F, EFG 2016, 1546; FG Köln, Urteil v. 26.10.2016 – 7 K 3387/13, EFG 2017, 216; FG Berlin-Brandenburg, Urteil v. 06.04.2017 – 10 K 10105/15, EFG 2017, 1179. Interessant ist im Zusammenhang mit dem Urteil des FG Münster vom 21.07.2016, dass das Gericht auf die allgemeinen Grundsätze zur Beschwer durch einen Feststellungsbescheid abstellt, wonach die zu niedrige Verlustfeststellung ohne Berücksichtigung der konkreten steuerlichen Auswirkungen ausreichend sei. Zwar sei der Körperschaftsteuerbescheid formal kein Feststellungsbescheid, jedoch müssten die Grundsätze dennoch für ihn entsprechend gelten, weil der in seinen Besteuerungsgrundlagen ausgewiesene nutzbare Verlust Bindungswirkung für die Verlustfeststellung habe und er in der Sache einem Feststellungsbescheid gleichstehe, FG Münster, Urteil v. 21.07.2016 – 9 K 2794/15 K, F, EFG 2016, 1546, 1547.

1040 Vgl. nur BFH, Urteil v. 17.08.1954 – I 119/52 U, BStBl. III 1954, 324, 326.

nicht tatsächlich zugrunde gelegt sein müssen, um ihre Wirkung entfalten zu können. Es ist aber nicht ohne weiteres einzusehen, weshalb bei Steuerbescheiden, die eine Steuer festsetzen, die Bindungswirkung von den tatsächlich und ggf. sogar rechtswidrig berücksichtigten Besteuerungsgrundlagen ausgehen soll, während es bei Nullfestsetzungen maßgeblich auf eine materiell-rechtliche Größe außerhalb des konkreten Bescheids ankommen soll. Dies lässt sich nur schwer mit dem gesetzgeberischen Konzept vereinbaren, das auf eine dem Grundlagenbescheid gleiche Wirkung abzielt[1041].

#### bb) Zwischengerichtsbescheid des FG Berlin-Brandenburg vom 28. April 2016

Die als Zwischengerichtsbescheid gemäß § 97 FGO ergangene Entscheidung des FG Berlin-Brandenburg vom 28. April 2016[1042] fällt überraschend aus. Obschon sich das Gericht mit den verschiedenen Lesarten des § 10d Abs. 4 S. 5 EStG und insbesondere den im Zusammenhang mit der Anfechtung des Nullbescheids bestehenden Problemfeldern ausführlich auseinandersetzt, folgt es – trotz verbleibender Zweifel und ohne nähere Begründung – schlussendlich dem FG Düsseldorf.

Das FG Berlin-Brandenburg sieht die Voraussetzungen des Satzes 5 bei wörtlicher Auslegung sehr wohl als erfüllt an, wenn der Einkommensteuerbescheid noch verfahrensmäßig „offen" sei und dem Antrag auf Verlustfeststellung folglich die Bestandskraft der Steuerfestsetzung nicht entgegenstehe. Allein dies sei Regelungszweck der Neufassung von Satz 4 und 5 gewesen. Da die Bindungswirkung nach Satz 4 entfalle, ist nach dem FG auch kein Grund mehr ersichtlich, die Anfechtung des Steuernullbescheids entgegen allgemeinen Regeln zuzulassen. Darüber hinaus gibt das Gericht die Rechtsnatur der gegen einen Nullbescheid gerichteten Anfechtungsklage und die damit einhergehende – für den Erlass des Zwischenurteils allerdings noch nicht erhebliche – Frage der Tenorierung zu bedenken[1043]. Ungeachtet dieser durchaus kritischen Erwägungen erblickt es in Übereinstimmung mit dem FG Düsseldorf in § 10d Abs. 4 S. 4, 5 EStG eine gesetzgeberische Neukonzeption, die zur Folge habe, dass der Nullbescheid vorrangig angefochten werden müsse. Der Wortlaut der Neufassung drücke dies

1041 Vgl. BT-Drs. 17/2249, S. 52 linke Spalte.

1042 FG Berlin-Brandenburg, Gerichtsbescheid v. 28.04.2016 – 3 K 3106/15, EFG 2016, 1091, rkr.

1043 FG Berlin-Brandenburg, Gerichtsbescheid v. 28.04.2016 – 3 K 3106/15, EFG 2016, 1091 = DStRE 2017, 820, 822, rkr.

nur nicht mit der wünschenswerten Deutlichkeit aus, weil er missverständlich sowie misslungen sei[1044].

### cc) Urteile des FG Köln vom 16. Februar und 26. Oktober 2016

Das FG Köln hat mit Urteil vom 16. Februar 2016 seine Rechtsprechung aufgegeben, die sich für das alte Recht gegen die Beschwer durch eine Nullfestsetzung im Verlustrücktragsjahr und für die Anfechtung des Feststellungsbescheids zwecks inzidenter Überprüfung des Verlustrücktrags ausgesprochen hatte[1045]. Angesichts des nahezu undurchschaubaren Regelungsgehalts des neuen § 10d Abs. 4 S. 4, 5 EStG sei sehr problematisch, welcher Bescheid zwecks höherer Verlustfeststellung richtigerweise angefochten werden müsse, wenn der Steuerbescheid auf null Euro laute. Wenngleich sämtliche vorhandenen verfahrensrechtlichen Lösungen nicht als zufriedenstellend betrachtet werden könnten (mitunter wegen der Tenorierungsproblematik), entspreche nur die Anfechtung des Körperschaftsteuerbescheids am ehesten der Konzeption des Gesetzgebers. Der Rechtsschutz würde sich unübersichtlich darstellen, wenn in den Fällen einer Steuerfestsetzung von mehr als null Euro der Körperschaftsteuerbescheid anzufechten und die Folgeänderung des Verlustfeststellungsbescheids nach § 10d Abs. 4 S. 4 EStG i.V.m. § 175 Abs. 1 S. 1 Nr. 1 AO durchzuführen wäre, bei einer Nullfestsetzung aber der Feststellungsbescheid angefochten werden müsste. Vor dem Hintergrund eines effektiven Rechtsschutzes erscheine es deshalb vorzugswürdig, wenn der Rechtsschutzsuchende in allen Fällen nur den Steuerbescheid anzufechten habe[1046].

In einer weiteren Entscheidung vom 26. Oktober 2016[1047] hat das FG Köln zur Bindung des Verlustfeststellungsbescheids an den Steuernullbescheid des Verlustentstehungsjahrs ausgeführt, dass eine allein gegen die Verlustfeststellung gerichtete Klage nach den Grundsätzen zu § 10d Abs. 4 S. 4, 5 EStG keinen Erfolg haben könne. Diese Einschätzung begründete es damit, dass dann eine Änderung des inhaltlich bindenden Einkommensteuerbescheids nicht möglich wäre, weil sie nicht allein auf einer fehlenden betragsmäßigen Auswirkung beruhen würde[1048]. Hierzu ist anzumerken, dass eine potentielle Änderungsbefugnis

---

1044 FG Berlin-Brandenburg, Gerichtsbescheid v. 28.04.2016 – 3 K 3106/15, EFG 2016, 1091 = DStRE 2017, 820, 822, rkr.

1045 Vgl. FG Köln, Urteil v. 26.03.2015 – 10 K 3777/09, EFG 2015, 1212.

1046 FG Köln, Urteil v. 16.02.2016 – 10 K 2574/15, EFG 2016, 1109, 1110 f.

1047 FG Köln, Urteil v. 26.10.2016 – 7 K 3387/13, EFG 2017, 216.

1048 FG Köln, Urteil v. 26.10.2016 – 7 K 3387/13, EFG 2017, 216, 221; so bereits FG Hamburg, Urteil v. 10.06.2010 – 5 K 185/13, EFG 2016, 1432, 1433.

in Bezug auf den Nullbescheid jedenfalls für den Zeitraum der einmonatigen Rechtsbehelfsfrist gegeben ist. Indes ist für die Begründetheit der Klage der Zeitpunkt maßgeblich, in dem das Gericht seine Entscheidung fällt[1049]. Da die Anfechtung des Verlustfeststellungsbescheids die gegen den Steuerbescheid laufende Einspruchsfrist nicht zu hemmen vermag, ist dem FG insofern zuzustimmen, als die erforderliche Korrekturmöglichkeit in der Regel durch Zeitablauf erlischt und im Beurteilungszeitraum ggf. nicht mehr vorhanden ist.

### c) *Stimmen in der Literatur*

Auch im Schrifttum wird weit überwiegend von der Anfechtbarkeit des Einkommensteuernullbescheids ausgegangen[1050]. Ähnlich dem Befund für die Rechtsprechung setzen sich nur wenige Autoren damit auseinander, ob § 10d Abs. 4 S. 5 EStG – im Sinne einer Rückausnahme zu Satz 4 – der sachlichen Beschwer durch den Nullbescheid entgegensteht. Einheitlich ist insoweit die Feststellung, dass der Wortlaut der Vorschrift grundsätzlich mehrere Interpretationen zulässt[1051]. *Schmieszek* hält zwar eine extensive Deutung für möglich, wonach die tatsächliche Irrelevanz einer Änderung der Besteuerungsgrundlagen für

---

1049 Entscheidend ist die materielle Rechtslage im Zeitpunkt der gerichtlichen Entscheidung. Dies gilt grundsätzlich sowohl für die Anfechtungs- (vgl. § 100 FGO) als auch für die Verpflichtungsklage (vgl. § 101 FGO), *Stapperfend*, in: Gräber (Hrsg.), § 100 FGO, Rdnr. 10 und § 101 FGO, Rdnr. 2. Beruht der begehrte Verwaltungsakt indes auf einer Ermessensentscheidung der Finanzbehörde und kommt eine Reduktion des Ermessens auf null nicht in Betracht, ist für die Begründetheit der Verpflichtungsklage auf den Zeitpunkt der letzten Verwaltungsentscheidung abzustellen, *Stapperfend*, in: Gräber (Hrsg.), § 101 FGO, Rdnr. 2.

1050 *Sikorski*, NWB 2011, 2191, 2199; *Heuermann*, in: Kirchhof/Söhn/Mellinghoff (Hrsg.), § 10d EStG, D 93 f.; *Butler*, NWB 2013, 1636, 1637 f.; *Seer*, in: Tipke/Kruse (Hrsg.), § 350 AO, Rdnr. 13; *ders.*, in: Tipke/Kruse (Hrsg.), § 40 FGO, Rdnr. 55; *Kiehl*, EStG – eKommentar, § 10d EStG, Rdnr. 49; vgl. auch *Braun*, in: Hübschmann/Hepp/Spitaler (Hrsg.), § 40 FGO, Rdnr. 264 („Steuerbescheid"), der die Anfechtung sogar für zwingend geboten erachtet; *Hallerbach*, in: Herrmann/Heuer/Raupach (Hrsg.), § 10d EStG, Rdnr. 43; *Wüllenkemper*, EFG 2016, 664, 665; *Bleschick*, EStB 2016, 425, 426; *Weinschütz*, EFG 2016, 1091, 1094; *Pfirrmann*, in: Kirchhof (Hrsg.), § 10d EStG, Rdnr. 23; mit Verweis auf die BFH-Urteile I R 79/14 und I R 76/14 *Szymczak*, AO – eKommentar, § 350 AO, Rdnr. 7.1; *Binnewies*, Stbg 2017, 360; *Werth*, DB 2017, 1057 f.; *Steinhauff*, AO-StB 2017, 333, 335; *Schlenker*, in: Blümich (Hrsg.), § 10d EStG, Rdnr. 227; *Eckardt*, in: Kanzler/Kraft/Bäuml/Marx/Hechtner (Hrsg.), § 10d EStG, Rdnr. 99.

1051 *Schmieszek*, in: Bordewin/Brandt (Hrsg.), 404. Aktualisierung 2018, § 10d EStG, Rdnr. 181, 348a; *Wüllenkemper*, EFG 2016, 664, 665; den Gesetzeswortlaut als die Steuerfestsetzung ausreichen soll, damit die Bindung an die Bescheide des Verlustentstehungs- und des Verlustrücktragsjahrs entfällt[1052]. Er gibt jedoch zu bedenken, dass die in Satz 4 vorgesehene Bindung weitgehend leerlaufen würde, da zumindest die Steuer für das Jahr der Verlustentstehung sich typischerweise auf null Euro belaufen werde. Eine derart weite Lesart sei auch nicht vollends mit dem Normtext in Einklang zu bringen, denn wenn kein Rechtsbehelf gegen den Steuerbescheid eingelegt werde, könne dieser Bescheid nicht nur wegen fehlender betragsmäßiger Auswirkungen nicht geändert werden, sondern auch mangels Änderungsmöglichkeit nach dem Verfahrensrecht. *Schmieszek* befürwortet daher ein restriktives Verständnis von Satz 5 mit der Folge, dass gegen den auf null Euro lautenden Steuerbescheid zwingend ein Rechtsbehelf einzulegen wäre[1053]. Die Besteuerungsgrundlagen seien hiernach im Einspruchsverfahren zu prüfen und zu korrigieren, auch wenn sich die Steuerfestsetzung nicht ändere[1054].

Da vom Steuerpflichtigen nicht erwartet werde, seine Überlegungen zum Anfechtungsgegenstand danach auszurichten, ob den geltend gemachten Besteuerungsgrundlagen steuerliche Auswirkung zukomme oder nicht, spricht sich *Heuermann* für die Anfechtung des Steuernullbescheids aus. Nur diese Auffassung diene der Rechtsklarheit über das Vorgehen im Rechtsschutz. § 10d Abs. 4 S. 5 EStG sei keine Voraussetzung eines zulässigen Rechtsbehelfs, sondern dessen Folge[1055]. Wenngleich der Wortlaut von Satz 5 möglicherweise etwas anderes suggeriere, ist auch nach *Wüllenkemper* das Anfechtungsbegehren gegen die Steuerfestsetzung zu richten[1056]. Seine Argumentation ist an die des FG Düsseldorf angelehnt[1057], wenn er ausführt, dass nach der Neufassung stets diejenigen Besteuerungsgrundlagen für die gesonderte Verlustfeststellung

„bestenfalls unklar“ bezeichnend *Weinschütz*, EFG 2016, 1091, 1093; in diese Richtung auch *Heuermann*, in: Kirchhof/Söhn/Mellinghoff (Hrsg.), § 10d EStG, D 94.

1052 *Schmieszek*, in: Bordewin/Brandt (Hrsg.), 404. Aktualisierung 2018, § 10d EStG, Rdnr. 348a.

1053 *Schmieszek*, in: Bordewin/Brandt (Hrsg.), 404. Aktualisierung 2018, § 10d EStG, Rdnr. 348a, 181.

1054 *Schmieszek*, in: Bordewin/Brandt (Hrsg.), 404. Aktualisierung 2018, § 10d EStG, Rdnr. 181. Die Finanzbehörde soll bei einem Einspruch gegen einen Nullbescheid auch verpflichtet sein, in die Sachprüfung einzutreten, vgl. *Schmieszek*, in: Bordewin/Brandt (Hrsg.), 404. Aktualisierung 2018, § 10d EStG, Rdnr. 348a.

1055 *Heuermann*, in: Kirchhof/Söhn/Mellinghoff (Hrsg.), § 10d EStG, D 94.

1056 *Wüllenkemper*, EFG 2016, 664, 665.

1057 Vgl. dazu unter Drittes Kapitel B.III.1.b)aa).

maßgeblich seien, die bei der Steuerfestsetzung angesetzt werden müssten. Hinsichtlich des Nullbescheids sei deshalb nicht unbedingt der tatsächlich richtige Ansatz im Bescheid entscheidend, sondern ein virtuell richtiger Ansatz bei der Veranlagung[1058]. Wie schon das FG Düsseldorf in seinem Beschluss vom 16. Februar 2016 stellt *Wüllenkemper* auf eine fiktive, über Satz 5 hergestellte Bindung durch die materiell-rechtlich zutreffenden Besteuerungsgrundlagen für den Feststellungsbescheid ab.

### *d) Position der Finanzverwaltung*

Die Finanzverwaltung geht geschlossen von der Anfechtbarkeit des Steuernullbescheids mit dem Ziel einer abweichenden Verlustfeststellung aus. Im Gegensatz zur höchstrichterlichen Rechtsprechung verortet sie die Anfechtungsproblematik im Regelungsbereich des Satzes 5. So bejaht das BMF im Anwendungserlass zur Abgabenordnung zu § 350 die Beschwer für den Fall, dass durch den Einspruch die Anwendung des § 10d Abs. 4 S. 5 EStG i.d.F. des JStG 2010 ermöglicht werden soll[1059]. Der Rechtsbehelf eröffne die betragsmäßige Verlustübernahme in den Verlustfeststellungsbescheid gemäß § 10d Abs. 4 S. 5 EStG, solange der Einkommensteuerbescheid verfahrensrechtlich noch änderbar sei und die Änderung ausschließlich mangels Auswirkung auf die Höhe der festzusetzenden Steuer unterbleibe[1060]. Vor diesem Hintergrund mutet es zumindest missverständlich an, wenn die OFD Frankfurt a.M. in ihrer Rundverfügung vom 24. Januar 2018 formuliert, dass der Steuerbescheid „trotz fehlender Beschwer" auch dann anzufechten sei, sofern dieser auf null Euro laute[1061]. Weiterhin

---

1058 *Wüllenkemper*, EFG 2016, 664, 665.

1059 AEAO zu § 350 Nr. 3 Buchst. b), eingefügt durch Nr. 17 des BMF-Schreibens vom 01.08.2014, vgl. BMF-Schreiben v. 01.08.2014 – IV A 3-S 0062/14/10005, BStBl. I 2014, 1067; ebenso Finanzministerium Mecklenburg-Vorpommern, Erlass v. 15.11.2013 – IV-S 0619-00000-2013/002, BeckVerw 278411.

1060 OFD Münster, Kurzinformation v. 10.06.2011, DStR 2011, 1522, 1523; Finanzministerium Mecklenburg-Vorpommern, Erlass v. 15.11.2013 – IV-S 0619-00000-2013/002, BeckVerw 278411; OFD Frankfurt a.M., Verfügung v. 24.01.2018 – S 2225 A-009-St 213, BeckVerw 353178, Rdnr. 17.

1061 Am Satzende wird jedoch auf AEAO zu § 350 Nr. 3 Buchst. b) verwiesen, OFD Frankfurt a.M., Verfügung v. 24.01.2018 – S 2225 A-009-St 213, BeckVerw 353178, Rdnr. 17. Zwar kann man auch in einer Kurzinformation der OFD Münster lesen, dass in Bezug auf die angefochtene Nullfestsetzung „keine Beschwerde [sic!] i. S. von § 350 AO" vorliege, OFD Münster, Kurzinformation v. 10.06.2011, DStR 2011, 1522, 1523. Da die Verwaltungsvorschrift vor Ergänzung des Anwendungserlasses um Nr. 3 Buchst. b) erlassen wurde, dürfte dieser Passus inzwischen überholt sein.

scheint Uneinigkeit auch innerhalb der Verwaltung darüber zu bestehen, ob ein dennoch gegen den Bescheid über die Feststellung des verbleibenden Verlustvortrags eingelegter Einspruch nach § 351 Abs. 2 AO i.V.m. § 10d Abs. 4 S. 4 EStG unzulässig[1062] oder unbegründet[1063] ist.

### 2. *Anfechtung des Feststellungsbescheids innerhalb der Rechtsbehelfsfrist des Steuernullbescheids*

Nach gegenteiliger Auffassung besteht keine Notwendigkeit, die Anfechtung einer Steuernullfestsetzung ausnahmsweise zuzulassen. Der Steuerpflichtige wird unter Berufung auf den Wortlaut von § 10d Abs. 4 S. 5 EStG vielmehr auf den Rechtsschutz gegen den Feststellungsbescheid über den verbleibenden Verlustvortrag verwiesen, solange der entsprechende Einkommensteuerbescheid noch nicht in Bestandskraft erwachsen ist. Da der Regelungsbereich von Satz 5 insbesondere eröffnet ist, wenn der Steuerbescheid keine Steuerschuld ausweist, muss nach diesem Ansatz für den richtigen Anfechtungsgegenstand hinsichtlich des (voraussichtlichen) Tenors des Festsetzungsbescheids differenziert werden. Eine wortlautgetreue Auslegung des Satzes 5 vertritt das Hessische FG in einem Beschluss aus dem Jahr 2015. Ohne sich ausdrücklich auf diese Entscheidung zu beziehen, hat auch das FG Münster Ende 2016 entsprechend der Lesart des Hessischen FG geurteilt. Die prozessuale Besonderheit bestand in beiden Fällen darin, dass sowohl Festsetzungs- als auch Feststellungsbescheid angegriffen wurden und das Finanzamt die Steuerschuld erst nach Rechtshängigkeit auf null Euro herabsetzte.

#### a) *Beschluss des Hessischen FG vom 29. Oktober 2015*

Das Hessische FG hat – wenn auch nur im Rahmen einer Kostenentscheidung nach Erledigung der Hauptsache – wohl als erstes[1064] Gericht die Beschwer

1062 OFD Münster, Kurzinformation v. 10.06.2011, DStR 2011, 1522, 1523.

1063 Jeweils mit Verweis auf AEAO zu § 351 Nr. 4, wonach ein Einspruch gegen einen Folgebescheid, mit welchem nur Einwendungen gegen den Grundlagenbescheid geltend gemacht werden, unbegründet, nicht unzulässig ist, vgl. Finanzministerium Mecklenburg-Vorpommern, Erlass v. 15.11.2013 – IV-S 0619-00000-2013/002, BeckVerw 278411; OFD Frankfurt a.M., Verfügung v. 24.01.2018 – S 2225 A-009-St 213, BeckVerw 353178, Rdnr. 16.

1064 Mit Urteil vom 12. April 2016 hat auch das FG Baden-Württemberg entschieden, dass die Festsetzung der Gewerbesteuermessbeträge auf null Euro keine Beschwer begründe. Die Entscheidungsgründe beschränken sich jedoch darauf, festzuhalten, dass der der Gewerbesteuermessbetragsfestsetzung zugrunde liegende Gewinn aus Gewerbebetrieb keine verbindliche Entscheidungsgrundlage für andere durch den Nullbescheid ausdrücklich unter Rückgriff auf § 10d Abs. 4 S. 5 EStG abgelehnt und den Steuerpflichtigen auf die ebenfalls anhängige Klage gegen die Feststellungsbescheide verwiesen. Dem Beschluss vom 29. Oktober 2015[1065] lag die Konstellation zugrunde, dass die beklagte Finanzbehörde die Körperschaftsteuer und die Gewerbesteuermessbeträge für die Jahre 2008 und 2009 auf null Euro herabgesetzt hatte und der Rechtsstreit in der Hauptsache von den Beteiligten daraufhin für erledigt erklärt worden war.

Nach Ansicht des Hessischen FG sei die Klage durch den Wegfall der Beschwer im Sinne von § 40 Abs. 2 FGO unzulässig geworden. Eine Beschwer folge nicht aus § 8 Abs. 1 KStG i.V.m. § 10d Abs. 4 S. 4 (insbesondere HS. 2) EStG bzw. aus § 35b Abs. 2 S. 2 GewStG (jeweils i.V.m. § 42 FGO). Soweit den Besteuerungsgrundlagen danach eine Bindungswirkung gleich einem Grundlagenbescheid für die Verlustfeststellung zukomme, gelte dies nach § 10d Abs. 4 S. 5 EStG bzw. § 35b Abs. 2 S. 3 GewStG nicht, wenn – wie im Streitfall – die Aufhebung, Änderung oder Berichtigung des Körperschaftsteuer- bzw. Gewerbesteuermessbetragsbescheids ausschließlich mangels Auswirkung auf die Höhe der festzusetzenden Körperschaftsteuer bzw. des festzusetzenden Gewerbesteuermessbetrags unterbleibe[1066]. Die Regelung in Satz 4 bzw. 2 verliere hierdurch nicht ihren Anwendungsbereich, der insbesondere darin bestehe, die erst nach Bestandskraft eines Steuerbescheids begehrte Feststellung eines vom Erläuterungsteil des Steuerbescheids abweichenden Verlustvortrags zu verhindern. Werde die Feststellung bzw. Erhöhung des Verlustvortrags hingegen zu einem Zeitpunkt begehrt, in dem der Steuer- bzw. Messbescheid noch nicht unanfechtbar sei, unterbleibe die Änderung nicht mangels Ablaufs der Einspruchs- bzw. Klagefrist oder Änderungsvorschrift, sondern allein aus dem Grund, dass keine weitergehende Herabsetzung der Steuer bzw. des Messbetrags in Betracht komme. Aus Sicht des Hessischen FG war nach Sinn und Zweck des § 10d Abs. 4 S. 5 EStG und § 35b Abs. 2 S. 3 GewStG daher anstatt der Klage gegen die Nullbescheide nur noch diejenige gegen die Verlustfeststellungsbescheide fortzuführen.[1066a]

---

Steuerbescheide, insbesondere nicht für die gesonderte Feststellung nach § 10a S. 6 GewStG, bilde und daher zu keiner gesonderten Beeinträchtigung der Klägerin führe, FG Baden-Württemberg, Urteil v. 12.04.2016 – 6 K 3007/15, EFG 2016, 1533 = DStRE 2017, 1512, 1513.

1065 Hessisches FG, Beschluss v. 29.10.2015 – 4 K 307/15, BeckRS 2016, 94030.

1066 Das Wortlautargument dem Grunde nach unterstützend FG Berlin-Brandenburg, Gerichtsbescheid v. 28.04.2016 – 3 K 3106/15, EFG 2016, 1091 = DStRE 2017, 820, 821, rkr.; vgl. dazu unter Drittes Kapitel B.III.1.b)bb).

1066a Hessisches FG, Beschluss v. 29.10.2015 – 4 K 307/15, BeckRS 2016, 94030.

### *b) Urteil des FG Münster vom 12. Dezember 2016*

Mit Urteil vom 12. Dezember 2016[1067] hat das FG Münster über eine solche gegen den Verlustfeststellungsbescheid fortgeführte Anfechtungsklage entschieden. Zuvor war das Verfahren gegen den ebenfalls angefochtenen, seitens des Finanzamts aber nachträglich auf null Euro herabgesetzten Körperschaftsteuerbescheid einvernehmlich für erledigt erklärt und abgetrennt (vgl. § 73 FGO) worden. Es erging ein Kostenbeschluss nach § 138 Abs. 2 FGO.

Die hinsichtlich des Feststellungsbescheids weiterverfolgte Klage erachtete das FG Münster für zulässig, da die Anfechtungsbeschränkung nach § 42 FGO i.V.m. § 351 Abs. 2 AO nicht eingreife. Zwar könne von diesem Grundsatz des vorrangig anzufechtenden Körperschaftsteuerbescheids im Streitfall nicht nach § 10d Abs. 4 S. 5 EStG abgewichen werden. Satz 5 sei nicht anwendbar, da die Anpassung des Steuernullbescheids nicht allein mangels steuerlicher Auswirkung unterbleibe. Dadurch, dass die Beteiligten den Rechtsstreit insofern für erledigt erklärt hätten, sei nämlich Bestandskraft eingetreten. Ungeachtet dessen sei die Zulässigkeit zu bejahen, sei es, dass diese auf einer teleologischen Restriktion des § 10d Abs. 4 S. 4 EStG beruhe, sei es, dass Satz 5 analog angewendet werde. Ausgehend von der gesetzgeberischen Zielsetzung des JStG 2010, durch die Neuregelung eine zeitnahe verbindliche Entscheidung über den verbleibenden Verlustvortrag zu erreichen, sei eine Beschränkung der Anfechtung des Feststellungsbescheids jedenfalls nicht geboten. Da die Klägerin von Anfang an beide Bescheide angefochten hatte, habe sich die Rechtsfrage nach Herabsetzung der Körperschaftsteuer auf null Euro materiell nur noch im Feststellungsbescheid auswirken können. Der Gesetzgeber habe diesen Fall bei seiner Neuregelung nicht gesehen, es den Steuerpflichtigen aber nicht auferlegen wollen, auch unter diesen Umständen den Prozess hinsichtlich der Nullfestsetzung fortführen zu müssen. Zur Abwehr ungerechtfertigter Vorteile sei dies jedenfalls nicht mehr notwendig[1068].

Auch wenn das FG Münster keine expliziten Ausführungen zum Schicksal der Bindungswirkung der Besteuerungsgrundlagen im Fall des § 10d Abs. 4 S. 5 EStG macht, geht es inzident davon aus, dass sie bei einer Herabsetzung der Steuer auf null Euro zusammen mit der Beschwer entfällt. Der Steuerpflichtige muss sein Rechtsschutzbegehren hiernach im Verfahren gegen den Verlustfeststellungsbescheid durchsetzen, ohne dass ihm die Klagebefugnis wegen § 42 FGO abzusprechen ist. Das Gericht setzt sich in diesem (Anschluss-)Verfahren

---

1067 FG Münster, Urteil v. 12.12.2016 – 9 K 1505/13 F, EFG 2017, 564, rkr.

1068 FG Münster, Urteil v. 12.12.2016 – 9 K 1505/13 F, EFG 2017, 564, 565 f., rkr.

mit der – der besonderen Prozesskonstellation geschuldeten – Folgeproblematik auseinander, ob die einvernehmliche Beendigung der unzulässig gewordenen Klage die potentielle Änderungsbefugnis als Voraussetzung für eine abweichende Verlustfeststellung nach Satz 5 beseitigt. Gestützt auf den Normtelos der Vorschrift und abweichend von einer strengen Wortlautbetrachtung[1069] bewertet es das FG jedoch als unschädlich, dass im Zeitpunkt der Entscheidung über den Änderungsantrag keine verfahrensrechtliche Änderungsmöglichkeit mehr für den bestandskräftigen Steuerbescheid bestand (fehlende Koinzidenz). Die – aus Sicht des Gerichts womöglich wenig zielführende – Alternative hätte darin bestanden, die unzulässige Klage bis zu ihrer Zurückweisung weiter zu führen.

### *c) Befürworter im Schrifttum*

Die beiden finanzgerichtlichen Entscheidungen sind im Schrifttum kaum rezipiert[1070]. Soweit ersichtlich, wird der Beschluss des Hessischen FG nur von *Linkermann*[1071] im Rahmen einer anderen Urteilsanmerkung zitiert, um zu verdeutlichen, dass mit Blick auf § 35b Abs. 2 S. 3 GewStG die Anfechtung des Nullbescheids keineswegs zwingend erscheine. Aus § 35b Abs. 2 S. 3 GewStG ließe sich ggf. folgern, dass ein Rechtsbehelf gegen den Gewerbesteuermessbescheid nicht erforderlich sei, wenn der Messbetrag auf null Euro festgesetzt wurde, da die Berücksichtigung weiterer Verluste folglich keine Auswirkung auf die Höhe des festzusetzenden Messbetrags haben könne. Bedeutung komme dieser Auslegung jedoch nur zu, wenn die Änderung der Verlustfeststellung zu einem Zeitpunkt begehrt werde, in dem der Messbescheid noch nicht unanfechtbar sei[1072]. Ähnlich zurückhaltend bringt auch *Haskamp*[1073] die Frage nach der Funktion des § 10d Abs. 4 S. 5 EStG für die Beschwer in einem Beitrag noch vor Ergehen der FG-Entscheidungen vor. Dem Anschein nach regele die Norm eine Konstellation, in der der Verlustfeststellungsbescheid ausnahmsweise ohne vorherige Änderung des Einkommensteuerbescheids durch Einspruch bzw. Klage geändert werden könne. Seiner Auffassung zufolge soll demnach nicht nur die gesonderte Änderung des Feststellungsbescheids, sondern auch seine gesonderte Anfechtung möglich sein. Es erscheine gekünstelt, einen Bescheid anzufechten, der eigentlich keine sachliche Beschwer begründe, um auf diese Weise

1069 So auch die Urteilsanmerkung von *Oellerich*, EFG 2017, 567, 568.
1070 *Linkermann*, EFG 2016, 137; *Oellerich*, EFG 2017, 567 f.
1071 *Linkermann*, EFG 2016, 137.
1072 *Linkermann*, EFG 2016, 137.
1073 *Haskamp*, DStR 2015, 1593, 1597.

mittelbar die in Wirklichkeit einzig beabsichtigte Änderung des Verlustfeststellungsbescheids zu erreichen, ohne dass es zu einer Änderung des angefochtenen Steuerbescheids komme[1074].

In einem Beitrag aus 2014 merkt auch *Nöcker*[1075] in Bezug auf die Neuregelung an, dass nach seiner Einschätzung keine Beschwer durch den Nullbescheid gegeben sei, da die nunmehr ggf. zusätzlich erforderliche Anfechtung der Steuerfestsetzung lediglich sicherstelle, dass die Festsetzung nicht in Bestandskraft erwachse. Die Beschwer ergebe sich vielmehr aus der fehlerhaften Verlustfeststellung, so dass diese anzufechten sei, wenn eine Änderung zugunsten des Steuerpflichtigen begehrt werde[1076]. Ausgehend von einer Auslegung des Satzes 5, welche die Bindungswirkung der dem Steuerbescheid zugrunde liegenden Besteuerungsgrundlagen entfallen lasse, erklärt auch *Frotscher* den Verlustfeststellungsbescheid gleichermaßen zum alleinigen Anfechtungsgegenstand[1077].

### 3. *Kritische Würdigung der vorherrschenden Meinung*

Bevor die vorherrschende Meinung einer grundlegenden und abschließenden Würdigung unterzogen werden kann (dazu unter c)), ist auf die im Rahmen der Gesamtbetrachtung ebenfalls zu berücksichtigenden prozessualen Folgeprobleme einer Anfechtung der Nullfestsetzung einzugehen. Neben Fragen des richtigen Klageantrags und der Tenorierung im Hauptsacheverfahren (dazu unter a)) sind auch die Konsequenzen der Bindungswirkung des Nullbescheids für den vorläufigen Rechtsschutz zu erörtern (dazu unter b)). Höchstrichterliche Maßstäbe fehlen hierzu bislang, da der BFH die diesbezüglich anhängigen Revisionen als unbegründet zurückgewiesen hat.

#### a) *Ungelöste Fragen des richtigen Antrags und der korrespondierenden Tenorierung*

Soll zwecks erstmaliger oder höherer Verlustfeststellung zunächst gegen den auf null Euro lautenden Einkommensteuerbescheid vorzugehen sein, sind Überlegungen dazu anzustellen, wie der Klageantrag gemäß § 65 Abs. 1 S. 2 FGO zutreffend zu formulieren ist. Ihm kommt die Funktion zu, das Klagebegehren zu konkretisieren und zu präzisieren und damit zugleich die Grenzen des Prozesses

1074 *Haskamp*, DStR 2015, 1593, 1597.

1075 *Nöcker*, AO-StB 2014, 54, 55.

1076 *Nöcker*, AO-StB 2014, 54, 55.

1077 *Frotscher*, in: Schwarz/Pahlke (Hrsg.), Vor § 179 AO, Rdnr. 13 f.

abzustecken[1078]. Denn auch wenn das Gericht nicht an die wörtliche Fassung des Antrags gebunden ist, ist es ihm verwehrt, über das Klagebegehren hinauszugehen, vgl. § 96 Abs. 1 S. 2 FGO[1079]. Besondere Bedeutung erlangt der Klageantrag, indem er die begehrte Änderung des Verwaltungsakts quantifiziert[1080]. Es hängt von seinem Inhalt ab, inwieweit ein Beteiligter unterliegt oder obsiegt[1081]. Da ein Steuerbescheid gemäß § 157 Abs. 2 AO grundsätzlich nicht allein wegen seiner Begründung anfechtbar ist[1082], andererseits aber die Festsetzung der Einkommensteuer auf null Euro nicht weiter herabgesetzt werden kann und soll, ist fraglich, ob der Antrag wegen § 10d Abs. 4 S. 4 EStG ausnahmsweise dahin gestellt werden muss, ausschließlich die zugrunde liegenden Besteuerungsgrundlagen abzuändern. Zwar stünde dem ggf. auch der Wortlaut des Satzes 5 entgegen, der insbesondere bei Steuernullbescheiden anordnet, dass eine Änderung der Besteuerungsgrundlagen bei fehlender Auswirkung auf die festgesetzte Steuer unterbleiben darf. Die überwiegende Ansicht geht allerdings davon aus, dass die Vorschrift im hiesigen Kontext nicht anwendbar ist[1083]. Da der Klageantrag notfalls nach Sinn und Gesamtvorbringen der Klagebegründung – wenngleich in den Grenzen des Klagebegehrens – ausgelegt werden kann[1084], ist die Frage auch abhängig davon zu beantworten, wie im Erfolgsfall der Klage zu tenorieren ist.

Die Finanzgerichtsordnung sieht in den §§ 40, 41 FGO die Anfechtungs-, Verpflichtungs-, Feststellungs- und allgemeine Leistungsklage vor[1085]. Die gegen den Einkommensteuerbescheid in der Regel statthafte Klageart ist die Anfechtungsklage mit dem Ziel, den Bescheid ersatzlos aufzuheben oder die festgesetzte Steuer durch eine betragsmäßig andere Festsetzung zu ersetzen[1086]. Hingegen greift die Verpflichtungsklage im Sinne von § 40 Abs. 1 Var. 3 und 4 FGO nur ein, wenn z.B. ein Antrag auf Erlass oder Abänderung des Steuerbescheids seitens der Finanzbehörde abgelehnt wird. In diesem Fall wird die Verurteilung zum Erlass eines abgelehnten oder unterlassenen Verwaltungsakts angestrebt,

---

1078 *Schallmoser*, in: Hübschmann/Hepp/Spitaler (Hrsg.), § 65 AO, Rdnr. 6.

1079 *Streck/Kamps/Olgemöller*, Der Steuerstreit, Rdnr. 931, 936; *Schallmoser*, in: Hübschmann/Hepp/Spitaler (Hrsg.), § 65 AO, Rdnr. 63.

1080 *Lange*, in: Hübschmann/Hepp/Spitaler (Hrsg.), § 96 FGO, Rdnr. 177.

1081 *Streck/Kamps/Olgemöller*, Der Steuerstreit, Rdnr. 936.

1082 Vgl. auch *Brandis*, in: Tipke/Kruse (Hrsg.), § 100 FGO, Rdnr. 23.

1083 Vgl. dazu unter Drittes Kapitel B.III.1.

1084 *Lange*, in: Hübschmann/Hepp/Spitaler (Hrsg.), § 96 FGO, Rdnr. 177.

1085 *Streck/Kamps/Olgemöller*, Der Steuerstreit, Rdnr. 847 f.

1086 Vgl. §§ 40 Abs. 1 Var. 1 und 2, 100 Abs. 1 S. 1, Abs. 2 S. 1 FGO; *Weinschütz*, EFG 2016, 1091, 1093.

§ 101 S. 1 FGO[1087]. Es entspricht einem allgemeinen prozessrechtlichen Grundsatz, dass sich der gegen den Steuerbescheid eingelegte Rechtsbehelf hierbei stets gegen den Verfügungsteil richtet[1088]. Dem Steuerpflichtigen, der schlussendlich einen (höheren) verbleibenden Verlustvortrag festgestellt wissen will, dürfte jedoch nicht damit gedient sein, wenn die erfolgreiche Anfechtung die Kassation des Steuernullbescheids in Gänze nach sich zieht. Mangels festgesetztem Geldbetrag ginge auch die Abänderungsklage (vgl. § 100 Abs. 2 FGO) ins Leere[1089]. Zu einem Austausch allein der zugrunde liegenden Besteuerungsgrundlagen berechtigt § 100 FGO mit Blick auf § 157 Abs. 2 AO nicht. Man könnte zwar den Erlass eines Feststellungsurteils bezüglich einzelner Besteuerungsgrundlagen erwägen[1090]. Die Feststellungsklage ist aber gegenüber Gestaltungs- und Leistungsklagen gemäß § 41 Abs. 2 S. 1 FGO ausdrücklich subsidiär. Sie muss in der vorliegenden Konstellation somit hinter der Anfechtungsklage zurücktreten, die gegen den Nullbescheid statthaft ist, der nach herrschender Meinung kraft seiner Bindungswirkung eine Beschwer begründet.

### aa) Verpflichtungsausspruch zur Verlustfeststellung durch die Finanzbehörde

Der 10. Senat des FG Köln hat sich in seiner Entscheidung vom 16. Februar 2016[1091] dafür ausgesprochen, die Finanzbehörde nicht zu verpflichten, den Körperschaftsteuernullbescheid abzuändern, auch wenn dies wegen § 10d Abs. 4 S. 4, 5 EStG richtigerweise beantragt worden sei. Die Behörde solle vielmehr verpflichtet sein, erstmalig einen Bescheid über die gesonderte Feststellung des verbleibenden Verlustvortrags zu erlassen bzw. einen bestehenden Bescheid zu ändern. Anderenfalls käme man zu dem kuriosen Ergebnis, dass im Rahmen einer Anfechtungs- oder Verpflichtungsklage ein Feststellungsurteil erginge, mit dem ein (erhöhter) negativer Gesamtbetrag der Einkünfte festgestellt würde. Gegen ein solches Vorgehen spricht nach Auffassung des Gerichts die Regelung des § 157 Abs. 2 HS. 1 AO. Zudem stelle § 10d Abs. 4 S. 5 EStG keine ausreichende Ermächtigungsgrundlage im Sinne des § 157 Abs. 2 HS. 2 AO dar. Für die vorgeschlagene Tenorierung lasse sich auch ein BFH-Beschluss aus dem Jahr

1087 *Streck/Kamps/Olgemöller*, Der Steuerstreit, Rdnr. 847 f.

1088 *Schuster*, in: Hübschmann/Hepp/Spitaler (Hrsg.), § 157 AO, Rdnr. 14.

1089 So auch FG Berlin-Brandenburg, Gerichtsbescheid v. 28.04.2016 – 3 K 3106/15, EFG 2016, 1091 = DStRE 2017, 820, 822, rkr.

1090 Den Erlass eines Feststellungsurteils ablehnend FG Köln, Urteil v. 16.02.2016 – 10 K 2574/15, EFG 2016, 1109, 1111.

1091 FG Köln, Urteil v. 16.02.2016 – 10 K 2574/15, EFG 2016, 1109.

2014 anführen, aus dem hervorgehe, dass Einkommensteuer- und Verlustfeststellungsbescheid zumindest partiell denselben Regelungsbereich aufwiesen[1092]. Zugunsten eines Verpflichtungsausspruchs zitiert der 10. Senat ferner den Beschluss des Hessischen FG vom 29. Oktober 2015[1093]. Er tenorierte wie folgt:

> *„Der Beklagte wird unter Aufhebung des Ablehnungsbescheids vom […] verpflichtet, einen Bescheid über die gesonderte Feststellung des verbleibenden Verlustabzugs zur Körperschaftsteuer zum 31.12.2006 zu erlassen, in dem der verbleibende Verlustabzug zum 31.12.2006 auf […] Euro festgestellt wird und unter Änderung der Bescheide über die gesonderte Feststellung des verbleibenden Verlustabzugs auf den 31.12.2007 vom […] und auf den 31.12.2008 vom […] den verbleibenden Verlustabzug zum 31.12.2007 auf […] Euro und zum 31.12.2008 auf […] Euro festzustellen.“*[1094]

Dem FG Köln kann insofern beigepflichtet werden, als dass ein Urteilsausspruch, der sich darauf beschränkt, die der Steuerfestsetzung zugrunde liegenden Besteuerungsgrundlagen zu ändern, nichts mehr mit der gesetzlich vorgesehenen Rechtsfolge einer zulässigen und begründeten Anfechtungs- und Verpflichtungsklage zu tun haben dürfte. Nichtsdestotrotz vermag der unterbreitete Alternativvorschlag nicht zu überzeugen, weil er die im Grundsatz selbstständigen Verwaltungsverfahren zur Festsetzung der Einkommensteuer auf der einen und zur Feststellung des verbleibenden Verlustvortrags auf der anderen Seite in unzulässiger Weise vermischt. Letztlich handelt es sich bei der Tenorierungslösung des FG Köln um eine Kombination der beiden Meinungslager zur Anfechtbarkeit des Nullbescheids[1095]. Sie ist abzulehnen, da sie den gesetzlich erst im Rahmen des Feststellungsverfahrens vorgesehenen Erlass

---

1092 BFH, Beschluss v. 16.12.2014 – X B 113/14, BFH/NV 2015, 510, 511.

1093 Zum Beschluss des Hessischen FG bereits unter Drittes Kapitel B.III.2.a). Entgegen dem FG Köln dürfte einer ebenfalls zitierten Passage des BFH-Urteils vom 10.02.2015 indes keine eindeutige Aussage für den unmittelbaren Erlass eines Verlustfeststellungsbescheids im Rahmen einer Anfechtungs- bzw. Verpflichtungsklage zu entnehmen sein. Der Hinweis des BFH, wonach ohne die Rücknahme des Einspruchs gegen den Einkommensteuerbescheid eine Berücksichtigung der Aufwendungen im Wege der Verlustfeststellung möglich gewesen wäre, BFH, Urteil v. 10.02.2015 – IX R 6/14, BFH/NV 2015, 812, 815, ist in der Gesamtschau der Entscheidungsgründe vielmehr dahin zu verstehen, dass eine Änderung des Steuerbescheids als notwendige Voraussetzung für den Erlass eines Feststellungsbescheids im Rahmen des Feststellungsverfahrens nicht mehr in Betracht kam. Vgl. zur Entscheidung auch unter Zweites Kapitel C.III.1.b)aa).

1094 https://www.justiz.nrw.de/nrwe/fgs/koeln/j2016/10_K_2574_15_Urteil_20160216.html, zuletzt abgerufen am 30. Mai 2019.

1095 Ablehnend auch *Weinschütz*, EFG 2016, 1091, 1094.

des Verlustfeststellungsbescheids vorwegnimmt und das gesonderte Verfahren damit faktisch obsolet macht.

### bb) Tenorierung der geänderten Besteuerungsgrundlagen

Einen anderen Tenorierungsansatz verfolgt das Niedersächsische FG. Nach seiner Überzeugung gebiete es die Rechtsklarheit, die Änderung der Besteuerungsgrundlagen auch dann zu tenorieren, wenn die auf null Euro festgesetzte Steuer bzw. der auf null Euro festgesetzte Messbetrag gleich bleibt[1096]. Dies geschehe ausdrücklich entgegen § 10d Abs. 4 S. 5 EStG. Es entspreche aber der Praxis der Finanzverwaltung, die geänderte Nullbescheide bei Änderung der Besteuerungsgrundlagen im Sinne des § 10d Abs. 4 S. 4 EStG erstelle, sowie der Rechtsprechung zu § 7b EStG a.F.[1097]. Mit Urteil vom 26. Februar 2015 tenorierte das Gericht daher:

> *„[…] der Körperschaftsteuerbescheid 2010 vom […] in Gestalt der Einspruchsentscheidung vom […] wird – unter Aufrechterhaltung einer Steuerfestsetzung in Höhe von 0 Euro – dahingehend geändert, dass der Körperschaftsteuerfestsetzung ein negativer Gesamtbetrag der Einkünfte in Höhe von […] Euro zugrunde gelegt wird.“*[1098]

In dem in den Entscheidungsgründen in Bezug genommenen, auch als „dogmatischen Sündenfall“[1099] bezeichneten BFH-Urteil aus dem Jahr 1994[1100] hatte der IX. Senat das zu versteuernde Einkommen im Steuernullbescheid herabgesetzt, da von der Höhe dieses Einkommens der Anspruch auf Gewährung eines Zuschlags zum Kindergeld gemäß § 11a BKGG a.F. abhing. Das zu versteuernde Einkommen entfalte Tatbestandswirkung für den Kindergeldanspruch mit der Folge, dass die Kindergeldkassen an die im Besteuerungsverfahren getroffenen Entscheidungen gebunden seien[1101]. Diese BFH-Entscheidung steht in der Kritik, weil sie eine dogmatische Herleitung der angewandten Tenorierung hinsichtlich der Rechtsnatur der Anfechtungsklage vermissen lässt[1102]. Seitdem finde aber derlei – wie auch das Niedersächsische FG anmerkt – in

---

1096 Niedersächsisches FG, Urteil v. 26.02.2015 – 6 K 424/13, EFG 2015, 1297 = DStR 2015, 1610, 1616 f.

1097 Niedersächsisches FG, Urteil v. 26.02.2015 – 6 K 424/13, EFG 2015, 1297 = DStR 2015, 1610, 1616 f.

1098 Niedersächsisches FG, Urteil v. 26.02.2015 – 6 K 424/13, EFG 2015, 1297 zitiert nach *Haskamp*, DStR 2015, 1593, 1597.

1099 *Weinschütz*, EFG 2016, 1091, 1093.

1100 BFH, Urteil v. 20.12.1994 – IX R 80/92, BStBl. II 1995, 537.

1101 BFH, Urteil v. 20.12.1994 – IX R 80/92, BStBl. II 1995, 537, 539.

1102 FG Berlin-Brandenburg, Gerichtsbescheid v. 28.04.2016 – 3 K 3106/15, EFG 2016, 1091 = DStRE 2017, 820, 822, rkr.; *Weinschütz*, EFG 2016, 1091, 1093.

der Praxis statt[1103]. So heißt es in der Verfügung der OFD Niedersachsen vom 18. Januar 2018, Steuernullbescheide seien hinsichtlich der Besteuerungsgrundlagen nach § 172 Abs. 1 Nr. 2 Buchst. a) AO zu ändern, wenn sich der Steuerpflichtige nachträglich gegen deren angesetzte Höhe wende, weil diesen außersteuerliche Bindungswirkung beispielsweise für das Kindergeld oder Leistungen nach dem Bundesausbildungsförderungsgesetz zukomme[1104].

Sind im Fall einer erfolgreichen Anfechtungs- bzw. Verpflichtungsklage nach dieser Ansicht mithin ausschließlich die Besteuerungsgrundlagen zu korrigieren, wirft das FG Berlin-Brandenburg zu Recht die Folgefrage auf, welche Besteuerungsgrundlagen dies im Einzelnen sind[1105]. In Betracht kommen könnten für die tarifliche Einkommensteuer grundsätzlich der Verlust selbst, die jeweiligen Einkünfte einer Einkunftsart, der Gesamtbetrag der Einkünfte oder das zu versteuernde Einkommen[1106]. Das Niedersächsische FG hat in seinem Urteil vom 26. Februar 2015 die Höhe der Berechnungsgröße „Gesamtbetrag der Einkünfte" neu festgelegt[1107]. Für die Anpassung dieser Besteuerungsgrundlage könnte sprechen, dass der BFH im Hinblick auf das „Zugrundeliegen" von Besteuerungsgrundlagen gemäß § 10d Abs. 4 S. 4 HS. 1 EStG verlangt, dass diese in den Gesamtbetrag der Einkünfte einfließen[1108]. Andererseits soll in Abgrenzung zu Satz 5 darüber hinaus erforderlich sein, dass sich die Besteuerungsgrundlagen auf die Höhe der Steuer auswirken[1109]. Ungeklärt ist weiter, wie der Ausspruch konkret zu formulieren ist, z.B. ob die jeweilige Besteuerungsgrundlage statt in Höhe von [...] in Höhe von [...] zugrunde gelegt wird oder der Bescheid dahingehend geändert wird, dass die Besteuerungsgrundlage statt [...] zutreffend [...] beträgt[1110]. Der 7. Senat des FG Köln, der sich mit Urteil vom 26. Oktober 2016 dem Niedersächsischen FG angeschlossen hat, nahm in den Tenor zusätzlich einen klarstellenden Hinweis auf § 10d Abs. 4 S. 4, 5 EStG

---

1103 *Weinschütz*, EFG 2016, 1091, 1093.

1104 OFD Niedersachsen, Verfügung v. 18.01.2018 – S 0350-11-St 141, BeckVerw 236681.

1105 FG Berlin-Brandenburg, Gerichtsbescheid v. 28.04.2016 – 3 K 3106/15, EFG 2016, 1091 = DStRE 2017, 820, 822, rkr.

1106 So auch FG Berlin-Brandenburg, Gerichtsbescheid v. 28.04.2016 – 3 K 3106/15, EFG 2016, 1091 = DStRE 2017, 820, 822, rkr.

1107 Niedersächsisches FG, Urteil v. 26.02.2015 – 6 K 424/13, EFG 2015, 1297, zitiert nach *Haskamp*, DStR 2015, 1593, 1597.

1108 Vgl. dazu unter Zweites Kapitel C.III.1.c).

1109 BFH, Urteil v. 12.07.2016 – IX R 31/15, BStBl. II 2018, 699 = DStR 2016, 2646, 2648.

1110 Vgl. auch die Formulierungsbeispiele des FG Berlin-Brandenburg, Gerichtsbescheid v. 28.04.2016 – 3 K 3106/15, EFG 2016, 1091 = DStRE 2017, 820, 822, rkr.

auf („[...] der Einkommensteuerbescheid 2010 vom [...] wird im Hinblick auf die Bindungswirkung des § 10d Abs. 4 Sätze 4 und 5 EStG dahingehend geändert, dass [...]")[1111]. Jenseits dieses Problemkreises ist im Grundsatz fraglich, ob und wie der vorliegende Tenorierungsansatz mit Satz 5 zu vereinbaren ist. Die Vorschrift unterstellt den (bisherigen) Regelfall im Verfahrensrecht, dass eine Anpassung der Besteuerungsgrundlagen bei fehlender Auswirkung auf die Höhe der Steuer unterbleibt. Sie ordnet ihn indes nicht an. Wenn danach Besteuerungsgrundlagen abweichend von den Festlegungen des Steuerbescheids berücksichtigt werden „dürfen", ist damit die materiell-rechtlich zutreffende Ermittlung des Feststellungsgegenstands im Sinne von § 10d Abs. 4 S. 2 EStG gemeint. Erlässt das Finanzamt oder Gericht trotz fehlender betragsmäßiger Änderung der Steuerschuld formal einen Änderungsbescheid und unterbleibt die Änderung gerade nicht, liegt kein Anwendungsfall des Satzes 5 vor[1112]. Ein Verstoß gegen Satz 5 dürfte damit abzulehnen sein.

### *b) Keine Gültigkeit der Bindungswirkung im vorläufigen Rechtsschutz?*

Obschon die überwiegende Meinung die Bindungswirkung des Steuernullbescheids in einem für das Hauptsacheverfahren möglichst weitgehenden Sinn versteht, soll ihr nach dem (bislang einzigen) Beschluss des FG Köln vom 23. Juni 2016[1113] keinerlei Bedeutung im Rahmen des vorläufigen Rechtsschutzes zukommen. Zwar sieht das Gericht ebenfalls die Notwendigkeit, die Nullfestsetzung in der Hauptsache anzufechten. Die Vollziehungsaussetzung wegen der streitigen Besteuerungsgrundlagen könne gleichwohl nur im Wege eines Antrags auf Aussetzung der Feststellung des verbleibenden Verlustvortrags erlangt werden[1114].

Ein Antrag auf Aussetzung der Vollziehung des angefochtenen Steuernullbescheids soll nach dem FG Köln unzulässig sein. Der Steuerpflichtige verfüge nicht über das für den Antrag nach § 69 Abs. 3 S. 1 FGO erforderliche Rechtsschutzbedürfnis, welches voraussetze, dass ein vorläufiger Rechtsschutz durch

---

1111 Der Tenor zu der Entscheidung ist bei Juris veröffentlicht. Die Formulierung unter Abänderung der Verluste aus Kapitalvermögen dürfte im Übrigen der Tatsache geschuldet sein, dass verlustverrechnungsbeschränkte Kapitaleinkünfte nicht in den Gesamtbetrag der Einkünfte einfließen, vgl. dazu auch unter Zweites Kapitel C. III.1.b)cc).

1112 In diese Richtung auch FG Münster, Urteil v. 21.07.2016 – 9 K 3457/15 E, F, EFG 2016, 1871; FG Münster, Urteil v. 26.04.2017 – 9 K 3847/15 K, F, EFG 2017, 1372.

1113 FG Köln, Beschluss v. 23.06.2016 – 13 V 436/16, BeckRS 2016, 95207.

1114 FG Köln, Beschluss v. 23.06.2016 – 13 V 436/16, BeckRS 2016, 95207.

die Aussetzung der Vollziehung auch erreichbar sei. Der Verwaltungsakt müsse daher vollziehbar sein, d.h. einen Inhalt aufweisen, von dem in irgendeiner Weise Gebrauch gemacht werden könne. Neben Verwaltungsakten, die dem Adressaten eine Leistungspflicht auferlegten, sei diese Eigenschaft auch bei Grundlagenbescheiden vorhanden, deren Bindungswirkung zum Erlass oder zur Änderung des Folgebescheids führe. Ausgehend vom Wortlaut des §10d Abs. 4 S. 4 EStG, der ausdrücklich § 171 Abs. 10, § 175 Abs. 1 S. 1 Nr. 1 und § 351 Abs. 2 AO, nicht aber auch § 361 Abs. 3 S. 1 AO und § 69 Abs. 2 S. 4 FGO in Bezug nimmt, sieht das Gericht die Vollziehbarkeit bei Einkommen- und Körperschaftsteuernullbescheiden als nicht gegeben. Die in § 8 Abs. 1 S. 1 KStG i.V.m. § 10d Abs. 4 S. 4 EStG vorgesehene Bindungswirkung der Besteuerungsgrundlagen für die Verlustfeststellung wirke sich daher im Rahmen einer Vollziehungsaussetzung nicht aus. Gründe für eine abweichende Auslegung seien auch aus den Gesetzesmaterialien nicht zu erkennen. Das FG Köln schließt sich damit der in der Finanzverwaltung vertretenen Auffassung an. Das im Beschluss zitierte BMF-Schreiben vom 11. April 2016 lehnt mit Verweis auf AEAO zu § 361 Nr. 2.3.2 erster Spiegelstrich den Einkommensteuernullbescheid als vollziehbaren Verwaltungsakt ab[1115]. Da die Aufzählung in § 10d Abs. 4 S. 4 EStG nicht auch § 361 Abs. 3 S. 1 AO und § 69 Abs. 2 S. 4 FGO für entsprechend anwendbar erkläre, könne der Nullbescheid ebenso wenig hinsichtlich der Bindungswirkung der Besteuerungsgrundlagen für die Feststellung des verbleibenden Verlustvortrags in der Vollziehung ausgesetzt werden[1116].

Indes dürfte es mit Blick auf die in § 10d Abs. 4 S. 4 HS. 1 EStG gesetzlich angeordnete materiell-rechtliche Bindungswirkung, die nach überwiegender Meinung auch von den Besteuerungsgrundlagen des Steuernullbescheids ausgeht, zu kurz greifen, den vorläufigen Rechtsschutz gegen diesen Bescheid allein mit Verweis auf den unvollständigen Gesetzeswortlaut des Halbsatzes 2 abzulehnen. Es trifft zwar zu, dass Steuerbescheide, die auf null Euro lauten, einer Aussetzung der Vollziehung nicht zugänglich sind, weil mit der Vollziehung das

1115 BMF-Schreiben v. 11.04.2016 – V A 3-S 0338/07/10010, BStBl. I 2016, 450; neu gefasst durch BMF-Schreiben v. 15.01.2018 – IV A 3-S 0338/17/10007, 2017/1040112, BStBl. I 2018, 2.

1116 BMF-Schreiben v. 11.04.2016 – V A 3-S 0338/07/10010, BStBl. I 2016, 450; neu gefasst durch BMF-Schreiben v. 15.01.2018 – IV A 3-S 0338/17/10007, 2017/1040112, BStBl. I 2018, 2; so auch *Heinicke*, in: Schmidt (Hrsg.), § 10d EStG, Rdnr. 36.

Gebrauchmachen vom festgesetzten Steuerbetrag gemeint ist[1117]. Demgegenüber sollen Grundlagenbescheide im Sinne von § 171 Abs. 10 S. 1 AO generell aussetzungsfähig sein, da die durch sie getroffenen Feststellungen in den Folgebescheiden verwirklicht würden[1118]. Die Auswertung des Grundlagenbescheids im Folgebescheid (z.B. bei der Steuerfestsetzung) stelle seine Vollziehung dar[1119]. Wenn aber die Vollziehung gleichbedeutend damit sein soll, dass von den Wirkungen des Verwaltungsakts in irgendeiner Form Gebrauch gemacht wird[1120], erscheint es nur konsequent, wenn auch solche Steuernullbescheide als vollziehbar eingeordnet werden, die wie der Quasi-Grundlagenbescheid nach § 10d Abs. 4 S. 4 HS. 1 EStG eine (besondere) Feststellungswirkung entfalten[1121]. Die hiernach bindenden Besteuerungsgrundlagen sind nämlich regelmäßig für die gesonderte Feststellung des verbleibenden Verlustvortrags zu übernehmen. Unter rein wirkungsorientierten Gesichtspunkten rechtfertigt sich mithin keine unterschiedliche Behandlung des Steuernullbescheids im Hauptsacheverfahren einerseits und im vorläufigen Rechtsschutz andererseits.

Einstweiliger Rechtsschutz ist des Weiteren nur im Umfang des Hauptsacheverfahrens gegen den angefochtenen Verwaltungsakt eröffnet[1122]. Der in seiner Vollziehung auszusetzende Bescheid muss mit dem in der Hauptsache angefochtenen identisch sein[1123]. Unter Berücksichtigung der Auffassung des FG Köln müsste daher über die Anfechtung des Nullbescheids hinaus auch gegen den Verlustfeststellungsbescheid (außer-)prozessual vorgegangen werden, damit die nach Sinn und Zweck des § 69 FGO unerlässliche Anfechtungssituation insoweit hergestellt würde[1124]. Im Schrifttum wird in diesem Zusammenhang auf die bemerkenswerte Konsequenz hingewiesen, dass sich der Steuerpflichtige nach der Sichtweise des FG Köln im Hauptsacheverfahren nicht gegen denjenigen

---

1117 Ganz herrschende Auffassung, vgl. nur *Birkenfeld*, in: Hübschmann/Hepp/Spitaler (Hrsg.), § 69 FGO, Rdnr. 277; *Seer*, in: Tipke/Kruse (Hrsg.), § 69 FGO, Rdnr. 26; *Stapperfend*, in: Gräber (Hrsg.), § 69 FGO, Rdnr. 69.

1118 Statt vieler *Cöster*, in: Koenig (Hrsg.), § 351 AO, Rdnr. 127.

1119 *Birkenfeld*, in: Hübschmann/Hepp/Spitaler (Hrsg.), § 69 FGO, Rdnr. 442.

1120 *Seer*, in: Tipke/Kruse (Hrsg.), § 69 FGO, Rdnr. 28.

1121 Vgl. dazu unter Zweites Kapitel C.III.2.a)cc).

1122 *Krömker*, in: Lippross/Seibel (Hrsg.), § 69 FGO, Rdnr. 30 f.; *Seer*, in: Tipke/Kruse (Hrsg.), § 69 FGO, Rdnr. 52; *Birkenfeld*, in: Hübschmann/Hepp/Spitaler (Hrsg.), § 69 FGO, Rdnr. 759.

1123 Vgl. *Streck/Kamps/Olgemöller*, Der Steuerstreit, Rdnr. 1576; *Stapperfend*, in: Gräber (Hrsg.), § 69 FGO, Rdnr. 32, 36.

1124 Anderenfalls wäre der Antrag bereits unzulässig, *Krömker*, in: Lippross/Seibel (Hrsg.), § 69 FGO, Rdnr. 30.

Bescheid mit Erfolg wehren könnte, den er im vorläufigen Rechtsschutz anzugreifen hätte[1125]. Wegen § 10d Abs. 4 S. 4 HS. 2 EStG i.V.m. § 351 Abs. 2 AO bzw. § 42 FGO wäre er ferner dazu angehalten, einen von vornherein unzulässigen[1126] bzw. unbegründeten Rechtsbehelf einzulegen. Fraglich und nach dem Beschluss des FG Köln offen ist schließlich, welche Folgen die entsprechende Anwendung des § 351 Abs. 2 AO bzw. § 42 FGO für die Aussetzungsentscheidung hat. Gemäß § 69 Abs. 3 S. 1 HS. 2 i.V.m. Abs. 2 S. 2 FGO soll die Vollziehung nur ausgesetzt werden, wenn ernstliche Zweifel an der Rechtmäßigkeit des angefochtenen Verwaltungsakts bestehen oder wenn die Vollziehung für den Betroffenen eine unbillige, nicht durch überwiegende öffentliche Interessen gebotene Härte zur Folge hätte. Unabhängig davon, ob man § 351 Abs. 2 AO bereits auf Ebene der Zulässigkeit oder erst im Rahmen der Begründetheit heranzieht, liegen jedenfalls keine ernstlichen Zweifel vor, da es in keinem Fall zu einer dem Antragsteller günstigen Entscheidung im Hauptsacheverfahren kommen kann[1127]. Letztlich spielen die Erfolgsaussichten in der Hauptsache aber auch im Hinblick auf eine „unbillige Härte" im Sinne von § 69 Abs. 2 S. 1 Alt. 2 FGO eine Rolle[1128].

Zur Vermeidung dieser bislang ungeklärten Folgeprobleme sowie einer weiteren unnötigen Verkomplizierung des die gesonderte Verlustfeststellung betreffenden Rechts erscheint es sinnvoll und in Anbetracht der Bindungswirkung gemäß § 10d Abs. 4 S. 4 HS. 1 EStG folgerichtig, den Einkommensteuernullbescheid ausnahmsweise als vollziehbar und aussetzungsfähig einzustufen[1129]. Dadurch würde sich für die herrschende Meinung der Rechtsschutz hinsichtlich Haupt- und Nebenverfahren auf den Steuernullbescheid konzentrieren. Vor dem Hintergrund, dass die Verweisung in Halbsatz 2 nach der BFH-Rechtsprechung nur in Bezug auf die Anwendung allgemeingültiger Verfahrensvorschriften nicht

---

1125 *Brühl/Weiss*, NWB 2017, 3270, 3279.

1126 Von einer Zulässigkeitsvorschrift scheint jüngst auch der I. Senat des BFH auszugehen, vgl. BFH, Urteil v. 22.11.2016 – I R 30/15, BStBl. II 2017, 921, 922 f. Anders sieht dies hingegen die gefestigte BFH-Rechtsprechung für den unmittelbaren Anwendungsbereich der Vorschrift, vgl. nur *Levedag*, in: Gräber (Hrsg.), § 42 FGO, Rdnr. 38 m.w.N.

1127 Vgl. *Stapperfend*, in: Gräber (Hrsg.), § 69 FGO, Rdnr. 160.

1128 *Seer*, in: Tipke/Kruse (Hrsg.), § 69 FGO, Rdnr. 104; dies soll jedenfalls gelten, wenn die Klage in der Hauptsache offensichtlich keine Aussicht auf Erfolg hätte, BFH, Beschluss v. 21.12.1967 – V B 26/67, BStBl. II 1968, 84.

1129 Im Ergebnis so auch *Brühl/Weiss*, NWB 2017, 3270, 3279 f., wobei die Autoren die Sichtweise des FG Köln als systematisch unstimmig, wenn auch nicht undenkbar bezeichnen.

abschließend sein soll[1130], wird man § 361 Abs. 3 AO und § 69 Abs. 2 S. 4 FGO analog heranziehen müssen[1131]. Die Regelungen sind – ähnlich wie die explizit genannten § 171 Abs. 10, § 175 Abs. 1 S. 1 Nr. 1 und § 351 Abs. 2 AO – ebenfalls Ausdruck der von Grundlagenbescheiden ausgehenden Bindungswirkung. Es spricht mithin viel für ein redaktionelles Versehen des Gesetzgebers[1132].

### c) *Stellungnahme: Weitere Verkomplizierung und dogmatische Aushöhlung des Verfahrensrechts*

Die vorherrschende Meinung mag zwar durch ihre im Ausgangspunkt vermeintlich einfache Handhabung bestechen, kann jedoch vor allem unter dogmatischen Gesichtspunkten nicht überzeugen. Zuvörderst bestehen gewichtige Zweifel in Bezug auf ihre Vereinbarkeit mit der Regelung in § 10d Abs. 4 S. 5 EStG, deren Wortlaut eher gegen eine Bindungswirkung der Besteuerungsgrundlagen des Steuernullbescheids spricht[1133]. Insofern besteht noch keine klare Rechtsprechungslinie, wie mit Satz 5 umzugehen ist, d.h. aus welchem Grund die Beschwer gleichwohl vorliegen soll. Die wenigen, zumindest seitens der Finanzgerichte unternommenen Begründungsversuche, u.a. mit dem subjektiven Willen des Gesetzgebers und einer Bindung durch fiktiv anzusetzende Besteuerungsgrundlagen, dringen nicht durch[1134]. Soweit der sich zu dieser Rechtsfrage bislang einzig äußernde I. Senat des BFH ohne jede Subsumtion konstatiert, dass kein Fall des Satzes 5 gegeben sei, macht dies eine Begründung jedoch nicht entbehrlich[1135]. Auch wird die Anfechtung des Nullbescheids nicht unreflektiert und frei von Bedenken vertreten. So machen z.B. das FG Berlin-Brandenburg

---

1130 BFH, Urteil v. 12.07.2016 – IX R 31/15, BStBl. II 2018, 699 = DStR 2016, 2646, 2648.

1131 So auch *Perrar*, Grundlagenbescheide im Steuerverfahrensrecht, S. 466, der dem Steuerbescheid jedoch die Funktion eines echten Grundlagenbescheids zuspricht und eine Analogie nur hilfsweise für notwendig erachtet.

1132 Die Gesetzesbegründung setzt sich mit Fragen des vorläufigen Rechtsschutzes nicht auseinander, vgl. BT-Drs. 17/2249, S. 51 f.

1133 Hierzu bereits unter Zweites Kapitel C.III.2.b)bb).

1134 Die, soweit ersichtlich, ausführlichste Begründung findet sich im Beschluss des FG Düsseldorf vom 16.02.2016 – 10 K 3686/13 F, EFG 2016, 662. Vgl. auch FG Köln, Urteil v. 16.02.2016 – 10 K 2574/15, EFG 2016, 1109, 1110; FG Köln, Urteil v. 26.10.2016 – 7 K 3387/13, EFG 2017, 216, 220 f.; siehe hierzu auch unter Drittes Kapitel B.III.1.b)aa).

1135 BFH, Urteil v. 06.12.2016 – I R 79/15, BStBl. II 2019, 173 = DStR 2017, 774, 775; BFH, Urteil v. 22.11.2016 – I R 30/15, BStBl. II 2017, 921, 923; BFH, Urteil v. 07.12.2016 – I R 76/14, BStBl. II 2017, 704, 706.

sowie das FG Köln in ihren Entscheidungen ausdrücklich auf kritische Punkte der vorherrschenden Auslegung aufmerksam[1136].

Selbst wenn es aber gelänge, die Wortlauthürde zu nehmen, sind – wie unter a) und b) aufgezeigt – weitreichende Ausnahmen auf Kosten der geltenden Rechtsdogmatik erforderlich, um der herrschenden Ansicht Geltung zu verschaffen. Der sich für den Steuerpflichtigen ergebende Vorteil, stets den Steuerbescheid anfechten zu können, wiegt zumindest nach hier vertretener Auffassung den Nachteil der hierdurch verursachten erheblichen Rechtsverkomplizierung nicht auf[1137]. Der herrschenden Meinung ist dennoch zugute zu halten, dass die nach ihr notwendigen Ausnahmen von den Grundsätzen der Beschwer, des Klageantrags und der Entscheidungstenorierung sowie konsequenterweise des vorläufigen Rechtsschutzes jedenfalls auch auf die gesetzgeberische Konzeption des Quasi-Grundlagenbescheids zurückzuführen sind. Eine in dogmatischer Hinsicht unproblematische und klare Lösung hätte darin bestehen können, den Einkommensteuerbescheid – womöglich in Anlehnung an § 47 Abs. 2 KStG a.F. – als echten, mit der gewünschten Bindungswirkung ausgestatteten Grundlagenbescheid auszugestalten[1138]. Das Regelungskonzept von § 10d Abs. 4 S. 4, 5 EStG i.d.F. des JStG 2010 dürfte somit bereits im Ansatzpunkt als unzulänglich zu beschreiben sein[1139]. Insbesondere die Vorschrift des Satzes 5 verträgt sich nicht mit der Idee des Quasi-Grundlagenbescheids.

### 4. *Plädoyer für eine wortlautorientierte Auslegung im Einklang mit der gängigen Rechtsdogmatik*

Entgegen der vorherrschenden Meinung wird in dieser Untersuchung dafür plädiert, den Rechtsschutz im Zusammenhang mit der gesonderten Verlustfeststellung eng am Wortsinn des § 10d Abs. 4 S. 5 EStG auszurichten. Dieser bietet nicht nur eine erste Orientierung für die Auslegung, sondern steckt zugleich

---

1136 Hierzu unter Drittes Kapitel B.III.1.b)bb), Drittes Kapitel B.III.1.b)cc).

1137 Auf die infolge der Anfechtung des Nullbescheids eingetretene Verkomplizierung des Rechts weist ebenfalls hin FG Berlin-Brandenburg, Gerichtsbescheid v. 28.04.2016 – 3 K 3106/15, EFG 2016, 1091 = DStRE 2017, 820, 822, rkr.; so für das alte Recht schon FG Köln, Urteil v. 26.03.2015 – 10 K 3777/09, EFG 2015, 1212, 1214.

1138 Dem Gesetzgeber habe erneut der Mut für einen wirklichen Beitrag zur Steuervereinfachung gefehlt, *Sikorski*, NWB 2011, 2191, 2199.

1139 Ähnlich *Weinschütz*, EFG 2016, 1091, 1093, dem zufolge die Unsicherheiten der gerichtlichen Spruchpraxis die dogmatischen Unzulänglichkeiten der gesamten Neukonstruktion des § 10d Abs. 4 EStG widerspiegeln.

deren Grenzen ab[1140]. Bleibt man am Wortlaut verhaftet, suspendiert Satz 5 die Quasi-Grundlagenwirkung der Besteuerungsgrundlagen des Nullbescheids und ermöglicht eine eigenständige Ermittlung des Feststellungsgegenstands, soweit die Anpassung des Bescheids ausschließlich mangels Auswirkung auf die Höhe der festzusetzenden Steuer unterbleibt[1141]. Ausschließlichkeit liegt nämlich vor, wenn die Steuerfestsetzung noch nicht in Bestandskraft erwachsen, also zumindest dem Rechtsgrund nach noch jederzeit im Rahmen eines rechtzeitig eingelegten Rechtsbehelfs korrigierbar ist[1142]. Lässt der Steuerpflichtige den Bescheid indes bestandskräftig werden, entfällt die potentielle verfahrensrechtliche Änderungsbefugnis (mit Ausnahme der §§ 164 f., 172 ff. AO) und ein zusätzliches, die Ausschließlichkeit beseitigendes Korrekturhindernis tritt ein[1143].

Zwar trifft es zu, dass die Steuerfestsetzung im Verlustentstehungsjahr oftmals auf null Euro lauten und damit der Hauptanwendungsfall des Satzes 5 gegeben sein wird, wenn der Steuerpflichtige die Berücksichtigung weiterer Verluste durchsetzen will. Das nach der Systematik des Gesetzes zwischen Satz 4 und 5 anzunehmende Regel-Ausnahme-Verhältnis würde dadurch praktisch ins Gegenteil verkehrt. Indes ist der (Rest-)Anwendungsbereich, den die derzeit überwiegende Meinung Satz 5 zuschreibt, unklar, wenn nicht sogar nicht vorhanden. Auch lässt sich nicht mit Erfolg argumentieren, dass infolge eines strengen Wortlautverständnisses die Regelung in Satz 4 weitgehend leer laufen würde[1144]. So bleibt § 10d Abs. 4 S. 4 EStG in den Fällen sachlich anwendbar, in denen der Steuerpflichtige positive Einkünfte oberhalb des Grundfreibetrags erzielt und das Finanzamt die ebenfalls erklärten Verluste – versehentlich oder auf Basis einer abweichenden Rechtsansicht – nicht im Rahmen der Veranlagung als Werbungskosten oder Betriebsausgaben zum Abzug bringt. Selbiges gilt, wenn der Steuerpflichtige z.B. aufgrund eines Rechtsirrtums zunächst nur positive Einkünfte angibt. In beiden Konstellationen wird eine positive Steuerschuld festgesetzt, gegen die Einspruch bzw. Klage statthaft sind, vgl. § 10d Abs. 4 S. 4 EStG i.V.m § 351 Abs. 2 AO bzw. § 42 FGO. Kommt es im Rahmen des Rechtsbehelfs sodann zur nachträglichen Verlustberücksichtigung und entsteht infolge des Verlustausgleichs ein negativer Gesamtbetrag der Einkünfte (vgl. § 2

1140 *Larenz/Canaris*, Methodenlehre der Rechtswissenschaft, S. 141, 145, 163.

1141 Dazu ausführlich unter Zweites Kapitel C.III.2.b)bb).

1142 In diesem Sinne auch Hessisches FG, Beschluss v. 29.10.2015 – 4 K 307/15, BeckRS 2016, 94030.

1143 Vgl. auch *Haskamp*, DStR 2015, 1593, 1597.

1144 So aber *Schmieszek*, in: Bordewin/Brandt (Hrsg.), 404. Aktualisierung 2018, § 10d EStG, Rdnr. 348a.

Abs. 3 EStG), wird Satz 4 hinsichtlich eines überschießenden, nicht ausgeglichenen Verlustbetrags vom sachlichen Anwendungsbereich des Satzes 5 überlagert. Denn „insoweit" unterbleibt die Änderung des Steuerbescheids ausschließlich mangels Auswirkung auf die Höhe der festzusetzenden Steuer mit der Folge, dass die Bindungswirkung der Besteuerungsgrundlagen entfällt. Für den Steuerpflichtigen ergeben sich hieraus allerdings keine weiteren Handlungspflichten. Insbesondere existiert in der hier besprochenen Konstellation kein Verlustfeststellungsbescheid, der wegen Satz 5 ggf. parallel anzufechten wäre. Ein Antrag auf gesonderte Feststellung des verbleibenden Verlustvortrags ist neben der Anfechtung des Steuerbescheids schon wegen § 10d Abs. 4 S. 4 HS. 2 i.V.m. § 175 Abs. 1 S. 1 Nr. 1 AO stets zu stellen. Überdies dürfte es unzulässig – da nicht zumutbar – sein, dem Steuerpflichtigen bei Einlegung des Rechtsbehelfs vertiefte Überlegungen zu den steuerlichen Auswirkungen der nacherklärten Verluste abzuverlangen[1145].

Darüber hinaus besteht – wie das Hessische FG zu Recht anmerkt[1146] – der zentrale und für die Reform der Vorschrift durch das JStG 2010 maßgebliche Anwendungsbereich von Satz 4 in der Blockade einer inhaltlich abweichenden Verlustfeststellung nach Ablauf der Rechtsbehelfsfrist des Steuerbescheids. Scheitert eine Anpassung der Nullfestsetzung jedenfalls auch an ihrer Bestandskraft, besteht die materielle Bindungswirkung nach § 10d Abs. 4 S. 4 HS. 1 EStG fort, weil die Voraussetzungen von Satz 5 nicht erfüllt sind.

Aus diesem Grund dürfte eine wortlautnahe, hier vertretene Auslegung mit dem gesetzgeberischen Willen zu vereinbaren sein, soweit dieser aus der Gesetzesbegründung hervorgeht. Anlassgebend für die Novellierung war schließlich die geänderte BFH-Rechtsprechung, wonach eine Verlustfeststellung ungeachtet dessen zulässig sein sollte, dass in der bestandskräftigen Einkommensteuerfestsetzung für das Verlustentstehungsjahr keine nicht ausgeglichenen negativen Einkünfte berücksichtigt wurden. Der Gesetzgeber wurde in der Folge tätig, um zu verhindern, dass Steuerpflichtige auf Basis der Rechtsprechung in größerem zeitlichen Abstand nach Bestandskraft der Steuerfestsetzung Gründe für den

1145 Auch in dem anders gelagerten Fall, dass – wie z.B. bei einer Antragsveranlagung oder aus sonstigen Gründen – keine Steuerfestsetzung ergangen ist, muss sich der Steuerpflichtige keine Gedanken über die steuerlichen Auswirkungen des Rechtsbehelfs machen. Mangels Steuerbescheid liegen keine bindenden Besteuerungsgrundlagen vor, so dass er lediglich die Verlustfeststellung beantragen muss, vgl. BFH, Urteil v. 13.01.2015 – IX R 22/14, BStBl. II 2015, 829.

1146 Hessisches FG, Beschluss v. 29.10.2015 – 4 K 307/15, BeckRS 2016, 94030.

erstmaligen Erlass eines Verlustfeststellungsbescheids vortragen konnten[1147]. Nach Maßgabe der Neufassung von § 10d Abs. 4 S. 4, 5 EStG soll deshalb eine erstmalige oder korrigierte gesonderte Feststellung von erst nach Bestandskraft des Steuerbescheids erklärten Verlusten nur noch möglich sein, wenn der Steuerbescheid geändert werden kann[1148]. Konkrete Anhaltspunkte dafür, dass die gesetzlich normierte Bindungswirkung der Besteuerungsgrundlagen im Fall des Satzes 5 schon vor Eintritt der Bestandskraft des Nullbescheids gelten soll, finden sich in der Gesetzesmaterialie nicht. Vielmehr heißt es, § 10d Abs. 4 S. 5 EStG sehe eine „Ausnahme von der Bindungswirkung" vor, so dass die Verlustfeststellung „ausnahmsweise unabhängig" von den der Steuerfestsetzung zugrunde gelegten Besteuerungsgrundlagen erfolgen könne[1149].

Soweit sich die hiernach unter grammatikalischen, systematischen[1150] sowie historischen Gesichtspunkten zu befürwortende Auslegung dem Einwand ausgesetzt sieht, der Rechtsschutz gestalte sich in der Folge unübersichtlich bzw. sei mit dem Gebot der Rechtsklarheit nicht zu vereinbaren[1151], ist dies schwer nachvollziehbar. Denn der Gesetzeswortlaut soll dem Steuerpflichtigen grundsätzlich Verlässlichkeit bieten. Eine hieran ausgerichtete Vorgehensweise, die eine Differenzierung anhand des jeweiligen Verfügungssatzes erforderlich macht, ist nichts Neues, sondern entspricht der ursprünglichen höchstrichterlichen Rechtsprechung, die durch das JStG 2010 erklärtermaßen wiederhergestellt werden sollte. Dadurch wird – trotz Unterbrechung durch den kurzzeitigen Rechtsprechungswechsel im Jahr 2008 – eine gewisse Kontinuität des Rechtsschutzes erreicht. Gemäß § 10d Abs. 4 S. 5 EStG a.F. war der Steuerpflichtige bis in das Jahr 2008 hinein bei einer Nullfestsetzung ebenfalls auf einen Rechtsbehelf gegen den Verlustfeststellungsbescheid verwiesen, ohne dass dies in Rechtsprechung

---

1147 BT-Drs. 17/2249, S. 51 rechte Spalte.

1148 BT-Drs. 17/2249, S. 52 rechte Spalte.

1149 Hingegen soll es bei der Bindung der Verlustfeststellung durch den Steuerbescheid bleiben, wenn dessen Korrektur unabhängig von der betragsmäßigen Auswirkung auch verfahrensrechtlich nicht in Betracht kommt, BT-Drs. 17/2249, S. 52 linke Spalte.

1150 Unter systematischen Gesichtspunkten dürfte das im Gesetz angelegte Regel-Ausnahme-Verhältnis nicht ins Gegenteil verkehrt werden, wenn man die Bindung durch den Steuernullbescheid unter den Voraussetzungen des § 10d Abs. 4 S. 5 EStG verneint.

1151 FG Köln, Urteil v. 16.02.2016 – 10 K 2574/15, EFG 2016, 1109, 1110 f.; in diese Richtung wohl auch *Heuermann*, in: Kirchhof/Söhn/Mellinghoff (Hrsg.), § 10d EStG, D 93. Vgl. hierzu bereits unter Drittes Kapitel B.III.1.b)cc).

oder Literatur als „unübersichtlich" oder „unklar" eingestuft worden wäre. Vielmehr bestand Einvernehmen darüber, dass die Anfechtung des Nullbescheids nach allgemeinen Rechtsgrundsätzen mangels Beschwer ausscheiden musste[1152]. Mit ihrer Interpretation der Neuregelung bricht die überwiegende Auffassung erstmals mit der anerkannten Dogmatik. Es ist nicht auszuschließen, dass gerade im Zuge der Umstellung auf das von ihr propagierte Rechtsschutzsystem Unsicherheiten beim Steuerpflichtigen auftreten. Nicht zuletzt dürften Finanzämter und -gerichte angesichts der sehr komplexen verfahrensrechtlichen Lage gehalten sein, Erklärungen des ggf. steuerlich beratenen Rechtsschutzsuchenden großzügig bzw. rechtsschutzgewährend auszulegen[1153].

Eine Rechtsschutzverkürzung dürfte mit dem hier bevorzugten Ansatz nicht verbunden sein. Als Vergleichsmaßstab dienen insofern die Rechtsschutzmöglichkeiten eines Steuerpflichtigen, gegen den im Steuerbescheid eine Steuer festgesetzt worden ist[1154]. Damit sich der Rechtsschutz nach Satz 5 gegen den Feststellungsbescheid zu richten hat, darf der Steuernullbescheid nicht bestandskräftig geworden bzw. muss nach dem Verfahrensrecht noch änderbar sein. Dies ist unproblematisch in den Fällen der §§ 164 f. AO gegeben. Wird die Steuer unter Vorbehalt der Nachprüfung festgesetzt oder ergeht ein Vorläufigkeitsvermerk in entsprechendem Umfang[1155], kann die Finanzbehörde die

1152 Vgl. dazu unter Drittes Kapitel B.II.

1153 So für die Neufassung des § 10d Abs. 4 EStG FG Münster, Urteil v. 21.07.2016 – 9 K 2794/15 K, F, EFG 2016, 1546, 1548. Die Entscheidung verweist auf einen Beschluss des BFH zur alten Gesetzeslage, vgl. BFH, Beschluss v. 06.07.2005 – XI B 45/03, BFH/NV 2005, 2029. *Nöcker* versteht den BFH-Beschluss dahin, dass sogar bei einem vom Wortlaut her eindeutig gegen den Steuerbescheid gerichteten Einspruch des Steuerberaters eine Auslegung in einen Einspruch gegen den Verlustfeststellungsbescheid in Betracht kommt, vgl. *Nöcker*, AO-StB 2014, 54, 55. Für eine fürsorgliche Auslegung von Rechtsbehelfen im Zusammenhang mit dem Verlustabzug vor der Gesetzesänderung auch BFH, Urteil v. 31.10.2000 – VIII R 47/98, BFH/NV 2001, 589 = DStRE 2001, 859, 860; FG Düsseldorf, Urteil v. 12.05.1998 – 8 K 559/95 F, EFG 1998, 1257, 1258.

1154 Diesen Maßstab zog der XI. Senat des BFH zwecks Überprüfung einer möglichen unzulässigen Rechtsschutzverkürzung nach alter Gesetzeslage heran, vgl. BFH, Urteil v. 09.12.1998 – XI R 62/97, BStBl. II 2000, 3, 5.

1155 Da ein Vorläufigkeitsvermerk nicht generell die Bestandskraft des Steuerbescheids verhindert, müssen die im Bescheid genannten Vorläufigkeitsgründe genauestens auf ihre Reichweite überprüft werden, vgl. FG Berlin-Brandenburg, Urteil v. 06.04.2017 – 10 K 10105/15, EFG 2017, 1179 = DStRE 2018, 303, 305. In dem der Entscheidung zugrunde liegenden Fall hatte sich die Klägerin daher zu Unrecht

Festsetzung – unabhängig vom Ablauf der Rechtsbehelfsfrist – aufheben oder ändern, vgl. §§ 164 Abs. 2 S. 1, 165 Abs. 2 S. 1 AO. Schwieriger ist die in der Praxis ungleich häufiger anzutreffende Konstellation, dass ein Steuernullbescheid ergeht und in Abweichung von den diesem zugrunde liegenden Besteuerungsgrundlagen ein höherer Verlust erstmalig gesondert festgestellt werden soll. Anders als bei einer Änderungsmöglichkeit gemäß §§ 164 f. AO muss der Steuerpflichtige seinen Antrag auf Erlass des Feststellungsbescheids über die höheren vortragsfähigen Verluste innerhalb der gesetzlichen Rechtsbehelfsfrist für den Steuerbescheid stellen, die sich grundsätzlich auf einen Monat beläuft, §§ 355 Abs. 1 S. 1 AO, 47 Abs. 1 FGO. Das gleiche Zeitfenster gilt, wenn bereits ein Feststellungsbescheid existiert, in den weitere Verluste einfließen sollen. Es besteht insoweit ein abstraktes Risiko, dass die zuständige Finanzbehörde erst nach Fristablauf über den Feststellungs- bzw. Änderungsantrag entscheidet und die nach Satz 5 erforderliche Änderungsbefugnis wegen mittlerweile eingetretener Bestandskraft im Entscheidungszeitpunkt nicht mehr vorhanden ist. Im Gegensatz zum Steuerpflichtigen, gegen den eine mit Einspruch und Klage angreifbare Steuerschuld festgesetzt wird, scheint der Steuerpflichtige bei einem Nullbescheid mangels Beschwer über keinerlei Handhabe zu verfügen, den Eintritt der Bestandskraft durch Anfechtung zu verhindern. Für die nach altem Recht nahezu identische Rechtsschutzsituation sah der XI. Senat des BFH – wenn auch nicht ausdrücklich zur Vermeidung einer Rechtsschutzverkürzung – eine Verlängerung der Antragsfrist auf regelmäßig ein Jahr vor, analog § 356 Abs. 2 AO. Er begründete die Fristverlängerung damit, dass das Finanzamt den Steuerpflichtigen nicht darüber belehrt habe, die Verlustfeststellung innerhalb der Einspruchsfrist des Steuerbescheids zu beantragen[1156]. Dieses Antragskonzept contra legem war jedoch abzulehnen[1157] und sollte für das geltende Recht in dieser Form nicht mehr aufgegriffen werden[1158].

auf die verfahrensrechtliche Änderbarkeit des Steuernullbescheids berufen, weil die aufgeführten Vorläufigkeitsgründe nicht einschlägig waren.

1156 BFH, Urteil v. 09.05.2001 – XI R 25/99, BStBl. II 2002, 817, 818.

1157 Vgl. unter Zweites Kapitel A.V.4.

1158 Für das geltende Recht hat der BFH diese Frage (im Hinblick auf die Rechtsbehelfsbelehrung der Einspruchsentscheidung und eine mögliche Fristverlängerung nach § 55 Abs. 2 FGO) zuletzt offen gelassen, da auch die Jahresfrist bereits abgelaufen war. Der Kläger hatte bemängelt, dass in der Rechtsbehelfbelehrung darauf hätte hingewiesen werden müssen, dass nur durch einen Einspruch gegen die den Feststellungsbescheiden zugrunde liegenden Steuerbescheide ein Erfolg in der Sache erreicht werden kann, vgl. BFH, Urteil v. 16.05.2018 – XI R 50/17, BStBl. II 2018, 752 = DStR 2018, 1563, 1564.

Ein möglicher Ausweg könnte darin bestehen, parallel zum Vorgehen im Feststellungsverfahren – höchst vorsorglich – eine sog. schlichte Änderung gemäß § 172 Abs. 1 S. 1 Nr. 2 Buchst. a) AO zu beantragen. Nach dieser Vorschrift darf das Finanzamt einen bestandskräftigen Steuerbescheid zugunsten des Steuerpflichtigen ändern, sofern in Bezug auf die begehrte Änderung innerhalb der Einspruchsfrist ein entsprechender Antrag gestellt worden ist. Sofern die tatbestandlichen Voraussetzungen vorliegen, dürfte das Ermessen der Behörde auf Rechtsfolgenseite regelmäßig auf null reduziert sein[1159]. Je nachdem, ob man auch für die Antragsbefugnis das Vorliegen einer Beschwer bzw. Einspruchsbefugnis gemäß § 350 AO verlangt[1160], wäre die nach § 10d Abs. 4 S. 5 EStG erforderliche Änderungsbefugnis somit dem Rechtsgrund nach für den Zeitpunkt der Entscheidung über den Feststellungsantrag sichergestellt. Alternativ und letztlich vorzugswürdig ließe sich argumentieren, dass bereits das Einlegen des (unzulässigen) Einspruchs gegen den Nullbescheid zur Begründung einer potentiellen Änderungsbefugnis ausreichen muss[1161]. Denn die im Rahmen von Satz 5 anzustellende Kontrollüberlegung, ob die Änderung nach Maßgabe des Verfahrensrechts durchgeführt werden müsste, wenn der Steuerbescheid eine Steuer festsetzen würde, lässt sich auf die Beschwer übertragen. Für den Fall, dass der Einspruch noch vor der Entscheidung im Feststellungsverfahren als unzulässig verworfen würde, vgl. § 358 AO, wäre zur Vermeidung der Bestandskraft Klage zu erheben[1162]. Dieses zweigleisige Vorgehen dürfte sich nicht wesentlich vom Rechtsschutz unterscheiden, der gegen einen Steuerbescheid mit positiver Steuerschuld besteht. Auch insoweit müsste zunächst gegen die Festsetzung vorgegangen werden, damit im Anschluss eine Verlustfeststellung nach § 10d Abs. 4 S. 4 HS. 2 EStG i.V.m. § 175 Abs. 1 S. 1 Nr. 1 AO stattfinden könnte. In Anlehnung an die bereits angesprochene, auch seitens der Finanzverwaltung

---

1159 *Witt*, AO – eKommentar, § 172 AO, Rdnr. 15.

1160 Gegen das Erfordernis der Beschwer *Koenig*, in: Koenig (Hrsg.), § 172 AO, Rdnr. 37; wohl auch FG Hamburg, Beschluss v. 08.11.2006 – 8 V 105/06, BeckRS 2006, 26022562; nach a.A. soll nur antragsbefugt sein, wer auch einspruchsbefugt ist, *Loose*, in: Tipke/Kruse (Hrsg.), § 172 AO, Rdnr. 29; *Seibel*, in: Lippross/Seibel (Hrsg.), § 172 AO, Rdnr. 20.

1161 So auch *Carlé*, AO-StB 2003, 231, 233; in diese Richtung dürfte auch *Nöcker* zu verstehen sein, vgl. *Nöcker*, AO-StB 2014, 54, 55.

1162 Im Anschluss an eine Klage schlägt *Carlé* – insoweit auf das geltende Recht übertragbar – schließlich noch die Nichtzulassungsbeschwerde vor, die dann ebenfalls allein dem Zweck dienen würde, einen fristgerechten Antrag zu ermöglichen, *Carlé*, AO-StB 2003, 231, 233.

anerkannte BFH-Rechtsprechung zur analogen Anwendung von § 356 AO könnte der Gesetzgeber dem Steuerpflichtigen aber auch beispielweise dadurch entgegenkommen, dass er die Rechtsbehelfsfrist gegen den Nullbescheid im Geltungsbereich von § 10d Abs. 4 S. 5 EStG auf ein Jahr verlängert. Der Wortlaut eines neuen Satz 6 könnte möglicherweise lauten: „Im Fall des Satzes 5 ist der Antrag auf gesonderte Feststellung des verbleibenden Verlustvortrags innerhalb von einem Jahr ab Bekanntgabe des Einkommensteuerbescheids zu stellen."

## C. Zusammenfassung der Ergebnisse

Rechtsschutz gegen eine unzutreffende Ermittlung nicht ausgeglichener negativer Einkünfte kann der Steuerpflichtige nach wohl herrschender Auffassung zum geltenden Recht nur noch durch Anfechtung des Einkommensteuerbescheids erlangen. Die Neuregelung des Verhältnisses von Einkommensteuerfestsetzung und Verlustfeststellung durch § 10d Abs. 4 S. 4 EStG i.d.F. des JStG 2010 hat zur Folge, dass im Verfahren zur Feststellung des verbleibenden Verlustvortrags grundsätzlich keine eigenständige Einkünfteermittlung mehr stattfindet. In prozessualer Hinsicht soll die gesetzlich normierte inhaltliche Bindungswirkung der dem Steuerbescheid zugrunde liegenden Besteuerungsgrundlagen dazu führen, dass erstmals auch eine Einkommensteuernullfestsetzung anzufechten und insoweit eine Beschwer bzw. Klagebefugnis zu bejahen ist. Mit Blick auf die bisherige ständige höchstrichterliche Rechtsprechung handelt es sich hierbei um ein echtes Novum. Die bei der Tenorierung einer danach statthaften erfolgreichen Anfechtungsklage zu beachtenden Besonderheiten sind im Einzelnen noch nicht abschließend geklärt. Fest steht, dass die Steuernullfestsetzung selbst unangetastet bleiben muss und nur die Besteuerungsgrundlagen zu ändern sind. Vor diesem Hintergrund ist auch auf eine entsprechend angepasste Antragstellung zu achten. Hinsichtlich des vorläufigen Rechtsschutzes ist nach der in dieser Untersuchung vertretenen Ansicht ebenfalls auf den Steuerbescheid – und nicht wie das FG Köln vorschlägt[1163] – auf den Feststellungsbescheid abzustellen. Es erscheint konsequent und folgerichtig insoweit einen Gleichlauf zwischen Hauptsacheverfahren und vorläufigem Rechtsschutz herzustellen.

Da die herrschende Meinung an vielen Stellen zu Folgeproblemen und dogmatischen Friktionen führt und auch höchstrichterlich noch nicht abschließend bestätigt sein dürfte, wird in dieser Arbeit für eine wortlautgetreue Anwendung von § 10d Abs. 4 S. 5 EStG plädiert. In Ermangelung einer Bindungswirkung

1163 FG Köln, Beschluss v. 23.06.2016 – 13 V 436/16, BeckRS 2016, 95207.

behielte der prozessuale Grundsatz Gültigkeit, wonach die Anfechtung eines Nullbescheids unzulässig ist. Der Steuerpflichtige wäre somit auf das Feststellungsverfahren verwiesen. Ergänzend und wie schon nach altem Recht erforderlich, wäre der Steuerpflichtige allerdings zusätzlich angehalten, zur Gewährleistung einer potentiellen Änderungsbefugnis innerhalb der Rechtsbehelfsfrist für den Steuerbescheid Einspruch einzulegen. Insgesamt verspricht dieser Auslegungsansatz ein „Mehr" an Rechtssicherheit und dürfte hinsichtlich der Differenzierung nach dem Tenor des Steuerbescheids – entsprechend den allgemeinen Prozessgrundsätzen – auch zumutbar sein.

# Schlussbetrachtung

Die in dieser Arbeit gewonnenen Erkenntnisse lassen sich thesenartig wie folgt zusammenfassen:

1. Die Auffassung der höchstrichterlichen Rechtsprechung zum Verhältnis von Verlustfeststellungs- und Steuerfestsetzungsbescheid hat sich über die Jahre wiederholt geändert.

   Bis in das Jahr 2008 hinein kam den Besteuerungsgrundlagen des Einkommensteuerbescheids nach der Auslegung des XI. Senats des BFH eine rein verfahrensrechtliche Bindungswirkung zu[1164]. Die erstmalige gesonderte Verlustfeststellung war hiernach davon abhängig, dass sich die Bezugsgrößen des entsprechenden Steuerbescheids änderten und der Bescheid deshalb zu korrigieren war. In Ermangelung einer (ggf. nur potentiellen) Änderungsbefugnis trat eine Sperrwirkung bzw. ein absolutes Feststellungsverbot ein[1165].

   Der geänderten Rechtsprechung des IX. Senats zufolge ging vom Einkommensteuerbescheid indes keine bindende Wirkung aus[1166]. Die gesonderte Feststellung war nur in zeitlicher Hinsicht durch den Eintritt der Feststellungsverjährung begrenzt[1167]. Bei der nach geltendem Recht normierten inhaltlichen Bindungswirkung handelt es sich um ein ausdrücklich angeordnetes Abweichungsverbot in Gestalt einer besonderen Feststellungswirkung[1168]. Der Verlustfeststellungsbescheid erfährt durch die aktuelle Rechtslage damit die bislang stärkste Anbindung an den Einkommensteuerbescheid. Die Entscheidung über die Höhe des verbleibenden Verlustvortrags wird nunmehr grundsätzlich im Rahmen der Veranlagung getroffen.

2. Der Einkommensteuerbescheid ist nicht als Grundlagenbescheid im Sinne von § 171 Abs. 10 S. 1 HS. 1 AO zu qualifizieren. Zwar können auch Steuerbescheide Grundlagenwirkung entfalten, wenn sie gesondert festzustellende Besteuerungsgrundlagen beinhalten oder die Bindung der unselbstständigen Besteuerungsgrundlagen des Steuerbescheids ausdrücklich angeordnet ist.

1164 Vgl. hierzu unter Zweites Kapitel A.V.2.

1165 Vgl. hierzu unter Zweites Kapitel A.II.3.

1166 Vgl. hierzu unter Zweites Kapitel B.IV.2.

1167 Vgl. hierzu unter Zweites Kapitel B.IV.1.a).

1168 Vgl. hierzu unter Zweites Kapitel C.III.2.a)cc).

Weder nach altem noch nach neuem Recht waren und sind jedoch vor allem die Anforderungen des BFH an die ausdrückliche gesetzliche Anordnung der Bindungswirkung erfüllt[1169].

3. Die Rechtsgrundlage für den erstmaligen Erlass eines Feststellungsbescheids ist in § 10d Abs. 4 S. 1 EStG geregelt („Ob“ der Verlustfeststellung). Anders als die Vorschrift des § 10d Abs. 4 S. 4, 5 EStG a.F., die von der BFH-Rechtsprechung bis 2008 als lex specialis herangezogen wurde[1170], legt die geltende Fassung der Sätze 4 und 5 nur noch den Inhalt des Feststellungsgegenstands fest („Wie“ der Verlustfeststellung). Eine Ausnahme dürfte für den Fall der korrespondierenden gesonderten Feststellung im Einklang mit den Besteuerungsgrundlagen des Steuerbescheids gelten. Insoweit dürfte mit § 10d Abs. 4 S. 4 HS. 2 EStG i.V.m. § 175 Abs. 1 S. 1 Nr. 1 AO eine gegenüber Satz 1 speziellere Rechtsgrundlage vorgesehen sein[1171].

4. Besteuerungsgrundlagen sind nach geltendem Recht für die Verlustfeststellung bindend, wenn sie der Steuerfestsetzung zugrunde gelegt worden sind. Nach der Rechtsprechung des BFH muss hierfür eine Veranlagung stattgefunden haben und die Besteuerungsgrundlagen müssen in den Gesamtbetrag der Einkünfte im Sinne von § 2 Abs. 3 EStG eingeflossen sein. Sofern im Steuerbescheid eine Steuerschuld festgesetzt wird, ist darüber hinaus erforderlich, dass sich die Besteuerungsgrundlagen auf die Höhe der Steuer auswirken. Besonderheiten gelten in diesem Zusammenhang für Verluste aus Verlustverrechnungskreisen[1172].

5. Ob und inwieweit die Regelung des § 10d Abs. 4 S. 5 EStG eine Ausnahme von der Bindungswirkung der Besteuerungsgrundlagen normiert, ist bislang nicht abschließend geklärt. Die wohl überwiegende Meinung geht dahin, den Besteuerungsgrundlagen auch dann bindende Wirkung zuzuschreiben, wenn sie einem Steuernullbescheid zugrunde liegen[1173]. Diese Untersuchung plädiert indes dafür, dem Gesetzeswortlaut den Ausschlag zu geben und eine Bindung im Geltungsbereich von Satz 5 zu verneinen[1174].

1169 Vgl. hierzu unter Erstes Kapitel B.II.1.a), Zweites Kapitel A.V.2., Zweites Kapitel B.IV.2. und Zweites Kapitel C.III.2.a)bb).

1170 Vgl. hierzu unter Zweites Kapitel A.II.1.

1171 Vgl. hierzu unter Zweites Kapitel C.II.

1172 Vgl. hierzu unter Zweites Kapitel C.III.1.c).

1173 Vgl. hierzu unter Zweites Kapitel C.III.2.b)aa).

1174 Vgl. hierzu unter Zweites Kapitel C.III.2.b)bb).

6. In prozessualer Hinsicht hat die in § 10d Abs. 4 S. 4 HS. 1 EStG geregelte Bindungswirkung der Besteuerungsgrundlagen des Steuerbescheids zur Folge, dass grundsätzlich der Einkommensteuerbescheid anzufechten ist[1175]. Im Sinne eines echten Novums bejaht die wohl herrschende Meinung nunmehr auch eine Beschwer bzw. Klagebefugnis im Fall der Nullfestsetzung. Hierbei lässt sie allerdings die Regelung in Satz 5 außer Acht[1176]. Diese Auffassung bringt zudem zahlreiche Folgeprobleme vor allem hinsichtlich der Tenorierung, Antragstellung und des vorläufigen Rechtsschutzes mit sich und steigert die bereits vorhandene Komplexität des Verfahrensrechts weiter[1177]. Eine abschließende höchstrichterliche Klärung der prozessualen Durchsetzung des Feststellungsanspruchs dürfte insoweit noch ausstehen[1178].

   In dieser Untersuchung wird daher befürwortet, den Regelungsinhalt des Satzes 5 prozessual folgerichtig umzusetzen und den Steuerpflichtigen bei einer Nullfestsetzung in erster Linie auf das Feststellungsverfahren zu verweisen. Parallel hierzu dürfte regelmäßig ein Einspruch gegen den Steuerbescheid einzulegen sein, um die Voraussetzungen der nach Satz 5 erforderlichen potentiellen Änderungsbefugnis zu schaffen. Eine unter Rechtsschutzgesichtspunkten vorzugswürdige Alternative zur Einlegung eines unzulässigen Rechtsbehelfs könnte ggf. darin bestehen, dass der Gesetzgeber insoweit eine einjährige Antragsfrist für das Feststellungsverfahren in einem neuen § 10d Abs. 4 S. 6 EStG-E festschreibt[1179].

7. Das Verfahrensrecht zur gesonderten Feststellung des verbleibenden Verlustvortrags hat durch die jüngste Gesetzesnovellierung im Rahmen des JStG 2010 eine zusätzliche Verkomplizierung erfahren. Das bestehende Bindungsgeflecht zwischen Feststellungs- und Festsetzungsbescheid wurde auf Kosten der Rechtssicherheit weiter ausgebaut. Dies lässt Zweifel darüber aufkommen, ob die mit der Einführung des Verlustfeststellungsverfahrens verfolgte Absicht, das Besteuerungsverfahren zu vereinfachen, immer noch erreicht wird. Ein möglicher Ausweg könnte letztlich darin bestehen, den Einkommensteuerbescheid als echten Grundlagenbescheid auszugestalten.

1175 Vgl. hierzu unter Drittes Kapitel A.
1176 Vgl. hierzu unter Drittes Kapitel B.III.1.
1177 Vgl. hierzu unter Drittes Kapitel B.III.3.
1178 Vgl. hierzu unter Drittes Kapitel B.III.1.a).
1179 Vgl. hierzu unter Drittes Kapitel B.III.4.

# Literaturverzeichnis


*Adamek, Richard*, Anmerkung zum Urteil des FG Berlin vom 27. April 2004, 7 K 7414/03, EFG 2004, S. 1294 f.

*Apitz, Wilfried*, Erstmalige Verlustfeststellung auch bei ESt-Bescheid über 0?, AO-StB 2009, S. 44.

*Apitz, Wilfried*, Erstmals Verlustfeststellung auch bei geringerem Verlust im ESt-Bescheid – Zugleich Besprechung des BFH-Urteils vom 11.11.2008, IX R 44/07, EStB 2009, S. 94.

*Apitz, Wilfried*, Erstmalige Verlustfeststellung auch bei ESt-Bescheid über 0? Zugleich Besprechung des BFH-Urteils vom 17.09.2008, IX R 70/06, EStB 2009, S. 14 f.

*Aweh, Lothar*, Bindungswirkung der gesonderten Verlustfeststellung an den ESt-Bescheid, EStB 2016, S. 448 f.

*Aweh, Lothar*, Feststellung des verbleibenden Verlustabzugs, EStB 2006, S. 206 f.

*Bader, Johann / Ronellenfitsch, Michael* (Hrsg.), BeckOK VwVfG, 40. Edition, München 2018.

*Bahlau, Jürgen*, Der Verlustabzug nach dem Steuerreformgesetz 1990, FR 1988, S. 565 ff.

*Baum, Michael*, Die gesonderte Feststellung von Besteuerungsgrundlagen, NWB Fach 4 1997, S. 6699.

*Baum, Michael*, Die gesonderte Feststellung des verbleibenden Verlustabzugs, DStZ 1988, S. 512 ff.

*Beger, Wolf Dietrich*, Methodenlehre und Klausurtechnik im Steuerrecht, 5. Aufl., Stuttgart 2004.

*Binnewies, Burkhard*, Anfechtung von Verlustfeststellungsbescheiden bei Nullfeststellungen im materiellen Steuerbescheid?, Stbg 2017, S. 360.

*Bleschick, Sascha*, Keine unmittelbare Berücksichtigung (nacherklärter) Verluste aus verfallenen Aktienoptionen im Verlustfeststellungsbescheid, EStB 2016, S. 425 f.

*Blümich, Walter* (Hrsg.), Kommentar zum Einkommensteuergesetz, Körperschaftsteuergesetz, Gewerbesteuergesetz, 146. EL, München 2019.

*Blümich, Walter* (Hrsg.), Kommentar zum Einkommensteuergesetz, Körperschaftsteuergesetz, Gewerbesteuergesetz, 122. Aufl., München 2014.

*Blümich, Walter* (Hrsg.) Kommentar zum Einkommensteuergesetz, Körperschaftsteuergesetz, Gewerbesteuergesetz, 93. Aufl., München 2007.

*Blümich, Walter* (Hrsg.) Kommentar zum Einkommensteuergesetz, Körperschaftsteuergesetz, Gewerbesteuergesetz, 86. Aufl., München 2005.

*Bode, Walter*, Kommentar zu BFH, Urt. v. 13.01.2015 - IX R 22/14, FR 2015, S. 1033.

*Bode, Walter*, Kommentar zu BFH, Urt. v. 14.07.2009 - IX R 52/08, FR 2010, S. 40.

*Bode, Walter*, Feststellung des verbleibenden Verlustvortrags für die Einkünfte aus privaten Veräußerungsgeschäften gemäß § 10d Abs. 4, § 23 Abs. 3 Satz 9 zweiter Halbsatz EStG 2007 - Zugleich Besprechung des BFH-Urteils vom 11.11.2008, IX R 44/07, FR 2009, S. 726 f.

*Boorberg, Wolfgang*, Zum Abhängigkeitsverhältnis zwischen Grundlagenbescheid und Folgebescheid nach § 175 Abs. 1 Nr. 1 AO, DB 1983, S. 1170.

*Bordewin, Arno / Brandt, Jürgen* (Hrsg.), Einkommensteuergesetz, 404. Aktualisierung, Heidelberg 2018.

*Braun, Rainer*, Klagemöglichkeiten bei Verlustfeststellung, EFG Beilage 2000, S. 78 ff.

*Brill, Mirko Wolfgang*, Verluste aus Knock-Out-Papieren mit Stopp-Loss-Mechanismus, BeSt 2017, S. 20 f.

*Brüggmann, Werner*, Anmerkung zu XII 82/95, DStZ 1998, S. 480 f.

*Brühl, Manuel / Weiss, Martin*, Zum Eintritt in den Anwendungsbereich von § 10d Abs. 4 Satz 4 und 5 EStG 2010, NWB 2017, S. 3270 ff.

*Bundesministerium der Justiz*, Handbuch der Rechtsförmlichkeit, 3. Aufl. 2008.

*Butler, Philipp*, Die Neuordnung der Verlustfeststellungsmodalitäten zwecks Verlustvortrags, NWB 2013, S. 1636 ff.

*Carlé, Thomas*, Anmerkung zu BFH v. 13.01.2015, IX R 22/14, DStZ 2015, S. 507 ff.

*Carlé, Thomas*, Änderungen von Steuerbescheiden, KÖSDI 2011, S. 17588 ff.

*Carlé, Thomas*, Der Nullbescheid als verfahrensrechtliche Falle, AO-StB 2003, S. 231 ff.

*Dötsch, Ewald*, Standortsicherungsgesetz: Wahlweiser Verzicht auf den Verlustrücktrag bei der Einkommen- und Körperschaftsteuer, DB 1993, S. 1639 ff.

*Eckhoff, Rolf*, Verluste im Einkommensteuerrecht, in: von Groll, Rüdiger (Hrsg.), Verluste im Steuerrecht: 29. Jahrestagung der Deutschen Steuerjuristischen Gesellschaft e.V., Köln 2005, S. 11 ff.

*Von Eichborn, Wolfgang*, Anmerkung zum BFH-Urteil v. 09.05.2001, XI R 25/99, HFR 2002, S. 106 f.

*Englisch, Joachim*, § 5 Rechtsanwendung im Steuerrecht, in: Tipke, Klaus / Lang, Joachim (Hrsg.), Steuerrecht, 23. Aufl., Köln 2018, S. 205 ff.

*Erichsen, Hans-Uwe / Knoke, Ulrich*, Bestandskraft von Verwaltungsakten, NVwZ 1983, S. 185 ff.

*Erl*, Praxishinweis zum BFH-Urteil vom 14.07.2009, IX R 52/08, StuB 2009, S. 742.

*Erl*, Praxishinweis zum BFH-Urteil vom 02.08.2006, XI R 65/05, StuB 2006, S. 887.

*Ettlich, Ronald*, Anmerkung zum Urteil des BFH vom 17.09.2008, IX R 70/06, HFR 2009, S. 238.

*Ettlich, Ronald*, Anmerkung zum BFH-Urteil vom 14.07.2009, IX R 52/08, DB 2009, S. 2129.

*Ettlich, Ronald*, Die gesonderte Feststellung des verbleibenden Verlustvortrags zur Einkommensteuer, DB 2009, S. 18 ff.

*Friauf, Karl Heinrich*, Möglichkeiten und Grenzen der Rechtsfortbildung im Steuerrecht, in: Tipke, Klaus (Hrsg.), Grenzen der Rechtsfortbildung durch Rechtsprechung und Verwaltungsvorschriften im Steuerrecht, Köln 1982, S. 53 ff.

*Frotscher, Gerrit* (Hrsg.), Kommentar zum Einkommensteuergesetz, 177. Lieferung, Freiburg 2013.

*Gänsler, Katrin*, Gesonderte Feststellung des verbleibenden Verlustvortrags bei Antragsveranlagungen i.S.d. § 46 Abs. 2 Nr. 8 EStG, FR 2006, S. 122 ff.

*Gatzka, Ann-Sophie / Wilhelm, Julia*, Gesonderte Feststellung des verbleibenden Verlustvortrags bei fehlender Veranlagung im Verlustentstehungsjahr – Zugleich Anmerkungen zu den Urteilen des FG Hamburg vom 23. 3. 2004, des FG Berlin vom 27. 4. 2004 und den Urteilen des Hessischen FG vom 10. 11. 2004, DStR 2005, S. 1794 ff.

*Gebhardt, Thomas*, § 10d EStG nach Ablauf der Festsetzungsfrist, EStB 2003, S. 234 f.

*Gierlich, Dorothée*, Verlustabzug – der richtige Antrag zum richtigen Zeitpunkt, Steueranwaltsmagazin 2015, S. 89 ff.

*Gosch, Dietmar* (Hrsg.), Abgabenordnung Finanzgerichtsordnung, 145. Lieferung, Bonn 2019.

*Gosch, Dietmar* (Hrsg.), Körperschaftsteuergesetz, 3. Aufl., München 2015.

*Gräber, Fritz* (Hrsg.), Finanzgerichtsordnung, 8. Aufl., München 2015.

*Von Groll, Rüdiger*, Die Verlustkompensation im System des deutschen Einkommensteuerrechts, in: Lehner, Moris (Hrsg.), Verluste im nationalen und Internationalen Steuerrecht, München 2004, S. 23 ff.

*Von Groll, Rüdiger*, § 10d EStG im System des Einkommensteuerrechts, in: Crezelius, Georg / Raupach, Arndt / Schmidt, Ludwig / Uelner, Adalbert (Hrsg.),

Steuerrecht und Gesellschaftsrecht als Gestaltungsaufgabe: Freundesgabe für Franz Josef Haas zur Vollendung des 70. Lebensjahrs, Herne/Berlin 1996, S. 149 ff.

*Groß, Andreas*, Das Verlustfeststellungsverfahren nach alter und neuer Rechtslage, StuB 2000, S. 397 ff.

*Grotherr, Siegfried*, Steht der Verlustvor- und -rücktrag steuerpolitisch zur Disposition? (Teil I), BB 1998, S. 2337 ff.

*Günther, Karl-Heinz*, Rechtsfehlerkompensation und Anfechtung von Änderungsbescheiden – Die Grenzen der Bestandskraft und ihre Rechtsfolgen, AO-StB 2010, S. 279 ff.

*Hallerbach, Dorothee*, Kommentar zum BFH-Urteil vom 12.07.2016 – IX R 31/15, FR 2017, S. 152 f.

*Haskamp, Stefan*, Gleichgerichtete Interessen iSd § 8c Abs. 1 S. 3 KStG, DStR 2015, S. 1593 ff.

*Heinrich, Christian* (Hrsg.), Festschrift für Hans-Joachim Musielak zum 70. Geburtstag, München 2004.

*Herff, Arnd*, Änderungsmöglichkeiten von Steuerbescheiden – Aktuelle Entwicklungen, KÖSDI 2003, S. 13733.

*Herrmann, Carl / Heuer, Gerhard / Raupach, Arndt* (Hrsg.), Großkommentar zum Einkommensteuer- und Körperschaftsteuergesetz, 286. Lfg., Köln 2018.

*Herrmann, Carl / Heuer, Gerhard / Raupach, Arndt* (Hrsg.), Großkommentar zum Einkommensteuer- und Körperschaftsteuergesetz, 246. Lfg., Köln 2011.

*Herrmann, Carl / Heuer, Gerhard / Raupach, Arndt* (Hrsg.), Großkommentar zum Einkommensteuer- und Körperschaftsteuergesetz, 220. Lfg., Köln 2005.

*Heuermann, Bernd*, Gesonderte Feststellung des Verlustvortrags – Symbiose zwischen materiellem Recht und Verfahrensrecht – Zugleich Anmerkungen zu den Entscheidungen des BFH vom 25. 5. 2011, IX R 36/10 und vom 29. 6. 2011, IX R 38/10, DStR 2011, S. 1489 ff.

*Heuermann, Bernd*, Erstmalige gesonderte Verlustfeststellung bei negativem Gesamtbetrag der Einkünfte – Zugleich Besprechung des BFH-Urteils vom 14.07.2009, IX R 52/08, BFH-PR 2010, S. 7 f.

*Heuermann, Bernd*, Anmerkung zum BFH-Urteil vom 14.07.2009, IX R 52/08, StBp 2009, S. 334 f.

*Heuermann, Bernd*, Erstmalige gesonderte Verlustfeststellung bei negativem Gesamtbetrag der Einkünfte – Zugleich Besprechung des BFH-Urteils vom 14.07.2009, IX R 52/08, StC 2009, S. 9 f.

*Heuermann, Bernd*, Keine Feststellung von Verlusten aus privaten Veräußerungsgeschäften, StBp 2006, S. 199 ff.

*Heuermann, Bernd,* Verlustfeststellung nach Ablauf der zweijährigen Antragsfrist des § 46 Abs. 2 Nr. 8 EStG, StBp 2006, S. 201 f.

*Hey, Johanna,* § 8 Einkommensteuer, in: Tipke, Klaus / Lang, Joachim (Hrsg.), Steuerrecht, 23. Aufl., Köln 2018, S. 313 ff.

*Hildebrand, Christina,* BB-Kommentar: Verlustfeststellung bei fehlender Einkommensteuerveranlagung, BB 2015, S. 1384.

*Horlemann, Heinz-Gerd,* Änderung von Steuerbescheiden für Zwecke des Verlustvortrags nach § 10d EStG, DStZ 1990, S. 273.

*Horlemann, Heinz-Gerd,* Ausgewählte Änderungen durch das Steuerreformgesetz 1990 für den Unternehmensbereich, BB Beilage 13 zu Heft 21 1989, S. 1 ff.

*Hübschmann, Walter / Hepp, Ernst / Spitaler, Armin* (Hrsg.), Abgabenordnung/ Finanzgerichtsordnung, 290. AL, Köln 2018.

*Intemann, Jens,* Verlustfeststellung auch ohne Änderung der Einkommensteuerfestsetzung möglich, KSR 2009, S. 2.

*Jachmann, Monika,* Änderungsmöglichkeit des Steuerbescheides als Voraussetzung für den erstmaligen Erlass eines Feststellungsbescheides über den verbleibenden Verlustvortrag, jurisPR-SteuerR 32/2015, Anm. 3.

*Jachmann, Monika,* Erstmalige gesonderte Verlustfeststellung bei negativem Gesamtbetrag der Einkünfte – Zugleich Besprechung des BFH-Urteils vom 14.07.2009 – IX R 52/08, jurisPR-SteuerR 44/2009, Anm. 3.

*Jehke, Christian,* Bestimmtheit und Klarheit im Steuerrecht, Berlin 2005.

*Kanzler, Hans-Joachim / Kraft, Gerhard / Bäuml, Swen Oliver / Marx, Franz Jürgen / Hechtner, Frank* (Hrsg.), Einkommensteuergesetz Kommentar, 3. Aufl., Herne 2018.

*Kellerbach, Heinrich,* Der Verlustrücktrag, StBp 1976, S. 249 ff.

*Kies, Dieter,* Besonderheiten bei Einspruchsverfahren gegen korrigierte Steuerbescheide, DStR 2001, S. 1555 ff.

*Kirchhof, Gregor / Söhn, Hartmut / Mellinghoff, Rudolf* (Hrsg.), Einkommensteuergesetz, 285. Aktualisierung, Heidelberg 2018.

*Kirchhof, Gregor / Söhn, Hartmut / Mellinghoff, Rudolf* (Hrsg.), Einkommensteuergesetz, 58. Erg.Lfg., Heidelberg 1995.

*Kirchhof, Gregor / Söhn, Hartmut / Mellinghoff, Rudolf* (Hrsg.), Einkommensteuergesetz, 57. Erg.Lfg., Heidelberg 1995.

*Kirchhof, Paul* (Hrsg.), Einkommensteuergesetz, 17. Aufl., Köln 2018

*Kirchhof, Paul* (Hrsg.), Einkommensteuergesetz, 7. Aufl., Heidelberg 2007.

*Kirchhof, Paul*, Der bestandskräftige Steuerbescheid im Steuerverfahren und im Steuerstrafverfahren, NJW 1985, S. 2977 ff.

*Klein, Franz* (Hrsg.), Abgabenordnung, 14. Aufl., München 2018.

*Klein, Franz* (Hrsg.), Abgabenordnung, 11. Aufl., München 2012.

*Klug, Ulrich*, Juristische Logik, 4. Aufl., Berlin, Heidelberg, New York 1982.

*Koenig, Ulrich* (Hrsg.), Abgabenordnung, 3. Aufl., München 2014.

*Köhler, Stefan*, Feststellung des verbleibenden Verlustvortrags für die Einkünfte aus privaten Veräußerungsgeschäften – Zugleich Besprechung des BFH-Urteils vom 11.11.2008, IX R 44/07, BB 2009, S. 993 f.

*Krömker, Ulrich*, Feststellung des Verlustabzugs trotz Festsetzungsverjährung, EStB 2006, S. 440.

*Krüger, Dieter / Dornig, Angela*, Das Geschäft mit den Verlusten, Stbg 1988, S. 357 ff.

*Kruhl, Alfred*, Auswirkungen des BFH-Urteils zur Feststellung von Verlustvorträgen (§ 10d EStG), StBW 2015, S. 548 ff.

*Krumm, Marcel*, Zur materiellen Bestandskraft im Verhältnis zwischen Steuerfestsetzungs- und Feststellungsverfahren, DStR 2005, S. 631 ff.

*Kuchenreuther, Ulrich*, Probleme des Verlustvortrages beim Steuerreformgesetz 1990, DStR 1988, S. 638.

*Kühn, Rolf / von Wedelstädt, Alexander* (Hrsg.), Kommentar zur Abgabenordnung und Finanzordnung, 22. Aufl., Stuttgart 2018.

*Lademann, Fritz* (Hrsg.), Kommentar zum Einkommensteuergesetz, 237. Aktualisierung, Stuttgart u.a. 2018.

*Lademann, Fritz* (Hrsg.), Kommentar zum Einkommensteuergesetz, 60. Erg.Lfg., Stuttgart u.a. 2011.

*Larenz, Karl / Canaris, Claus-Wilhelm*, Methodenlehre der Rechtswissenschaft, 3. Aufl., Berlin 1995.

*Lenski, Edgar / Steinberg, Wilhelm* (Hrsg.), Gewerbesteuergesetz, 123. Lieferung, Köln 2018.

*Linkermann, Markus*, Anmerkung zum Urteil des FG Stuttgart vom 12.04.2016, 6 K 3007/15, EFG 2016, S. 1533 ff.

*Linkermann, Markus*, Anmerkung zu FG Hamburg, Urteil v. 28.08.2015, 6 K 285/13, EFG 2016, S. 137 f.

*Lippross, Otto-Gerd / Seibel, Wolfgang* (Hrsg.), Basiskommentar Steuerrecht, 108. Lieferung, Köln 2018.

*Littmann, Eberhard / Bitz, Horst / Pust, Hartmut* (Hrsg.), Das Einkommensteuerrecht, 99. Erg.Lfg., Stuttgart 2013.

*Lotz, Anja*, in: Ax, Rolf / Große, Thomas / Melchior, Jürgen / Lotz, Anja / Ziegler, Christian (Hrsg.), Abgabenordnung und Finanzgerichtsordnung, 21. Aufl., Stuttgart 2017.

*Lück, Horst*, Die Abhängigkeit des Folgebescheids vom Grundlagenbescheid, INF 1994, S. 359 ff.

*Marfels, Michael*, Anmerkung zu BFH v. 12.07.2016, IX R 31/15, AO-StB 2016, S. 342 f.

*Märtens, Markus*, Verlustabzugsverbot bei schädlichem Beteiligungserwerb (Erwerbergruppe), jurisPR-SteuerR 2017, Anm. 5.

*Maunz, Theodor / Dürig, Günter* (Hrsg.), Grundgesetz-Kommentar, 85. EL, München 2018.

*Meyer, Bernd*, Die gesonderte Feststellung vortragsfähiger Verluste gemäß § 10d Abs. 3 EStG in der Fassung des Steuerreformgesetzes 1990 (Teil I), DStR 1989, S. 191 ff.

*Meyer, Bernd*, Die gesonderte Feststellung vortragsfähiger Verluste gemäß § 10d Abs. 3 EStG in der Fassung des Steuerreformgesetzes 1990 (Teil II), DStR 1989, S. 238 ff.

*Meyer, Bernd / Ball, Jochen*, Zeitliche Begrenzung des Verlustabzugs nach dem Jahressteuergesetz 2010, DStR 2011, S. 345 ff.

*Meyer, Bernd / Ball, Jochen*, Die Bindungswirkung von Grundlagenbescheiden für den Verlustvortrag gemäß § 10d EStG – Zur besonderen Problematik zwischengeschalteter Freistellungsbescheide, DStR 2003, S. 1229 ff.

*Meyer, Bernd / Ball, Jochen*, Das „verfahrene" Verfahrensrecht beim Verlustabzug gem. § 10d EStG – Teil I, INF 2002, S. 513 ff.

*Meyer, Bernd / Ball, Jochen*, Das „verfahrene" Verfahrensrecht beim Verlustabzug gem. § 10d EStG – Teil II, INF 2002, S. 551 ff.

*Meyer, Bernd / Ball, Jochen*, Die eigenartige Bindungswirkung des Steuerbescheides für die gesonderte Verlustfeststellung gemäß § 10d EStG – Bemerkungen und Hinweise zum BFH-Urteil vom 9. 12. 1998, DStR 1999, S. 1257 ff.

*Meyer, Bernd / Ball, Jochen*, Zum Verhältnis Einkommensteuer- und Verlustfeststellungsbescheid, DStZ 1997, S. 452 f.

*Müller, Arnold*, Antragstellung auf Änderung des Steuerbescheids oder Einspruch?, AO-StB 2009, S. 111 ff.

*Musil, Andreas*, Aktuelle Fragen der Bestandskraft von Steuerbescheiden, DStZ 2005, S. 362 ff.

*Nöcker, Gregor*, Das Drama um den Nullbescheid, AO-StB 2014, S. 54.

*Nöcker, Gregor*, Neuerungen bei der Verlustfeststellung nach § 10d EStG, AO-StB 2008, S. 171.

*Oellerich, Ingo*, Anmerkung zum Urteil des FG Münster vom 12.12.2016 – 9 K 1505/13 F, EFG 2017, S. 567 f.

*Paulick, Heinz*, Auslegung und Rechtsfortbildung im Steuerrecht, in: Thoma, Gerhard / Niemann, Ursula (Hrsg.), Die Auslegung der Steuergesetze in Wissenschaft und Praxis, Köln 1965, S. 165 ff.

*Paus, Bernhard*, Gestaltungsfragen beim Verlustabzug, DB 1994, S. 1842 ff.

*Perrar, Jan*, Grundlagenbescheide im Steuerverfahrensrecht, Hamburg 2017.

*Peters, Franziska*, Anmerkung FG Köln, Urteil vom 16.02.2016, 10 K 2574/15, EFG 2016, S. 1111 f.

*Pfützenreuter, Volker*, Anmerkung zum Urteil des FG Baden-Württemberg vom 17.01.2017 – 11 K 1669/13, EFG 2017, S. 987 f.

*Pohl, Carsten*, Die steuerverfahrensrechtliche Bewältigung der Verlustfeststellung im Einkommensteuerrecht, Frankfurt 2004.

*Ratschow, Eckart*, Gesonderte Feststellung des verbleibenden Verlustvortrags – Bindungswirkung der Feststellung an den den Einkommensteuerbescheid nach § 10d Abs. 4 Satz 4 EStG i. d. F. des JStG 2010 – Voraussetzungen für den erstmaligen Erlass eines Verlustfeststellungsbescheids, BFH/PR 2017, S. 44 f.

*Ratschow, Eckart*, Gesonderte Feststellung des verbleibenden Verlustvortrags: zur Bindungswirkung der Feststellung an den Einkommensteuerbescheid nach § 10d Abs. 4 EStG, BFH/PR 2015, S. 229 f.

*Röder, Erik*, Das System der Verlustverrechnung im deutschen Steuerrecht, Köln 2010.

*Schallmoser, Ulrich*, Anmerkung zum BFH-Urteil vom 14.07.2009, IX R 52/08, HFR 2009, S. 1079.

*Schallmoser, Ulrich*, Erstmalige gesonderte Verlustfeststellung bei negativem Gesamtbetrag der Einkünfte – Zugleich Praxishinweis zum BFH-Urteil vom 14.07.2009, IX R 52/08, SteuK 2009, S. 38.

*Schaumburg, Heide / Schaumburg, Harald*, Steuergerechtigkeit in der Zeit, StuW 2013, S. 61 ff.

*Schießl, Harald*, Anmerkung zum BFH-Urteil vom 12. Juli 2016 – IX R 31/15, HFR 2016, S. 1066 f.

*Schlagheck, Markus*, Die Bedeutung des § 175 Abs. 1 Satz 1 Nr. 1 AO für die Außenprüfung bei einer GmbH, StBp 1999, S. 234 ff.

*Schlarb, Eberhard*, Das Wahlrecht beim Verlustrücktrag ab 1994 – Körperschaftsteuer/Einkommensteuer, BB 1994, S. 187 ff.

*Schmidt, Ludwig* (Hrsg.), Einkommensteuergesetz, 37. Aufl., München 2018.

*Schmidt, Ludwig* (Hrsg.), Einkommensteuergesetz, 21. Aufl., München 2002.

*Schmidt, Ludwig* (Hrsg.), Einkommensteuergesetz, 17. Aufl., München 1998.

*Schwarz, Bernhard / Pahlke, Armin* (Hrsg.), Kommentar zur Abgabenordnung/ Finanzgerichtsordnung, 187. Aktualisierung, Freiburg 2019.

*Seer, Roman*, § 21 Durchführung der Besteuerung, in: Tipke, Klaus/Lang, Joachim (Hrsg.), Steuerrecht, 23. Aufl., Köln 2018, S. 1259 ff.

*Sehnert, Gerhard*, Die Bindungswirkung der Einkommensfeststellung eines Sozialversicherungsträgers, NZS 2000, S. 437 ff.

*Seiler, Christian*, Auslegung als Normkonkretisierung, Heidelberg 2000.

*Siebenhüter, Anton*, Feststellung des Verlustvortrages auch ohne Einkommensteuerbescheid zulässig, EStB 2015, S. 229.

*Siebenhüter, Anton*, Feststellung des Verlustvortrags, EStB 2009, S. 340.

*Sikorski, Ralf*, Technik des Verlustausgleichs nach § 10d EStG, NWB 2011, S. 2191 ff.

*Sikorski, Ralf*, Überblick über wesentliche verfahrensrechtliche Änderungen 2006/2007, DStR 2007, S. 183 ff.

*Sikorski, Ralf*, Antrag auf Verlustvortrag fristgebunden, AO-StB 2001, S. 187 ff.

*Söhn, Hartmut*, Grundlagenbescheid – Folgebescheid – Aufhebung des Vorbehalts der Nachprüfung (§ 164 Abs. 3 S. 2 AO), in: Heinrich, Christian (Hrsg.), Festschrift für Hans-Joachim Musielak zum 70. Geburtstag, München 2004, S. 557 ff.

*Steinhauff, Dieter*, Zur unmittelbaren Berücksichtigung nacherklärter Veräußerungsverluste im Verlustfeststellungsbescheid, AO-StB 2017, S. 333 ff.

*Steinhauff, Dieter*, Abgrenzung Grundlagenbescheid von bloßer Tatbestandswirkung, AO-StB 2010, S. 271 ff.

*Steinhauff, Dieter*, Anmerkung zu BFH, Urteil vom 11.11.2008, IX R 44/07, jurisPR-SteuerR 14/2009, Anm. 2.

*Stelkens, Paul / Bonk, Heinz Joachim / Sachs, Michael* (Hrsg.), Verwaltungsverfahrensgesetz, 9. Aufl., München 2018.

*Stöcker, Ernst Erhard*, Verfahrensrechtliche Fragen beim Verlustabzug nach § 10d EStG, in: Carlé, Dieter / Stahl, Rudolf / Strahl, Martin (Hrsg.), Gestaltung und Abwehr im Steuerrecht, Bonn, Berlin 2005, S. 721 ff.

*Strahl, Martin*, Verlustfeststellung nach Einkommensteuerfestsetzung, BeSt 2006, S. 21 f.

*Streck, Michael / Kamps, Heinz-Willi / Olgemöller, Herbert*, Der Steuerstreit, 4. Aufl., Köln 2017.

*Süring, Stefan*, Irrungen und Wirrungen bei der gesonderten Feststellung des verbleibenden Verlustvortrags – Replik zum Aufsatz von Gatzka/Wilhelm (DStR 2005, 1794), DStR 2006, S. 345 ff.

*Tipke, Klaus / Kruse, Wilhelm* (Hrsg.), Abgabenordnung/Finanzgerichtsordnung, 152. Lieferung, Köln 2018.

*Trossen, Nils*, Kommentar zu BFH, Beschl. v. 17.07.2017, VI R 8/12, FR 2015, S. 40 ff.

*Trossen, Nils*, Anmerkung zum BFH-Urteil vom 13.01.2015, IX R 22/14, HFR 2015, S. 237 f.

*Trossen, Nils*, Geltendmachung von Verlustvorträgen für Kosten einer Erstausbildung – Bindungswirkung des Einkommensteuerbescheids, jM 2015, S. 303 ff.

*Valentin, Achim*, Anmerkung zum Urteil des Hessischen Finanzgerichts vom 2. März 2006, 2 K 1925/05, EFG 2006, S. 1576 f.

*Valentin, Achim*, Anmerkung zum Urteil des Hessischen Finanzgerichts vom 10. November 2004, 13 K 1303/04, EFG 2005, S. 790 f.

*Von Wedelstädt, Alexander*, Bindungswirkung von Grundlagenbescheiden: Voraussetzungen – Umfang – Rechtsfolgen, AO-StB 2009, S. 203 ff.

*Weinschütz, Bernhard*, Vorrang der Anfechtung eines ESt-Nullbescheids vor der des Verlustfeststellungsbescheids, EFG 2016, S. 1092 ff.

*Wendt, Michael*, Kommentar zu BFH, Urteil v. 01.03.2006, XI R 33/04, FR 2006, S. 594 f.

*Wendt, Michael*, Prinzipien der Verlustberücksichtigung, in: von Groll, Rüdiger (Hrsg.), Verluste im Steuerrecht: 29. Jahrestagung der Deutschen Steuerjuristischen Gesellschaft e.V., Köln 2005, S. 41 ff.

*Wendt, Michael*, Kommentar zum BFH-Urteil vom 09.12.1999 – XI R 62/97, FR 1999, S. 543.

*Wernsmann, Rainer*, Die Finanzverfassung als Rahmen der Besteuerung – Verfassungsrechtliche Ableitungen aus den Steuertypen des Grundgesetzes, Festbeitrag, StuW 2018, S. 100 ff.

*Wernsmann, Rainer*, Einkommensteuer und objektives Nettoprinzip, DStR 2009, S. 101 ff.

*Werth, Franziska*, Fiktion der Gewerblichkeit für Einkünfte aus Vermietung und Verpachtung – Zulässigkeit der Klage gegen einen sog. Nullbescheid, DB 2017, S. 1057 f.

*Woerner, Lothar*, Die Steuerrechtsprechung zwischen Gesetzeskonkretisierung, Gesetzesfortbildung und Gesetzeskorrektur, in: Tipke, Klaus (Hrsg.), Grenzen der Rechtsfortbildung durch Rechtsprechung und Verwaltungsvorschriften im Steuerrecht, Köln 1982, S. 23 ff.

*Wüllenkemper, Dirk*, Anmerkung zu FG Düsseldorf, Beschluss vom 16.02.2016, 10 K 3686/13 F, EFG 2016, S. 664 f.

*Yilmaz, Metin / Nunnenkamp, Michael*, Feststellung von Verlustvorträgen - BFH entscheidet zugunsten zahlreicher Steuerpflichtiger, NWB 2015, S. 1832 ff.

*Zippelius, Reinhold*, Juristische Methodenlehre, 11. Aufl., München 2012.